KB130530

사회복지관
자기주도성
성과관리모형

Self–Oriented Performance Management Model
for Welfare Centers: **SOPMM**

사회복지관
자기주도성
성과관리모형

| 지은구 · 김민주 · 이원주 공저 |

Self–Oriented Performance Management Model for Welfare Centers:
SOPMM

학지사

머리말

  이 책은 한국에서 사회복지와 관련하여 종합적인 서비스를 제공하고 있는 사회복지관, 즉 지역사회복지관, 장애인복지관 그리고 노인복지관의 성과관리 개선방안을 구체적으로 다루고 있다. 사회복지관은 1988년 국고보조사업으로 국가재정이 기관운영기금으로 투입된 이후 양적·질적 변화를 시도해 왔고, 2017년 현재 전국적으로 약 1,020여 개소가 지역 기반의 다양하고 복합적인 사회복지 관련 서비스를 제공하고 있다. 3대 영역 사회복지관들의 궁극적인 운영 목적 또는 설립의 사회적 목적을 간략하게 표현하자면 지역주민, 노인 그리고 장애인들의 복지증진과 삶의 질 향상이다. 한 기관당 사회복지인력이 최소 10명 근무한다고 할 때 전국적으로 10,000여 명의 사회복지사들이 주민복지를 향상시키기 위한 다양한 사업을 전개하고 있다.

  최근 3대 영역의 사회복지관들은 주민들의 장기 실업과 사회경제적 불평등, 사회적 차별 및 배제의 심화에 기인하는 주민들의 욕구증대와 저출산 및 고령화 급증, 세대 간·계층 간·지역주민 간 갈등심화, 다문화이주여성 및 이주노동자들의 유입 등 급변하는 사회적 변화를 경험하면서, 기존의 복지관 사업에 대한 재정비와 새로운 욕구에 대응하는 프로그램의 개발 등 조직개선을 통한 사회적 변화에 적극적으로 대응해야만 하는 중대한 시기에 봉착해 있다. 그동안 사회복지관들은 지역사회에 사회복지서비스를 제공함으로써 지역주민들의 삶의 질을 조금이나마 개선시키기 위해서 모든 역량을 발휘해 왔다. 앞으로도 최대한의 역량을 발휘하여 특정 사회적 소외계층이나 주민들에 대한 사회적 차별 및 배제를 극복하는 최일선의 방파제 역할을 수행해야 하는 것은 사회복지관의 최대 과제라고 할 수 있다. 사회복지관의 안정적 사업운영은 지역주민의 삶에 지대한 영향을 미치고 있으므로 정부 차원에서 인력보강이나 예산확대 등에 대한 구체적인 지원

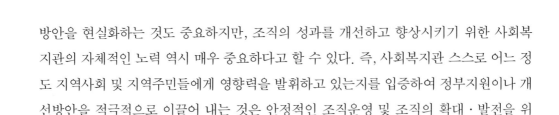

방안을 현실화하는 것도 중요하지만, 조직의 성과를 개선하고 향상시키기 위한 사회복지관의 자체적인 노력 역시 매우 중요하다고 할 수 있다. 즉, 사회복지관 스스로 어느 정도 지역사회 및 지역주민들에게 영향력을 발휘하고 있는지를 입증하여 정부지원이나 개선방안을 적극적으로 이끌어 내는 것은 안정적인 조직운영 및 조직의 확대·발전을 위한 중요한 과업이다.

사회복지관이 지역사회에 미치는 영향력은 크며 지역주민들의 삶의 질 보장이나 안정을 위한 최소한의 사회적 안전망의 역할을 수행하고 장애인, 노인 등의 주민복지증진을 위해서 노력하고 있음은 정부기관이나 기타 민간조직에 의해서가 아니라 반드시 복지관 스스로에 의해서 객관적인 방식으로 입증되어야 한다. 이를 위해서는 평가하여야 하고, 평가하기 위해서는 측정하여야 하며, 측정하기 위해서는 반드시 측정도구가 필요하고, 측정도구는 측정체계나 측정모형에 입각하여 채택되어야 하므로 사회복지 제공에 따른 지역주민에 대한 영향력을 측정모형이나 측정도구 없이 복지관 스스로 입증한다는 것은 불가능한 현실이다.

3대 영역의 사회복지관들이 노인 및 장애인을 포함한 전체 주민의 복지향상을 위해 그동안 노력하였고 지금도 열심히 노력하고 있다는 것은 이미 모든 주민이 감정적으로 공감하고 있다고 생각하지만, 조직변화를 통해 복잡하고 다양한 사회문제 및 급변하는 사회환경에 적극적으로 대응하기 위해서는 보다 전략적이고 체계적인 노력이 반드시 필요하다는 것 역시 주지의 사실이다. 이를 위해 복지관들이 스스로 역량을 강화하여 변화하는 사회에 적극적으로 대응하기 위해서는 조직관리가 필수적이다. 특히 이용자들의 생각, 인식, 태도, 기능, 감정 등의 직접적인 변화를 포함하여 지역주민들에게 복지 외부효과를 창출하는 복지관들의 모든 사업에 대해 직접적인 영향력을 측정하기는 매우 어렵지만, 지역사회 및 지역주민들에 대한 영향력을 강화하기 위한 성과관리 측면의 노력은 반드시 필요하다고 할 수 있다.

이 저서는 사회복지관의 조직발전 및 역량강화, 그리고 조직구성원으로 하여금 공통된 목적을 보다 효과적으로 달성하기 위해 협력하고 함께 행동하게 해 주는 조직구성원들 사이의 상호관계 속에 내재하고 있는 조직사회 자본강화를 목적으로 수행할 수 있도록 관장을 포함하는 직원들이 참여하는 자기주도성 성과관리모형을 제시한다. 특히 사

회복지관의 본래 설립취지인 주민복지증진이라는 사회적 목적을 달성하고, 보다 안정적이고 발전적으로 조직의 성과를 개선하기 위하여 사회복지관의 성과를 투입단계부터 결과단계까지 포함하는 다면적인 측면으로 해석하며, 조직성과를 단계에 따라 성과관리요소별로 분류하여 성과를 측정하기 위한 방안을 구축하여 제시하였다.

이 저서가 제시하는 사회복지관 자기주도성 성과관리모형(Self-Oriented Performance Management Model for Welfare Centers: SOPMM)을 적용하여 모든 사회복지조직에서 완벽한 성과관리가 이루어질 것이라고 기대하지는 않는다. 하지만 이 모형이 사회복지조직의 사회적 가치실현이라는 목적을 성과관리에 반영하였고, 성과관리의 범위 및 개념을 사회복지관에 최적화된 것으로 설정하고 정리하였으며, 현장실무자들의 참여하에 개발되었다는 점에서 사회복지관 현장에서 성과관리체계로서 현장적합성을 어느 정도 반영했다고 본다. 이 사회복지관 자기주도성 성과관리모형의 개발로 인하여 앞으로 사회복지조직의 성과에 대한 개념 및 성과관리를 위한 이론적 틀 그리고 성과관리모형에 대한 연구가 보다 활성화되어 한국 사회복지관의 올바른 방향설정과 발전에 조금이나마 도움이 되기를 바란다.

이 저서가 만들어지기까지 많은 도움을 준 계명대학교 사회과학연구소의 이영광 연구원과 아낌없는 재정적·행정적 지원을 해 준 한국노인복지관협회의 김도훈 사무총장에게 깊은 감사를 드리며, 특히 이 저서의 출간을 흔쾌히 허락하여 주신 학지사 김진환 대표님에게도 감사를 드린다.

연구자를 대표하여
지은구

차례

제2부 가치영역

표 차례

그림 차례

제1장 서론

1 연구의 목적

비영리 사회복지조직을 포함하여 모든 조직은 안정적으로 운영되고 발전되어야 하며, 발전하기 위해서 조직의 성과는 관리되고 개선되어야 한다. 조직의 성과가 관리되고 개선되기 위해서는 성과가 측정되어야 하고, 성과가 측정되기 위해서는 성과를 측정하기 위한 측정도구(척도나 지수 또는 지표)가 반드시 구축되어 있어야 한다. 특히, 측정도구는 조직의 성과를 측정하기 위한 기본적 틀, 즉 특정 기관에 적합한 성과측정모형에 기초하여야 한다. 조직운영에 가장 적합한 성과측정모형을 개발하고 성과측정을 위한 측정도구들을 개발하는 것은 장시간의 노력을 필요로 하며, 개발된 성과관리모형을 적용 및 활용하여 성과측정을 수행하고 결과를 분석하여 성과보고서를 작성하며 성과보고서를 차기 연도 사업에 적극적으로 활용하기 위해서는 또 다른 장시간의 노력이 필요하다.

지역사회에서 사회복지관련 다양한 서비스를 제공하고 있는 사회복지조직 또는 사회복지관[1]의 성과 역시 관리되고 개선되기 위해서는 성과를 측정할 수 있는 성과관리모형이 구축되어 있어야 한다. 특히, 사회복지관의 성과를 관리하고 개선하기 위해서는 사회

---

1) 이 저서에서 '사회복지관'은 지역에 설립되어 다양한 사회복지서비스를 제공하고 있는 지역사회복지관, 노인복지관 그리고 장애인복지관을 총칭하는 개념으로 사용되었다.

복지관의 설립목적 및 사회복지관의 성격에 맞는 성과측정모형을 개발하여야 하고 이에 적합한 성과측정도구를 개발하여 성과를 측정하여야 한다. 성과관리모형과 모형에 적합한 성과측정도구들을 총칭하면 성과관리시스템이라고 할 수 있다.

이 저서는 사회복지관이 자체적으로 성과를 관리할 수 있는 표준성과관리모형, 즉 '사회복지관 표준성과관리매뉴얼'을 개발하는 것을 목적으로 한다. 특히, 이 저서가 제시하는 성과관리모형은 지역사회에서 종합적인 서비스를 제공하는 종합사회복지관의 가장 큰 부분을 차지하는 지역사회복지관, 노인사회복지관 그리고 장애인사회복지관의 성과를 관리하기 위한 성과관리모형을 의미한다. 사회복지관 성과관리모형(성과관리매뉴얼)은 사회복지관의 안정적이고 발전적인 운영을 위한 가이드라인의 역할을 수행하는 것은 물론이며, 사회복지관 직원들의 역량강화를 위한 지속적인 기초자료를 제공하는 것 또한 목적으로 한다.

현재 정부가 주도하는 사회복지시설평가는 주로 평가도구에 대한 신뢰도나 타당도에 대한 검증을 거쳐 개발된 과학적 도구를 사용하는 것이 아니라 이전에 사용한 질문항목들에 대해 일부 수정을 거치는 평가질문항목들을 중심으로 평가가 이루어지고 있다. 또한 평가질문항목들은 수량화된 응답을 요구하는 경우가 대부분이어서 수량화된 업적을 중심으로 서류를 준비하여 평가에 대비함으로써 평가가 일회적인 작업으로 끝나게 되는 과정을 되풀이하고 있다. 즉, 평가가 사회복지관의 조직성과 개선과 조직발전 및 학습역량강화에 도움이 되지 못하고 있다. 따라서 이 저서에서 제시되는 사회복지관 성과관리모형은 비영리 사회복지조직 관리에 필요한 모든 영역과 복지관의 성격을 세분화하여 구분하고, 특히 조직발전과 조직학습이라는 성과관리의 기본적인 취지에 부합하도록 설계되었으며, 사회복지관을 둘러싼 환경변화 및 기능변화 그리고 주민들의 욕구변화를 관리요소에 적극적으로 반영하는 성과관리매뉴얼이 되도록 노력하였다. 따라서 이 모형은 향후에 이루어질 사회복지관 성과관리모형에 최적화된 성과관리 척도개발을 위한 연구에 기초자료로서의 역할을 수행할 것이다.

2 연구의 과제

이 저서는 사회복지관 성과관리모형을 구축하기 위한 핵심적인 과제로 다음과 같은 과제를 선정하였다.

- 사회복지관 운영 및 관리가 왜 성과관리중심으로 이루어져야 하는가?
- 사회복지관의 성과는 무엇인가?
- 사회복지관 성과를 구성하는 성과의 영역(dimension)은 무엇인가?
- 사회복지관 성과의 영역별 관리구성요소는 무엇인가?
- 사회복지관 성과관리의 구성요소별 구체적인 관리지침은 무엇인가?

앞선 연구의 핵심과제는 사회복지관 성과관리모형의 가장 핵심적인 내용을 구성한다. 핵심적인 과제의 결과물을 우리는 '사회복지관 자기주도성 성과관리모형(Self-Oriented Performance Management Model for Welfare Centers: SOPMM)'으로 총칭하도록 한다.

3 연구의 방법 및 과정

이 저서의 목적인 사회복지관 사업의 안정적 운영 및 발전을 위한 성과관리모형을 구축하기 위해 이 저서는 내용분석(contents analysis)을 위하여 선행문헌조사를 통하여 사회복지관 성과의 영역 및 성과관리 구성요소를 도출하고 사회복지관 성과관리모형 구축을 위해 비영리조직 성과관리모형의 내용을 분석할 것이다. 사회복지관 사업의 안정적인 운영 및 발전을 위한 성과관리모형을 구축한다는 이 저서의 목적을 달성하기 위해 이 저서는, 첫째, 선행연구를 통하여 사회복지시설평가의 문제점을 살펴보고 평가지표를 분석한다. 둘째, 장애인복지관, 지역사회복지관, 노인복지관 등 사회복지관 운영매뉴얼 및 운영가이드라인을 비교 분석한다. 셋째, 사회복지관의 성과 개념을 구축하고 성과관리를 위한 관리영역을 확인하기 위한 문헌연구를 시행한다. 넷째, 사회복지관 성과관리모형을 도출하기 위해서 이미 제시된 비영리조직 성과관리모형을 비교분석한다. 다섯째, 사회복지관 성과관리모형을 도출하고 성과관리의 영역 및 영역별 관리요소 그리고 관리요소의 구체적인 내용을 확인한다. 여섯째, 1차 도출된 사회복지관 성과관리모형과 성과영역 및 성과영역별 구성요소의 구체적인 내용의 현장적합성을 확인하기 위하여 전문가집단을 대상으로 액면 및 내용 타당도를 검증한다. 마지막으로 수정·보완된 최종 사회복지관 성과관리모형을 제시한다.

이 저서에서 제시되는 사회복지관 성과관리모형의 현장적합성 및 모형의 타당도를 점검하기 위하여, 이번 연구는 전국 사회복지관의 원장 및 부장 등 총 18명으로 구성된 초

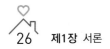

점집단을 구성하고 6회에 걸쳐 액면 및 내용 타당도를 점검하여 성과관리의 관점과 관점별 구성요소 그리고 구성요소별 성과관리영역의 구체적인 내용과 성과관리지침들에 대한 수정 및 보완 과정을 거쳤다. 집단면접은 총 6회에 걸쳐 10개월간 수행되었다. 하지만 수정 및 보완 과정의 내용은 이 저서의 내용상 삭제하였다. 이 저서의 목적을 성취하기 위한 구체적인 연구의 과정은 다음과 같다.

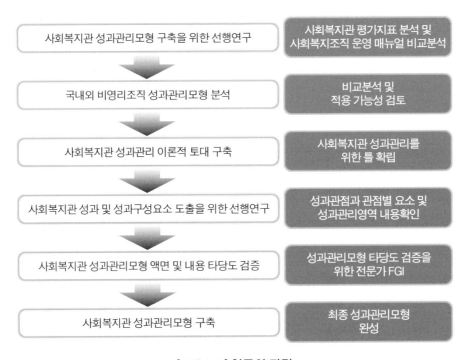

[그림 1-1] 연구의 과정

제1부

사회복지관
성과관리모형 구축

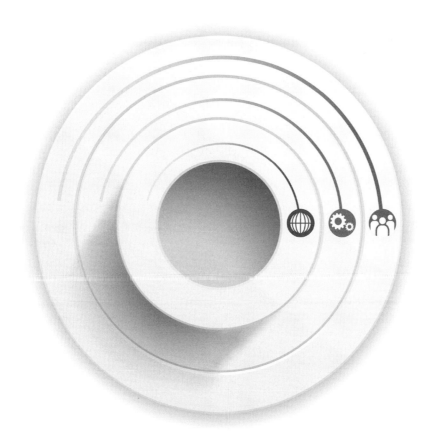

제2장 비영리 사회복지조직과 성과관리

제1절 비영리조직과 성과

1 성과의 개념

성과(performance)를 정의하고, 성과의 구성요소들을 찾아내어 측정하기 위한 측정개념으로 구체화하는 것은 매우 어려운 작업이다. 결론적으로 성과는 매우 다면적인 개념으로 어떤 한 측면만을 나타내지 않는 복합개념이다. 따라서 성과를 측정한다는 것은 매우 어려운 작업이라고 할 수 있다. 성과를 좁게 해석하면 결과 또는 산출(outputs)과 결과(outcomes)로 해석될 수 있지만, 성과를 단순히 산출과 결과를 포함하는 개념으로 보는 것은 성과를 매우 좁게 해석하는 것이라고 할 수 있다. 이러한 결과를 성과로 보는 견해는 Harbour(2009)와 Berman(2006)이 대표적이다. Harbour(2009)는 성과가 실제적인 성취물이나 결과 또는 남겨진 것을 의미한다고 정의하였으며, Berman(2006)은 성과가 결과를 성취하기 위한 자원의 효율적이고 효과적인 사용을 의미한다고 정의하여 성과는 곧 결과의 성취라는 점을 강조하였다. 따라서 성과에는 결과가 포함된다고 할 수 있으며 결과가 증가하면 증가할수록 사업의 성과는 개선된다고 할 수 있다. 이렇듯 성과에서 결과만을 강조하게 되면 성과는 생산과정의 결과라고 해석될 수 있다(지은구, 2012b).

하지만 지은구(2012b)에 따르면 성과는 행동의 결과나 노력의 결과이기도 하면서 동시에 어떻게 성취하였는가를 중요시한다. 즉, 성과는 성취한 것일 뿐만 아니라 어떻게 성취할 것인가라는 의미를 포함한다. 행동이나 노력이 없으면 결과는 없을 것이므로 성과는 성취하기 위해 적절하게 행동하는 것을 당연히 포함한다. 성과를 결과물을 만들어 내는 과정이나 행동을 포함하는 의미로 이해한다면 성과는 일반적으로 사업의 전체 과정에 대한 수행능력을 의미한다. 따라서 성과는 체계주의 관점에서 보면 투입과 결과까지 사업의 전 과정을 실행 또는 수행해 나가는 능력으로 해석될 수 있다. 보다 구체적으로 성과는 자원(투입)을 활동과 산출로 연계하고 나아가 성과와 조직이나 사업의 기대된 목적을 연계시키는 것을 의미한다. 따라서 성과란 기대된 결과 대비 실제 성취한 결과와의 비교를 통해서 그 능력이 입증된다고 할 수 있기 때문에 결과보다 사업의 전 과정을 이해하고 사업의 전 과정이 계획된 목적이나 기대하는 성취결과를 얼마만큼 어떻게 성취하였는지를 보여 준다고 할 수 있다. 결국 성과란 조직에서 수행하는 사업 전체에 대한 이야기, 즉 과정을 의미한다고 할 수 있다(지은구, 2012).

또한 성과로써 조직의 가치가 실현되었는지를 확인할 수 있으므로 가치의 실현이라는 측면도 성과에 포함된다고 할 수 있다. 일반기업에서 성과가 개선되었다는 것은 기업가치적 측면에서 기업의 이윤이 증가하였음을 의미한다. 특히 공공조직이나 비영리조직의 가치적 측면에서 본다면 성과에는 일반조직이 가지고 있지 않은 공공가치나 사회적 가치의 실현을 포함한다. 예를 들어, Van Dooren, Bouckaert, 그리고 Halligan(2010)에 따르면 성과는 생산물을 만드는 과정의 결과이고 공공가치의 실현이라고 강조하였다. 즉, 성과의 영역에 가치의 실현이라는 점도 분명히 포함되어 있다는 것을 의미한다. 비영리조직, 나아가 사회복지조직은 지역사회의 개선이나 사회구성원들의 삶의 질 개선 등과 같은 사회적 가치 실현을 궁극적 목적으로 하기 때문에 가치의 실현은 곧 사회복지조직의 성과로 나타난다. 성과가 조직가치의 실현으로 해석되는 이유는 조직이 설정한 조직목적을 실현하기 위하여 결과물을 생산 또는 제공하며 조직이 제공하는 생산물이나 서비스는 결국 조직이 설정한 조직목적의 실현을 위한 도구로 활용된다는 것이고, 조직목적의 실현은 조직의 가치가 구현되는 것임을 의미하기 때문이다. 결국 비영리조직의 성과를 구성하는 세 가지 구성요소는 결과, 과정 그리고 가치로 이를 그림으로 나타내면 [그림 2-1]과 같다.

[그림 2-1] 비영리 사회복지조직 성과의 세 가지 구성요소

자료: 지은구 외(2017), p. 125에서 재인용

👫2 비영리 사회복지조직 성과의 영역

성과의 개념에는 다음과 같은 요소들이 포함되어 있음을 알 수 있다(지은구, 2012).

- 성과는 자원을 활동과 산출로 연계하고 나아가 조직이나 사업의 기대된 목적으로 연계시키는 것을 의미한다. 따라서 성과란 기대된 결과대비 실제 성취한 결과와의 비교를 통해서 그 능력이 입증된다. 이를 성과의 결과영역이라고 부를 수 있다.
- 성과는 단순한 결과만을 의미하지 않으며 결과물을 만들어 내는 과정이나 행동을 포함한다. 이를 성과의 과정영역이라고 부를 수 있다.
- 성과는 조직의 가치를 실현하는 것을 포함한다. 특히, 비영리 사회복지조직의 생존 이유는 바로 사회적 가치의 실현이라고 할 수 있으므로 이를 가치영역이라고 부를 수 있다.

조직의 성과는 단지 영리기업에서 강조하는 산출된 서비스나 상품의 양이나 또는 산출량을 만들어 내는 데 들어간 투입비용과 대비하여 조직에 가져다준 이익 또는 혜택만을 고려하는 효율적 측면만을 그 고유영역으로 하지 않음은 주지의 사실이다. 특히, 비영리조직의 성격상 조직의 효과성 내지는 조직의 성과는 사회복지서비스 제공에 따른 이용자 자신의 변화를 포함하여 주변 사람들의 변화, 나아가 지역사회의 변화와 같은 복지 외부효과도 생산하므로 조직성과의 영역은 변화를 위한 모든 행동이 포함되는 매우 광범위한 영역이라고 할 수 있다. 따라서 비영리조직의 성과를 구성하는 영역은 조직의 존재 가치와 가치 실현을 위한 모든 노력 그리고 행동에 따른 변화를 의미하는 것으로 가치영역, 과정영역 그리고 결과영역을 삼분할 수 있다.

3 성과관리란

성과관리를 간략하게 정의하면 성과를 중심으로 조직을 관리하는 방법이다. 일반적으로는 조직원들의 성과를 개선하고 개별적 기여자들이나 팀의 능력을 개발하여 조직의 효과성을 증진시키는 전략적 그리고 통합적 접근방법이라고 할 수 있다(Armstrong & Baron, 1998). Poister(2003)는 성과관리가 조직성과를 고취시키고 조직성원과 조직구성단위의 효과성을 극대화하기 위해 조직성원의 업무나 조직구성단위를 관리하기 위한 과정이라고 정의하여 성과관리가 일회적으로 수행되는 과업이 아니라 지속적인 과정임을 강조하였다. McDavid와 Hawthorn(2006)에 따르면 성과관리는 현재나 미래의 방향에 관한 결정을 하고 전략적 우선권을 결과에 연계하는 정책이나 프로그램 성취물의 증거에 의존하는 조직관리라고 정의하고 증거나 사실에 근거하여 미래의 조직방향을 결정하기 위한 조직관리방법이 성과관리임을 강조하였다.

또한 성과관리는 결정수립을 위하여 측정된 성과정보를 이용하고 합체시키는 관리의 한 유형(Van Dooren, Bouckaert, & Halligan, 2010)이라고 정의되므로, 결정수립을 위하여 필요한 정보를 활용하는 관리기법임을 알 수 있다. 또한 Marr(2009)는 전략적 성과관리를 강조하였는데, 그에 따르면 전략적 성과관리란 조직의 전반적 성과, 효과성 그리고 효율성을 개선하기 위하여 무엇이 필요한가를 확인하고 측정하고 관리하는 것이라고 한다. 또한 Cardy(2004)에 따르면 성과관리는 계획된 목적을 성취하기 위한 진행사항을 사정(assessing)하는 과정을 의미하며 미래의 성과를 개선시키기 위하여 노력하는 것이라고 정의하였다. 사업발전의 측면에서 성과란 기대된 결과 대비 실제 성취한 결과를 의미하며, 기대된 결과가 성취한 결과보다 높으면 성과에 문제가 있는 것으로 볼 수 있으므로 성과개선(performance improvement)은 이러한 차이를 줄이는 것이라고 할 수 있다. 미래의 성과개선은 과거와 현재의 성과에 대한 정확한 사정(또는 측정)을 필요로 한다. 따라서 성과관리는 과거와 현재의 성과에 대한 정확한 사정을 바탕으로 계획된 목적을 성취할 수 있도록 노력하는, 즉 성과개선을 만들어 내는 과정이라고 정의할 수 있다.

성과가 형평성과 책임성을 고려하면서 효과성과 효율성의 측면에서 조직이 성취하려는 것을 의미한다면, 성과개선은 성과를 변화시키고 향상시키는 과정을 의미하므로, 성과와 성과개선은 동일한 개념이 아님을 알 수 있다(Berman, 2006). Berman(2006)에 따르면 성과개선은 성과문제에 대한 진단, 성과개선을 위한 전략과 지식, 성과노력을 위한 조직의 능력 분석, 결과사정 그리고 기술과 전략의 실행 등을 포함한다.

Cardy(2004)는 성과관리과정을 7단계로 구분하여 설명하였는데, 그에 따르면 성과관리란 현재 성과의 확인, 진단(측정), 평가, 피드백, 피드백 실행, 성과개선 그리고 미래성과로 이루어진다고 한다. 성과관리과정은 [그림 2-2]로 나타낼 수 있다.

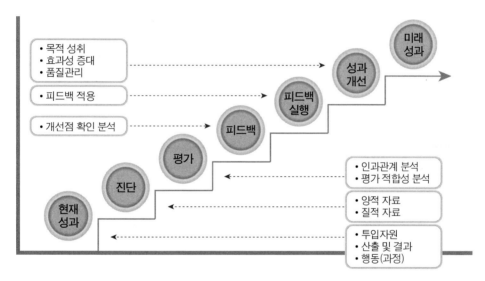

[그림 2-2] 성과관리과정

앞서 성과관리에 대한 다양한 정의를 통해 알 수 있는 것은 다음과 같다.

• 성과관리는 사실이나 증거에 근거하여 조직의 방향을 결정하는 결정수립과 연관이 있다.
• 성과관리는 효율성과 효과성 그리고 형평성을 포함하여 전체 조직의 성과를 개선하려는 지속적인 과정이다.
• 성과관리는 성과측정을 통하여 수집된 정보를 활용하는 관리방법이다.

결국 성과관리는 측정을 통하여 수집된 정보를 활용하여 조직 전반의 성과를 개선하려는 조직관리기법이라고 간략하게 정의할 수 있으며, 특히 지속적인 과정으로서 조직의 미래방향을 결정하는 결정수립도구로서 역할을 한다는 것을 알 수 있다.

◆ 성과관리

측정을 통하여 수집된 정보를 활용하여 조직 전반의 성과를 개선하려는 조직관리기법으로 지속적인 과정으로서 조직의 미래방향을 결정하는 결정수립도구의 역할을 수행

제2절 성과관리의 가치와 영역

1 성과관리와 가치

1) 성과관리의 가치지향성

성과관리는 가치지향적인 행동들의 총합이다. 이는 성과관리를 이해하는 데 있어 추구하는 가치를 이해하지 못하면 성과관리를 이해하는 것이 불가능하고 성과관리의 적용 또한 불가능하다는 것을 의미하는 것이다. 성과관리의 역사를 살펴보면 성과관리는 영리를 추구하는 일반기업에서 시작하였다. 영리를 추구하는 일반기업들이 추구하는 가치는 사회적 가치를 추구하는 비영리조직과는 달리 경제적 가치를 추구하며 화폐가치를 통한 이윤추구가 바로 가치실현을 위한 모든 행동들로 집약되어 나타나는 조직이라고 할 수 있다. 즉, 영리기업들의 모든 행동들은 이윤추구라는 경제적 가치를 실현하기 위한 노력이며, 이러한 노력을 관리하기 위한 관리기법으로 1990년대 성과관리기법이 개발되고 발전되었다.

조직의 가치란 이미 언급한 바와 같이 조직을 인도하는 기본 원칙으로서 조직구성원들이 따라야 하는 행동 기준이나 지침 또는 규율이나 규칙과도 같은 것이라고 할 수 있다. 또한 가치는 조직원들이 그들 주변이나 그들을 둘러싼 외부세계와 상호행동하는 원

칙을 의미한다고도 할 수 있다. 즉, 조직원들은 조직의 가치가 조직의 외부세계(예를 들어, 지역주민이나 이용자)와의 상호행동을 통해 실현될 수 있도록 노력한다. 예를 들어, 사회복지사의 대표적인 가치가 사회복지사 실천윤리강령에 나타나 있는 바와 같이 사회정의라고 한다면 모든 사회복지사들은 사회정의를 실현하기 위하여 노력하게 되며, 그들의 상호행동은 사회정의를 실현하기 위한 행동에 입각하여 이루어져야 한다(지은구, 2012).

성과관리 측면에서 본다면 성과관리를 성공적으로 수행하기 위한 조직의 가치는 바로 조직이 이미 설정한 조직의 가치를 실현하기 위하여 노력하고 있는가를 확인하는 것이라고 할 수 있다. 조직은 조직이 지향하는 가치를 실현하기 위해 설정한 미션과 비전을 성취하고자 노력한다. 물론 모든 조직이 가치실현을 위한 미션과 비전을 가지고 있지 않을 수도 있지만 조직의 가치를 성공적으로 실현하기 위해서는 반드시 미션과 비전을 설정하는 것이 바람직하며, 특히 성공적인 성과관리를 위해서도 미션과 비전을 설정하는 것이 중요하다. 성과관리 측면에서 조직의 가치는 조직이 설정한 미션과 조직의 비전을 성취하기 위하여 조직구성원들이 어떻게 행동하여야 하는지를 인도하는 안내자의 역할을 수행하므로 조직구성원들의 성과에 직접적인 영향을 주는 행동지침이라고 할 수 있다.

2) 성과관리를 통한 가치의 실현

조직의 가치는 조직의 미션이나 비전에 반영되어 있으며 성과는 조직의 가치를 유지하고 반영한다. 즉, 성과는 조직의 가치를 유지하는 한에서 성취되어야 한다. 조직의 목적이 이윤을 많이 창출하여 주주에게 더 많은 이윤을 가져다주는 것이라고 한다면, 조직의 성과는 모든 조직성원들이 노력하여 이윤창출이라는 조직의 가치를 실현하는 것이다. 이러한 영리조직의 경우 성과는 증대된 이윤이라고 할 수 있다. 만약 조직이 성취하려는 목적이 '지역주민들의 증진된 건강'이라고 한다면 조직의 성과는 건강이 증진된 지역주민들이 수로 표현될 수 있다. 그리고 조직의 가치가 '건강한 지역사회 건설'과 같은 집합주의 특성을 내포하는 통합과 최선이라고 한다면, 조직의 구성원들은 통합적인 서비스와 최선을 다하는 서비스를 제공하여 보다 건강한 지역주민을 만들기 위해 그들의 노력과 행동을 집중할 것이다(지은구, 2012).

결국 성과관리는 조직의 가치지향적인 모든 행동들에 대한 근거 또는 이유를 설명해 주는 역할을 하므로 비영리조직의 성과관리를 이해하기 위해서는 비영리조직의 가치가 사회적 가치 실현에 있다는 점을 보다 분명히 하는 것이 매우 중요하다.

2 성과관리의 영역

성과관리는 추상적인 개념으로 하나의 문장이나 단어로는 설명하기 어려운 복합개념이다. 하지만 분명한 사실은 성과관리에 대한 정의를 통해서 알 수 있듯이 성과관리는 조직관리모형이라는 것이다. 성과관리가 조직관리모형이라는 점은 성과관리의 대상, 즉 성과관리가 일어나는 영역은 조직 전반이라는 점을 의미한다. 조직 활동 전반은 조직의 비전과 미션을 성취하기 위한 노력, 즉 조직으로의 투입자원, 투입자원을 상품화 또는 서비스화하려는 모든 노력이나 활동, 활동의 결과물로서의 산출 그리고 산출이 가져다주는 영향력으로서의 결과 등 조직 활동 전반에 대한 증거자료를 바탕으로 현재의 조직성과를 측정하여 보다 나은 조직성과를 가져오도록 하기 위한 모든 노력을 의미한다(지은구, 2012).

따라서 성과관리의 영역은 성과관리가 일어나는 영역을 의미하며, 조직의 성과관리는 조직 활동 전반에서 이루어지므로 조직생존을 위한 모든 행동, 즉 조직의 생존 가치를 의미하는 가치실현을 위한 모든 행동을 포함한다. 보다 구체적으로는 조직의 비전 및 미션을 성취하기 위한 활동이 일어나는 전 영역이라고 규정할 수 있다.

> ◆ 성과관리의 영역
>
> 조직의 가치실현을 위한 모든 행동, 즉 조직의 비전 및 미션을 성취하기 위한 활동이 일어나는 모든 영역

비영리 사회복지조직의 성과관리영역으로 제시될 수 있는 것은 영리조직의 성과관리영역에 비해 매우 광범위하다고 할 수 있다. 다음에서 제시하는 성과관리영역은 지은구(2012)가 제시한 사회복지조직 성과영역의 예이다.

✎ 〈표 2-1〉 비영리 사회복지조직 성과관리영역의 예

가치관리	사회적 가치실현을 위해 구성된 조직 가치는 직원들의 행동에 영향을 미치며 직원들에게 올바른 행동방향을 제시한다.
미션과 비전관리	조직이 나아가야 하는 길, 성취하려는 것을 나타내 준다.
신뢰관리	주민, 이용자와 조직구성원 사이의 신뢰 그리고 제공되는 서비스, 조직과 직원에 대한 믿음과 신뢰를 의미한다.
협력관리	조직 간, 부서 간, 조직구성원 간의 협력을 강조하는 관리영역을 의미한다.
자원관리	효율성 및 적절성, 형평한 자원의 배분을 나타낸다.
이용자관리	형평과 공평, 권리 그리고 책임 있는 응답 등을 나타낸다.
과정관리	서비스전달의 전 과정을 나타낸다.
인적관리	직원 학습과 성장을 나타낸다.
품질관리	산출의 질을 강조한다.
결과관리	서비스결과의 영향력 및 효과성을 나타낸다.

자료: 지은구(2012), p. 27의 내용을 근거로 재작성

　조직의 비전, 미션, 목적, 가치 등은 사회복지조직이 이윤을 추구하기보다 사회적 가치실현을 강조하는 조직적 특성을 대변하는 성과관리 측면이라고 할 수 있다. 신뢰는 사회적 자본을 구성하는 요소로서 사회복지조직에 정당성과 책임성을 부여하고 이용자들에게 조직과 직원 그리고 서비스에 믿음을 가져다주는 성과관리영역이라고 할 수 있다. 협력관리는 사회복지조직에 놓여 있는 특성을 반영하며 해결하려는 문제에 대한 책임성 강화를 의미하고, 형평성을 강조하며, 이용자관리는 사회복지조직이 추구하는 사회적 통합과 연대성의 가치를 반영한다. 또한 인적관리는 학습과정을 통한 직원개발과 성장을 측정하는 성과측정영역이며, 서비스전달체계를 포함한 산출물, 즉 제공되는 서비스의 질을 강조하는 질 관리와 효과적인 서비스전달과 이용자변화를 강조하는 결과관리도 개인이나 사회에 대한 서비스의 영향력을 측정하는 중요한 성과의 제 측면이라고 할 수 있다. 과정관리는 이용자들의 욕구에 대한 책임 있고 신속하며 적절한 반응이나 행동을 측정하는 성과관리영역이라고 할 수 있다(지은구, 2012).

제3절 성과관리문화

🧑‍🤝‍🧑 1 바람직한 성과관리문화

비영리조직 성과관리의 가장 핵심적인 목적으로 조직학습을 강조하고 나아가 성과관리를 통한 조직학습과 개선을 강조하는 것은 바람직한 성과관리의 문화를 찾기 위한 것이다. 즉, 조직학습과 개선을 위하여 성과가 중심이 되는 문화를 구현하기 위해 노력하는 것은 기존의 성과관리문화가 통제를 강조하는 주인-대리인이론과 생산성을 강조하는 과학적 관리기법으로부터 영향을 받은 명령과 통제문화 중심이었기 때문이다.

지은구(2012b)에 따르면 명령과 통제의 문화는 성과관리를 통하여 직원들과 조직 간의 경쟁을 부추기고, 성과관리에 대한 공포와 불신 그리고 자기중심의 이기주의를 불러일으키며, 직원들 간의 정보나 지식의 공유나 열린 태도 그리고 성과와는 관련 없는 자발적인 노력 등이 불가능하도록 한다. 명령과 통제의 문화는 조직의 성과를 개선하여야 한다는 조직의 자체적인 노력이 아닌 타의에 의한 그리고 성과책임주의에 따른 조직문화를 의미한다. 특히, 주인-대리인이론에 입각한 대부분의 비영리조직들은 주인인 정부조직이 주도하는 성과관리를 명령과 통제의 문화에 기초하는 성과관리로 받아들이는 경향이 매우 강해 성공적인 또는 학습을 통해 조직의 성과가 개선되는 바람직한 성과관리가 수행되는 것이 아니라 행정편의적인 그리고 보여 주기 위한 성과관리만이 횡행하게 된다. 결국 성과개선을 위한 협력적인 노력이 사라지게 되므로, 명령과 통제의 문화에서의 성과관리에서는 조직성과 개선과 혁신이 매우 제한적이라고 할 수 있다. 정부에 의해서 주도되는 사회복지시설에 대한 평가가 조직발전을 담보하지 못하고 조직에게 부담이 되는 일회적인 시간낭비에 빠지게 되는 이유는 바로 시설평가의 문화가 조직학습을 지향하는 조직발전을 위한 관리기법으로 인식되지 못하는 권위주의적 · 행정편의주의적 감독 및 통제지향적 평가문화에 기인한다고 볼 수 있다. 결국 비영리조직 성과중심문화는 조직학습과 조직발전을 담보하여야 하는 것이 중요하다.

> ◈ 바람직한 성과관리문화
>
> 조직학습을 통한 조직발전을 추구하며 성과관리를 통해 조직이 목적으로 하는 성과를 성취하는 방법을 찾는 것을 추구하여야 한다. 성과중심문화는 조직과 조직성원들과의 협력, 신뢰, 자기주도적인 학습, 상호존중과 상호지원의 가치가 성과개선을 위해 성과관리의 전 과정에서 성과관리를 인도하여야 한다.

2 성과관리와 조직학습문화

성과관리는 기계적으로 수행되는 작업이 아니며, 특히 성과에 대해 책임을 묻고 조직구조를 조정(인원감축이나 구조조정)하기 위한 판단근거나 증거를 확보하기 위해 수행되는 작업이 결코 아니다. 정부재정지출에 대해 책임을 묻는 책임성의 시대와 결부하여 정부재정을 효율적으로 집행하기 위한 목적으로 성과관리가 정부조직에 도입된 것은 부인할 수 없는 사실이지만, 성과관리는 기본적으로 조직의 성과를 개선하는 것을 근본 목적으로 하며, 조직성과의 개선은 조직의 미래 정책에 대한 결정수립에 영향을 미치고, 더 좋은 결정수립은 조직의 성과를 개선하는 데 직접적인 요인으로 작동하여 궁극적으로는 조직발전을 지향한다. 또한 성과관리는 조직원들의 참여와 개인적 학습능력을 고양시켜 조직학습능력을 향상시키므로 조직발전에 기여한다.

성과관리의 목적으로 학습이 가장 중요시되는 이유에 대해 Marr(2009)는 조직학습이 성과관리과정을 통해서 이루어지며 조직이 성장하기 위해서는 조직학습이 가장 중요하기 때문이라고 강조한다. 성과가 중심이 되는 문화에 영향을 주는 조직학습 환경이란 하나의 조직 환경으로서 모든 조직원들이 전략에 대한 이해, 성과질문, 설정한 성과지표에 기초하여 전략적 전제에 도전할 수 있고, 전략적 사고를 수정할 수 있으며, 미래의 성과를 개선하기 위하여 더 좋은 결정을 하고 학습하도록 하여 새로운 전략적 통찰을 추구하는 환경을 의미한다(Marr, 2009). 여기서 전략적 통찰은 조직원들이 성과를 어떻게 개선할 수 있을지에 대한 방법을 알고 창조적 행동을 추구할 수 있도록 역량이 강화되는 것을 의미한다. 따라서 전략, 성과질문 그리고 성과지표의 설정 등 성과관리의 전 과정은 모두 조직원들의 행동과 결정수립 그리고 학습을 위한 정보를 제공하는 수단이 된다. 결국 성과관리의 전 과정은 조직원들의 학습을 도와주며 학습을 통해 강화된 역량은 더 좋은 결정을 수립하도록 돕고, 더 좋은 결정수립은 조직성과를 개선하는 데 직접적인 영향을 미친다고 할 수 있다(지은구, 2012).

Argyris(1999)에 따르면 조직에서 이루어지는 학습은 다음과 같은 두 조건에 의해서 가능하다고 한다.

- 조직이 성취하려는 것을 성취하였을 때 그리고 성취하려는 것과 실제 조직결과 사이에 불일치가 발생할 때
- 조직이 성취하려고 했던 것과 실제 결과 사이의 불일치를 확인하고 불일치를 줄이기 위해 노력할 때

성과관리가 계획된 목적을 성취하기 위한 진행사항을 사정(assessing)하고 미래의 성과를 개선시키기 위하여 노력하는 것이라고 이해한다면, 결국 성과란 기대된 결과 대비 실제 성취한 결과를 의미하고, 성과관리란 성과개선을 통하여 기대된 결과가 성취한 결과보다 높도록 조직을 관리하는 것이라고 할 수 있으므로 조직학습의 기본 내용인 조직이 성취하려고 했던 것과 실제 결과 사이의 불일치를 확인하고 불일치를 줄이기 위해 노력하는 것과 성과관리의 과정은 동일한 내용을 담고 있다고 할 수 있다(지은구, 2012).

따라서 학습을 하기 위하여 조직은 조직이 설정한 목적(미션, 비전, 조직 가치 그리고 성취하려는 구체적인 목적이나 목표를 포함하여)을 이해하고 기대한 성과와 실제 성과 사이의 불일치를 확인하는 것은 기본적인 임무라고 할 수 있다. 미션이나 비전 그리고 조직 가치를 포함하여 조직이 성취하려는 구체적인 목적과 목표를 설정하는 것은 조직의 전략적 행동이므로, 전략적 성과관리는 바로 성취하려는 조직의 목적과 목표설정을 정확하게 이해하고 실제의 조직성과와 기대하는 성과 사이의 격차를 줄이기 위하여 노력하는 것이라고 이해할 수 있다.

조직의 가치는 성과를 성취하기 위한 조직의 행동을 인도하며 비전은 조직이 성과를 성취하여 미래에 되고 싶은 미래상을 나타내고 미션은 조직을 설립한 이유, 즉 성과를 통해서 조직이 무엇을 하려고 하는지를 나타내므로 미션과 비전 그리고 조직 가치는 모두 어떻게 조직이 성취하려는 성과를 창출해 내는지에 초점을 맞추고 있다고 할 수 있다. 또한 성과지표는 조직이 기대한 성과와 실제의 성과를 측정하도록 하는 학습을 위한 하나의 도구라고 할 수 있다.

Marr(2009)에 따르면 성과관리를 통한 조직학습은 다음과 같은 세 유형을 통해서 이루

어진다.

- 일차원적 학습: 조직이 설정한 전략적 목표에 따라 측정한 성과와 기대한 성과의 차이를 측정하여 왜 불일치가 나타났는지를 이해한다. 일차원적 학습에서 측정지표는 설정된 과업이 수행되었는지를, 성과정보는 필요한 올바른 행동이 무엇인지를 이해하기 위해 활용된다.
- 이차원적 학습: 조직이 설정한 전략적 목표에 따라 측정한 성과와 기대한 성과의 차이를 측정하여 왜 불일치가 나타났는지를 확인하는 것에서 나아가 성과정보를 통하여 설정한 전략적 목표를 수정하는 것을 나타낸다.
- 삼차원적 학습: 조직은 주어진 성과측정지표를 통해 측정된 성과를 사정하는 조직능력을 평가하고, 나아가 어떻게 더 적합한 성과지표와 성과질문이 조직을 학습하고 개선하는 데 도움을 줄 것인지를 평가하며, 더 적합한 성과지표와 성과질문을 설정하기 위해 노력한다.

결국 일차원적 학습에서 조직은 실제 성과와 기대한 성과 사이의 불일치를 검토하고, 이차원적 학습에서 성과의 차이를 검토하는 것에서 나아가 전략을 수정하며, 삼차원적 학습에서 조직은 성과를 적절하게 측정하기 위한 능력과 방법을 찾게 된다.

3 성과관리와 조직협력

1) 비영리조직 성과관리에 있어 협력의 중요성

조직협력과 성과관리는 어떠한 관계에 있는가? 일반적으로 성과관리는 조직성과개선을 강조하는 관리모형이라고 할 수 있다. 특히, 성과관리는 조직의 성과를 개선하기 위하여 현재의 성과를 측정하고 측정한 정보를 바탕으로 보다 개선된 성과를 얻기 위한 노력을 관리하는 과정이다. 따라서 조직의 성과와 관련이 없는 조직 활동은 성과관리의 측정요소가 아니며, 측정대상도 될 수 없다. 즉, 성과와 관련이 있는 조직 활동이나 요소만이 관리의 대상이 된다. 이러한 측면에서 공공조직이나 비영리조직 활동에 있어 중요한 가치로 지적되고 있는 협력이나 협력의 구체적인 도구로서의 네트워크 활동 등은 조직성과와 직접적인 연관이 없는 경우 모두 성과측정의 대상에서 제외되므로 성과관리는 조직협력을 저해한다는 비판을 받을 수 있다. 특히 성과가 생산성이나 결과물 또는 생산물 중심으로 측정되는 경우 생산성향상에 도움이 되지 않는 모든 조직행동은 성과와 직접적인 연관이 없는 행동으로 비추어질 수 있다. 예를 들어, 개별적 조직의 가시적인 성과가 중요시된다면 조직성과에는 직접적인 효과가 없지만, 지역사회문제에 공동으로 대처하기 위해 다른 조직들과 협력활동을 하는 경우 관리자의 입장에서 다른 조직과의 협력활동이 조직성과를 향상시키는 것이 아니고 조직성과를 위한 직접적인 활동도 아니므로 활동을 중지하게 된다. 결국 직접적인 조직성과를 가져다주지는 않지만 지역사회문제에 대한 공동대처가 장기적으로 보다 안전한 지역공동체를 구축한다는 지역사회공동체주의에 입각한 대부분의 협력네트워크 활동들은 협력활동이 조직의 중심행동인 경우를 제외하고는 조직이기주의적 성과관리체계하에서는 대부분 사라지게 될 것이다(지은구, 2012).

성과관리는 조직협력을 저해하는 방해물인가? 결론부터 말하면 효율성과 생산성을 강조하는 결과물중심의 성과관리체계하에서는 협력을 통한 성과개선이 가시적으로 나타나지 않는 한 직원 간의 협력이나 조직 간의 협력은 성과개선과 연관이 없는 자원의 비효율적 사용을 의미한다. 즉, 성과관리를 단기적인 성과개선에만 초점을 맞추어 협력을 통한 장기적인 조직성과의 개선을 등한시하는 경우 그리고 협력이나 통합이라는 조직의 가치를 등한시하여 조직이 추구하는 가치와 지역사회와의 관계보다는 일개 조직의 생산성이나 효율성 개선에만 성과관리의 강조점을 두는 경우 성과관리는 조직성과의 방해물이라고 할 수 있다. 즉, 협력은 가시적인 결과물을 통한 생산성향상이나 효율성향상과 같은 측면에서 본다면 직접적인 성과관리요소라고 할 수 없다.

공공의 가치를 우선시하고 국민들의 안녕과 복지 그리고 사회적 삶의 개선을 조직 생존의 가치이자 미션과 비전의 핵심적 토대로 강조하는 비영리조직이나 공공조직의 경우, 조직 가치실현을 위한, 즉 미션과 비전을 성취하기 위한 모든 행동들은 정당하게 수행되어야 한다. Denhardt와 Aristigueta(2008)에 따르면 현대 공공관리의 두 핵심전략은 결과와 책임성에 대한 집중 그리고 성과측정체계의 발전과 공공서비스전달을 강화하기 위한 협력의 강화이다. 또한 Bruijn(2007)은 성과관리의 문제점을 극복하기 위한 하나의 원칙으로 협력의 가치가 성과관리에서 보다 강조되어야 함을 주장하였다.

일반기업조직과는 달리 사회서비스를 제공하여 공공의 가치나 사회적 가치를 실현하는 것을 목적으로 하는 비영리조직의 경우 서비스전달을 통해 국민들의 삶이 안정되며

개선되어야 하고, 이를 위해 서비스제공의 개선을 목적으로 이루어지는 협력은 조직가
치의 실현과 서비스전달의 개선을 위한 필수적인 조직 활동(지은구, 2012)이라고 할 수
있으며 성과관리의 핵심적 가치라고 할 수 있다.

2) 협력활동을 저해하는 부정적인 요소

한 조직의 성과를 개선하는 것을 목적으로 조직을 관리하는 성과관리모형은 조직성원
들의 협력과 조직 사이의 협력과 파트너십을 보장하고 나아가 발전할 수 있도록 하는 관
리모형인가? 협력과 파트너십의 성과는 측정되고 관리되어야 하는가? 또는 측정되고 관
리될 수 있는가? 특히, 중요한 문제로 성과관리는 조직의 협력과 파트너십에 어떠한 영
향을 미치는가? 일반적으로 성과관리는 한 조직의 조직개선을 위하여 이루어지며 그 조
직의 성과를 측정하여 현재의 성과보다 개선된 성과를 성취하는 것을 목적으로 하는 관
리모형이다. 성과관리는 조직목적을 구체화하여 전략적 목표를 설정하고 조직요소, 특
히 투입, 산출, 결과를 기본으로 각 요소들 사이의 관계를 측정할 수 있도록 수량화하여
분석함을 기본으로 한다. 특히, 성과관리모형 중 효율성을 강조하고 생산성을 강조하는
결과중심성과관리모형은 산출과 결과를 강조하며, 한 조직의 성과, 한 부서의 성과, 나
아가 한 직원의 성과가 얼마나 개선되었는지를 그들이 수행한 과거의 성과와 기대된 성
과의 성취여부를 놓고 결정한다. 따라서 자기 자신의 성과 그리고 자기 자신이 속한 부
서나 조직의 성과와 관련되어 직접적인 영향을 주지 않는 모든 행위들은 비효율적이고
비효과적인 행위라고 평가될 수 있으며 성과측정의 직접적인 대상이 될 수 없으므로 성
과측정대상에서 제외되고, 이 경우 조직관리모형에 의해서 직접적인 성과를 창출하지는
않지만 간접적으로 사회에 긍정적 효과를 가져다줄 수 있는 직원 간 그리고 조직 간 상
호행동(협력이나 파트너십)이 불필요한 그리고 개선되어야 하는 조직개선을 위한 구조조
정의 일순위가 될 수 있다.

따라서 효율성과 생산성을 강조하고 결과만을 강조하는 생산물중심의 성과관리인 경
우, 다른 직원이나 조직과의 서비스 내용이나 전문적인 서비스 지식 그리고 이용자에 대
한 정보 제공이나 공유가 자신의 조직이 수행하여야 하는 과업활동에 긍정적인 영향을
가져다줄 것이라는 기대나 예측은 지금 당장 눈에 보이는 성과를 가져다주지 않는 불필
요한 과업행동이므로 개선되어야 하는 조직행동이 될 수 있다. 결국 성과를 개선하기 위
하여 협력행동보다는 성과물중심의 과업결과만을 강조하게 되고 자신의 과업결과와 상

관없다고 판단되는 다른 조직이나 다른 부서 또는 다른 직원과의 협력관계는 중요하지 않은 과업으로 분류될 수 있다.

협력활동에 부정적인 영향을 주는 성과관리의 방향

- 성과관리가 행동이나 과정보다는 결과만을 강조하는 경우, 즉 성과측정이 생산성과 투입 대비 산출이나 결과만을 강조하는 경우
- 성과관리의 대상으로 개인의 업적이 강조되는 경우
- 성과관리의 가치적 측면에서 사회적 가치보다 경제적 가치가 강조되는 경우
- 성과관리가 조직통제와 감시·감독을 목적으로 이루어지는 경우
- 성과관리가 수량화된 지표를 통해서 측정되는 정보에만 의존하는 경우

협력은 단기간에 성과를 측정하는 것이 어려운 조직행동이다. 즉, 협력을 통한 성과의 개선은 협력활동이 시작되어 일정기간이 지나야 조직성과에 영향을 미칠 수 있다. 한 달 또는 6개월이나 1년은 성숙한 협력관계를 형성하기에도 짧은 시간이라고 할 수 있다. 또한 협력은 조직성과에 직접적인 개선효과를 가져다주는 조직행동이라기보다 점진적으로 조직성과개선에 영향을 주는 간접적인 개선효과를 가지고 있다. 따라서 단기간에 협력의 성과를 측정하는 것은 바람직한 측정방법이라고 할 수 없다. 또한 협력은 직원과 이용자의 심층면접 등과 같은 질적측정도구를 이용하여 측정되는 것이 바람직한데, 이는 협력행동을 수량화된 측정지표로 환산한다는 것이 어렵기 때문이다. 예를 들어, 협력기관과 몇 년 동안 협력하였는가, 몇 개의 기관과 협력활동을 수행하였는가 등과 같은 측정질문들은 수량화된 측정결과를 가져올 수 있지만 협력행동과 성과 사이의 인과관계를 밝히지는 못하고 아무런 의미가 없는 측정결과만을 가져올 수 있기 때문이다.

3) 성과관리와 조직원들 사이의 협력

성과관리가 물질적인 보상을 강조하게 되면 조직원이나 부서 또는 팀의 개별적 성과를 평가하여 더 좋은 성과를 받은 직원이나 부서들은 더 많은 보상을 받을 수 있으므로 성과관리는 조직구성원 사이의 협력이나 정보공유 그리고 업무 조정보다는 경쟁을 강화하는 도구로 활용될 가능성이 있다. 특히, 조직원 개인의 성과나 팀 또는 부서 간의 성과

에 대한 경쟁구도는 성과정보의 왜곡과 조작이라는 결과를 가져오는 경우도 있을 수 있는데, 이는 성과정보를 활용하는 이해관련집단들, 예를 들어 조직이 제공하는 서비스를 이용하는 이용자의 입장에 본다면 조작된 정보에 근거한 잘못된 선택으로 인한 비용부담의 결과를 초래할 수 있다.

또한 사회복지영역에서 사회서비스를 제공하는 대부분의 비영리조직의 서비스는 대상사가 인간이고 서비스의 결과 역시 인간을 통해서 나타난다는 특성 때문에 매우 전문적이며 다루는 서비스의 영역이 매우 넓고 복잡하여 제공되는 서비스 자체가 교차적이고 협력적인 경우가 많아 개별적 성과에 대한 평가를 강조하게 되는 경우 조직이 제공하는 서비스 성과의 전체적이고 통합적인 측면을 간과할 수 있다. 특히, 비영리조직이 다루는 서비스대상자들이 가지고 있는 복합적인 문제들을 직원 혼자서 처리하는 것은 현실적으로 어려우므로 조직원들 사이의 협력과 정보공유는 서비스 성과에 매우 결정적인 역할을 한다. 즉, 조직원들 간의 협력이 서비스의 효과성을 강화하는 역할을 할 수 있으므로 성공적인 성과관리를 위해서는 조직원 간, 조직 간의 협력과 정보공유가 조직성과를 개선하는 중요한 토대임이 강조되어야 한다(지은구, 2012).

제**3**장 비영리조직 성과관리모형 비교

제**3**장 비영리조직 성과관리모형 비교

제**1**절 비영리조직 성과관리모형 비교분석[1]

성과관리를 위해서는 성과를 측정할 수 있는 측정체계 또는 측정모형이 존재하여야 한다. 성과관리는 앞에서 정의한 바와 같이 측정을 통하여 수집된 정보를 활용하여 조직 전반의 성과를 개선하려는 조직관리기법이다. 즉, 성과측정을 통해 조직의 성과를 지속적으로 개선 또는 변화시키기 위한 노력이자 과정이라고 할 수 있으므로 성과관리의 수행에 있어 가장 중요한 부분은 바로 성과를 측정하고 측정된 성과를 어떻게 조직관리에 적용하여 조직을 변화시키는가를 결정짓는 성과관리의 체계, 즉 성과측정체계를 포함하는 성과관리모형을 개발하여 적용하는 것이라고 할 수 있다. 결국 성과관리가 성과측정을 기본으로 수행하므로 성과관리모형은 좁게는 성과측정모형이라고도 볼 수 있다. 이는 성과측정을 통한 조직 개선 및 발전을 위한 관리가 성과관리이기 때문이다.[2]

성과관리는 역사적으로 영리조직의 성과를 증진 또는 개선시키기 위한 조직관리기법으로 개발되었으므로 경제적 가치실현을 목적으로 하며, 그 이후 공공조직과 비영리조직에 점차적으로 적용되어 왔다. 예를 들어, 균형성과표(Balanced Score Card: BSC)는 최초 영리조직의 성과를 측정하기 위해 개발된 후 Niven(2008)에 의해 비영리조직의 성격에 맞게 수정되어 제시되었다. 따라서 영리조직의 성과를 측정하기 위해 제시된 성과관리모형에서 비영리조직으로 적용이 가능한 모형들을 비교 분석하는 것은 사회복지관

---

1) 이하의 설명은 지은구(2012b), 제10장을 참고하여 수정·보완하였다.

이라는 비영리 사회복지조직의 성과관리모형 개발을 위한 기초적인 작업이라고 할 수 있다. 균형성과표(balanced score card: BSC)와 함께 비영리조직 성과개발모형으로 활용이 되는 모형에는 로직모형을 조직성과관리에 적용한 확대된 로직모형이 있다. 균형성과표와 확대된 로직모형 이외에 비영리조직 성과관리모형으로 제시된 모형들로는 공공조직의 성과관리모형으로 Poister(2003)가 제시한 모형 그리고 Kandall과 Knapp(2000b)이 제3부분, 자발적 조직 또는 비영리조직의 성과측정을 위해 제시한 모형 등이 있으며, SERVQUAL모형을 수정하여 비영리조직 지역사회복지관의 요소별·단계별 성과측정모형으로 개발한 지은구 등(2013)의 모형이 있다.

자료포락분석(Data Envelopment Analysis: DEA)은 영리조직에 적용하기 위해 개발된 성과관리모형으로 경제적 가치인 효율성을 강조하는 모형이며, 중요도-성과분석(Importance-Performance Analysis: IPA)은 영리조직의 성과를 개선하기 위해 개발된 측정모형이지만 성과를 매우 제한적으로 바라본다는 한계를 가지고 있고, SERVQUAL모형이나 SERVPERF모형은 성과를 품질로 제한하여 바라본다는 한계가 있는 모형이므로 이 저서에서는 분석모형에서 제외하도록 한다.[3]

1 로직모형

1) 로직모형이란

일반적으로 로직모형은 어떻게 프로그램이 참석자들에게 혜택을 가져다주는가? 어떻게 참석자들이 프로그램에서 혜택을 성취하는가? 또는 어떻게 프로그램이 실제적으로 운영되는가를 이해할 수 있도록 설명해 준다. McLaughlin과 Jordan(1999)은 로직모형이 프로그램의 기대된 성과에 관한 설득력 있는 이야기를 위한 하나의 도구이자 토대라고 강조하였다. 로직모형은 프로그램의 성과를 설명하기 위해 프로그램의 요소, 즉 투입, 행동,

---

[2] 이 저서에서는 성과측정도구와 성과측정모형은 확실히 구분하지만 성과측정모형은 성과관리모형과 상호 보완적인 것으로 본다. 특히 성과측정모형이지만 프로그램성과측정을 뛰어넘어 조직관리에 적용할 수 있는 모형들은 성과관리모형으로 보도록 한다.

[3] 자료포락분석, 중요도-성과분석, SERVQUAL모형이나 SERVPERF모형 등에 대한 특성 및 한계는 지은구(2012b), 제10장을 참고하기 바란다.

산출 그리고 결과 요소들과 요소들 사이의 관계를 분석한다(Weinbach, 2004). 결국 로직모형은 프로그램의 요소들(elements)을 활용하여 사업이나 프로그램이 어떻게 작동하는가에 대한 논리를 제공하는 것이라고 정의할 수 있다. 로직모형은 단순히 프로그램의 결과만을 측정하는 모형이 아니기 때문에 프로그램이 어떻게 작동하고 어떻게 그리고 왜 이런 결과를 창출하는가에 대한 전체 프로그램의 성과를 측정하는 데 도움을 준다. 결국 프로그램의 성과를 측정하는 데 있어 프로그램이론과 이론에 기초한 로직모형의 적용은 프로그램을 보다 효과적으로 관리하기 위한 기본적 틀을 제공해 준다고 할 수 있다. 특히, 프로그램이론에 기초한 로직모형은 프로그램의 내용과 본질이 무엇이며 프로그램을 통해서 성취하려고 하는 것이 무엇이고, 프로그램의 목적을 성취하기 위해서 실제적으로 어떤 행동들을 수행하게 되는지 등 프로그램의 성과관리 전반에 관한 기본적인 설명을 가능하게 해 준다는 점에서 프로그램관리를 위한 매우 효과적인 도구가 될 수 있다(지은구, 2008).

로직모형은 개방-체계이론의 영향을 받아 투입, 활동, 산출 그리고 결과 간의 원인과 효과에 대한 분석을 기본 중심축으로 하며, 산출이 프로그램 참여자들에게 미치는 영향력으로서 결과를 즉각적 결과, 중간결과 그리고 궁극적 결과로 구분하여 세분화한다는 특징이 있다. 특히, 확대된 로직모형은 프로그램의 영향력을 보다 강조하는 프로그램이론을 적용하여 결과에 영향을 미치는 모든 프로그램요소들을 설정하여 측정하며 구성요소들 간의 인과적 관계를 강조한다. Weinbach(2004)은 로직모형이 프로그램의 성과(performance)를 설명하기 위해 프로그램의 요소, 즉 투입, 행동, 산출 그리고 결과 요소와 요소들 사이의 관계를 분석한다고 강조하였다. Bickman(1987)은 로직모형이 프로그램이 확인된 문제를 해결하기 위해 특정 조건하에서 어떻게 작동할 것인가를 나타내 주는 모형이라고 강조하여 프로그램이 수행하려는 문제분석이 로직모형을 이용한 측정에서 중요한 특징임을 주장하였다.

투입요소는 조직이 서비스를 생산하는 데 필요한 자원을 의미하며 인적자원과 물적자원이 모두 포함되고 행동요소는 서비스생산을 위해 필요한 운영과정을 나타낸다. 산출요소는 투입과 산출을 통해 만들어지거나 제공된 서비스의 양이나 생산의 양을 나타내며, 결과는 산출된 서비스가 이용자에게 영향을 주는 관계로서 영향력이나 변화를 나타내고 이용자의 상태, 지위, 조건 등의 변화(특히 생활상의 변화)를 중심으로 측정이 이루어진다. 성과측정이 투입부터 결과까지 단계별로 이루어지므로 로직모형은 단계별 성과측정모형이라고도 불린다(지은구, 2010).

2) 확대된 로직모형

로직모형이 단위사업이나 프로그램의 성과관리를 위해 개발된 모형이라고 한다면 확대된 로직모형은 조직 단위의 성과를 관리하고 측정하기 위해 Callow-Heusser, Chapman 그리고 Torres(2005), Frechtling(2007), 지은구(2008) 등이 제시한 모형이다. 앞에서 지적한 바와 같이, 성과를 측정하는 데 있어 기본적인 로직모형은 프로그램이론에 영향을 받아 인과관계분석 및 프로그램이나 서비스의 영향력에 대한 분석을 강조한다는 특징이 있다. 하지만 확대된 로직모형은 해결하려고 하는 사회문제의 분석을 중심으로 투입, 행동, 산출 그리고 결과 사이의 인과관계를 분석한다. 따라서 확대된 로직모형은 조직 전반의 성과를 체계적으로 분석할 수 있다는 장점을 가지고 있다.

앞에서 설명한 바와 같이 로직모형은 프로그램을 구성하는 요소들에 대한 분석을 통해 프로그램이 어떻게 작동하는가에 대한 논리를 구성하여 프로그램의 영향력을 측정하는 것이 중심이라고 할 수 있다(지은구, 2008). 하지만 확대된 로직모형은 조직변화 환경과 결과를 강조하므로 지역주민이나 이용자들에 대한 변화의 정도나 변화요인 등을 보다 구체적으로 강조한다는 측면이 있다(Frechtling, 2007; Stupak & Leitner, 2001).

조직의 성과측정체계로 주로 활용되는 로직모형은 기본적인 로직모형에서 발전된 확대된 로직모형이다. 기본적 로직모형은 프로그램이론에 기초하여 프로그램의 성과, 즉 프로그램의 전체 과정에 대한 수행능력을 손쉽게 파악할 수 있게 도와주지만, 프로그램이나 프로젝트 나아가 조직이 해결하려는 문제에 대한 분석 및 프로그램과 이용자들에게 영향을 줄 수 있는 제반 조건이나 상황에 대한 분석을 하지 않으므로 성과의 제 측면과 변화내용의 인과관계를 완전하게 이해하는 데 어려움이 있었다.

확대된 로직모형은 프로그램이 성취할 것이라고 기대하는 사회적 혜택과 프로그램이 관련되는 방식에 대한 가정 그리고 프로그램이 목적과 목표를 달성하기 위해 채택한 전략 및 전술을 고려한다(Callow-Heusser, Chapman, & Torres, 2005). Frechtling(2007)은 로직모형에 두 요소를 첨가한 확대된 로직모형을 강조하였다. 그녀에 따르면 두 요소는 상황(context)과 영향력(impact)이다. 상황은 프로그램 혹은 개입이 일어나는 환경의 중요한 특징을 설명하며, 결과물이 일반화되리라 기대되는 상황을 정의 내리거나 범위를 정하는 데 도움이 된다. 또한 상황은 환경의 사회적·문화적·정치적 측면들을 제기하기도 하며, 인종, 성별, 사회경제적 지위와 같은 인구 통계적 요인들은 상황하에서 고려되는 변수들 중의 하나이다. 인종적·민족적·종교적·경제적 구성과 같은 지역사회 요인이나 정치적 요인 또한 상황에 포함된다. 영향력은 개입이나 프로그램을 통해 체계, 지역사회 혹은 조직 안에서 발생하는 의도된 혹은 의도되지 않은 변화라고 할 수 있다(Kellogg Foundation, 2000). 따라서 확대된 로직모형은 프로그램이 실행되는 특정한 조건인 상황과 프로그램이 더 큰 체계에 미치는 효과인 영향력에 대한 설명을 포함하므로 해결하려는 문제와 이용자들의 상황에 대한 분석이 중요하다고 할 수 있다.

확대된 로직모형은 단순히 결과(outcome)만을 측정하는 노형이 아니기 때문에 조직이 어떻게 작동하고 어떻게 그리고 왜 이런 결과를 창출하는가에 대한 전체 조직 활동의 흐름을 이해하고 성과를 측정하는 데 도움을 준다. McLaughlin과 Jordan(1999)은 로직모형을 적용하여 프로그램을 측정하는 단계를 제시하여 로직모형이 단순한 결과물을 증정하는 측정도구가 아닌 성과측정체계임을 강조하였다. 그들에 따르면 로직모형을 통한 성과측정은 다음과 같은 과정을 거친다.

① 1단계: 관련된 정보의 수집
② 2단계: 해결하려고 하는 문제와 정황의 확인
③ 3단계: 로직모형의 요소 확인(투입, 행동, 산출, 결과 요소 확인)
④ 4단계: 로직모형의 작성: 흐름도나 일람표(diagram)의 작성
⑤ 5단계: 이해관련당사자들과 로직모형 검증

앞의 측정단계에서 무엇보다도 중요한 단계는 투입, 행동, 산출, 그리고 결과를 구성하고 있는 각각의 구성요소들을 확인하는 것이다. 만약 구성요소들을 확인하지 못한다면 기본적으로 측정은 이루어질 수 없게 된다. 하지만 앞의 단계에서 제시된 바와 같이 프로그램에 참여하는 참가자들에게 영향을 미치는 사회경제적·인구통계적 상황을 확인하여 측정에 반영하며 특히 참여자들에게 영향을 미치는 사회문제분석을 통하여 원인과 결과에 대한 연관성을 찾는 것은 기본적 로직모형에서 보다 발달된 유형의 성과측정체계로 발전하였음을 나타내는 것이라고 할 수 있다.

특히, 확대된 로직모형은 조직구성원과 프로그램 이용자가 함께 협력하여 성과를 측정할 수 있는 모형이다. 즉, 조직구성원들은 이용자가 필요로 하는 것을 확인하고(사회문제 분석과 욕구사정을 통해서) 프로그램을 위해 필요한 자원, 행동, 산출, 결과를 설정하여 측정한다. 로직모형은 이용자가 욕구하는 것, 필요한 자원, 행동, 산출, 결과와 관련된 자료가 수집된다는 장점이 있다. 로직모형은 특히 결과를 즉각적 결과, 중간결과, 장

기결과로 세분화한다.

확대된 로직모형의 특징은 조직이 성취하려는 목적을 해결하려는 사회문제 분석과 연관하여 분석하며 조직이나 프로그램의 구성요소에 대한 분석을 통해 성과를 측정한다는 것이고, 각각 요소에 영향을 주는 외부환경을 고려하여 측정한다는 것이다. [그림 3-1]은 확대된 로직모형에 따른 성과측정을 나타낸다.

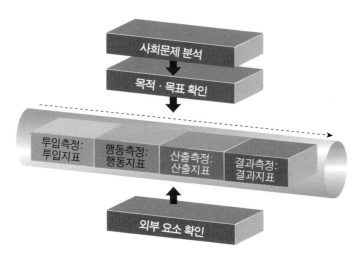

[그림 3-1] 확대된 로직모형에 따른 성과측정

3) 로직모형의 적용과 성과측정

앞과 같은 로직모형과정을 거치게 되면 프로그램이론에 기초하여 사회서비스프로그램의 성과, 즉 프로그램의 전체 과정에 대한 성과를 쉽게 파악할 수 있게 된다. 로직모형은 단순히 결과만을 측정하는 모형이 아니기 때문에 프로그램이 어떻게 작동하고 어떻게 그리고 왜 이런 결과를 창출하는가에 대한 전체 프로그램의 성과를 측정하는 데 도움을 준다. 로직모형은 일반적으로 프로그램의 성과를 측정하는 측정도구로 활용되고 있으므로 조직의 성과를 관리하기 위한 측정모형으로의 적용은 BSC모형에 비해 활발하지 않다고 할 수 있다. 프로그램의 성과를 측정하는 데 있어 로직모형은 프로그램이 해결하려고 하는 사회문제의 분석을 중심으로 프로그램의 구성요소인 투입, 행동, 산출 그리고 결과 사이의 관계를 분석한다. 즉, 로직모형은 주어진 환경이나 조건 또는 상황에 대한 분석과 프로그램을 구성하는 요소들에 대한 인과관계분석을 중심으로 프로그램이 어떻게 작동하는가에 대한 논리를 제공하는 것이 중심축이라고 할 수 있다(지은구, 2008). 프로그램이나 사업의 성과측정은 로직모형에 있어 다음과 같은 질문을 통해 가능하다.

- 로직모형에서 확인된 각각의 프로그램 요소들은 정확하게 자기 위치에 놓여 있는가? 기대된 산출과 결과는 정확히 관찰되었는가? 수행될 행동요소는 정확히 설계되었는가? 계획된 단계에서 활용할 모든 자원들이 확인되있는가?
- 로직모형에서 확인된 인과관계는 계획된 대로 발생하였는가? 성과는 합리적인 과정을 통해서 도달하였는가? 의도하지 않은 혜택이나 비용은 무엇인가?
- 결과를 설명할 수 있는 다른 전제(또는 가정)들은 존재하지 않았는가?
- 프로그램은 기대했던 이용자(클라이언트)에게 제공되었는가? 그리고 이용자들은 프로그램이 제공한 서비스나 상품에 만족하였는가?

4) 로직모형의 장점과 한계

(1) 로직모형의 장점

로직모형은 단순히 프로그램의 결과만을 측정하는 도구가 아니라 전체 프로그램의 성과를 측정하는 데 사용할 수 있는 성과측정모형으로서 실제적으로 프로그램의 요소를 모두 살피며 분석한다는 입장에서 관리를 위한 하나의 체계(system), 즉 성과관리를 지원하는 성과측정체계가 될 수 있다는 장점을 가진다. McLaughlin과 Jordan(1999)은 로직모형의 긍정적 측면을 다음과 같이 정리하였다.

- 프로그램과 이용자가 얻을 수 있는 결과 그리고 예상되는 자원에 대한 이해를 도움으로써 직원들 간의 그리고 직원과 이용자들 간의 의사소통과 팀 구성, 사고의 공유, 가정(전제)의 확인 등에 긍정적인 영향을 미친다.
- 목적성취에 필요한 결과요소와 요소 사이의 불일치나 불필요한 요소 등을 확인하므로 프로그램 설계와 개선에 도움을 준다.
- 프로그램을 수행하는 조직이나 프로그램이 가지고 있는 문제들과의 의사소통을 원활히 하도록 돕는다.
- 프로그램평가나 성과측정을 위한 강조점을 확인하는 것을 도와서 필요한 자료수집이 용이하도록 한다.

결국 조직의 성과를 측정하는 데 있어 확대된 로직모형의 장점은 다음과 같이 정리될 수 있다.

- 로직모형을 통하여 조직개선의 영역과 문제점들을 조직 활동 전 과정을 구성하는 구성요소들을 중심으로 파악할 수 있으므로 보다 개선된 조직성과를 성취하는 것이 용이하다.
- 프로그램이론에 근거하여 전체 프로그램, 나아가 조직성과를 측정하므로 성과측정이 계획적이고 체계적으로 수행될 수 있다.
- 전체 직원들이 성과측정에 참여할 수 있으므로 성과개선을 위한 의사소통활성화에 도움이 된다.
- 조직서비스전달과정 참여 이후 이용자들에게 나타나는 결과와 영향력이 강조되므로 이용자들의 조직에 대한 이해 그리고 직원들의 이용자들에 대한 이해가 보다 용이하게 이루어질 수 있다.

(2) 로직모형의 한계

이와 같은 장점에도 불구하고 로직모형은 적용에 있어 한계를 내포하고 있다. 특히, 로직모형은 프로그램의 성과측정을 위해 개발되어 적용되었으므로 조직의 성과관리에 적용하는 확대된 로직모형 역시 조직성과관리에 적용되는 모형으로 적용하는 것은 무리가 따른다. 로직모형의 단점으로 지적될 수 있는 것들은 다음과 같다.

첫째, 로직모형은 결과 또는 변화를 강조하는 측정모형으로서 다른 요소들보다도 결과변수를 측정하는 것이 더욱 중요하다. 하지만 모든 프로그램의 결과를 측정한다는 것은 현실적으로 제한적이라고 할 수 있다. 즉, 결과를 측정하는 것이 용이한 프로그램이 있고 현실적으로 매우 어려운 프로그램이 있어 로직모형의 적용이 프로그램에 따라 달라질 수 있다는 한계가 있다. 이는 로직모형에서 성과를 측정하는 것이 주로 결과를 측정하는 것으로 한정된다는 것을 의미하며 결과를 측정하는 측정도구는 수량화된 측정도구로 제한된다는 것을 의미한다.

둘째, 프로그램 제공에 따른 직접적 결과 이외에 프로그램에 의해서 영향을 받는 간접적인 변화로서의 결과를 측정하기가 현실적으로 어려울 수 있다.

셋째, 결과물중심의 성과측정이 강조되므로 단기, 중기, 장기 결과에 대한 수량화된 자료를 중심으로 하는 양적 측정이 강조되어 프로그램의 실질적인 운영과정(행동)에 대한 측정은 등한시될 수 있다.

넷째, 로직모형을 발전시키기 위해 프로그램 구성요소를 분석하고 프로그램에 영향을 미치는 조건이나 상황을 고려하여야 하므로 시간과 노력이 필요하다.

다섯째, 로직모형을 적용하는 경우 프로그램(또는 조직)의 목적과 목표를 정확하게 이해하고 프로그램의 구성요소를 정확하게 분류할 줄 아는 숙련된 지식을 갖춘 프로그램 관리자가 필요하다.

여섯째, 이용자들에게 나타나는 결과가 강조되므로 조직의 성과보다는 프로그램 성과를 측정하기에 적합하다.

결국 로직모형은 제공된 서비스나 프로그램에 의해서 나타나는 영향력이나 이용자들의 변화를 강조하므로 조직의 성과측정보다는 단위프로그램의 성과를 측정하기에 더 적합하게 구성된 모형이며, 모든 프로그램의 성과를 측정하는 데는 한계를 가지고 있는 성과측정모형이라고 결론지을 수 있다. 하지만 로직모형은 해결하려는 문제에 대한 분석과 프로그램이 성취하려는 목적과 목표를 확인하고 성취하려는 성과와 실제 성취한 성과 사이의 차이를 줄이는 성과개선노력을 수행하므로 단순히 성과의 정도를 측정하는 도구에서 성과측정을 체계적이고 보다 손쉽게 인도하는 측정모형이라고 할 수 있다.

2 BSC모형

1) BSC란

BSC(balanced score card, 균형성과표)는 1992년 영리조직의 성과에 대한 포괄적인 관점을 제공하는 측정도구로서 Kaplan과 Norton(1992)에 의해서 처음 제시되었고, 이후 전략적 성과관리를 위한 하나의 도구로 발전하였다. 전략적 성과관리는 BSC가 전략적 기획에 기초하여 성과측정을 실행함으로써 조직의 성과를 관리한다는 것을 의미한다. BSC를 수행하는 목적은 조직임무의 성취여부를 확인할 수 있는 측정도구로 전략을 전환시키는 데 있다. 즉, 조직의 임무를 확인할 수 있도록 전략을 설정하고 설정된 전략을 확인할 수 있는 측정도구와 측정지표를 이용하여 조직의 성과를 관리하는 것이다. 따라서 조직성과관리를 위한 성과를 측정하는 하나의 측정도구로서 BSC가 등장하였다고 할수 있다.

하지만 BSC는 전략을 설정하고 설정된 전략에 맞는 목표(예를 들어, 전략적 목표)를 수립하여 목표성취여부를 측정한다는 측면에서 전략과 성과측정을 연계하였으므로 단순한 측정도구 이상의 의미를 가진 성과측정모형이라고 할 수 있다. 즉, BSC가 성과측정을 더욱 효과적으로 수행하고 성과측정이 의도된 대로 잘 진행되는지를 검토 및 관찰하기 위해서 활용될 수 있는 성과측정모형임을 의미한다.

2) BSC의 특성

초기 BSC는 이윤을 추구하는 일반기업의 재정적 산출에 더하여 비재정적 측정도구의 세 영역(고객, 내적기업 그리고 혁신과 학습)을 측정하도록 설계되었으며, 비영리조직이나 공공조직의 성과측정에는 적용되지 않았다. BSC는 여러 변형단계를 거치면서 Kaplan과 Norton(1992)이 조직 상층부 직원이나 관리자에 의한 비재정적 정보의 활용을 촉진하고 고취시킬 수 있는 하나의 통합적 측정도구로서 BSC를 제안한 이후 공공부문의 성과측정에도 적용되었으며, 주로 다음과 같은 특성이 강조되고 있다(Lawrie & Cobbold, 2002a).

- BSC는 비재정적 측정도구와 재정적 측정도구의 혼합이다(Kalpan & Norton 1992, 1993, 1996a, 1996b).
- BSC는 15~20개나 20~25개의 제한된 수의 측정도구이다(Kalpan & Norton 1992, 1993, 1996b).
- 측정도구는 크게 네 개의 관점(또는 영역)으로 구분되는데 그 관점들, 첫째, 재정적 관점, 둘째, 고객관점, 셋째, 내적기업관점 그리고 마지막으로 혁신과 학습관점이다. 특히 Kalpan과 Norton은 1996년 이후 내적기업과정을 내부프로세스로, 혁신과 학습을 학습과 성장으로 명칭을 변경하였다.
- 측정도구는 분명한 전략적 목적과 연관하여 선택된다. 일반적으로 하나의 목적에 하나 이상의 측정도구가 있다(Kalpan & Norton 1992, 1993, 1996b).
- 측정도구는 조직에 대해서 잘 알고 있고 원하는 정보에 대한 접근이 용이한 관리자 (주로 상층관리자)에 의해서 선택된다.
- 일부 측정도구는 인과관계를 나타낸다.

BSC는 현재의 성과가 기대된 성과를 달성하였는지의 여부를 결정하기 위해 네 개의 측면(관점)에서 측정을 하도록 설계되어 있다. 즉, 앞에서 제시한 재정적 관점, 고객관점, 내부프로세스관점 그리고 학습과 성장관점에서 각각의 관점에 적합한 측정도구를 5개에서 6개 정도 설정하여 측정을 한다. 네 관점에서 이루어지는 측정의 기본질문들은 다음과 같다.

- 재정적 관점: 주주에게 우리는 어떻게 보이는가?
  - 주로 이익률, 원가절감, 자산 활용 등과 같은 지표로 측정
- 고객관점: 고객(또는 소비자)은 우리를 어떻게 보는가?(우리의 주된 고객은 누구이며 그들에게 서비스를 제공하는 데 있어 우리의 중심 가치는 무엇인가?)
  - 주로 고객만족도, 고객확보율, 고객유지비율 등과 같은 지표로 측정
- 내부프로세스관점: (조직목적을 성취하기 위해서 또는 고객들에게 더 좋은 서비스나 상품을 제공하기 위해서) 우리가 반드시 뛰어나야 할 것은 무엇인가?
  - 주로 고객관리, 조직운영, 조직규범이나 문화 등과 같은 지표로 측정
- 학습과 성장관점: 우리는 끊임없이 개선할 수 있고 가치를 창조할 수 있는가?
  - 주로 직원성장, 직원역량, 직원만족, 정보의 이용가능성 등과 같은 지표로 측정

Kaplan과 Norton(1996a)은 앞의 네 관점의 연속성을 강조하였는데, 가장 먼저 재정적 관점의 목표를 설정한 후 고객관점의 목표를 설정하고, 그다음으로 고객관점을 성취하기 위한 과정으로 내부프로세스관점을 설정하며, 마지막으로 학습과 성장관점의 목표를 설정하였다. BSC의 기본개념은 [그림 3-2]와 같다.

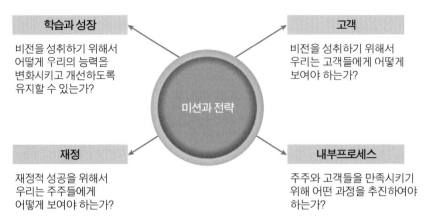

학습과 성장	고객
비전을 성취하기 위해서 어떻게 우리의 능력을 변화시키고 개선하도록 유지할 수 있는가?	비전을 성취하기 위해서 우리는 고객들에게 어떻게 보여야 하는가?
재정	내부프로세스
재정적 성공을 위해서 우리는 주주들에게 어떻게 보여야 하는가?	주주와 고객들을 만족시키기 위해 어떤 과정을 추진하여야 하는가?

Kaplan & Norton(1996a), p. 9 [그림 1-1]에서 재수정

[그림 3-2] BSC의 기본개념

3) Niven모형: 확대된 BSC모형

Kaplan과 Norton(1992)이 제시한 영리조직 바로 BSC를 비영리조직의 성과측정에 적용할 수 있도록 수정하여 제시한 모형이 2003년에 Niven이 제시한 모형이다. Niven(2008)은 BSC를 비영리조직의 성과측정모형으로 제시하기 위하여 성과측정에 있어 조직의 가치와 비전 그리고 임무(미션)를 보다 강조하였으며 전략을 보다 구체적으로 제시하였다는 특징이 있다. 따라서 BSC를 비영리조직의 성과관리에 적용하기 위해서는 Kaplan과 Norton(1992)이 제시한 기본 모형이 아닌 Niven(2008)이 제시한 모형이 더욱 적합하다고 볼 수 있다.

Niven(2008)이 제시한 수정된 모형에서 BSC의 정의와 구성요소 그리고 작동원리를 살펴보면 전략이라는 단어가 자주 사용된다. 앞에서 언급한 바와 같이 BSC는 전략적 성과관리를 위한 하나의 도구라고도 정의될 수 있으며, Niven(2008)은 전략적 관리체계가 BSC의 구성요소 중 하나임을 강조하였다. 전략이라는 용어가 자주 사용된다는 것은 BSC를 활용하기 위해서 전략에 대한 이해가 필수적임을 의미한다. 또한 조직 미션이나 목적과 가치 그리고 비전을 수립한 후 BSC를 만들어서 성과를 측정하기 전 단계로 전략을 수립하는 것이 필수적이다. [그림 3-3]은 Niven모형을 나타낸다.

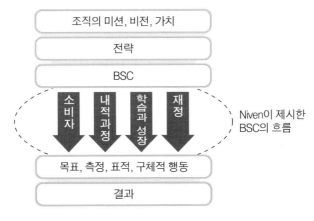

[그림 3-3] Niven모형의 흐름

자료: Niven(2008), p. 156 [그림 8-1] 참조

　[그림 3-3]에서 나타나는 바와 같이 전략은 BSC와 조직의 미션, 비전 그리고 가치를 연결하는 연결고리의 역할을 함을 알 수 있다. 전략은 조직을 미래로 인도하는 관리도구로서 높은 수준의 계획을 의미하기도 하며 기대된 결과를 성취하기 위해 취할 수 있는 구체적이고 세부적인 행동이라고도 할 수 있지만, Evans(2008)는 전략을 조직이 미션과 비전을 실현시키기 위해 취하여야 하는 방향을 설정한 광범위한 진술이라고 정의하였다. 또한 Niven(2008)은 전략을 조직이 미션을 추구하고 조직 환경을 인식하기 위해 조직에 의해서 채택된 광범위한 우선권이라고 정의하였다. 여기서 광범위한 우선권이란 조직이 미션을 성취하기 위해 추구하여야 하는 여러 행동들을 의미한다. 전략은 미션, 가치나 비전을 어떻게 성취할 것인지에 대한 구체적인 방법을 포함한다. 조직의 미션, 가치 그리고 비전이나 조직목적은 당위적으로 조직이 성취하여야 하는 것을 의미하지만 조직이 어떻게 비전이나 조직목적을 성취할 것인가는 전략을 수립하여 시행함으로써 이루어진다고 할 수 있다.

　예를 들어, 전략은 비전(또는 조직목적)을 성취하기 위해 조직성원들이 어디에 힘을 쏟아야 하고 자원은 어디에 할당하여야 하는지 등에 대한 우선권을 제시한다고 할 수 있다. 따라서 전략은 조직성원들이 어떤 행동을 하여야 하는지, 중요한 결정은 어디에 기초하여야 하는지, 나아가 조직임무나 목적을 성취하기 위해서 어디에 집중하여야 하는지 등을 나타내므로 성과를 개선하는 데 매우 중요하다.

　특히 BSC를 수행하는 데 있어 앞에서 제시한 바와 같이 전략이 매우 중요한데, 이는

BSC가 전략을 행동으로 전환시키는 하나의 도구이기 때문이다. 전략을 설정하는 것은 매우 어려운 과업임에 틀림없다. 특히 전략설정에는 지름길이나 최상의 옳은 방법이 존재하지 않는다. 전략을 설정(기획)하는 것은 **전략적 기획**을 통해서 가능하다. Evans(2008)에 따르면 전략적 기획이란 조직성원들이 조직의 미션을 수행하기 위해 필요한 행동이나 절차를 개발하고 조직의 미래를 생각하는 과정이라고 정의하였다. 그에 따르면 전략적 기획은 전략개발과 전략실행으로 구분되며, 전략개발은 전략을 설정 또는 개발하는 것을 의미하고, 전략실행은 설정된 전략을 효과적이고 효율적으로 실행하는 것과 나아가 성과를 평가하고 필요한 수정을 올바르게 행하는 것을 포함한다. 조직성과를 측정하기 위해 BSC를 수행하는 데 있어서는 전략개발이 무엇보다도 중요하다. Niven(2003)에 따르면 전략을 설정하는 과정은 다음과 같은 다섯 단계를 거쳐 이루어진다.

① 1단계: 시작
② 2단계: 이해관련당사자 분석
③ 3단계: SWOT 분석
④ 4단계: 전략적 이슈 확인
⑤ 5단계: 전략개발

전략을 설정하는 데 있어 무엇보다도 중요한 것은 조직의 미션, 가치 그리고 비전을 확인하는 것이다. 조직미션은 조직목적과 같은 의미로서 조직설립의 이유를 나타낸다. 즉, 왜 우리 조직이 존재하는가에 대한 근원적인 대답이 바로 조직미션(또는 조직목적)이 된다. 비전은 우리 조직이 어디로 향하고 있는가를 의미한다. 그리고 가치[4]란 조직비전으로 향하는 데 있어 모든 조직성원들의 행동을 규정하는 정책이나 태도들을 의미한다(Evans, 2008). 조직의 미션, 비전 그리고 가치를 이해하면 구체적인 전략을 설정하는 단계로 들어가게 된다.

앞선 단계를 거쳐 전략이 설정되면 전략을 행동으로 전환시키는, 즉 전략을 행동과 연결시키고 행동의 결과를 얻을 수 있도록 하는 측정도구가 필요하게 되는데, BSC는 이러한 전략과 측정도구를 연결하는 하나의 유용한 체계 또는 도구라고 할 수 있다. 따라서 BSC는 전략이 어떻게 설정되었는가에 따라 영향을 받을 수 있고, 잘 구축된 BSC는 전략

---

4) Evans(2008)는 가치를 조직구성원들을 인도하는 원칙이라는 용어와 함께 사용하였다.

의 설정과 전략이 보다 구체적으로 분화되어 네 개의 관점에서 선택된 측정도구와 목표를 포함하고 있어야 한다고 볼 수 있다. 다음 [그림 3-4]는 전략과 네 개의 관점 사이의 관계를 보다 구체적으로 나타낸다.

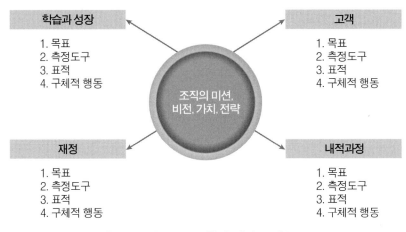

학습과 성장
1. 목표
2. 측정도구
3. 표적
4. 구체적 행동

고객
1. 목표
2. 측정도구
3. 표적
4. 구체적 행동

조직의 미션,
비전, 가치, 전략

재정
1. 목표
2. 측정도구
3. 표적
4. 구체적 행동

내적과정
1. 목표
2. 측정도구
3. 표적
4. 구체적 행동

[그림 3-4] Niven모형의 기본 구성요소

BSC는 [그림 3-4]에서 보는 바와 같이 단순한 성과측정도구라기보다는 왜 측정하는지, 무엇을 측정할 것인지, 무엇을 가지고 측정할 것이지, 어떻게 측정할 것인지 등 측정 이유, 측정 대상, 측정 방법 및 도구 등을 포함하는 성과측정체계라고 할 수 있다. BSC를 이용하여 성과를 측정하기 위해서는 먼저 조직이 설정한 미션, 비전 그리고 가치를 확인하고, 이를 기초로 성과를 측정하기 위한 전략을 설정하여야 한다. 성과측정영역은 재정관점을 중심으로 상호 연관된 네 개의 관점에서 이루어진다. 성과측정은 각각의 측정영역(네 개의 관점을 의미)에서 성취하려는 전략적 목표(또는 성과목표)를 설정한 후 각각의 표적들과 측정도구들 그리고 구체적 행동(세부추진과제)들을 확인하는 과정으로 이루어진다. 각각의 측정영역에서 설정된 성과목표들은 사용 가능한 5~6개의 측정도구를 활용하여 측정된다. 특히, 표적은 성과측정을 통해서 성취하려고 기대하는 결과를 의미하고, 구체적 행동(또는 세부추진과제)은 표적을 성취하기 위한 구체적인 행동, 프로그램, 프로젝트 등을 의미한다.

4) BSC모형의 장점과 한계

Kaplan과 Norton(1992)이 처음 제안하였던 초기 BSC는 하나의 성과측정체계라기보다는 성과관리체계 안에서 성과를 측정하는 여러 방법 또는 도구들 중의 하나에 지나지 않았다고 할 수 있지만, 수정을 거듭하면서 조직 미션, 목적, 가치와 전략 그리고 인과관계 분석 등의 요소가 포함되고 네 개의 관점을 중심으로 성과를 측정하는 단순한 측정도구에서 성과측정모형(또는 체계)으로 발전하였다. 결국 BSC는 성과측정을 위한 도구이면서 동시에 성과측정체계라고 볼 수 있다. 현재 수정된 BSC는 미국과 영국을 중심으로 공공조직의 성과측정모형으로도 활용되고 있다. BSC모형의 장점과 단점을 살펴보면 다음과 같다.

(1) BSC모형의 장점

BSC의 장점 중 하나가 조직성과의 측정을 재정적 측면을 중심으로 비재정적 측면의 가치를 모두 고려한다는 점이다. 물론 Kaplan과 Norton(1992)이 제시한 내부프로세스, 고객 그리고 학습과 성장만이 비재정적 측면을 전적으로 대변한다고 할 수는 없지만, 재정적 측면을 측정하는 측정도구를 조직성과측정의 한 영역으로만 인정한 점은 BSC의 큰 장점이라고 할 수 있다. 조직의 성과를 측정하는 데 있어 재정적 측면을 나타내는 재정적 측정도구를 활용하면 돈의 흐름이나 양에 따른 조직의 성과를 확인하는 것이 손쉬울 수 있다. 하지만 재정적 측면만을 통해 조직의 성과를 측정하는 것보다 조직의 성과를 다른 부분에서도 측정하는 것은 조직의 실제적인 면을 이해하고 조직을 총체적으로 바라보는 데 훨씬 용이할 수 있다. 성과측정을 위해 조직의 재정적 측면만을 고려할 수 없는 이유를 보다 구체적으로 살펴보면 다음과 같다.

첫째, 현대 조직의 우선적인 가치는 재정에만 있는 것이 아니다. 현대 조직의 중심적인 가치는 재정뿐만 아니라 조직 직원의 자기개발이나 역량강화, 직원들 간의 관계, 소비자와의 관계, 조직혁신이나 변화를 향한 조직문화 등 손에 잡히지 않는 무형의 가치도 중요하다(Niven, 2003, 2008).

둘째, 재정적 측면만을 측정한 성과측정 결과만 가지고 조직의 미래를 예측할 수 없다. 화폐적 가치를 통한 측정은 지난해의 조직성과에 대한 재정적 측면의 평가가 가능하도록 하지만 미래의 조직성과나 조직효율성에 대한 예측은 불가능하다.

셋째, 재정적 측면의 가치만을 측정하는 측정도구는 조직과 조직 간의 협력활동이나 상호행동을 통한 조직목적성취 등의 측면을 측정하기가 어렵다. 단순히 기업이윤창출이 아니고 특정한 임무를 성취하여야 하는 조직, 예를 들어 지역사회에 기초한 조직이나 비영리조직 등의 경우 주어진 조직목적을 성취하기 위해 다른 기관과의 협력을 절대적으로 필요로 하며 이는 재정적 측면만을 측정하는 측정도구로는 측정 자체가 불가능하도록 한다.

넷째, 재정적 측면의 측정만 가지고는 조직 내 직원들의 하루하루의 활동, 즉 조직에서의 행동을 알 수 없다. 조직에서 무슨 일이 벌어지고 있으며 어떤 활동이 실행되고 있는지를 이해하는 것도 조직성과를 측정하는 데 있어 중요한 부분이라고 할 수 있다.

(2) BSC모형의 한계

BSC는 재정적 관점의 측정뿐만 아니라 비재정적 측면의 관점을 측정하여 조직 전반의 성과를 측정한다는 점에서 기존 성과측정이 지나치게 재정적 측면의 효율성만을 강조하여 왔다는 한계를 극복하는 데 많은 영향을 미쳤다고 할 수 있지만, 여전히 재정적 관점을 중심으로 다른 세 관점과의 상호연관성 및 인과성을 제시한다는 측면에서 재정적 효율성이 역시 가장 중요한 성과측정영역임을 부인할 수 없다. 재정적 관점을 중심으로 성과가 측정된다는 한계 이외에도 BSC가 여전히 모든 조직이 유용하게 활용할 수 있는 성과측정도구 또는 모형인가에 대해서는 많은 한계가 존재한다. BSC 측정도구가 가지고 있는 중요한 한계점들을 지적하면 다음과 같다.

첫째, BSC는 측정영역을 재정관점, 고객관점, 내부프로세스관점 그리고 학습과 성장 관점의 네 영역으로 구분하지만 반드시 네 개의 영역으로만 성과측정의 영역이 구분될 수 있는 것은 아니다. 예를 들어, 성과관리를 위한 성과측정영역이 6개, 7개 또는 9개의 영역으로 구분될 수는 없는지, 왜 네 개의 영역에서만 성과가 측정되어야 하는지에 대한 의문이 존재한다. 예를 들어, 조직성과를 측정하는 EFQM(European Foundation for Quality Management)모형에서는 성과측정영역을 리더십, 인적관리, 정책, 전략, 자원, 소비자만족, 주민만족, 사회에 대한 영향력 그리고 경영결과의 9개 영역에서 측정될 수 있음을 강조한다(Talbot, 2010). 특히, 공공조직이나 비영리조직의 성과는 영리조직 성과의 상이한 측면을 포함하는 영역이지만 영리조직과 비영리조직의 모든 성과 측면을 네 개의 측면으로 단순화하므로 성과가 가지고 있는 다양한 측면을 반영하지 못하고 있다고 할 수 있다.

둘째, 누가 BSC를 이용한 성과측정을 수행하기 위하여 전략적 성과관리체계의 틀을 구성할 수 있는가? BSC가 강조하는 전략적 성과관리는 전략을 측정도구로 전환시키는 것이 핵심이며, 따라서 조직성과와 연관한 전략을 네 개의 관점에서 설정하는 것이 중요하다. 또한 전략은 조직의 미션, 가치 그리고 비전과 분명한 연관이 있어야 한다. 따라서 조직이 설정한 조직 미션, 가치 그리고 비전을 고려한 전략을 설정하고 그 전략을 네 개의 관점으로 구분한 후 각각의 관점에서 그에 상응하는 측정도구(또는 측정지표)를 찾아 측정하는 것이 가능한 사람은 오직 조직 전반에 대한 완전한 이해력을 가지고 있으면서 성과관리나 측정에 대한 경험과 해박한 지식을 가지고 있는 조직운영자 또는 상층부 관리자들에게로 국한된다. 따라서 BSC를 수행할 수 있는 적합한 조직지도부가 없다면 BSC의 활용은 어렵다는 측면에서 특별히 성과관리전담인원이나 팀을 구성할 수 없는 비영리조직이나 규모가 작은 기업조직에서의 활용은 제한적이라고 할 수 있다.

셋째, 앞의 두 번째 한계와 연관하여 성과측정을 수행할 수 있는 운영자나 상층부관리자의 의지만 있으면 조직구성원들이나 이용자와 같은 이해관련집단의 이해와 상관없이 BSC를 이용한 조직성과측정이 이루어질 수 있다는 점에서 BSC는 조직구성원이나 이해관련집단 모두가 함께 참여하여 수행될 수 있는 성과측정도구라고 할 수 없다. 조직구성원들의 학습과 성장은 조직구성원들의 참여활동과 참여학습을 통해서 이루어질 수 있으므로 조직구성원들이 참여하지 못하고 완전히 이해하지 못하는 성과측정체계의 활용은 조직성장과 발전에 있어 매우 제한적일 수밖에 없다.

넷째, 각각의 관점에서 설정된 측정도구가 그 관점들을 측정할 수 있는 가장 적합한 측정도구인가에 대한 질문은 BSC가 가지고 있는 주요한 약점이다. 즉, BSC의 특성상 측정도구(또는 측정지표)는 관리자나 측정을 주도하는 직원들에 의해 선택될 수도 있고 선택되지 않을 수도 있으며, 각 관점에서 선택된 측정도구가 가장 적합한 측정도구라고 한다면 측정결과에 대한 신뢰는 높을 수 있지만 그렇지 않을 경우 성과측정결과에 대한 신뢰는 낮을 수밖에 없다.

다섯째, 재정적 관점, 고객관점, 내부프로세스관점 그리고 학습과 성장관점과의 연관성, 특히 각 관점 사이의 인과관계를 재정적 관점을 중심으로 파악하는 것은 손쉬운 작업이라고 할 수 없다. 특히 각 관점 사이의 연관성을 고려하여 전략지도를 그리는 것은 현실적으로 매우 어려운 작업이라고 할 수 있다. 모든 관점이 반드시 재정과 연관이 있는 것은 아니다.

여섯째, BSC는 재정적 관점, 고객관점, 내부프로세스관점 그리고 학습과 성장관점에서 각각의 관점에 적합한 측정도구를 5~6개 정도 설정하여 측정하므로 최소한 측정에 사용되는 측정도구가 20개 이상으로 네 관점으로 정해진 영역에서 활용하여야 하는 측정도구로는 매우 많은 측정도구를 사용함을 알 수 있다. 물론 각 관점에 적합한 측정도구가 존재하여 손쉽게 적용 가능하다면 문제가 없지만, 측정하려는 영역에서 측정도구를 찾지 못하는 경우 성과측정의 객관성에 문제가 발생할 수 있다.

일곱째, BSC성과측정모형은 앞에서 지적한 바와 같이 조직 내에서 리더십을 가진 특정 집단이나 부서에 의해서 주도되는 것이 바람직한 모형으로서 조직 전 직원의 참여, 나아가 조직의 프로그램이나 서비스의 참여자나 이용자 또는 잠재적 이용자집단과 같은 이해관련집단의 성과측정과정으로의 참여는 현실적으로 불가능한 모형이라고 할 수 있다. 결국 BSC는 조직구성원과 이용자중심 성과측정모형이 아니고 재정을 중심으로 조직성과를 측정하므로 이용자 개개인들의 서비스에 대한 영향력을 확인하고 그에 대한 변화를 추적하는 비영리조직의 성과측정으로의 적용에 한계가 있을 수 있다.

5) BSC모형과 성과측정

Niven(2008)이 수정한 BSC는 비영리조직의 성과관리를 위한 성과측정모형 중에서 우리가 선택할 수 있는 하나의 성과측정모형이라고 할 수 있으며, 나아가 전략적 성과관리를 위한 하나의 가능한 성과측정모형이라고 할 수 있다. 성과관리는 성과를 측정하여야 가능하며 측정은 체계적으로 이루어져야 하므로 성과를 체계적으로 측정하기 위한 하나의 측정모형이 바로 BSC이다. 즉, BSC는 성과측정을 보다 체계적으로 수행하기 위한 모형임을 의미한다. 앞의 Niven모형에서 나타나는 바와 같이 성과측정의 모든 영역이 전략과 연관되어 있으므로 BSC모형은 특히 성과측정을 위해 측정전략을 설정하는 것을 강조한다는 것을 알 수 있다. 즉, 조직의 목적이나 미션의 성취여부를 확인할 수 있는 전략을 설정하고 설정된 전략에 맞는 목표(예를 들이, 전략적 목표)를 수립하여 목표성취여부를 측정하는 것이 BSC모형 성과측정의 전체적인 그림이다. 간략하게 말하면 BSC모형은 전략을 설정하고 설정된 전략의 성취여부를 네 영역에서 측정하는 하나의 측정도구로 처음 활용되었다. 일반적으로 BSC모형에서는 각각의 영역에서 설정된 전략적 성과목표의 실현여부를 5~6개 정도의 측정도구를 이용하여 측정하며 프로그램이나 프로젝트보다는 주로 상층관리자가 조직 전반의 성과를 측정하는 데 적합한 틀로 알려져 있다.

특히 비영리조직의 성과측정모형으로 제시된 Niven모형은 조직의 미션, 비전, 가치와 전략과의 관계를 중심으로 네 개의 관점에서 측정지표를 설정하여 조직성과를 측정한다. 하지만 Niven모형 역시 성과측정이 조직 전반에 대한 완전한 정보를 가지고 있는 조직상층부나 BSC모형 적용에 전문성을 가진 전문가집단의 개입을 통해서 이루어져야 하므로 직원들의 의사소통 활성화나 직원학습을 통한 조직발전을 도모하는 데 한계를 지니고 있으며, 조직의 재정적 측면과 비재정적 측면의 인과관계를 재정적 측면을 중심으로 분석하므로 재정적 책임성이 보다 강조되는 한계를 갖는다.

BSC모형이 비영리조직의 성과측정모형으로 보다 적합한 틀을 제공하기 위해서는, 첫째, 성과가 측정되는 영역 또는 관점이 비영리조직의 특성에 맞게 재조정되어야 할 것이며, 둘째, 각각의 관점에 맞는 객관적인 측정지표들이 보다 분명하게 제시되어야 할 것이고, 셋째, 각 관점별로 측정된 결과가 객관적으로 인정받을 수 있도록 측정점수의 기준이나 표준 그리고 비영리조직의 특성에 맞는 관점별 점수배정 등이 제시될 필요가 있다.

3 Poister모형

1) Poister 성과측정모형

Poister(2003)가 제시한 공공조직과 비영리조직의 성과를 측정하는 성과측정모형으로서 성과를 산출, 생산성, 효율성, 효과성, 비용효과성, 품질 그리고 이용자만족 등의 영역에서 측정한다. 즉, 성과를 구성하는 구성요소로 이 7개 영역을 제시하였다. 이는 성과관리의 요소별 측정을 강조한다는 점을 의미한다.

산출은 일반적으로 생산된 양이나 제공된 서비스 등을 의미하고 생산성은 1인당 또는 단위 시간당 생산된 양ㆍ서비스 또는 담당하는 사례의 수 등을 나타낸다. Poister의 모형은 로직모형에서 발달된 모형이지만 로직모형에서는 활용되지 않는 품질과 생산성 등을 측정영역으로 포함하였다는 특징이 있다. 보다 구체적으로 측정될 수 있는 성과측정의 분야는, 첫째, 자원측정(투입측정), 둘째, 행동(활동)측정, 셋째, 산출측정(서비스 양), 넷째, 효율성측정, 다섯째, 효과성측정(비용효과성 포함), 여섯째, 서비스 질(품질) 측정, 일곱째, 이용자만족도측정 등의 분야로 구분할 수 있다(Poister, 2003). 다음의 〈표 3-1〉은 성과측정을 위한 지표들의 예를 나타낸 것이다.

✎ 〈표 3-1〉 10대 부모들을 위한 육아교육프로그램의 성과지표

산출	• 제공되는 태아교육프로그램의 수 • 교육시간 • 태아교육프로그램을 끝까지 마친 참여자의 수 • 산모들에게 제공된 상담시간
효율성	• 교육 1시간 또는 한 강좌당 비용 • 프로그램에 끝까지 참석한 산모 1인당 들어간 비용 • 상담 한 시간당 비용
생산성(양)	• 프로그램에 끝까지 참석한 산모들의 수 대비 직원이 투자한 시간
서비스 품질	• 참석자들이 작성한 평가등급
효과성	• 육아 관련 테스트 점수 • 담배 피우지 않는 참여자의 퍼센트 • 태아를 위해 매일 비타민을 복용하는 참여자의 퍼센트 • 적당한 태아 몸무게를 유지하고 있는 참여자의 퍼센트 • Apgar 척도 7점 이상 그리고 신생아 몸무게 5.5파운드 이상 퍼센트 • 태아를 위해 적당한 음식과 상호행동과 돌봄을 제공하는 것으로 관찰된 참여자의 퍼센트
비용효과성	• 건강하게 출산한 아이당 들어간 비용
이용자만족	• 아이 출산까지 프로그램에 끝까지 참여한 산모들 중에 프로그램에 만족을 표시한 산모들의 퍼센트

자료: 지은구(2008), p. 168에서 재인용

Poister(2003)가 제시한 측정의 7개 영역은 측정이 단계적으로 이루어지는 로직모형과는 달리 요소별 인과관계를 적용하여 성과를 구성하는 요소와 요소 사이를 측정한다. 즉, 산출과 결과 사이의 관계는 효과성을 통해 그리고 투입과 산출 사이의 관계는 생산성을 통해 측정된다. 따라서 Poister의 측정모형은 투입과 산출 결과 등의 관계를 고려하지만 로직모형과 같은 단계적 성과측정모형이 아니고 성과를 구성하는 7개 정도의 요소별 조직성과의 정도나 내용을 측정하므로 요소별 성과측정모형이라고 구분할 수 있다. Poister의 모형을 그림으로 나타내면 [그림 3-5]와 같다.

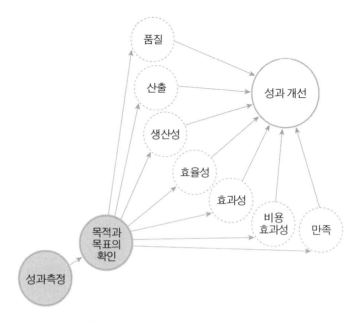

[그림 3-5] Poister의 성과측정모형

2) Poister모형의 특징

Poister(2003)에 따르면 사업의 요소별 성과를 측정하기 위해서는 산출, 효과성, 효율성, 생산성, 서비스 품질, 이용자만족 그리고 비용·효과성과 같은 성과의 분야를 측정하여야 하기 때문에 성과측정은 결국 이러한 성과영역에서 측정지표를 활용하고 관찰하고 정의하는 과정이라고 한다. [그림 3-5]에서 나타난 바와 같이 Poister모형은 로직모형과 달리 측정대상인 프로그램이나 조직의 목적과 목표를 확인한 후 각각의 성과요소를 측정할 수 있는 측정지표를 설정하여 측정을 실행한다. 따라서 Poister모형은 이미 지적한 바와 같이 성과요소를 단계적으로 측정하는 단계별 성과측정모형이라기보다는 성과를 구성하는 관리요소와 요소 사이의 관계를 측정하는 요소별 성과측정모형이라고 할 수 있다. 특히, 조직의 목적과 목표(비전과 미션)를 성과측정에서 고려한다는 점은 목적과 목표를 구체적인 성과측정의 요소로 책정하지는 않았지만 단순히 관리요소만을 강조하지 않는다는 점에서 장점이 될 수 있다.

요소별 성과를 측정하는 분야는 효과성이나 효율성 그리고 품질과 같이 조직관리의 구성요소로 보았을 때 투입이나 행동의 측정보다는 투입과 행동에 따라 나타나는 산출과 결과를 측정한다. 따라서 투입과 행동에 따라 나타나는 산출과 결과와의 관계, 즉 원인과 효과의 인과관계 분석에 초점을 맞춘다. 결국 사업의 요소를 투입과 행동, 산출 그리고 결과로 구분하고 측정하는 것과 달리 투입(주로 비용)과 산출이나 결과 등의 요소별 관계를 통해 효과성, 효율성, 만족도, 품질, 비용효과성 그리고 서비스 양 등의 성과를 측정하는 것은 사업의 수행 목적과 결과를 함께 고려하여 사업의 과정을 인과적으로 해석하려는 시도였음을 의미한다고도 할 수 있다(지은구, 2010).

3) Poister모형의 한계

Poister모형은 로직모형에 영향을 받았지만 조직의 목적과 성취하려는 목표를 확인하고 성과를 구성하는 요소와 요소 사이의 관계를 측정하는 요소별 성과측정모형이라는 특징을 가지고 있다. 특히, 성과를 구성하는 요소를 매우 다양하게 바라봄으로써 성과의 개념에 대한 다면성의 문제를 어느 정도 해결할 수 있는 가능성을 제시해 주었다. 특히, 생산성과 효율성 그리고 서비스 질 및 이용자만족 등 생산물중심의 성과측정에 있어 측정할 수 있는 대부분의 측정영역을 포괄한다는 점은 Poister모형이 갖는 장점이다. 성과측정의 목적과 목표를 설정하여 성과를 측정한다는 점 역시 단순히 요소별 성과를 측정하는 것에서 일보 전진한 모형이라고 할 수 있다.

하지만 Poister모형은 조직의 목적과 목표를 성과측정에서 어떻게 활용하는가에 대한 구체적인 지침이나 성과측정지표들을 제시한 것이 아니라 목적과 목표를 고려하여야 한다는 당위론적인 주장을 되풀이하여 목적과 목표의 측정에 대한 구체성이 결여되어 있다는 한계를 갖는다. 또한 Poister(2003)는 자신의 모형이 비영리조직이나 공공조직의 성과를 관리하는 모형임을 주장하였지만 투입이나 과정보다는 주로 산출과 결과에 초점을 두어 과정보다는 생산물중심의 성과측정 논리를 강조한다는 점에서 일반기업조직으로의 적용이 더욱 적합한 모형이라고도 생각할 수 있다. 만약 조직의 성과측정을 조직책임성강화라는 목적만을 성취하기 위해 수행하는 것이라면 Poister모형은 매우 큰 장점을 가진다. 하지만 조직학습능력 향상을 통한 조직 발전과 성장을 강조하는 조직관리적 측면의 측정모형을 강조한다면 과정중심의 성과측정에서 벗어나 있는 Poister모형은 제한적이라고 할 수 있다.

4 Kendall과 Knapp의 성과측정모형

1) Kendall과 Knapp의 모형

Kendall과 Knapp(2000a, 2000b)은 제3부분, 자발적 조직 또는 비영리조직의 성과측정을 위한 성과측정영역과 측정지표를 제시하였다. 그들의 모형은 Poister(2003), Martin과 Kettner(2010)와 마찬가지로 성과측정을 성과를 구성하는 요소를 중심으로 측정하는 요소별 성과측정모형에 속한다. 즉, 조직이 제공하는 서비스나 재화의 영향력을 중심으로 성과개선의 정도를 직접 측정하는 직접적 측정방식이라고 할 수 있다. 그들은 비영리조직의 성과는 크게 8개 영역에서 측정된다고 주장하였는데, ① 경제, ② 효율성, ③ 효과성, ④ 형평성, ⑤ 참여, ⑥ 옹호, ⑦ 혁신, ⑧ 선택/다원주의 등이다. 그들은 성과측정의 이 8개 영역에서 성과를 측정할 수 있는 성과지표를 제시하였으며, 특히 성과는 복지생산의 과정을 통해서 측정됨을 강조하였다. 그들은 복지생산을 강조한다는 측면에서 성과측정방법을 복지생산 틀 또는 복지생산접근(the production of welfare approach)이라고 불렀다. Kendall과 Knapp 모형을 그림으로 나타내면 [그림 3-6]과 같다.

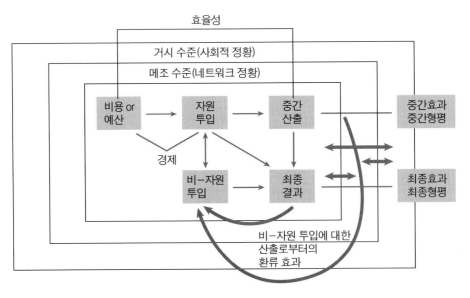

[그림 3-6] Kendall과 Knapp의 복지생산 성과측정모형

자료: Kendall & Knapp(2000a), p 119에서 수정

[그림 3-6]의 모형을 보면 비영리조직의 성과는 크게 재정적 측면과 비재정적 측면으로 나누어지고 투입, 산출 그리고 결과를 중심으로 성과를 측정함을 알 수 있으며, 특히 비영리조직의 성과는 네트워크와 사회적 정황에 의해서 영향을 받는다는 것을 전제하였음을 알 수 있다. 복지생산접근을 구성하는 모형에서 제시된 요인들을 살펴보면 다음과 같다.

- 자원투입: 직원, 자원봉사자, 회원, 자산 등
- 비용: 자원투입을 구매하기 위해 사용된 조직의 예산, 자원투입의 비용 그리고 기회비용의 인식 등
- 비-자원 투입(non-resource inputs): 수량화된 가격을 가지지 않는 또는 시장가치로 환원될 수 없는 결과 성취에 대한 영향력. 예를 들어, 결과에 영향을 미치는 상황적 환경, 상황적 환경을 만들어 내는 직원들의 태도, 의견 또는 이데올로기
- 중간산출 또는 결과(intermediate output/outcome): 제공된 서비스 산출의 규모나 양. 일반적으로 서비스 질 영역
- 최종결과(outcome): 복지생산물이나 서비스의 제공에 따른 변화 또는 외부효과에 따른 변화뿐만 아니라 복지생산을 만드는 생산적 활동에 따른 삶의 질이나 태도의 변화 등

Kendall과 Knapp이 제시한 성과측정의 8개 영역과 지표는 〈표 3-2〉와 같다(Davis & Knapp, 1981; Kendall & Knapp, 2000a, 2000b; Knapp, 1984).

✎ 〈표 3-2〉 성과측정의 영역과 지표

성과측정영역	지표	성과측정영역	지표
경제	• 투입자원 • 지출 • 평균비용	형평성	• 재분배 정책의 지속성 • 서비스 표저 • 혜택/부담비율 • 접근성 • 절차적 형평

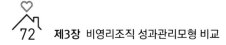

효과성 (서비스제공)	• 최종결과 • 이용자만족 • 산출의 양(규모) • 산출의 질	참여	• 회원/자원봉사자 • (신뢰적인) 태도
선택/다원주의	• 집중 • 다양성	옹호	• 옹호 자원 투입 • 옹호 중간 산출
효율성	• 중간산출의 효율성 • 최종결과의 효율성	혁신	• 보고된 혁신사례들 • 장애물 그리고 기회

각각의 성과영역을 설명하면 다음과 같다.

- 경제: 이용자집단이나 조직의 활동과 연관이 있는 시장가치로 측정할 수 있는 비용이나 지출 등이 포함된다.
- 효과성: 중간산출과 중간결과인 제공된 서비스나 생산물의 양이나 규모 그리고 그들의 질이 포함되며 최종결과인 서비스 이용자에 대한 실제적인 영향력이 포함된다.
- 선택/다원주의: 선택을 증진시킬 수 있는 조직의 능력과 효과성 영역의 변수들을 나타낸다. 따라서 선택지표는 생산물이나 서비스의 시장집중지수와 질 영역에서 측정 가능한 다양성과 연관이 있다.
- 효율성: 최종결과와 중간산출과 연관이 있는 영역이다. 특히, 효율성은 기술적 효율성, 가격효율성, 산출혼합 효율성, 수직적 표적 효율성 그리고 수평적 표적 효율성으로 측정된다.[5]
- 형평성: 서비스의 효과나 혜택과 연관이 있으며 공평이나 정의를 나타낸다. 절차적 형평성은 조직이 민주적 협치구조를 가지고 있는지 또는 가난한 사람들에 더 적은 이용료를 받고 있는지 또는 이용자들이 많이 있는 곳에 조직이 위치하고 있는지 등

---

[5] 기술적 효율성: 주어진 투입으로 중간산출이나 최종결과를 최대화하는 생산을 나타낸다.
   가격효율성: 주어진 지출로 최대의 산출과 최대의 결과를 얻는 것을 나타낸다.
   산출혼합 효율성: 조직의 다양한 산출과 결과에 부합되어 나타나는 상이한 가치를 의미한다. 즉, 산출혼합 효율성은 산출/결과혼합이 주어진 예산이나 자원으로부터 수정될 때 성취된다.
   수직적 표적 효율성: 표적 인구가 서비스를 제공받는 것을 나타낸다.
   수평적 표적 효율성: 욕구가 있는 사람들이 서비스를 제공받는 것을 나타낸다.

을 포함한다.

- 참여: 사회적 자본을 측정하는 영역이다. 참여는 다음과 같은 기본가정에 근거한다. 첫째, 더 많은 회원과 자원봉사자 또는 더 많은 자원봉사시간 등은 더 많은 참여를 의미한다. 둘째, 더 많은 참여는 더 큰 신뢰를 의미한다. 셋째, 조직에 대한 더 큰 신뢰는 더 나은 사회적 · 경제적 · 심리적 · 정치적 결과를 의미한다.
- 옹호: 시민으로부터 또는 정치나 정부로부터의 옹호나 지지는 참여, 형평성, 효율성, 최종결과 등에 영향을 주는 주요한 영역이다.
- 혁신: 과거와의 불연속성을 나타낸다. 혁신은 사회적 자본 또는 효율성과 형성을 개선하며 최종결과와 중간산출에 영향을 준다.

2) Kendall과 Knapp 모형의 특징

Kendall과 Knapp은 그들의 비영리조직 성과측정모형에서 다른 모형과는 달리 복지의 경제적 입장을 고려하여 복지를 하나의 재화나 서비스로 보는 **복지생산접근** 방법을 적용하였다. 그들이 복지의 생산적 측면을 강조하는 이유는 비영리조직을 통해서 제공되는 복지생산물이 비영리조직의 활동을 통해 만들어지는 것이고 이 생산물이 실제 국민들에게 영향을 가져다주어 국민들의 삶의 질이 개선되거나 지역사회가 더 좋은 사회로 변화된다는 믿음에 기초한다. 그들에 의하면 복지생산물은 사회적 정황과의 상호행동에 영향을 받으며 인간관계에 대한 신뢰에도 영향을 준다. 특히, 그들은 재정적 측면뿐만 아니라 비재정적 측면의 성과 역시 측정되는 것이 중요하다고 생각하였는데, 이는 비영리조직이 화폐적 가치로 환원될 수 없는 가치를 창출하며 매우 복잡하고 역동적인 상황에 있으며 기대하지 않은 결과를 만들어 내기 때문이라고 한다. 복지생산접근에 따르면 시장과 정부의 실패가 정보비대칭, 거래비용, 신뢰나 연결망(네트워크)의 부재 등을 가져다주므로 비영리조직의 성과에는 신뢰와 참여가 강조되는 사회자본의 요소도 포함되어야 함이 강조된다.

3) Kendall과 Knapp 모형과 성과측정

Kendall과 Knapp 모형은 비영리조직의 성과가 매우 복잡하고 역동적임을 인정하여 성과를 다양한 부분에서 측정하였다는 점에서 앞에서 설명하였던 Poister모형과 비슷한 형태를 가지고 있다. 특히, 체계주의이론에 따라 성과측정과정을 투입과 산출 그리고 결과를 중심으로 구분하고 각 요소별로 성과측정을 시도하였다. Kendall과 Knapp의 성과측정모형은 이용자만족과 품질을 구분하고, 특히 사회자본을 측정할 수 있는 참여의 영역과 비영리조직의 특성을 고려하여 지지 및 조직 혁신을 위한 시도 등을 성과측정에 포함시킴으로써 비영리조직이 추구하는 사회적 가치실현의 정도에 의해 성과를 구성하는 관리요소를 간접적으로나마 측정이 가능하도록 하였다는 점에서 비영리조직 성과측정의 매우 효과적인 측정모형이 될 수 있음을 제시한다고 볼 수 있다. 특히, 민영화에 따른 복지다원주의(또는 복지혼합)의 효과를 측정할 수 있도록 성과영역에 선택과 다원주의를 포함시켰다는 점 역시 큰 장점이 될 수 있다.

하지만 Kendall과 Knapp의 모형은 성과측정영역의 요소별 성과측정지표의 선정이 상대적으로 쉬운 영역과 지지나 참여와 같이 상대적으로 어려운 영역에 대한 고려, 수량화하기 어려운 비재정적 투입문제, 중간산출과 결과 그리고 최종산출과 결과의 측정이 상대적으로 애매하다는 점 등은 이 모형이 가지는 성과측정의 약점이라고 볼 수 있다.

5 지은구 등의 성과측정모형

1) 지은구 등의 모형

지은구, 이원주, 김민주(2013)는 지역사회복지관의 성과를 관리하기 위한 성과측정척도를 개발하여 제시하였다. 이들은 지역사회복지관이 자체적으로 성과관리를 수행할 수 있는 자가(self)-성과측정척도를 개발하기 위해 문헌조사를 통해 66개의 성과측정지표를 개발한 후, 사회복지관에 근무하는 전문가들을 대상으로 심층면접 및 사전조사를 통해 지역사회복지관 성과측정척도에 부합하지 않는다고 판단된 항목을 제거하고 질문항목을 49개로 줄여 내용타당도가 검증된 일차적인 성과측정척도를 개발하였다. 그리고 일차 척도의 동일 개념을 측정하는 변수들이 동일한 요건으로 묶이는지 확인하였으며, 공통 개념을 측정하지 않는 설문문항을 제거하는 확인적 요인분석 및 측정도구의 타당도 분석을 실시하여 최종 23개의 질문항목으로 구성된 성과측정척도를 개발하였다.

이들이 일차적으로 개발한 66개 항목의 성과측정척도는 기본적으로 성과관리의 요소별로 측정을 수행하는 요소별 성과측정모형으로 이들은 성과를 구성하는 관리요소로서

SERVQUAL모형에서 제시한 유형성, 확신성, 응답성, 신뢰성, 공감성의 5개 영역에 덧붙여 비영리조직의 성과에 적합한 신뢰, 참여, 협력, 효과성 그리고 경제적 가치의 실현 정도를 측정하는 효율성 등을 추가하여 제시하였지만, 요인분석 과정에서 최종 9개의 영역을 가진 모형이 도출되었다. 9개의 영역은 효과성, 효율성, 생산성, 만족, 신뢰성, 확신성, 유형성, 편리성 그리고 응답성이다. 이들이 제시한 지역사회복지관 성과측정영역, 즉 관리구성요소들의 필요성은 다음과 같다.

- 효과성: 직원과 제공자들은 기관 프로그램의 효과성을 측정하여 프로그램 개선에 활용하고 효과성 측정 결과를 슈퍼비전에 활용하여야 하는 것을 성과측정척도로 삼아야 한다.
- 효율성: 직원과 제공자들은 계획된 서비스 목표량과 제공된 서비스 양이 항상 일치되어야 하며, 서비스 제공 시 경제적 효과를 중요시하고, 계획된 비용 안에서만 서비스를 제공(생산)하여 효율성을 극대화하는 방향으로 관리하는 것을 척도로 삼아야 한다.
- 생산성: 직원과 제공자들은 서비스 양을 측정하기 위한 형식, 방법 등에 관한 원칙을 갖추고, 서비스 양은 일정기간을 단위로 측정되어 관리되어야 하는 것을 성과측정척도로 하여야 한다.
- 만족도: 직원과 제공자들은 만족도 조사를 위한 전담부서 및 인력을 두고, 이용자의 요구사항을 반영하기 위해 매월 정기적인 컨퍼런스를 실시해야 하며, 조사결과를 문서화하여 지역사회에 공개하는 것을 성과측정척도로 삼아야 한다.
- 신뢰성: 직원과 제공자들은 이용자들에게 서비스의 제공시간, 빈도, 기간 등의 서비스 정보를 서비스 전에 제공하고, 서비스 제공을 위한 서면계약의 절차를 공식화하며, 계약 시 이용자의 기본 권리에 대한 정보를 정확히 제공하는 것을 관리척도로 삼아야 한다.
- 확신성: 직원과 제공자들은 친절한 직원에 대한 인센티브제도로 휴가, 연수, 금전적 보상, 인사반영 등을 한 가지 이상 제공하고 있어야 하며, 이용자들을 대상으로 직원의 친절도를 매년 1회 이상 정기적으로 점검하는 것을 성과측정척도로 삼아야 한다.
- 유형성: 직원과 제공자들은 기관의 시설을 쾌적하게 유지하고, 서비스 장비는 현대적이 될 수 있도록 성과측정척도로 삼아야 한다.

- 편리성: 직원과 제공자들은 이용자에 대한 기록유지와 보관 및 서비스 양을 관리하기 위한 전산프로그램을 사용하는 것을 성과측정척도로 삼아야 한다.
- 응답성: 직원과 제공자들은 이용자에게 다른 기관에서 제공되는 유사 프로그램에 대한 정보를 제공하고, 서비스 제공 계획수립 시 이용자의 참여를 적극 독려하며, 서비스의 내용과 전달방식의 변경 시 이용자의 의사를 우선 반영하는 것을 성과측정척도로 삼아야 한다.

이상 9개의 성과측정영역의 요소별 측정을 모형화하여 나타내면 [그림 3-7]과 같다.

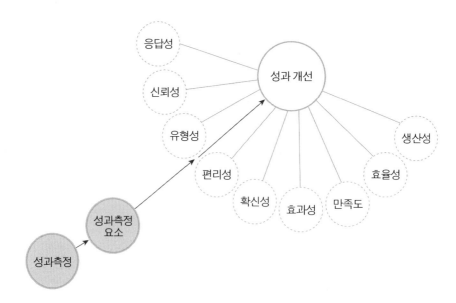

[그림 3-7] 지은구 등(2013)의 성과관리 구성요소 측정모형

이들이 제시한 지역사회복지관 성과측정척도는 다음과 같다.

✏ 〈표 3-3〉 지역사회복지관 성과측정척도

측정영역 (관리구성요소)	측정지표
효과성	• 우리 기관은 프로그램의 효과성을 측정하여 프로그램 개선에 활용하고 있다. • 우리 기관은 효과성 측정결과를 슈퍼비전 시 활용하고 있다.

효율성	• 우리 기관은 계획된 서비스 목표량과 제공된 서비스 양이 항상 일치되도록 관리한다. • 우리 기관은 서비스 제공 시 사회적 가치와 함께 경제적 가치도 중요시한다. • 우리 기관의 서비스는 계획된 비용 안에서만 서비스를 제공(생산)한다.
생산성	• 우리 기관은 서비스 양을 측정하기 위한 형식, 방법 등에 관한 원칙이 있다. • 우리 기관의 서비스 양은 일정기간을 단위로 측정되어 관리된다.
만족도	• 우리 기관은 만족도 조사를 위한 전담부서(인력)를 두고 있다. • 우리 기관은 이용자의 요구사항을 반영하기 위해 매월 정기적인 컨퍼런스를 실시하고 있다. • 우리 기관의 만족도 조사결과는 문서화하여 지역사회에 공개한다.
신뢰성	• 우리 기관은 이용자들에게 서비스 정보(제공시간, 빈도, 기간)를 서비스 전(前)에 제공한다. • 우리 기관은 이용자들에게 서비스 비용 및 지불방식에 대한 정보를 제공한다. • 우리 기관은 서비스 제공을 위한 서면계약의 절차를 공식화하고 있다. • 우리 기관은 서비스 이용자의 기본 권리에 대한 정보를 정확히 제공한다.
확신성	• 우리 기관은 친절한 직원에 대한 인센티브제도(친절직원 선정, 휴가, 연수, 금전적 보상, 인사반영 등)를 한 가지 이상 제공하고 있다. • 우리 기관은 이용자들을 대상으로 직원의 친절도를 매년 1회 이상 정기적으로 점검한다.
유형성	• 우리 기관의 시설은 쾌적하게 유지되고 있다. • 우리 기관의 서비스 장비는 현대적이다.
편리성	• 우리 기관은 이용자에 대한 기록 유지와 보관을 위해 전산프로그램을 사용하고 있다. • 우리 기관은 서비스 양을 관리하기 위해 전산프로그램을 사용한다.
응답성	• 우리 기관은 이용자에게 다른 기관에서 제공되는 유사 프로그램에 대한 정보를 제공하고 있다. • 우리 기관은 서비스 제공 계획수립 시 이용자의 참여를 적극 독려하고 있다. • 우리 기관은 서비스 내용과 전달방식의 변경 시 이용자의 의사를 우선 반영한다.

2) 지은구 등 모형의 특징

지역종합사회복지관의 성과측정모형으로 제시된 지은구 등의 모형은 다음과 같은 특징을 지닌다.

첫째, 그들이 제시한 모형은 기본적으로 지역사회복지관의 성과를 다면적인 영역으로 구성되는 추상적인 개념으로 보고, 성과에 대해 효과성을 포함한 9개의 영역으로 구성된 개념으로 제시하였다는 특징이 있다. 특히, 비영리조직의 성과에는 신뢰와 협력, 참여가 강조되는 사회자본의 요소가 포함되어야 한다는 Kendall과 Knapp의 제안을 수용하여 비영리조직 성과측정의 요소로 제시하였다.

둘째, 이들은 투입과 산출 또는 투입 대비 결과(효율성 또는 비용효과성)만을 강조하는 결과 위주의 성과관리에서 서비스 이용자의 욕구를 잘 파악할 수 있고 삶의 질 변화를 가져올 수 있는 성과관리측정척도를 통한 관리방식으로 성과측정이 수정되어야 함을 강조하여 이용자의 측면을 성과측정에서 강조하여 반영하였다.

셋째, 이들이 제시한 모형은 단계별 측정모형이라기보다는 성과관리요소를 9개 영역으로 보고 각각의 요소를 측정할 수 있는 측정항목을 제시한 요소별 성과측정모형이라는 특징이 있다. 특히, 이들의 모형은 성과의 영역을 다변화하였지만 기존의 SERVQUAL모형의 측정요소와 질문항목들을 기본적인 토대로 하고 있다. 즉, 기존의 SERVQUAL모형에 Poister와 Kendall과 Knapp이 제시한 성과의 요소, 즉 참여나 신뢰, 협력, 혁신 등의 질문항목을 추가하여 제시하였다. 물론 앞의 성과측정 질문항목들은 척도의 내적일관성 검증을 통해 문항이 삭제되었다는 한계를 가진다.

3) 지은구 등 모형의 한계

지은구 등이 제시한 지역사회복지관 성과측정척도는 성과관리모형이라고 하기에는 한계가 있다. 성과관리는 조직의 미션과 비전의 확인 그리고 조직환경 전반에 대한 분석, 투입과 결과를 포함한 인력관리나 재무관리 등의 과정관리도 매우 중요한데, 이들이 제시한 측정모형은 성과의 요소별 측정만을 제시하여 성과를 측정하는 척도를 개발하였다는 점에서 성과관리모형이라기보다는 성과측정의 요소별 측정척도에 지나지 않는다고 할 수 있다.

물론 선행연구를 통해 비영리조직 성과의 다면적인 면을 충분히 고려하여 복지관의 성과를 정의하고 성과의 구성요소들을 반영하는 예비척도문항을 개발하였다. 그러나 이 역시 척도의 모형검증과정을 거치면서 삭제되어 혁신이나 협력 그리고 참여와 같은 관리요소들에 대한 질문항목들은 대거 삭제되고, 최종 9개 영역(효과성, 효율성, 생산성, 만족도, 신뢰성, 확신성, 유형성, 편리성, 응답성)의 23개 질문항목으로 척도가 제시되어 아쉬움이 있다. 즉, 더 많은 질문항목들을 노출하여 내적일관성 검증과정을 거쳤다면 충분히 성과관리의 다른 요소들에 대한 항목들도 추가되었을 가능성이 있다.

제2절 비영리 사회복지조직 성과관리모형의 한계와 바람직한 방향

👥 1 사회복지조직의 가치

1) 시장의 가치와 사회적 가치

성과는 가치지향적인 행동들의 총합이다. 이는 성과측정을 이해하는 데 있어 추구하는 가치를 이해하지 못하면 성과측정을 이해하는 것이 불가능하고 성과측정원리의 적용 또한 불가능하다는 것을 의미하는 것이다. 성과측정의 역사를 살펴보면 성과측정은 영리를 추구하는 일반기업에서 시작하였다. 영리를 추구하는 일반기업들이 추구하는 가치는 공공 및 사회적 가치를 추구하는 공공 및 비영리 조직과는 달리 시장가치를 추구하며 화폐가치를 통한 이윤추구가 가치실현을 위한 모든 행동들로 집약되어 나타나는 조직이라고 할 수 있다. 즉, 영리기업들의 모든 행동들은 이윤추구라는 경제적 가치를 실현하기 위한 노력이며, 이러한 노력을 관리하기 위한 관리기법으로 1990년대 성과관리기법이 개발되고 발전되었다.

성과측정의 측면에서 본다면 성과측정을 성공적으로 수행하기 위한 가치는 바로 사업이나 프로그램이 이미 설정한 사업의 가치를 실현하기 위하여 노력하고 있는가를 확인하는 것이라고 할 수 있다. 모든 사회복지 정책이나 서비스는 사회적 가치를 실현하기 위해 설정한 목적과 목표를 성취하기 위해 노력한다. 따라서 성과측정의 측면에서 사회복지의 가치는 사회복지사업이 설정한 목적과 목표를 성취하기 위하여 구성원들이 어떻게 행동하여야 하는지를 인도하는 안내자의 역할을 수행하므로 구성원들의 성과에 직접적인 영향을 주는 행동지침이라고 할 수 있다. 조직적 측면에서 본다고 하여도 조직이 추구하는 가치는 곧 미션과 비전을 통해서 구현되므로 그것들을 성취하기 위한 모든 노력, 즉 미션과 비전을 성취하기 위한 모든 행동들을 규정하는 가치실현을 위한 노력은 곧 성과의 중요 구성요소가 되고 성과측정의 대상이 된다. 따라서 비영리조직의 성과를 구성하는 사회적 가치실현을 위한 노력의 정도나 여부 등은 반드시 측정되어야 한다.

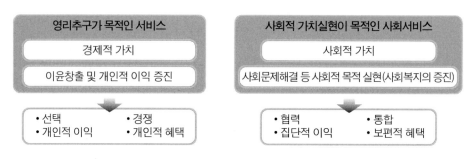

[그림 3-8] 영리서비스와 사회복지서비스의 가치와 목적 비교

[그림 3-8]에서 나타난 바와 같이 사회복지서비스는 일반 영리서비스와 달리 시장을 통해서 개인의 이익을 실현하는 시장중심의 가치실현을 위한 서비스가 아니라 시장의 실패를 보완하기 위해 공공부문의 역할을 강화함으로써 집단적 이익실현 및 사회문제해결 등과 같은 사회적 가치를 실현하는 것을 목적으로 하는 정책이자 서비스라는 특징을 갖는다. 따라서 사회복지사업이나 사회복지조직은 시장가치가 아닌 사회적 가치의 성취를 지향하므로 사회복지영역 역시 사회적 가치를 성과의 중요한 영역으로 인정하고 사회적 가치실현을 위한 노력이나 행동의 여부를 측정하는 사회적 가치실현을 위한 태도나 노력 정도를 측정하는 측정도구의 개발과 적용이 중요하다고 할 수 있다.

2) 시장가치지향성의 수정: 기업의 사회적 성과

시장의 가치, 즉 기업경쟁력 확보를 통한 이익의 창출이라는 시장의 가치는 현대 기업경영에서 그 중요성이 점점 축소되고 있다. 따라서 성과가 곧 이윤창출의 극대화이고, 생산성향상이며, 효율성 증진을 의미한다는 단일차원성 성과는 수정되고 있다. 특히, 지난 30여 년간 일반영리기업의 사회적 발전에 대한 책임을 강화하여야 한다는 논의는 사회적 성과(social performance)[6]라는 개념으로 발전하였다.

　사회적 성과는 이윤을 추구하는 영리기업도 사회발전에 책임이 있음을 강조하는 것으로 기업의 이윤은 곧 지역사회의 구성원으로부터 오는 것이므로 지역구성원들이 속한 지역사회의 안정과 발전에 기업이 노력하여야 함을 강조한다. 사회적 성과는 기업의 사회적 관계와 연관이 있는 관찰할 수 있는 결과, 프로그램, 정책, 사회적 응답 과정 그리고 사회적 책임의 원칙을 위한 기업요소로 정의할 수 있다(Wood, 1991). Carroll(1979), Watrick과 Cochran(1985), Wood(1991), Margolis과 Walsh(2003) 등은 모두 사회발전에 대한 기업의 응답이 곧 사회적 성과분석을 위한 출발점임을 강조하였다. 또한 기업의 사회적 책임은 기업과 이해관련 당사자(사회구성원 또는 지역주민을 포함) 사이의 상호행동으로 구성되어 있음이 강조되기도 한다(De Graaf & Herkeströter, 2007). 따라서 사회적 성과를 구성하는 구성요인으로 응답성, 책임성, 상호행동 등이 제시될 수 있다.

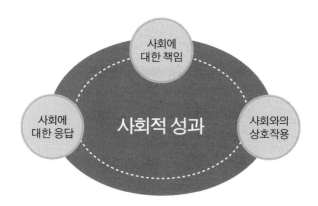

[그림 3-9] 사회적 성과의 구성요소

　De Graaf와 Herkeströter(2007)는 기업은 기업과 기업을 둘러싼 환경과의 상호행동만이 중요한 것이 아니고, 사회발전을 위한 그리고 사회응답을 위한 상호행동이 더욱 중요하다고 강조하였다. 그들은 사회구성원인 이해관련 당사자들에 대한 기업의 응답성(responsiveness)은 기업의 규범과 가치에 반영되어 있어야 하며, 특히 기업의 규범과 가치

---

6) 사회적 성과는 기업의 사회적 성과 또는 기업의 사회적 책임(corporate social responsibility: CSR)이라고도 불린다. 또한 국제표준기준 26000(ISO 26000)은 기업의 사회적 성과를 위한 국제적 기준으로 인식되고 있다.

의 상호행동은 사회에 대한 책임성이라는 원칙에 녹아 있어야 한다고 주장하였다. 결국 영리기업의 비전이나 가치 그리고 규범 등은 영리추구만을 목적으로 하는 행동에서 벗어 나 사회적 성과를 반영하고 있어야 함을 알 수 있다.

일반적으로 기업의 성과는 주로 투입 대비 산출(특히, 재정적 측면으로 측정되는 산출)로 측정되어 왔으며 산출이 비용보다 많아야 기업에게 이익을 가져다주는 성과로 이해되 었다. 즉, 재정적 성과가 기업성과에서 가장 중요한 영역으로 이해되었다. 사회적 성과 에 대한 강조는 기업성과의 영역이 변화하였음을 보여 주는 것으로 일반영리기업의 성과 를 구성하는 구성요인이 다변화하고 있음을 잘 나타내 준다. 또한 성과관리적 측면에서 영리기업의 성과는 사회적 성과를 포함하는 제반 행동이나 결과가 모두 관리의 대상임을 나타내 준다고 할 수 있다(지은구, 2012).

3) 사회적 가치실현과 성과

성과에 대해 가치를 실현하는 가치관점으로 바라본다는 것은 조직이 설정한 가치를 구현하는 것이 결국 조직이 성취한 성과를 통해서 실현되기 때문이다. 일반적 의미로서 가치란 신념과 비슷한 개념으로 사용되며 원하는 것이나 또는 어떠한 행동이나 태도를 결정짓는 개인적인 판단의 기준을 제공하는 도덕적 숙고라고 정의할 수 있다. 즉, 옳고 그름, 좋고 나쁨, 원함 또는 원하지 말아야 함 등을 결정하는 도덕적 사고의 기준이 바로 가치라고 할 수 있다(지은구, 2003). 따라서 조직적 측면에서 설정한 가치는 그 조직(또는 조직구성원)이 행동하는 기준이라고 할 수 있으며 반드시 따라야 하는 행동원칙이다. 일 반기업조직은 수량화되고 물량화된 개인적 선호에 기초한 개인적 가치를 추구하는 경향 이 있지만, 비영리조직이나 공공조직은 개인적 이익을 취하는 개인적 가치를 행동기준 으로 삼지 않고 일반적으로 사회적 가치와 공공가치를 행동의 원칙으로 삼는다.

사회적 가치는 대부분의 사회구성원이 동의하든 동의하지 않든 사회에 속해 있는 가 치로서 우리가 사회에서 수행하여야 하는 도덕적 목적으로 개인적 선호, 원함, 개인 적 갈망 또는 편견 등과 같이 수량화되고 물량화되는 가치와는 구별된다(지은구, 2003; Carrow, Churchill & Cordes, 1998). 일반적으로 사회적 가치는 그 사회의 정치적·법적·문 화적 과정을 통해서 결정된다고 볼 수 있으므로 사회에 따라 매우 다양하며 복잡하다고 할 수 있다. 예를 들어, 다문화사회의 경우 모든 이민자들이 한 사회에서 동일한 대접을 받으며 인간다운 삶을 보장받기 위한 사회적 가치로서 다양성이나 포용 등의 가치가 중요한 사회적 가치로 부상될 수 있다.

일반기업조직은 성과관리를 통하여 증진된 성과를 통해 주주들의 이익을 충족시키므로 개인적 원함이나 갈망으로 표현되는 개인적 가치에 기초한 성과관리가 중심이라고 할 수 있지만, 비영리조직이나 공공조직은 조직성과를 개선하여 증진된 성과를 통해 개인의 갈망이나 원함 등의 개인적 이익을 충족시키는 것이 아니라 사회적 가치를 충족시킨다고 할 수 있다. 따라서 일반적으로 영리조직은 개인적 선호에 기초한 개인적 가치를 위해 그리고 비영리조직은 사회적 가치를 실현하기 위해 노력한다고 할 수 있다.

예를 들어, 사회서비스를 제공하는 대부분의 사회복지조직들은 사회적 가치를 실현하기 위해 가치중심적인 행동을 수행한다. 사회복지조직들은 인간의 가치와 사회적 가치 그리고 이 둘의 관계에 대한 분석을 통해 사회복지를 증진시키는 노력을 수행한다. 인간 또는 사회의 가치를 중심으로 사회적 현상을 분석하고 사회복지의 증진을 위한 구체적인 방안을 모색하는 가치중심적 분석방법이나 가치가 중심이 되는 평가방법을 사용해서 분명하고 구체적인 복지정책이나 프로그램 등을 개발하고 구체적인 사회서비스를 제공하여 지역사회구성원들이 보다 개선된 상태로 나아가도록 하면 이것이 구체적인 조직성과의 개선으로 나타난다. 일반적으로 비영리조직의 사회적 가치체계는 형평성, 평등, 공공의 이익, 욕구, 협조, 협동, 공통의 선, 연대, 상호호혜, 사회정의 등에 기초한다.

따라서 사회적 가치에 기초한 사회복지조직 등 비영리조직의 가치가 예를 들어 사회통합에 있다고 한다면, 그러한 조직의 가치를 실현하기 위한 모든 조직 활동(생산과정과 서비스 제공을 포함하여)은 사회통합을 실현하도록 하는 활동으로 이끌어질 것이고, 지역주민이나 서비스 이용자들은 그 조직의 성과를 조직이 실현하려는 조직의 가치를 위한 조직 활동으로 평가하게 된다. 결국 조직가치의 실현이 성과실현을 위한 모든 조직 활동으로 입증되고 평가된다고 할 수 있다.

결론적으로 성과는 생산관점에서 본다면 효율성과 효과성이 보다 강조된다고 할 수 있지만, 가치관점에서 본다면 형평성, 참여, 혁신, 개방성, 신뢰, 연대, 사회통합, 사회정의 등이 사회적 가치가 보다 강조된다고 할 수 있다.

2 사회복지조직 성과관리의 방향

비영리 사회복지조직의 성과를 측정하여 관리하는 것은 매우 어려운 작업이 아닐 수 없다. 이는 수많은 성과측정 또는 성과관리 모형이 존재하지만 비영리조직 성과의 다면적 측면을 완벽하게 측정하는 모형이 아직 존재하지 않는다는 점에 의해서도 어느 정도 짐작할 수 있다. 일반기업과 같이 완성된 상품이나 눈에 보이는 측정 가능한 서비스를 제공하는 조직의 경우 생산물중심으로 투입-산출-질-결과를 강조하는 결과중심의 성과측정이 효과적이라고 할 수 있지만 외부효과, 즉 복지외부효과가 발생하고 사회적 가치 지향적이며 목적 지향적인 비영리조직의 성과를 측정하는 것은 더욱 어려운 작업이다.

비영리조직 성과의 요소를 단계적으로 파악하여 성과를 측정하는 로직모형이나 성과의 측면을 재정적 측면과 비재정적 측면과의 인과관계를 중심으로 측정하는 Niven의 수정된 BSC모형 그리고 성과를 구성하는 구성요소의 요소별 특징을 중심으로 성과를 측정하는 Poister모형과 Kendall과 Knapp 모형 그리고 성과의 다면적 측면을 고려하여 성과의 요소별 측정을 강조한 지은구 등 모형 등은 모두 장점과 단점을 동시에 가지고 있다. 비영리조직의 성과측정에 있어 어떠한 성과측정모형을 사용하는가는 성과측정의 목적이 무엇인가, 즉 성과측정의 결과를 가지고 성과개선을 시행하는 성과관리의 목적이 무엇인가에 전적으로 의존한다고 볼 수 있다. 일반기업과 같이 일정 정도의 규모를 가지고 있으면서 생산성이나 효율성을 강조하여 조직성과를 개선하는 것을 목적으로 한다면, 즉 조직 산출과 결과의 책임성을 강조하는 성과측정이라면 Niven의 BSC모형이 적합할 수 있으며, 조직관리 감독만이 목적이라면 확대된 로직모형만으로도 충분히 목적을 달성할 수 있을 것이다. 또한 성과를 요소별로 측정하는 것을 강조한다면 Poister, Kendall과 Knapp 그리고 지은구 등 모형 등이 유용하다. 하지만 중요한 것은 비영리조직의 성과측정 목적이 단순히 책임성을 강화하는 것 그리고 조직관리 감독을 강화하는 것에만 있지 않으며 조직학습능력 향상을 통한 조직발전과 성장을 지향하여야 한다는 점이다. 성과측정에는 수많은 인적·물적 자원의 동원은 필수적이며 많은 시간과 노력을 필요로 한다는 점에서 성과측정이 반드시 조직발전을 수반하여야 한다는 것은 지상명제라고 할 수 있다. 또한 Kendall과 Knapp(2000a, 2000b)이 강조한 바와 같이 비영리조직의 성과는 조직사회자본의 구성요소를 반드시 포함하여야 하며 Niven(2003, 2008)이 강조한 조직의 미션, 가치 그리고 비전과 성과의 요소는 반드시 인과적 관계하에서 분석되어야 한다.

결론적으로 비영리조직의 성과는 반드시 조직사회자본을 향상시키는 조직발전적 측면에서 측정되고 관리되어야 한다. 비영리조직은 특성상 사회적 가치 지향적이고, 신뢰, 협력, 협동을 중시하고, 직원과 주민(또는 이용자)들과의 관계지향적인 특성을 가지고 있으며, 유형의 생산물을 제공하기보다 전문적이면서 무형의 서비스를 제공하는 경우가 대부분인 관계로 조직성과를 측정하는 것이 매우 어려운 것이 사실이다. 하지만 성과가 관리되지 않으면 조직의 서비스 전달과정의 상태나 문제점, 개선사항 등을 파악하여 조직발전을 위한 토대로 삼는 것이 불가능하다. 따라서 기존 성과측정모형들의 특성을 파악하고 조직책임성 강화, 조직사회자본 증대 그리고 조직학습능력 향상이라는 비영리조직 성과측정의 목적에 가장 부합한 방안을 찾는 것이 중요하다. 비영리조직 성과관리모형 구축에 있어 반드시 고려되어야 하는 점들을 정리하여 제시하면 다음과 같다.

비영리조직 성과관리모형에 반드시 포함되어야 하는 점

1. 비영리조직의 특성에 맞게 성과의 다양한 측면을 고려하여 성과가 정의되어야 한다.
2. 조직의 가치, 비전 그리고 미션에 대한 분석과 성과의 영역과의 관계가 반드시 분석되어야 한다.
3. 비영리조직은 사회적 가치실현을 위해 노력하는 조직으로 협력과 참여 그리고 신뢰와 같은 조직의 사회자본요소가 성과에 고려되어야 한다.
4. 성과측정의 목적은 성과의 개선에 있으며 성과의 개선은 지속적인 과정이므로 성과측정이 일회적인 행사가 아니고 조직학습능력을 배양하는 계속적인 과정임이 고려되어야 한다.
5. 비영리조직 성과관리의 목적은 조직통제, 관리감독 강화가 아니고 조직의 사회적 책임성 강화이며, 이를 위해 성과를 개선시켜 사회적 가치를 실현하며 나아가 조직발전과 변화를 추구함이 목적이어야 한다.
6. 비영리조직 성과측정의 요소는 단순하게 재정적 요소와 비재정적 요소로 나뉘는 것이 아니며 조직발전적 측면에서 조직성과를 개선시킬 수 있는 모든 조직관리요소가 성과측정의 요소가 되어야 한다. 따라서 조직성과측정의 요소는 매우 포괄적이며 다양하다.

제4장 사회복지관 성과관리의 이론적 배경

제1절 사회복지관 성과관리이론

👥 1 조직사회자본이론

1) 사회자본이론과 조직사회자본

(1) 사회자본과 사회자본구성요소

사회자본에 대한 일부 학자들의 정의를 보면 사회자본은 무형의 가치이고 태도이다. 즉, 눈에 보이지 않고 만질 수 없는 인간(개별적 인간이나 집단에 속해 있는 인간)의 사고나 인식을 지배하는 틀이라고 할 수 있다. 하지만 사회자본은 단순히 인식이나 사고만을 나타내지 않으며 인식이나 사고에 의해 영향받은 인간의 행동 역시 포함한다. 따라서 사회자본은 인간의 행동을 변화시키거나 이끄는 사고 또는 인식으로 매우 추상적인 개념이며, 나아가 인간의 행동에 영향을 주는 지역사회 조직과 제도 그리고 지역사회 전체 환경 등을 망라하는 다면적인 수준에서 해석되는 것이 정당하다. 또한 사회자본은 과정이자 결과이다. 사회자본이 곧 과정이라는 것은 사회자본을 형성하고 강화하기 위한 인간 개인들의 행동이 중요함을 의미하는 것이고, 사회자본이 곧 결과라는 것은 신뢰나 공동의 가치 등은 행위자들이 사회관계나 네트워크 안에서 구축하는 것이라는 점을 강조하는 의미이다. 즉, 신뢰가 구축되어야 지역사회의 안전과 발전, 나아가 지역사회복지가 담보된다는 점을 강조하는 것이다. 지은구와 김민주(2014)는 선행연구를 통하여 사회자본을 "개인이나 집단들 사이의 상호행동을 지배하는 제도, 네트워크, 협력 그리고 태도와 가치"
라고 정의하였다.

> ◈ **사회자본**
>
> 개인이나 집단들 사이의 상호행동을 지배하는 제도, 네트워크, 협력, 태도, 가치

사회자본은 다면적인 개념으로 사회자본이 무엇으로 구성되는 개념인가에 대한 논의
역시 매우 다양하게 이루어져 왔다. 선행연구를 통해서 살펴본 학자들이 제시한 사회자
본의 구성요소는 "신뢰, 네트워크, 공유된 규범과 가치, 안전 그리고 사회참여"라고 제시될 수
있다(지은구, 김민주, 2014). 다음의 그림은 사회자본의 구성요소를 나타낸다.

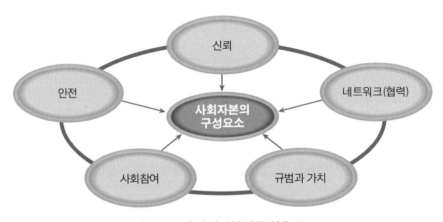

[그림 4-1] 사회자본의 구성요소

(2) 조직사회자본

조직사회자본(organizational social capital)은 조직해체를 방지하고(Pennings et al.,
1998), 연결망 구축의 기반이 되며(Walker, Kogut, & Shan, 1997), 생산혁신을 주도하는 수
단(Tsai & Ghoshal, 1998)으로 묘사된다(손성철, 정범구, 2010 재인용). 조직사회자본은 공동
체의 집합적 행동, 신뢰, 협력의 토대로서 조직원들에게 정확한 정보획득 통로가 되고,
작업을 위한 협력을 가능하게 하며(Adler & Kwon, 2002; Ibrarra, 1995), 조직성과와 조직행
동의 효율성에 긍정적 영향을 주고, 조직원들의 적응, 창의성 및 학습지원 등 지적자본

의 창출에 영향(Leana & Buren, 1999; Nahapiet & Ghoshal, 1998)을 미칠 수 있다고 알려져
있다. 이는 조직사회자본이 결과적으로 조직에 대한 구성원의 몰입을 정당화시켜 이직
률을 감소시키는 역할을 한다는 것을 의미한다(Adler & Kwon, 2002). 조직사회자본은 '기
업 안에서 사회적 관계의 특성을 반영하는 자원'이며, 성공적인 집합적 행동을 촉진시키
는 것에 의해서 가치를 창조하는 공유된 신념과 집합적 목적에 대한 구성원들의 수준을
통해 나타나게 된다(Leana & Buren, 1999). 선행연구를 통해 나타난 학자들의 정의를 종
합해 보면, 조직사회자본은 조직구성원들이 조직의 규범과 문화 및 분위기 속에서 구성
원 상호 간 감정을 공유하고 소속감과 일체감을 느끼고 협력활동을 수행함으로써 공동
의 목표를 달성하는 데 기반이 되는 중요한 무형적 자원이며, 관계성, 집단, 공동체, 협
력 등에 초점을 맞추고 조직구성원이 존재하고 활동하는 과정과 결과를 설명하는 유용
한 개념이다. 이 저서에서는 학자들의 견해를 종합하여, 사회복지조직의 조직사회자본
이란 '조직구성원으로 하여금 공통된 목적을 보다 효과적으로 달성하기 위해 협력하고 함께 행
동하도록 해 주는 조직구성원들 사이의 상호관계 속에 내재하고 있는 자본'이라 정의한다.

◈ 조직사회자본

- 조직 안에서 사회적 관계의 특성을 반영하는 자본
- 조직구성원으로 하여금 공통된 목적을 보다 효과적으로 달성하기 위해 협력하고 함께
  행동하도록 해 주는 조직 구성원들 사이의 상호관계 속에 내재하고 있는 자본

---

(3) 조직사회자본의 구성요소

조직사회자본의 구성요소는 일반적인 사회자본의 구성요소와 크게 다르지 않다. 연구
자에 따라 그리고 연구목적에 따라 달리 제시되고 있으나 대체로 신뢰, 규범, 네트워크
를 연구에 활용하고 있다. 조직사회자본 구성요소에 대한 선행연구들을 살펴보고, 이에
기반을 두어 사회복지조직의 사회자본을 설명하는 데 적합한 구성요소를 추출하고자
한다.

사회자본, 지적자본 그리고 조직의 유용성에 대해 연구한 Nahapiet와 Ghoshal(1998)
은 사회자본의 구성요소로 구성원 간의 네트워크 연결성, 구성원들의 비전 설정 및 공
유, 조직의 규범과 규칙, 질서확립수준, 구성원들 간의 신뢰와 협력관계, 조직구성원들
의 단체 참여 및 활동 정도를 제시하였다. Leana와 Buren(1999)은 조직의 사회자본과 고

용 관행에 대한 연구에서 조직의 사회자본을 집합적 목표 및 행동지향 정도와 공유된 신뢰로 구성하였다. Oh, Labianca 그리고 Chung(2006)은 그룹 사회자본의 복합모형에 관한 연구에서 그룹의 사회자본을 정보, 정치적 자원, 상호신뢰, 정서적 지지로 구성하였다.

문영주(2011)는 Nahapiet와 Ghoshal(1998)이 제시한 사회자본 구성요소를 참고로 김동헌, 김영재, 이영찬(2006)이 번안한 척도를 활용하여 사회복지조직에 적합한 사회자본 척도를 개발하였는데, 연구 결과 네트워크 연결성, 비전 설정 및 공유, 호혜적 규범, 신뢰 및 협력으로 구성되었다. 강종수(2012)는 사회복지조직의 사회자본과 직무만족 및 조직몰입의 관계에 대한 연구에서 사회복지조직의 사회자본 구성요소를 Putnam(1993)의 정의에 따라 신뢰, 네트워크, 규범으로 구성하였다. 노인복지시설과 장애인복지시설에 근무하고 있는 사회복지사를 대상으로 사회복지조직의 사회자본과 직무만족 간 관계를 연구한 김은희(2010)는 사회복지조직의 사회자본을 신뢰, 규범, 네트워크로 구성하였다. 사회복지조직의 사회자본이 직무성과에 미치는 영향에 대해 연구한 전기우와 윤광재 (2011)의 연구에서도 사회복지조직의 사회자본을 신뢰, 규범, 네트워크로 구성하였다.

사회복지조직의 사회자본에 대한 선행연구는 그다지 많지 않은 편이므로 같은 휴먼서비스 분야인 병원조직을 대상으로 한 선행연구들을 살펴본다. 먼저, 휴먼서비스 조직 분야의 연구를 살펴보면 Farzianpour 등(2011)은 의과대학 부속병원 종사자들을 대상으로 조직의 사회자본과 서비스 품질 간 관계를 연구하면서 조직사회자본을 사회참여, 사회적 신뢰, 사회적 지지, 사회적 네트워크 관계, 환경에 대한 인식으로 구성하였다. 비슷한 연구로 Hsu 등(2011)의 연구를 들 수 있는데, 병원 간호사를 대상으로 사회자본이 조직몰입과 고객 지향적 친사회행동에 미치는 영향에 대한 연구에서 조직사회자본에 대해 사회적 상호작용, 신뢰, 비전공유로 구성하였다. 간호사를 대상으로 병원조직의 사회자본이 조직성과에 미치는 영향을 연구한 장금성, 김은아, 오숙희(2011)는 간호사가 지각한 병원조직의 사회자본에 대해 신뢰와 협력, 공유된 가치 및 행동, 시민활동 참여, 호혜적 규범으로 구성하였다. Leana와 Pil(2006)은 공립학교교사를 대상으로 사회자본과 조직성과 간 관계에 대한 연구에서 사회자본을 정보공유, 신뢰, 비전공유로 구성하였다.

다음으로 공공조직 분야의 연구를 살펴보면, Andrews(2010)는 공공부문을 대상으로 2002년에서 2005년 사이 조사된 패널자료를 이용하여 100개 이상 기업의 사회자본과 조직성과 간 관계를 연구하면서 구조적 사회자본을 협력과 연계, 부서 간 교차와 업무의 상호교차로 관계적 사회자본을 신뢰수준, 인지적 사회자본으로 미션, 가치, 목표 공유로 구성하였다. 공무원을 대상으로 조직 내 사회자본과 조직성과 관리에 대한 효과에 대해 연구한 박희봉, 강제상, 김상묵(2003)의 연구에서는 조직 내 사회자본을 조직구성원 간의 신뢰, 규범, 네트워크로 구성하였다. 충청남도 지역 공무원을 대상으로 지방정부조직의 사회자본과 조직효과성의 관계를 연구한 추욱(2010)은 지방정부조직의 사회자본을 조직신뢰, 조직규범, 네트워크, 커뮤니케이션, 조직문화로 구성하였다. 염종호(2011)는 산림청 소속 공무원을 대상으로 공공조직의 사회자본과 조직효과성에 관한 연구에서 사회자본을 일반신뢰, 사회네트워크, 참여수준으로 구성하였다. 문유석, 허용훈, 김형식(2008)은 경찰공무원의 사회자본과 직무만족을 연구하면서 사회자본을 신뢰, 규범, 네트워크로 구성하였고, 김구, 한기민(2011)은 경찰공무원을 대상으로 경찰조직의 사회자본과 직무성과 간 관계를 연구하면서 사회자본을 신뢰, 협력적 교환, 집단결속, 사회적 지지(상사, 동료지지), 공정성으로 구성하였다.

마지막으로 기업분야의 연구를 살펴보면, 김동헌, 김영재, 이영찬(2006)은 기업의 사회자본과 인적자원개발 연구에서 Nahapiet와 Ghoshal(1998)이 제시한 구성요소를 활용하여 기업의 사회자본 구성요소로 네트워크 연결성, 핵심가치 공유, 신뢰와 협력, 호혜적 규범, 단체참여 정도로 구성하였다. Tsai와 Ghoshal(1998)은 종합전자회사를 대상으로 사회자본과 가치창출에 대한 연구에서 사회자본을 사회적 상호행동, 신뢰, 비전공유로 구성하였다. 김상진(2006)은 호텔직원을 대상으로 호텔의 사회자본과 기업성과 간 관계를 연구하면서 사회자본을 신뢰, 규범, 네트워크, 참여로 구성하였다.

조직의 사회자본 구성요소에 대한 선행연구들을 종합하여 제시해 보면 〈표 4-1〉과 같다.

✍ 〈표 4-1〉 조직의 사회자본 구성요소

	연구자	측정대상	사회자본 구성요소
사회복지	김은희(2010)	사회복지사	신뢰, 규범, 네트워크
	문영주(2011)	사회복지사	네트워크 연결성, 비전 설정 및 공유, 호혜적 규범, 신뢰 및 협력
	전기우, 윤광재(2011)	사회복지사	신뢰, 규범, 네트워크
	강종수(2012)	사회복지사	신뢰, 규범, 네트워크
병원조직	Farzianpour et al. (2011)	병원 종사자	사회참여, 사회적 신뢰, 사회적 지지, 사회적 네트워크 관계, 환경에 대한 인식
	Hsu et al.(2011)	간호사	사회적 상호작용, 신뢰, 비전공유

학교조직	장금성, 김은아, 오숙희(2011)	간호사	신뢰와 협력, 공유된 가치 및 행동, 시민 활동 참여, 호혜적 규범
	Leana & Pil(2006)	공립학교교사	정보공유, 신뢰, 비전공유
공공조직	Andrews(2010)	공무원	협력과 연계, 부서 간 교차와 업무의 상호교차, 신뢰수준, 미션, 가치, 목표 공유
	박희봉, 강제상, 김상묵(2003)	공무원	신뢰, 규범, 네트워크
	추욱(2010)	공무원	조직신뢰, 조직규범, 네트워크, 커뮤니케이션, 조직문화
	염종호(2011)	공무원	일반신뢰, 사회네트워크, 참여수준
	문유석, 허용훈, 김형식(2008)	경찰공무원	신뢰, 규범, 네트워크
	김구, 한기민(2011)	경찰공무원	신뢰, 협력적 교환, 집단결속, 사회적지지(상사, 동료지지), 공정성
기업조직	Nahapiet & Ghoshal(1998)	기업직원	네트워크 연결성, 네트워크 배열, 전용할 수 있는 조직, 신뢰, 규범, 의무, 동일시, 공유된 코드와 언어, 해석
	Tsai & Ghoshal (1998)	종합전자회사	사회적 상호행동, 신뢰, 비전공유
	김병규(2004)		신뢰, 규범, 연결망
	김동헌, 김영재, 이영찬(2006)	기업직원	네트워크 연결성, 핵심가치 공유, 신뢰와 협력, 호혜적 규범, 단체참여 정도
	김상진(2006)	호텔직원	신뢰, 규범, 네트워크, 참여
기타	Leana & Buren (1999)		집합적 목표 및 행동지향 정도, 공유된 신뢰
	Oh, Labianca, & Chung(2006)		정보, 정치적 자원, 상호신뢰, 정서적지지

이와 같이 조직의 사회자본을 측정하기 위한 노력은 국내·외 연구에서 많이 이루어졌고, 다수의 연구자에 의해 조직의 사회자본 구성요소로 신뢰, 규범, 가치 및 비전 공유, 정보공유, 협력, 네트워크, 참여가 많이 활용되고 있음을 알 수 있다. 정보공유와 협

력에 대해서는 학자들마다 약간 다르게 제시하고 있다. 일부 학자들은 정보공유와 협력을 독립된 요소로 본다(김구, 한기민, 2011; Leana & Pil, 2006; Oh, Labianca, & Chung, 2006). 이러한 경우 네트워크는 구성요소에 포함되지 않음을 알 수 있다. 일부 학자들은 신뢰와 협력을 함께 묶어서 제시하기도 한다(김동헌, 김영재, 이영찬, 2006; 문영주, 2011; 장금성, 김은아, 오숙희, 2011). 또 일부 학자들은 정보공유와 협력을 네트워크를 구성하는 내용으로 보는 견해가 있다(김병규, 2004; 김상진, 2006; 문유석, 허용훈, 김형식, 2008; 박희봉, 강제상, 김상묵, 2003; 염종호, 2011; 이진만, 2013; Nahapiet & Ghoshal, 1998). 이처럼 조직사회자본을 구성하는 요소가 학자들마다 달리 제시되고 있으나 정보공유와 협력, 네트워크 간에는 상당한 관련성이 있어 보인다. 이 저서에서는 조직사회자본의 특성을 고려하여 협력을 정보공유와 네트워크를 포괄하는 중요한 조직사회자본 구성요소로 제시한다.

마지막으로 사회자본을 구성하는 요소로 지적된 안전 역시 조직사회자본을 구성하는 요소로도 확대해서 적용할 수 있다. 이는 시설의 안전이 조직을 이용하는 이용자들에게 있어 조직을 신뢰하는 매우 중요한 요소이기 때문이다. 시설을 이용하며 나타날 수 있는 각종 안전사고에 대한 철저한 대비와 관리는 결국 조직사회자본을 형성하는 데 많은 영향을 미칠 수 있다.

따라서 이 저서에서는 조직사회자본 구성요소를 신뢰, 협력, 비전, 규범, 참여와 안전으로 규정하고 이에 대한 관리를 중요한 조직성과관리 구성요소로 제시한다. 다음의 그림은 조직사회자본 구성요소를 나타낸다.

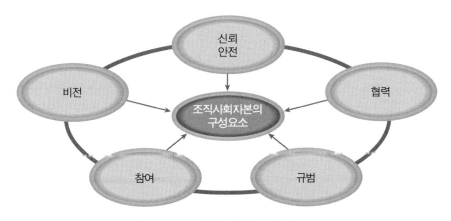

[그림 4-2] 조직사회자본 구성요소

(4) 조직사회자본이론과 성과관리의 관계

사회자본을 조직에 적용한 것이 조직사회자본이라는 개념이다. 조직은 목적을 성취하기 위한 일련의 행동들로 구성된 사회적 단위이므로 조직의 목적을 달성한다는 것은 또는 목적성취를 위한 행동을 수행한다는 것은 조직의 존재이유이다. 즉, 조직사회자본이 조직구성원으로 하여금 공통된 목적을 보다 더 효과적으로 달성하기 위해 협력하고 함께 행동할 수 있도록 해 주는 조직구성원들 사이의 상호관계 속에 내재하고 있는 자본을 의미하므로 조직사회자본은 조직구성원들의 상호행동을 규정하여 조직의 목적성취를 모든 행동에 영향을 미치게 된다.

성과관리 역시 조직구성원들의 행동에 근거하여 조직의 성과를 개선하는 것을 목적으로 하므로 신뢰에 바탕을 둔 상호 협력적인 행동과 직원들 사이에 공유된 비전과 미션 그리고 규범은 조직을 올바른 길로 나아갈 수 있도록 인도하는 인도자의 역할을 수행하고, 조직사회자본은 조직성과관리의 핵심적인 관리영역이 될 수밖에 없다. 이에 대한 관리는 곧 조직사회자본 강화 및 증대 그리고 나아가 성과의 개선이라는 성과관리의 궁극적인 목적에 부합하게 된다.

(5) 조직사회자본이론에 따른 성과관리요소

조직사회자본은 조직구성원으로 하여금 공통된 목적을 보다 더 효과적으로 달성하기 위해 협력하고 함께 행동할 수 있도록 해 주는, 조직구성원들 사이의 상호관계 속에 내재하고 있는 자본을 강조하는 이론으로, 조직구성원들의 상호행동을 규정하여 조직의 목적성취가 모든 행동에 영향을 미침을 강조한다. 조직사회자본이라는 개념을 설명하는 구성요소로는 앞에서 제시한 바와 같이 신뢰, 안전, 참여, 규범, 협력, 비전 등이 있다. 이 구성요소들을 성과관리의 관리구성요소에 적용하여 보면 시설안전관리, 비전관리, 협력관리, 규범관리 등의 요소와 부합함을 알 수 있다. 따라서 조직사회자본이론에 따른 성과관리요소는 다음과 같다.

◆ 조직사회자본이론에 근거한 성과관리요소
시설안전관리, 비전관리, 협력관리, 규범관리, 신뢰관리

⚎ 2 조직발전이론

1) 조직발전이론이란

조직발전이론(organizational development theory)은 조직의 성장과 발전을 설명해 주는 이론으로 조직은 끊임없이 변화하고 발전하여야 함을 강조한다. 즉, 조직발전이론은 조직변화를 통한 조직발전을 강조하는 이론이라고 할 수 있다. 특히, 조직발전이론은 조직의 목적을 성취하기 위하여 그리고 현재의 조직기능을 사정하기 위하여 조직의 능력을 건설하는 것을 강조한다. 조직이 발전하기 위해서는 현재의 조직수행능력을 사정하고 조직이 설정한 목적을 성취하여야 하며, 효과성을 향상 또는 개선하기 위한 각종 조직행동을 수행할 능력을 가지고 있어야 한다. 또한 조직발전이론에 따르면 효과성을 개선하고 조직목적성취를 고취시키기 위한 조직행동이나 노력에 의해 조직은 발전할 수 있음이 강조된다. 따라서 조직발전이론의 핵심은 더욱 효과적으로 조직목적을 성취하는 것이고, 이는 공유된 비전과 발전을 향한 조직구성원들의 집단적 노력의 과정을 필요로 한다(지은구, 2012).

조직발전은 효과적인 조직변화를 위한 체계적이고 계속적인 과정이다. 조직발전을 위한 과정에 개입하는 것은 행동과학에 대한 지식, 직원설문조사, 참여관리 그리고 전반적인 조직체계개선을 통해 이루어진다(Smith, 1998). 조직발전이론에 따르면 조직발전은 조직효과성을 성취하고 변화를 위한 능력을 갖출 수 있도록 돕기 위하여 조직에 인간행동의 지식과 실천기술을 적용하는 과정이라고 할 수 있다(Cummings & Worley, 2005). 여기서 인간행동과학 또는 행동과학지식은 심리학, 사회학, 인간동기이론, 학습이론과 성격이론 등을 의미한다. French(1969)는 조직발전이 조직을 둘러싼 외부환경에 대처하기 위한 능력과 조직의 문제해결능력을 개선하기 위한 장기적인 노력이라고 강조하였다. Worley와 Feyerherm(2003)에 따르면 조직발전은, 첫째, 조직체계의 변화를 이끌어야 하며 나아가 조직변화에 초점을 두어야 하고, 둘째, 이용자시스템에 대한 학습이 있어야 하고 이용자시스템으로 지식과 기술을 전이하여야 하며, 셋째, 이용자시스템의 효과성을 개선하기 위한 의도와 증거가 있어야 한다. 결국 조직발전을 위해서는 현재 조직의 기능이나 수행능력에 대한 사정이 반드시 필요하며 이 사정결과는 곧 조직발전을 위한 증거로서 작동함을 알 수 있다.

Cummings과 Worley(2005)는 조직발전을 다음과 같이 정리하였다.

- 조직발전은 조직 구조, 전략, 과정에 변화를 가져다주는 것이다.
- 조직발전은 인간행동지식과 실천의 전환과 적용에 기초한다.
- 조직발전은 조직효과성을 개선하는 것이다. 조직효과성은 조직이 해결하여야 하는 문제를 해결하는 것과 조직이 설정한 목적을 성취하기 위하여 자원과 주의력을 집중하는 것을 나타낸다.
- 조직발전은 변화를 강화하고 변화를 창조하는 것을 의미한다.
- 조직발전은 계획된 변화를 관리하는 것과 연관이 있다.

2) 조직발전이론과 성과관리의 관계

조직발전의 목표는 조직을 둘러싼 내적 그리고 외적 기능과 관계들을 조정하는 조직의 능력을 개선하는 것에 있으므로 조직발전은 조직의 성과개선과 밀접한 연관이 있다고 할 수 있다. 보다 구체적으로 말하면 조직발전을 통하여 더욱 효과적인 의사소통이 이루어지며, 조직이 당면한 문제에 대한 대처능력이 향상되고, 더욱 효과적인 결정수립과 적절한 리더십 스타일, 조직 갈등과 불만에 대처하는 보다 개선된 기술 그리고 조직구성원 사이의 더 높은 수준의 신뢰와 협력이 형성되므로 이러한 변화는 결국 조직성과를 개선하는 거울을 의미하고, 성과관리는 곧 조직발전의 주요한 방법이라고 할 수 있다(지은구, 2012).

DeKler(2007)는 조직이 가지고 있는 상처를 치유하고 조직의 성과를 향상시키기 위해서 조직발전이 중요함을 강조하였다. 조직발전은 현재의 조직 구조, 전략, 과정 등에 대한 사정에 기초한다. 현재의 조직 기능과 상태를 점검하고 그것을 증거로 하여 조직효과성을 개선하기 위한 노력이 곧 조직발전이다. 조직의 효과성은 조직성과측정과 측정된 자료를 바탕으로 하는 조직변화를 통하여 개선될 수 있다. 성과는 앞에서도 설명한 바와 같이 다양한 영역으로 구성되어 있으며 조직의 효과성을 개선하는 것은 조직성과의 중요한 측면이므로 성과관리와 조직발전은 밀접한 연관이 있음을 알 수 있다.

3) 조직발전이론에 따른 성과관리요소

조직발전이론은 리더십, 조직구조, 전략적 계획, 의사소통, 조직 갈등, 협력과 신뢰 등의 증진, 개선이나 해결 그리고 조직효과증대 등을 통해 조직을 발전시키는 것을 목적으로 하는 이론이다. 조직의 발전은 조직의 모든 운영과 관련이 있는 관리요소에 영향을 받는다고 할 수 있다. 특히, 조직발전을 선두 지휘하는 지도자의 리더십과 조직구조(부서화나 운영위원회 등), 조직 갈등을 해결하기 위한 시스템, 협력과 신뢰를 향상시키기 위한 직원참여, 의사소통 활성화를 위한 다양한 노력, 현재의 지역사회환경에 대한 사정 및 조직혁신을 위한 전략적 계획 그리고 조직의 가치실현을 위해 제공되는 서비스의 품질유지 및 향상 노력, 조직효과성의 개선 등은 모두 조직발전을 위해 기본적으로 필요한 조직성과 관리요소라고 할 수 있다. 조직발전이론에 따른 성과관리요소를 그림으로 나타내면 다음과 같다.

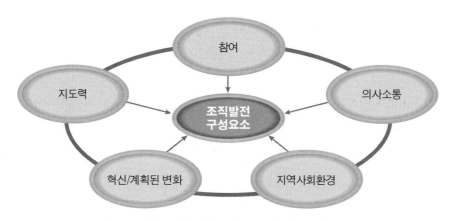

[그림 4-3] 조직발전이론에 근거한 성과관리요소

결국 성과관리의 주요 관리요소는 가치영역의 비전관리, 협력관리, 신뢰관리, 과정영역의 대부분의 관리요소, 즉 조직관리, 갈등관리, 지역사회관리, 혁신관리 등 그리고 결과영역에의 효과관리, 품질관리, 평가관리 등이며, 모두 조직발전이론에 따른 성과관리요소라고 할 수 있다. 조직발전이론에 영향을 받는 조직관리요소는 다음과 같다.

> ◈ 조직발전이론에 근거한 성과관리요소
>
> 비전관리(리더십 스타일), 협력관리, 신뢰관리, 조직관리(효과적인 조직구조), 열린 의사소통, 계획된 변화(혁신관리), 지역사회(환경)관리, 갈등관리, 효과관리, 평가관리, 품질관리, 자원개발관리, 프로그램관리

3 학습조직이론

1) 학습조직이론이란

학습조직이론(Learning organization theory)은 조직이 조직구성원들의 학습을 촉진시켜서 끊임없이 변화하는 것을 강조하는 이론으로 Senge(1990)에 의해 발전하였다. 학습조직이론은 시스템사고, 개인적 숙련, 정신모형, 공유된 비전 그리고 팀 학습과 같은 5개의 주요 특성을 가지고 있다. 학습조직이론에 따르면 조직이 태생적으로 학습조직으로 발전하는 것은 아니며 조직의 변화를 촉진시키는 요소들이 있다고 한다(지은구, 2012). 조직이 성장하면서 개별적 사고는 무뎌지고 학습능력을 점차 상실하게 되는데, 이런 문제점들이 발생하게 되면 조직은 다른 조직들과의 경쟁에서 살아남지 못하게 되므로 경쟁력 있는 조직으로 변화되기 위해서 재구조화되어야 하고, 나아가 다른 조직보다 더 빠르게 학습하여야 하며, 클라이언트에 대한 응답문화를 발전시켜야 한다(O'Keeffe, 2002). 학습조직이론에 따르면 학습조직은 다음과 같은 혜택을 조직에게 가져다준다(McHugh, Groves, & Alker, 1998; Pedler, Burgogyne, & Boydell, 1997).

- 혁신수준을 유지하고 경쟁적이 되도록 해 준다.
- 외부압력에 보다 효과적으로 응답하게 해 준다.
- 클라이언트의 욕구에 자원을 더 좋게 연계해 주는 지식을 갖게 해 준다.
- 산출(서비스나 상품)의 질을 개선한다.
- 사람중심으로 기업의 이미지가 개선된다.
- 조직 안에서의 변화를 증대시킨다.

Argyris(1999)에 따르면 조직은 새로운 서비스나 상품과 과정에 관한 지식을 유지하고, 조직 외부환경에서 일어나는 일이 무엇인지를 이해하여야 하며, 모든 조직의 기술과 지식을 이용하여 해답을 찾는 것이 필요하다.

2) 학습조직이론의 특성

Senge(1990)에 의하면 학습조직이론은 다음과 같은 5개의 주요 특성을 가지고 있다.

- 시스템사고: 현상을 이해하고 이를 바탕으로 문제를 해결하려는 수단이다. 학습조직의 아이디어는 시스템사고(systems thinking)로부터 발전한다. 시스템사고는 사람들이 조직 관리나 경영을 학습하도록 하는 개념적 틀이다. 학습조직은 그들의 조직을 평가 또는 사정할 때 시스템사고의 방법을 활용하며 전체 조직과 조직구성요소들의 성과를 측정하는 정보체계를 가지고 있다.

- 개인적 숙련: 학습과정에서 개개인들이 갖는 의무나 책임(commitment)이다. 개인적 숙련(personal mastery)은 개인이 추구하는 지식, 기술, 태도를 형성하기 위하여 개인적 역량을 지속적으로 넓혀 나가고 심화시켜 나가는 행위를 의미한다. 개인적 숙련을 위한 개개인들의 학습은 직원훈련이나 직원개발을 통해서 성취된다. 하지만 학습은 우연히 일어나는 경우도 존재하므로 매일의 삶 속에서 개인적 숙련이 단련될 수 있는 조직문화를 발전시키는 것이 중요하다. 학습조직은 개인적 학습의 총합으로도 설명될 수 있으며 개인적 학습이 학습조직으로 전환되도록 하는 메커니즘이 반드시 필요하다.

- 정신모형: 개인이나 조직에 의해서 유지되는 전제나 가정이다. 정신모형(mental models)은 또한 주변에서 발생하는 현상들을 이해하는 인식체계로서 무엇을 어떻게 보는지를 결정하고 어떻게 행동할지를 결정한다. 학습조직이 되기 위해서, 정신모형은 반드시 변화되어야 한다. 개개인들은 실천현장에서 활용하는 이론을 지지하며, 조직은 행동이나 규범 그리고 가치를 유지·보전하는 '기억들'을 가지는 경향이 있다. 이러한 경향이나 기억들은 새로운 환경에 따라 변화되어야 한다. 조직학습 환경을 만들기 위해서는 기존의 것을 유지하고, 새로운 것에 대항하는 태도를 버리고 신뢰와 탐구를 증진시키는 개방된 문화를 받아들여야 한다. 원하지 않는 규범이나 가치 등은 비-학습(unlearning)이라고 불리는 과정에서 버려져야 한다.

- 공유된 비전: 공유된 비전(shared vision)의 개발은 직원들의 학습을 고취시키기 위하여 매우 중요하다. 공유된 비전은 직원들에게 학습에 대한 에너지와 학습에 집중할 수 있도록 하는 공통의 정체성을 가져다준다.

- 팀 학습: 개인적 학습의 축적이 팀 학습(team learning)을 구상한다. 공유된 학습이나 팀 학습의 혜택은 직원들이 더욱 빠르게 성장할 수 있도록 해 주는 것과 조직문제 해결능력이 더욱 개선되는 것이라고 할 수 있다. 학습조직은 팀 학습을 고취시킬 수 있는 구조를 가지고 있다. 팀 학습은 개개 직원들이 대화와 토론에 참여하고 개입하는 것을 필요로 하는데 이는 대화와 토론이 팀 구성원들에게 열린 의사소통, 공유된

의미, 공유된 이해를 발전시키도록 해 주기 때문이다.

결국 Senge(1990)에 따르면, 성공적인 학습조직이 되기 위해서는, 기존의 고정관념을 탈피하여야 하고(정신모형), 개인의 지속적인 자기개발을 위해 노력하여야 하며(개인적 숙련), 조직의 시스템에 대한 완벽한 이해를 바탕으로(시스템사고) 누구나 동의할 수 있는 미래의 비전을 설정하여 공유하며(공유된 비전), 조직구성원들의 개인적 능력을 뛰어넘어 지혜와 능력을 구축할 수 있도록 함께 노력하여야 함(팀 학습)을 알 수 있다(김희규, 2004).

3) 학습조직이론과 성과관리

조직의 성과관리는 학습조직과 밀접한 연관이 있다. 성과관리는 높은 수준의 지식과 기술을 조직에 활용하여 조직의 성과를 측정하고 측정된 성과요소의 자료나 정보를 조직관리에 적용하여 조직의 성과개선을 추구하는 것을 목적으로 한다. 성과관리가 효과적으로 조직에 적용되기 위해서는 조직구성원이 성과측정요소에 대한 다양한 정보를 준비하여야 하고, 측정을 시행하여 결과를 분석하기 위한 분석기법 및 이를 성과개선으로 인도하기 위해 필요한 관리지침이 제시되어야 가능하다. 이 모든 성과관리의 과정을 통하여 조직구성원들이 학습되고 그들의 역량은 강화되는 자연스러운 결과를 도출해 낼 수 있다.

결국 보다 개선된 성과를 성취하기 위한 조직구성원들의 노력은 곧 조직의 새로운 변화를 의미하고, 조직의 새로운 변화를 위한 시도는 학습조직을 의미한다. 성과측정을 위한 다양한 지식과 기술 그리고 성과측정과정으로의 직원개입은 직원들의 학습능력을 향상시키며 성과측정결과는 보다 나은 조직을 위한 조직학습의 좋은 원료로서 작동한다. 따라서 학습조직이론의 주요 특성인 공유된 비전, 개인적 숙련, 팀 학습 등의 요소들이 성과관리를 통한 조직발전과 성장을 위한 기본 토대로서 중첩되는 역할을 수행한다고 할 수 있다(지은구, 2012).

특히, 학습조직은 조직의 서비스나 질을 개선하여 이용자의 욕구에 빠르게 부응하며 외부환경의 변화에 빠르게 적용하므로 조직성과개선을 통한 조직발전에 중요한 요인으로 작동한다. 성과의 개선은 곧 클라이언트들에 대한 빠른 응답, 서비스의 질 개선, 외부환경에 대한 즉각적인 반응, 조직변화에 대한 빠른 전개 등에 의해서 나타난다고 했을 때 학습조직은 곧 성과를 지속적으로 개선하는 조직이라고 할 수 있으며 지속적으로 학습하는 조직은 곧 지속적으로 성과를 관리하는 조직이라고 할 수 있다(지은구, 2012). 결국 성과관리를 통한 조직성과개선을 위한 노력과 행동은 조직과 지역사회 그리고 이용자들에 대한 과학적이고 체계적인 분석과 성과측정에 관련한 높은 정도의 지식과 기술을 요구하므로, 성과관리를 통해 조직구성원들은 학습되고 학습은 직원들의 역량을 강화하는 데 결정적인 도움의 요인으로 작동할 것이다.

4) 학습조직이론에 따른 성과관리요소

학습조직이론은 성과측정을 위한 다양한 지식과 기술 그리고 성과측정과정으로의 직원개입은 직원들의 학습능력을 향상시키며 성과측정을 통해 얻어진 정보나 자료들은 조직학습의 좋은 원료로서 작동함을 강조한다. 따라서 학습조직이론의 주요 특성 중 하나인 공유된 비전이나 개인적 숙련, 팀 학습 등의 요소들은 바로 학습조직이론에 따른 성과관리요소가 될 수 있다. 즉, 공유된 비전은 비전관리와 규범관리에 속하며 팀 학습과 자기개발 등은 인력관리에 포함되는 관리요소이다. 그리고 클라이언트에 대한 빠른 응답은 이용자 관리이며, 서비스 질 개선은 품질관리에 그리고 지역사회에 대한 체계적이고 과학적인 분석은 곧 지역사회관리에 속하는 관리구성요소이다. 또한 문서관리와 회계는 조직학습에 있어 기본적 업무이므로 문서관리와 재무관리 역시 학습조직이론에 적합한 관리구성요소라고 할 수 있다. [그림 4-4]는 학습조직이론에 근거한 성과관리요소를 나타낸다.

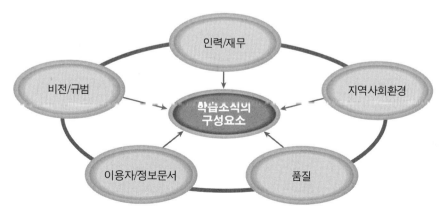

[그림 4-4] 학습조직이론에 근거한 성과관리요소

◈ 학습조직이론에 근거한 성과관리요소

비전관리, 규범관리, 인력관리, 지역사회관리, 품질관리, 이용자관리, 정보문서관리, 재무관리

제2절 조직사회자본이론과 조직발전이론 그리고 성과관리

조직성과관리의 가장 핵심적인 목적으로 이 저서가 제시하는 것은 성과관리가 조직구성원들의 학습을 통한 조직역량강화에 기여하여야 하며 조직사회자본을 강화하고 조직발전을 담보하여야 한다는 것이다. 다음의 그림은 조직성과관리의 이론적 토대인 조직사회자본이론, 조직발전이론, 학습조직이론을 나타낸다.

[그림 4-5] 조직성과관리의 이론적 토대

학습조직이론은 공유된 비전을 갖도록 하고 직원들로 하여금 기대된 행동을 하도록 유도하므로 비전 및 규범 관리와 개인 및 팀의 능력 고양을 위한 인력관리의 관리요소에 행동을 강조하므로 인력관리의 관리요소에 부합한다. 조직사회자본이론은 비전관리, 신뢰관리, 시설안전관리, 규범관리, 협력관리의 관리구성요소에 부합하고 조직발전이론은 혁신관리, 지역사회관리, 협력관리 등의 관리요소에 영향을 준다. 다음의 그림은 학습조직이론, 조직사회자본이론, 조직발전이론의 성과관리 구성요소를 나타낸 것이다.

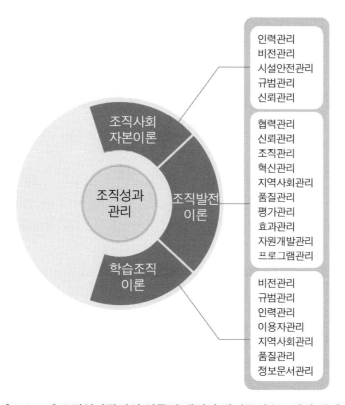

[그림 4-6] 조직성과관리의 이론적 배경과 관리구성요소와의 관계

제5장 사회복지관에서의 성과와 성과관리

제1절 사회복지관의 성과와 성과관리

1 사회복지관의 성과

성과를 구성하는 구성요소가 가치, 과정 그리고 결과로 이루어졌다는 것은 곧 사회복지조직인 노인복지관의 성과 역시 가치, 과정, 결과로 이루어졌음을 나타내는 것이다. 사회복지관의 성과가 가치, 과정, 결과로 구성된다는 것은 또한 성과의 가치영역, 과정영역 그리고 결과영역을 잘 관리하면 사회복지관의 성과가 증진되고 개선될 수 있음을 나타내는 것이다.

지역사회복지관은 지역사회를 기반으로 안정된 시설과 전문인력을 갖추고 지역주민의 참여와 협력을 통하여 지역사회 복지문제를 예방하고 해결하기 위하여 종합적인 복지서비스를 제공하는 시설을 말하며, 지역사회복지란 주민의 복지증진과 삶의 질 향상을 위하여 지역사회 차원에서 전개하는 사회복지를 의미한다. 따라서 지역복지관은 사회복지서비스 욕구를 가지고 있는 모든 지역주민들을 대상으로 보호서비스, 재가복지서비스, 자립능력 배양을 위한 교육훈련 등 그들이 필요로 하는 복지서비스를 제공하고 가족기능강화 및 주민 상호 간 연대감 조성을 통한 각종 지역사회문제를 예방·치료하는 종합적인 복지서비스 전달기구로서 지역사회주민의 복지증진을 위한 중심적 역할을 수행하게 된다(보건복지부, 2016). 결국 지역사회복지관의 성과란 지역주민 복지증진을 위한 가치영역과 과정영역 그리고 결과영역으로 구성되는 개념으로 '지역주민 복지증진이라는 가치실현을 위해 종합적인 복지서비스를 제공하여 지역주민들의 삶의 질이 향상되도록 하는 것'이라고 규정할 수 있다.

또한 장애인복지관은 장애인을 위한 체계적인 복지서비스를 제공하여 장애인의 재활과 자립능력을 극대화함은 물론, 장애인식개선과 전문화된 사업의 개발과 수행을 통해 사회통합을 이룩하고 장애인과 비장애인이 더불어 행복하게 살아갈 수 있는 세상을 만드는 일에 중추적인 역할을 담당하는 지역시설이다. 또한 장애인복지관은 지역 장애인의 재활자립과 복지증진을 도모하는 것(보건복지부, 2017)을 목적으로 하므로 장애인복지증진을 위한 가치영역과 과정영역 그리고 결과영역으로 구성되는 개념으로 '지역 장애인들의 재활자립과 복지증진이라는 가치실현을 위해 필요한 복지서비스를 제공하여 행복한 삶이 보장되는 것'이라고 규정할 수 있다.

그리고 노인복지관은 노인의 교양─취미생활 및 사회참여활동 등에 대한 각종 정보와 서비스를 제공하고, 건강증진 및 질병예방과 소득보장─재가복지 그 밖에 노인의 복지증진에 필요한 종합적인 노인복지서비스를 제공하는 노인여가시설로서 설립목적이 노인복지서비스가 필요한 노인을 대상으로 ① 건강한 노후를 위한 예방, 취약노인 케어 기반 구축 및 확충, ② 활동적인 노후를 위한 사회참여 여건 조성 및 활성화, ③ 안정적 노후를 위한 소득보장의 다양화와 내실화를 통해 성공적인 노후가 실현될 수 있도록 지원하는 종합적 노인복지서비스 전달기구로서 중심적 역할을 수행하는 것이다(보건복지부, 2016).

따라서 노인복지관은, 첫째, 건강한 노후를 위한 케어 기반 확충, 둘째, 활동적인 노후를 위한 사회참여 여건 조성 및 활성화, 셋째, 안정적 노후를 위한 소득보장의 다양화와 내실화를 위한 노인복지서비스를 전달하는 전달기구로서 노인복지관의 사회적 가치는 노인복지서비스 제공을 통한 노인복지증진임을 알 수 있다. 따라서 노인복지관은 노인복지증진이라는 가치를 실현하기 위해 이를 가능하게 하는 다양한 행동들을 수행하며, 이것은 결국 결과로서 노인들의 삶의 질을 향상 내지는 성공적인 노후를 실현하는 데 이바지할 것이다. 결론적으로 노인복지관의 성과란 노인복지증진을 위한 가치영역과 과정영역 그리고 결과영역으로 구성되는 개념으로 '노인복지증진이라는 가치실현을 위해 다양한 노인복지서비스를 제공하여 성공적인 노후생활이 보장되도록 하는 것'이라고 규정할 수 있다.

◈ 지역사회복지관의 성과

주민복지증진이라는 가치실현(가치영역)을 위해 종합적인 복지서비스를 제공하여(과정영

역) 지역주민들의 삶의 질이 향상되도록 하는 것(결과영역)

◈ 장애인복지관의 성과

지역 장애인들의 복지증진이라는 가치실현(가치영역)을 위해 필요한 복지서비스를 제공하여(과정영역) 행복한 삶이 보장되는 것(결과영역)

◈ 노인복지관의 성과

노인복지증진이라는 가치실현(가치영역)을 위해 다양한 노인복지서비스를 제공하여(과정영역) 성공적인 노후생활이 보장되는 것(결과영역)

다음의 그림은 사회복지관의 성과를 구성하는 세 영역과 성과의 관계를 나타낸다.

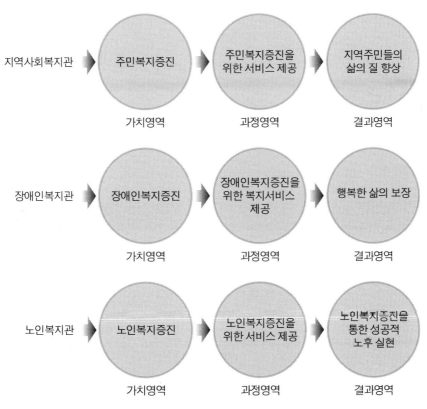

[그림 5-1] 사회복지관의 성과와 성과의 영역

2 사회복지관 성과관리

성과관리란 성과측정을 통하여 수집된 정보를 활용하여 조직 전반의 성과를 개선하려는 조직관리 기법이라고 정의하였으므로 이러한 성과관리의 정의를 적용하면 사회복지관 성과관리는 성과측정을 통하여 수집된 정보를 활용하여 사회복지관의 성과를 개선하려는 조직관리 기법이라고 할 수 있다. 특히, 사회복지관의 성과관리는 '지역주민, 노인 그리고 장애인복지의 증진'이라는 사회적 가치실현을 목적으로 수행되는 것이며 조직사회자본을 증진시키고 조직학습과 조직발전이라는 성과중심문화에 기반하는 협력활동이어야 한다. 또한 사회복지관 성과관리는 일회적인 과업이 아니고 지속적인 과정으로서 조직의 미래방향을 결정하는 결정수립도구로서 역할을 하여야 한다.

◈ 사회복지관 성과관리

- 성과측정을 통하여 수집된 정보를 활용하여 사회복지관의 성과를 개선하려는 조직관리 기법
- 사회복지증진이라는 사회적 가치실현을 목적으로 수행되는 조직학습과 조직발전이라는 성과중심문화에 기반하는 협력활동

제2절 사회복지관의 평가와 성과관리

1 사회복지관 평가와 성과관리

1) 평가와 성과 그리고 조직관리

조직의 관리와 평가는 다르다고 할 수 있다. 즉, 평가는 조직을 관리하기 위한 하나의 관리요소가 될 수 있지만 평가가 곧 조직관리라고는 할 수 없다. 사전적 의미에서 본다면 평가란 판단을 하기 위해 필요한 것이다. 요리사는 자신이 만든 음식이 간이 맞는지

아닌지를 판단하기 위해 음식 맛을 보는 평가행동을 하며, 또한 목욕탕에서 욕탕 안으로 들어가기 전에 우리는 일반적으로 욕탕의 물이 뜨거운지 적당한지를 판단하기 위한 평가 작업으로서 손가락을 집어넣어 물의 온도를 확인하곤 한다(지은구, 2008). DePoy와 Gilson(2003)은 평가에 대해 가치판단을 위해 생각하고 행동하는 과정이라고 강조하였다.

일반적으로 평가는 조직이나 프로그램의 목적을 강조하고 프로그램을 제공하는 조직이나 사람의 의도가 현실화되는 정도를 조사하는 것이라고 한다. 따라서 평가는 조직이나 프로그램이 실현하려는 목적 달성여부에 대한 가치판단을 의미한다. 평가의 판단적 역할 때문에 평가자의 입장이나 평가를 둘러싼 사회 · 정치적 정황의 인식은 평가에 매우 중요한 영향을 미친다고 볼 수 있다. 평가는 사회조사에서 사용하는 조사방법들을 사용하기 때문에 증거에 기반한 사고과정을 바탕으로 논리적이고 체계적으로 사고하는 것을 강조하며, 판단의 목적이 판단 또는 결정을 하는 것에 있기 때문에 엄밀한 의미에서 보면 평가는 조직관리를 위해 수행하는 조직관리 기법에 지나지 않는다고 할 수 있다.

DePoy와 Gilson(2003)에 따르면 사회복지사들에게 있어 평가란 특정한 실천기술과 서비스 내용의 효과를 사정하고 검사하고 서술하기 위한 그리고 사회문제나 사회적 이슈나 현상에 응답하고 검사하기 위한 수단이다. 그리고 그들은 평가가 증거에 기초해서 생각하고 행동하는 과정의 의식적인 적용이라고 강조하였다. 따라서 사회복지조직에게 있어서 평가란 사회문제에 대한 대답으로 제공되는 조직의 프로그램과 서비스 전달을 검사하는 것이라고 할 수 있다. 따라서 평가는 크게 두 가지 측면에서 사회에 이롭다고 할 수 있는데, 첫째는 사회문제를 경감시키는 것을 목적으로 하는 개입이나 프로그램에 대한 사정이기 때문에 사회에 이로우며 사회개입에 대한 구체적인 행동의 수혜자(즉, 클라이언트)들에게 보다 원활한 자원 활용이 가능하도록 하기 때문에 이롭다고 볼 수 있다(지은구, 2008). 또한 Mark, Henry 그리고 Julnes(2000)는 평가의 궁극적 목적이 사회적 개선(social betterment)에 있으며 평가가 사회적 프로그램이나 정책의 사회적 함의나 정당성, 효과 그리고 정책이나 프로그램의 운영을 설명하고 묘사하기 위해서 체계적 질문을 하는 행동을 통해서 프로그램이나 정책에 관한 인식을 지원하는 역할을 한다고 강조하였다. 특히, 사회복지관에 있어서 평가는 조직적 실천행동을 개선시키기 위한 그리고 서비스의 제공과 사용에 대한 경험을 개선시키기 위한 기회를 제공한다고 볼 수 있다. 이러한 사회복지조직의 서비스를 개선시키는 것을 목적으로 조직행동을 평가한다는 의미에서 평가와 함께 **프로그램평가**라는 용어가 자주 사용되어 왔는데(Hall & Hall, 2004), 이는 조직적 차원에서의 사회복지사 개개인들의 실천행동들이 대부분 프로그램을 통해서 실현되기 때문이라고 볼 수 있다(지은구, 2008).

　사회복지관의 평가는 또한 조직의 성과와도 연관이 있는데 Weiss(1998)는 평가가 정책이나 프로그램의 개선에 기여하는 수단으로서 프로그램이나 정책의 운영과 성과에 대한 체계적 사정이라고 정의하였다. 또한 Grinnell(1997)과 Yates(1996)에 따르면 평가란 원하는 성과가 성취되었는지를 검사하고 판단하기 위한 목적적 과정이라고 하였다.

　결국 사회복지관의 평가란 사회복지관의 가치실현을 위한 실천행동을 개선시키기 위함을 목적으로 하는 계속적인 과정이며 실천행동에 따른 성과의 성취여부를 증거에 기반하여 판단하기 위한 체계적 과정이라고 할 수 있다. 따라서 조직에 대한 평가는 당연히 조직성과 개선이 목적이어야 하므로 조직의 성과를 관리하는 성과관리요소 중 하나로 가치판단을 강조하는 평가가 필요하다고 할 수 있다.

◈ 평가

- 증거에 기반하여 가치판단을 위해 생각하고 행동하는 과정이다.
- 정책이나 프로그램의 개선에 기여하는 수단으로서 프로그램이나 정책의 운영과 성과에 대한 체계적 사정이다.
- 기대하는 성과가 성취되었는지를 검사하고 판단하기 위한 목적적 과정이다.

◈ 사회복지관의 평가

- 사회복지관의 가치실현을 위한 실천행동을 개선시키기 위함을 목적으로 하는 계속적인 과정이며 실천행동에 따른 성과의 성취여부를 증거에 기반하여 판단하기 위한 체계적 과정이라고 할 수 있다.

　지은구(2008)는 바람직한 평가의 목적을 다음과 같이 제시하였다.

　첫째, 평가는 공적이나 가치를 사정하기 위함을 목적으로 한다. 실제적으로 많은 평가들이 정책이나 프로그램의 계속적인 진행 여부를 결정하거나 또는 정책이나 프로그램 등이 계속적으로 필요한지 또는 필요하지 않은지 또는 도움이 되는지 도움이 되지 않는지, 경제적 측면에서는 경제적 가치가 있는지 없는지 그리고 사회적 가치의 측면에서는 사회적 가치가 실현되는지 아닌지 등을 판단하고 사정하기 위해서 실행된다고 볼 수 있다.

둘째, 평가는 프로그램이나 조직의 개선 및 향상을 목적으로 한다. 평가의 결과는 직접적으로 프로그램을 진행하는 조직이나 프로그램 자체의 운영을 개선하거나 수정하는 데 사용될 수 있다.

셋째, 평가는 규정이나 규칙의 순응 정도를 감시감독하기 위함을 목적으로 한다. 대부분의 프로그램이나 개입행동은 운영상에 있어서 규정이나 규칙 또는 의무기준 등이 존재하는데 평가는 이러한 규정이나 규칙 또는 기준을 제대로 이행하는지를 사정하는 것을 목적으로 하기도 한다.

넷째, 평가는 지식개발을 목적으로 한다. 평가를 위해 평가자들은 다양한 이론이나 가정 그리고 전제들을 실험하고 발견하기 위해 노력한다. 따라서 평가를 통해서 평가자들과 평가에 관련이 있는 이해당사자들의 지식 개발이나 발전이 이루어진다.

결국 사회복지관의 평가는 사회조사방법론을 사용하여 증거에 기반한 사고과정을 바탕으로 조직이 실현하고자 하는 성취기대나 조직이 제공하는 사업이나 프로그램의 목적 성취여부를 판단하기 위한 체계적 과정이자 조직평가를 통하여 조직이나 프로그램의 운영개선이나 성과의 개선을 도모할 수 있는 조직관리 및 감독을 위한 도구의 역할을 수행한다고 할 수 있다. 즉, 조직평가의 결과에 대한 가치판단에 따라 조직운영 개선이나 조직관리 개선이라는 효과가 수반된다.

2) 사회복지시설평가의 실태

(1) 사회복지시설평가의 역사

사회복지시설의 평가는 서울시가 1996년 사회복지관 평가를 시행함에 따라 최초로 도입되었고, 사회복지시설에 대한 전국적인 평가의 제도화는 1997년 「사회복지사업법」 개정을 통해 1999년부터 실시되었다. 1999년부터 2004년까지는 정부의 1년 단위의 연구 용역과세로 시행되었고, 이후 2005년부터는 3년 단위의 위탁형태로 한국사회복지협의회의 주관하에서 진행되었다. 제5기와 제6기의 평가도 한국사회복지협의회의 사회복지평가원을 통해 운영되고 있다. 특히, 제공자 중심의 복지가 이용자 중심의 복지로 전환되는 사회복지 패러다임의 변화에 따라서 1999년부터 시작되어 2013년까지 제5기(15년) 평가가 이루어져 오고 있다. 그 당시 국가적 경제위기인 IMF 상황에서 사회복지영역에 대한 재정적 지출이 늘어남에 따라 사회복지시설 운영의 투명성 및 사회복지서비스 품질의 향상, 사회복지 재원 사용에 대한 효율성 등에 대한 책임성이 대두되었다. 즉, 사회복지시설의 서비스에 대한 품질 확보 및 향상 그리고 관리에 초점이 맞춰지고 있다는 것이다. 이는 사회복지시설을 더욱 효율적이고 계속적으로 관리하고 향상을 도모하는 데 큰 의의가 있다고 볼 수 있다. 더불어 정부가 지원한 보조금의 효과성과 효율성에 대한 평가를 요구하게 되었다. 이에 「사회복지사업법 시행규칙」(2015) 제27조의2(시설의 평가) 1항에 근거하여 보건복지부장관 및 시·도지사는 「사회복지사업법」 제43조의2에 따라 3년마다 시설에 대한 평가를 실시하여야 한다.

보건복지부의 사회복지시설평가의 평가지표는 지역아동센터를 제외한 모든 사회복지시설에 공통적으로 적용되는 공통지표와 시설 및 환경, 재정 및 조직운영, 프로그램 및 서비스, 이용자 및 생활자 권리, 지역사회관계 등으로 구성되어 있다. 사회복지시설평가는 3년을 1기로 구분할 수 있다.

사회복지시설에 대한 평가는 법이 개정된 후 1999년부터 시작되었다. 사회복지시설평가의 흐름과 특징을 개괄적으로 살펴보면, 먼저 제1기(1999~2001) 평가는 총 8개 시설을 대상으로 실시되었으며 개별 시설의 평가지표를 개발하는 것에 중점을 두었다. 제2기(2002~2004) 평가는 총 8개의 시설을 대상으로 1기 평가에서 개발하지 못한 개별 시설 평가지표를 추가로 개발하고 좀 더 현실화하였다. 제3기(2005~2007) 평가는 총 9개의 시설을 대상으로 서비스 최소기준의 개념을 도입하고 추가적으로 개별시설에 대한 평가지표를 개발하였고, 사회복지현장의 상황을 반영한 각 시설종별 평가지표를 개발 및 확대개발하였다. 제4기(2008~2011) 평가는 총 10개 시설을 대상으로 사회복지시설서비스를 최소기준으로 발전시키고 사회복지시설 유형별 최소기준을 반영하여 체계적으로 표준화시켰다. 제5기(2011~2013) 평가는 시설 유형별 공동지표를 확대하고 시설 유형별 특성을 고려한 지표를 개발하고 현장중심의 평가지표를 개발하고 있다. 제6기 개정(2014~2016)은 사회서비스로의 패러다임 전환에 따른 수요자 중심의 평가로 이행하고 있다. 결과적으로 사회복지시설평가의 변화로 초기시설의 개방화와 운영의 표준화에서 최근에는 이용자의 권리와 서비스 품질 강화로 나타나고 있다.

〈표 5-1〉 사회복지시설 평가의 흐름과 특징

기 별	연도	평가대상시설	평가의 주요한 특징
제1기 (1,060개소) (1999~2001)	1999	장애인복지관, 정신요양시설	개별 시설의 평가지표를 개발하는 것에 중점을 두었다.
	2000	노인요양시설, 부랑인시설, 사회복지관, 여성생활시설, 영아시설, 장애인복지시설	
	2001	노인양로시설, 아동복지시설, 장애인복지시설	
제2기 (1,186개소) (2002~2004)	2002	부랑인시설, 장애인복지관, 정신요양시설	1기 평가에서 개발하지 못한 개별 시설 평가지표를 추가로 개발하고 평가지표를 좀 더 현실화하였다.
	2003	노인복지시설, 모자복지시설, 사회복지관	
	2004	아동복지시설, 장애인복지시설	
제3기 (1,389개소) (2005~2007)	2005	부랑인복지시설, 사회복귀시설, 장애인복지관, 정신요양시설	서비스 최소기준의 개념을 도입하고 추가적으로 개별 시설에 대한 평가지표를 개발, 사회복지현장의 상황을 반영한 각 시설종별 평가지표를 개발 및 확대개발하였다.
	2006	노인복지관, 노인생활시설, 사회복지관	
	2007	아동복지시설, 장애인생활시설	
제4기 (1,454개소) (2008~2011)	2008	부랑인복지시설, 사회복귀시설, 장애인복지관, 정신요양시설	사회복지시설서비스를 최소기준으로 발전시키고 사회복지시설 유형별 최소기준을 반영하여 체계적으로 표준화시켰다.
	2009	노인복지관, 노인복지시설, 사회복지관, 한부모가족복지시설	
	2010	아동복지시설, 장애인생활시설	
제5기 (1,014개소) (2011~2013)	2011	부랑인복지시설, 사회복귀시설, 장애인복지관, 정신요양시설	시설 유형별 공동지표를 확대하고 시설 유형별 특성을 고려한 지표를 개발하고 현장중심의 평가지표를 개발, 이용자 권리 및 서비스의 품질을 강화하였다.
	2012	노인복지관, 노인양로시설, 사회복지관, 한부모가족복지시설	
	2013	아동복지시설, 장애인거주시설, 장애인직업재활시설	

제6기 (약 2,500개소) (2014~2016)	2014	장애인복지관, 정신요양시설, 사회복귀시설	사회서비스로의 패러다임 전환 에 따른 수요자 중심의 평가로 이행하고 있다.
	2015	양로시설, 노인복지관, 사회복 지관, 한부모가족복지시설	
	2016	아동복지시설, 장애인거주시설, 장애인직업재활시설	

특히, 제6기 사회복지시설평가(보건복지부, 2014)는 평가지표 개발 시 현장 의견수렴 확대, 현장평가의 공정성 및 객관성 강화, 평가결과 활용 및 사후관리 확대를 기본방향으로 하고 있다. 평가지표개발로는 지자체, 시설관련단체, 평가대상시설 등 다양한 의견을 수렴(온라인 의견수렴, 포커스그룹 운영, 공청회 개최 등)하여 평가지표개발위원회에서 지표개발을 하여 지표를 더욱 단순화시키고, 평가 사후관리는 서비스품질관리단을 구성하여 평가미흡시설에 대한 맞춤형 컨설팅을 실시하는 데 초점을 맞추고 있다.

(2) 사회복지시설평가의 목적

보건복지부에서 설정하고 있는 사회복지시설평가의 목적은 장기적 목적과 단기적 목적으로 구분할 수 있다. 먼저 장기적 목적으로는, 첫째, 사회복지시설의 투명성과 서비스의 질 향상을 통한 사회복지시설 이용자와 국민의 복지수준 향상에 기여하고, 둘째, 사회복지시설 평가결과를 반영한 예산집행의 효율성과 합리성을 유도하고, 셋째, 사회복지시설 운영의 선진화를 지원하는 것이 있다.

아울러 단기적 목적으로는, 첫째, 입소 및 이용시설에 대한 평가를 통하여 효율적이고 효과적인 사회복지시설의 운영기반을 정착시키고 시설 간 선의의 경쟁을 유도하고, 둘째, 시설 이용자의 인권이 보호되고 지역사회와의 긴밀한 연계 속에서 사회복지시설의 운영이 이루어질 수 있는 기반을 마련하고, 셋째, 사회복지시설 실태파악을 통하여 국가 지원수준에 대한 과학적인 근거자료로 삼는 것이 있다(정무성, 2005).

특히, 2015년 사회복지시설평가의 목적에 대해 정부는 '시설운영의 효율화 및 이용생활인에 대한 서비스 질 제고'임을 밝히고 있다. 결국 사회복지시설평가의 필요성은 앞의 목적에 근거하여 사회복지시설 운영의 효율화와 사회복지서비스 품질의 향상에 기인한다고 할 수 있다.

(3) 사회복지시설평가의 기본 틀

2015년 사회복지시설평가를 위한 기본 틀은 평가영역, 세부평가영역 그리고 평가지표 등으로 구조화되어 있다. 이들의 기본적인 틀은 시설 유형에 따라 상이한데, 이 중에서 사회복지시설 전체 평가영역의 공통지표를 살펴보면 다음의 표와 같이 시설 및 환경, 재정 및 조직운영, 인적자원관리, 이용자의 권리, 지역사회관계를 기본 영역으로 하고 있다.

〈표 5-2〉 사회복지시설 공통지표

평가영역	평가항목
시설 및 환경	안전관리
재정 및 조직운영	경상보조금 결산액에 대한 운영법인의 전입금 비율
	경상보조금 결산액에 대한 사업비 비율
	경상보조금 결산액에 대한 후원금 비율
	기관의 미션과 비전 및 중장기계획
	운영위원회 구성 및 활동
	회계의 투명성
인적자원관리	전체 직원 대비 자격증 소지 직원 비율
	직원의 근속율
	직원의 교육활동비
	직원의 외부 교육활동시간
	직원채용의 공정성
	직원업무평가
	직원교육
	직원 고충처리
	직원복지
	슈퍼비전 및 외부전문가의 자문
이용자 권리	이용자의 비밀보장
	이용자의 고충처리

지역사회관계	자원봉사자 활용
	외부자원개발
	자원봉사자 관리
	후원금(품) 사용 및 관리
	홍보

*2015년도 노인양로시설, 노인복지관, 사회복지관 한부모가족복지시설에 공통 적용

📝 〈표 5-3〉 2015년 사회복지시설평가 중 이용시설에 적용되는 공통지표

평가영역	평가항목
시설 및 환경	편의시설 설치상태
	식품위생
인적자원관리	직원의 충분성
	시설장의 전문성
	최중간관리자(사무국장)의 전문성
이용자의 권리	서비스 정보제공 및 이용자 자기결정권

*노인복지관, 사회복지관에 공통 적용

(4) 선행연구에서 제시된 사회복지시설평가의 문제점 및 개선방안과 대안

사회복지시설평가는 그 개선방안으로 책임성, 평가의 전문성, 객관성, 실효성 등의 문제점과 평가를 위한 독립기구의 필요성이 제도 도입 초기부터 끊임없이 논의되어 왔다. 여러 연구를 통해 제시된 몇 가지 문제점들에서, 특히 김형모(2006)는 사후평가의 문제점을 다음과 같이 지적하고 있다. 즉, 사회복지시설평가는 3년 동안의 운영 및 활동사항을 평가하는 것인데, 평가가 시행되는 해에 평가지표가 발표되는 평가방식은 문제가 있다는 것이다. 이러한 평가방식에 대해 평가 초기부터 시설의 비판이 시작되었다. 이러한 문제가 현재까지 이어져 오기에 이러한 점은 개선되어야 마땅하다. 결국 유동철(2012)에 따르면, 현재 제시된 지표에 맞추어 과거의 활동들을 증빙하기 위한 평가서류를 만들기 때문에 평가 준비로 인해 실질적인 서비스가 제대로 제공되지 못하고 있다고 주장하고 있다. 양난주(2014)의 경우도 기관이 이러한 3년 사후 평가방식을 짜맞추기 식으로 하도록 조장하고 있다고 비판하고 있다. 그리고 또 하나의 비판은 평가중심이 서비스보다 시

설중심(이봉주 외, 2012)으로 이뤄지고 있다는 점이다. 이는 기관운영의 책임성과 적절성에 대한 논란에 기인한 것으로 볼 수 있다. 따라서 시설중심의 평가에서 단위사업이나 프로그램을 평가하는 방식으로 평가를 개선하는 문제가 시급하다고 볼 수 있다. 또한 시설평가 결과를 환류할 수 있는 시스템이 부재한다는 점도 문제점으로 지적되고 있다(이봉주, 2013). 평가결과에서 최우수등급을 받았다고 해도 그 시설이 최우수 시설이 아닐 수도 있다는 부분은 최근 발생된 어린이집 평가인증의 문제점에도 고스란히 나타나고 있다. 이와 같은 일회성에 그치는 평가결과는 전문성과 신뢰성에도 문제를 일으켜 개선이 필요하다.

정무성(2014)은 기별 평가의 문제점으로 제5기까지의 사회복지시설에 대한 평가를 세 차례의 파동으로 묘사하고 있다. 첫째는 서울시 사회복지관평가(1997년, 복지부 평가 이전에 이루어짐)가 경영학계의 주도로 비용편익을 위주로 한 성과중심의 지표로 이루어져 서울시 사회복지관은 비용 대비 형편없는 성과를 내는 조직으로 매도되었고, 둘째는 제2기와 제3기에서 이루어진 평가의 권위적이고 고압적인 태도로 사회복지현장의 분노가 폭발한 것이었으며, 셋째는 2012년 '평가를 혁신하자'는 현장실무자들을 중심으로 온라인 모임이 결성되어 평가에 시달리던 실무자의 지지를 얻은 것이라 하고 있다.

이러한 문제점들을 보완하기 위한 여러 연구들 중 지역 특성에 맞는 평가기관 설립(최홍기, 2009), 전문평가인증제 도입(최재성, 2001), 사회서비스품질관리 전담기구(이봉주, 2013), 평가인증제도 단일감독체계 운영(양난주, 2014)의 개선방안 등이 논의되고 있다.

이상의 내용을 바탕으로 다음의 〈표 5-4〉는 사회복지시설 평가제도 운영과정에서 나타난 구체적 문제점과 제시된 대안을 재구성하였다.

📎 〈표 5-4〉 평가에 대한 구체적 문제점 및 대안

문제점	대안
평가제도에 대한 현장의 불신	• 사회복지시설 평가인증원을 위한 제도적 기반 구축
평가결과의 피드백 효과 부재	• 사회복지시설 평가인증원(가칭)을 설치, 이원화된 평가인증체계 구축
현장평가팀의 성향에 따른 평가기준의 차이	• 균등화 방법을 활용한 평가결과의 사후 보정 및 평가결과의 활용 강화
현장평가자 중 현장전문가와 평가시설과의 유대관계로 인하여 발생하는 불공정한 평가결과 도출	• 사회복지시설 평가단(각종 위원회)의 기능강화 및 세분화
시설평가의 목표혼돈	• 사회복지시설 평가인증원(가칭) 설립 및 운영 예산 확보
사후관리 및 서비스 품질향상 등에 대한 모니터링 부재	• 현장평가위원의 전문성을 위한 자격 검증 체계 구축
시설 운영개선 반영 등 관련 정책의 미흡	• 현행 「사회복지사업법」 제43조의2의 개정을 통한 인증제도 도입
매년 거의 유사한 평가지표로 평가하기 때문에 변화하는 현실을 반영하지 못하는 점	• 사회서비스 특성에 맞는 평가기제의 적용
개별 사회복지시설의 특성(설립연도, 재정도, 위치, 크기, 설립목적 등) 미반영	• 사회서비스 공급방식에 조응하는 평가기제의 편재
사회복지시설의 지역편차 가중치 미반영	• 이용자의 인권, 권한강화를 위한 제도적 방안
상대적 가중치가 고려되지 않은 평가지표의 점수배점	• 각 평가영역에 대한 상대적 가중치 적용

3) 2015년도 사회복지시설 시설평가

2015년도에 사회복지관 중 노인복지관이 시설평가를 받아 이에 관련된 평가를 분석해 보도록 한다. 노인복지관은 제6기 사회복지시설평가에 포함되어 2015년도에 시설평가를 받았다. 평가영역은 총 6개 영역이며 지표는 총 72개로 구성되어 있다. 다음의 표는 2015년도 노인복지관 평가영역 및 지표수와 배점을 나타낸다.

✏️ 〈표 5-5〉 2015년도 노인복지관 평가지표 영역별 지표수 및 배점

평가영역	배점(%)	지표수
A. 시설 및 환경	5	6
B. 재정 및 조직운영	10	10
C. 인적자원관리	20	14
D. 프로그램 및 서비스		30
D1. 프로그램 기본지표		3
D2. 프로그램 공통지표		4
D3. 평생교육지원사업		2
D4. 고용지원사업−노인일자리사업		2
D5. 건강생활지원사업−건강증진 및 기능회복지원사업		2
D6. 정서생활지원사업	50	2
D7. 사회참여지원사업−노인자원봉사활성화사업		3
D8. 건강생활지원사업−급식지원사업		4
D9. 건강생활지원사업−요양서비스사업(주・야간보호)		2
D10. 경로당혁신프로그램사업		2
D11. 특화사업1		2
D12. 특화사업2		2
E. 이용자의 권리	3	4
F. 지역사회관계	12	8
총계	100	102

다음의 표는 제6기 노인복지관 시설평가지표와 제5기 시설평가(2012년)의 평가지표의 차이점을 나타낸다.

✏️ 〈표 5-6〉 2012년 대비 2015년도 노인복지관 평가지표(안) 비교표

영역	2012년도 평가지표	비고	2015년도 평가지표(안)
A. 시설 및 환경	A6. 편의시설 설치상대	내용수정	A1. 편의시설의 적절성(이용공통)
	A3. 안전관리(전체공통)	내용수정	A2. 안전관리(전체공통)
	A2. 환경관리	내용수정	A3. 환경관리
	A4. 여가환경	내용수정	A4. 여가환경

	A5. 복지관 운영·관리	유지	A5. 복지관 운영·관리
	A1. 시설의 접근성	내용수정	A6. 시설의 접근성
B. 재정 및 조직 운영	B1. 보조금 결산액 대비 운영법인의 전입금(자부담) 비율(전체공통)	해설수정	B1. 보조금 결산액 대비 운영법인의 전입금(자부담) 비율(전체공통)
	B2. 운영법인의 전입금 이행률	해설수정	B2. 운영법인의 전입금 이행률
	B3. 보조금 결산액 대비 사업비 비율(전체공통)	해설수정	B3. 보조금 결산액 대비 사업비 비율
	B4. 보조금 결산액 대비 후원금 비율(전체공통)	해설수정	B4. 보조금 결산액 대비 후원금 비율(전체공통)
	B5. 기관의 미션과 비전	내용수정	B5. 기관의 미션과 비전 및 중장기계획(전체공통)
	B7. 운영위원회 구성 및 활동(전체공통)	내용수정	B6. 운영위원회 구성 및 활동(전체공통)
	B9. 회계의 투명성(전체공통)	해설수정	B7. 회계의 투명성(전체공통)
	B6. 기관 운영규정	유지	B8. 기관 운영규정
	B8. 운영계획서의 실행 정도	유지	B9. 운영계획서의 실행 정도
	B10. 예산집행의 적절성	유지	B10. 예산집행의 적절성
C. 인적 자원 관리	C1. 직원 충분성	내용수정	C1. 직원 충분성(이용공통)
	C2. 전체 직원 대비 자격증 소지 직원 비율(전체공통)	해설수정	C2. 월평균 확보 직원 대비 자격증 소지 직원 비율(전체공통)
	-	신규	C3. 직원의 근속(전체공통)
	C3. 직원의 이(퇴)직율(전체공통)	삭제	-
	C6. 직원 교육활동비(전체공통)	해설수정	C4. 직원 교육활동비(전체공통)
	C5. 직원의 외부교육 참여(전체공통)	해설수정	C5. 직원의 외부교육활동시간(전체공통)
	C4. 직원 내부교육 참여시간	해설수정	C6. 직원 내부교육 참여시간
	C7. 직원채용의 공정성	해설수정	C7. 직원채용의 공정성(전체공통)
	C9. 관장의 전문성(전체공통)	내용수정	C8. 관장의 전문성(이용공통)
	C10. 부장의 전문성	내용수정	C9. 최고중간관리자(사무국장)의 전문성(이용공통)
	C11. 직원 업무평가	내용수정	C10. 직원 업무평가(전체공통)

		C8. 신입직원 교육	통합/신규	C11. 직원 교육	
		C13. 직원 고충처리	해설수정	C12. 직원 고충처리(전체공통)	
		C12. 직원복지	해설수정	C13. 직원복지(전체공통)	
		D2-3. 전문성 향상	통합/신규	C14. 슈퍼비전 및 외부전문가의 자문(전체공통)	
		D3-3. 전문성 향상			
		D4-3. 전문성 향상			
		D5-3. 전문성 향상			
		D6-3. 전문성 향상			
		D7-6. 전문성 향상			
		D8-3. 전문성 향상			
		D9-3. 전문성 향상			
D. 프로그램 및 서비스	D1. 프로그램 기본지표	D1-1. 회원 관리체계	유지	D1-1. 이용자 관리체계	
		D1-2. 전체 프로그램의 이용실적	유지	D1-2. 전체 프로그램 이용실적	
		D1-3. 지역사회 단체와의 연계	유지	D1-3. 지역사회 단체와의 연계	
	D2. 프로그램 공통지표	D2-1. 단위사업계획의 전문성	통합	D2-1. 단위사업계획의 전문성	
		D3-1. 단위사업계획의 전문성			
		D4-1. 단위사업계획의 전문성			
		D5-1. 단위사업계획의 전문성			
		D6-1. 단위사업계획의 전문성			
		D7-1. 단위사업계획의 전문성			
		D8-1. 단위사업계획의 전문성			
		D9-1. 단위사업계획의 전문성			

	D2-4. 욕구조사 또는 만족도 조사	통합	D2-2. 욕구조사 또는 만족도 조사
	D3-4. 욕구조사 또는 만족도 조사		
	D4-4. 욕구조사 또는 만족도 조사		
	D5-4. 욕구조사 또는 만족도 조사		
	D6-5. 욕구조사 또는 만족도 조사		
	D9-4. 욕구조사 또는 만족도 조사		
	D2-5. 사례관리	통합	D2-3. 사례관리
	D4-5. 사례관리		
	D5-5. 사례관리		
	D7-7. 사례관리		
	D8-2. 사례관리		
	D9-6. 사례관리		
	D2-6. 단위사업 운영평가	통합	D2-4. 단위사업 운영평가
	D3-5. 단위사업 운영평가		
	D4-6. 단위사업 운영평가		
	D5-6. 단위사업 운영평가		
	D6-6. 단위사업 운영평가		
	D7-8. 단위사업 운영평가		
	D8-5. 단위사업 운영평가		
	D9-8. 단위사업 운영평가		
D3. 평생교육 지원사업	D2-2. 이용자 관리의 체계성	유지	D3-1. 이용자 모집 및 관리
	D2-7. 외부강사의 관리	내용/ 해설수정	D3-2. 외부강사의 관리
D4. 노인 일자리 사업	D3-2. 참여자 선발	내용수정	D4-1. 참여자 선발 및 관리
	–	신규	D4-2. 운영관리
	D3-6. 전담인력	삭제	–

D5. 건강 증진 및 기능회복 지원사업	D4-2. 서비스 제공관리	내용수정	D5-1. 서비스 제공관리
	D4-7. 건강생활지원 사업 환경	유지	D5-2. 건강생활지원 사업 환경
D6. 정서생활 지원사업	−	신규	D6-1. 내부전문 상담
	D5-2. 이용자 전문상담	수정	D6-2. 외부전문가에 의한 상담
D7. 노인 자원봉사 활성화 사업	D6-2. 참여자 선발	내용/ 해설수정	D7-1. 참여자 선발
	D6-4. 자원봉사자 관리	내용수정	D7-2. 자원봉사자 관리
	D6-7. 노인자원봉사자 수	내용수정	D7-3. 노인자원봉사자 수
D8. 급식 지원사업	D7-2. 집단급식	유지	D8-1. 집단급식
	D7-3. 영양관리상태	유지	D8-2. 영양관리상태
	D7-4. 도시락 · 밑반찬 전달	유지	D8-3. 도시락 · 밑반찬 전달
	D7-5. 식품위생	유지	D8-4. 식품위생(이용공통)
D9. 요양 서비스 사업 (주간보호소)	D8-4. 프로그램의 전문성	유지	D9-1. 프로그램의 전문성
	D8-6. 외부강사의 관리	유지	D9-2. 외부강사의 관리
D10. 경로당 혁신 프로그램 사업	D9-2. 경로당 선정 및 이용노 인관리	통합	D10-1. 경로당 선정 및 이용노 인 관리
	D9-7. 경로당 임원관리		
	D9-5. 외부강사의 관리	내용수정	D10-2. 외부강사의 관리
특화사업 1	D10-1. 사업계획서의 전문성	유지	D11-1. 사업계획서의 전문성
	D10-2. 지역사회 특성반영	통합수정	D11-2. 특화사업의 과정 및 성과
	D10-3. 수행과정		
	D10-4. 사업성과 및 모형링		
	D11-1. 사업계획서의 전문성	유지	D12-1. 사업계획서의 전문성
	D11-2. 지역사회 특성반영	통합수정	D12-2. 특화사업의 과정 및 성과
	D11-3. 수행과정		
	D11-4. 사업성과 및 모형링		

E. 이용자 권리	E1. 이용자의 비밀보장(전체공통)	해설수정	E1. 이용자의 비밀보장(전체공통)
	E2. 이용자의 고충처리(전체공통)	해설수정	E2. 이용자의 고충처리(전체 공통)
	E3. 서비스 정보제공 및 이용자 자기결정권 (이용공통)	유지	E3. 서비스 정보제공 및 이용자 자기결정권(이용공통)
	E4. 이용자의 권리	유지	E4. 이용자의 권리
F. 지역 사회 관계	F1. 자원봉사자의 활용(전체공통)	해설수정	F1. 자원봉사자의 활용(전체공통)
	F2. 외부자원개발(전체공통)	해설수정	F2. 외부자원개발(전체공통)
	F3. 민간자원 확보 및 성과	수정	F3. 민간자원 확보 및 성과
	–	신규	F4. 자원봉사자 관리(전체공통)
	B11. 후원금(품) 사용 및 관리(전체공통)	내용수정 (영역이동)	F5. 후원금(품) 사용 및 관리(전 체공통)
	F8. 홍보	내용수정	F6. 홍보(전체공통)
	F4. 지역사회 참여 실적(전체공통)	유지	F7. 지역사회 참여 실적
	F7. 연구 활동	수정	F8. 연구보고서 작성 및 활용
	F6. 실습지도(이용공통)	삭제	–
	F5. 자원봉사자 · 후원자 관리	삭제	–

제5기와 제6기 노인복지관 평가지표의 차이점을 보면 대부분 내용수정이고, 신규로 삽입된 조항은 직원의 근속, 직원 교육, 슈퍼비전 및 외부전문가의 자문, 노인일자리사업 운영관리, 내부전문상담, 자원봉사자 관리 등이며, 삭제된 조항은 직원의 이(퇴)직률, 전담인력, 실습지도와 자원봉사자 · 후원자 관리이다. 2015년 평가지표 역시 기존의 지표에 대한 내용 보완과 일부 지표의 삽입에 국한되어 기존 평가의 패러다임은 그대로 유지한 채 일부 평가지표만을 수정 보완하는 데 국한하였음을 알 수 있다.

👥 2 사회복지시설평가의 문제점과 조직성과관리

사회복지시설평가는 앞에서 언급한 바와 같이 여러 가지 문제점을 그대로 유지한 채 언제 터질지 모르는 폭탄을 돌리는 상황에 지나지 않는다고 할 수 있다. 특히, 사용된 평가지표에 대해 평가가 수행되면서 문제가 발견되면 소위 말해 땜빵을 하는 땜빵평가라고 지칭할 수 있다. 사실, 한 번의 평가로 조직운영 전반에 대한 성과를 사회조사방법을 활용한 증거를 기반으로 하여 평가한다는 것은 현실적으로 어렵다고 할 수 있다. 현실의 평가는 주로 평가도구에 대한 신뢰도나 타당도에 대한 검증을 거쳐 개발된 과학적 도구를 사용하는 것이 아니라 이전에 사용한 질문항목들에 대한 일부 수정을 거치는 평가질문항목들을 중심으로 평가가 이루어지고 있고, 또한 평가질문항목들은 수량화된 응답을 요구하는 경우가 대부분이어서 수량화된 업적을 중심으로 서류를 준비하여 평가에 대비하면 평가는 일회적인 작업으로 끝나게 되는 과정을 되풀이하고 있다. 즉, 평가가 조직성과 개선과 조직발전 및 학습역량강화에 도움이 되지 못하고 있다.

특히, 조직의 사업이나 프로그램에 대한 심도 있는 평가가 이루어지는 것이 아니라 예산 등을 포함하는 조직관리운영 전반에 대한 평가가 한번에 이루어지므로 사업방향 재설정이나 사업의 구체적인 내용에 대한 수정이나 변경 등 조직성과에 영향을 미치도록하는 프로그램 평가결과가 도출되지 못하여 평가가 조직운영개선을 위한 피드백으로 작용할 수 없는 한계를 그대로 유지하고 있다. 조직운영 전반을 평가하기 위해서는 기존의 평가항목, 즉 인적자원관리, 재무관리, 시설안전관리, 지역사회관리, 프로그램 및 서비스, 이용자의 권리 등에 대한 평가는 매우 제한적이다. 즉, 조직운영 전반에 대한 평가를한다면 평가영역은 조직 활동 전반으로 더욱 확대되어야 하며, 효율성이나 품질개선이목적이 되어서는 안 되고 사회적 가치실현을 위한 조직 활동 전반에 대한 평가를 바탕으로 조직발전 및 조직성과 개선이 목적이 되어야 하고, 프로그램이나 단위사업에 대한 평가를 한다면 프로그램 및 사업의 전반적인 진행과정과 목적 및 목표의 실현 정도와 이용자들에게 미치는 영향력 정도가 평가되어 사업 및 프로그램이 보다 효과적으로 수정, 변화가 이루어질 수 있도록 하는 평가가 필요하다.

예를 들어, 현 노인복지관 사회참여사업인 노인자원봉사활성화사업에 대한 평가지표는 공통지표로 계획의 전문성, 욕구 및 만족도 조사, 사례관리, 사업운영평가 그리고 단위사업 지표로 노인자원봉사자 선발, 노인자원봉사자 관리, 노인자원봉사자 수로 구성되어 본 사업에 참여하는 봉사자와 지역사회에 대한 사업의 효과나 사업에 따른 조직의성과는 전혀 파악되지 못하고 있다.

단위사업이나 프로그램에 대한 평가 또는 재정에 대한 감사가 아니고 조직운영의 전반적인 내용을 평가하는 사회복지시설평가라고 한다면 당연히 조직운영과 관련이 있는모든 관리요소가 평가에 포함되어야 한다. 사회복지조직이 성취하기 위해 노력하는 성과는 모든 조직관리 구성요소에 의해서 영향을 받는 것이므로 일부 관리요소에 대한 평가만으로는 조직의 성과관리 전반에 대해 평가를 한다는 것은 불가능하다. 정부가 주도하는 시설평가가 조직발전 및 조직의 역량강화를 통한 성과개선에 초점을 맞추는 것이라고 한다면 단순 업적의 산출물을 중심으로 수량화된 자료를 강조하는 평가 그리고 조직구성원들에게 사업개선이나 프로그램 발전을 위한 피드백으로 작동하지 않는 일회적인 행사에 머무르는 평가는 무의미하다.

조직의 성과를 성과관리체계 구축을 통하여 개발된 성과측정도구를 사용하여 측정하고 측정된 결과를 조직사회자본 강화 및 조직발전과 조직학습을 위한 자양분으로 활용하기 위해서는 현 사회복지시설평가의 패러다임은 시설평가의 목적을 포함하여 총체적으로 수정되고 혁신되어야 한다. 결국 사회복지시설평가가 조직발전을 위한 조직성과관리에 도움이 되는 방안으로 유지되기 위해서는 다음과 같은 개선이 필요하다.

첫째, 정부가 제시한 현 사회복지시설평가의 목적은 시설운영의 효율화 및 이용생활인에 대한 서비스 품질 제고이다. 시설평가의 효율화를 평가의 목적으로 한다는 것은 투입비용 대비 산출비용의 양을 중심으로 시설에 투입된 재정이 어느 정도의 이익을 산출하였는가로 경제적 가치를 평가한다는 것을 의미한다. 따라서 수량화된 화폐적 가치를 중심으로 평가가 이루어져 비영리조직의 사회적 가치실현을 위한 모든 행동들에 대한 평가를 통해 조직성과개선이나 조직 발전을 목적으로 하는 평가와는 거리가 있다. 즉, 효율성만을 강조하는 평가라고 한다면 사회복지조직의 특성과 현실 기반과는 괴리가 있는 평가라고 할 수 있다. 만약 국고보조금 사용에 대한 감시 감독이 목적이라고 한다면 보조금 활용에 대한 감사로도 목적은 충분히 달성된다. 즉, 시설에 유입되는 국고보조금 사용에 대한 시설의 책임성이 강조된다면 국고보조금의 사용에 대해서는 평가가 아니라 감사가 이루어져야 한다. 국고보조금이 어디로 어떻게 적절하게 사용되었는지를 감사를 통해서 사정하게 되면 시설의 국고보조금 사용에 대한 책임성의 입증은 끝나게 된다. 즉, 재정에 대한 감사로도 충분하다. 유입된 재정이 어느 정도의 사업 효과를 가져다주었는지는 유입된 재정과 조직성과를 위한 모든 활동에 대한 측정, 즉 성과관리를 위한 성과측정을 통해서 입증될 수 있다. 또한 서비스 품질 제고를 한다는 평가의 목적 역시 너무 단편적이라고 할 수 있다. 사회복지시설에서 제공하는 서비스의 품질에 대한 명확한 개념정의가 되어 있지 않은 상황에서 서비스 질을 제고한다는 것은 조직성과를 구성하는 한 부분인 산출과 결과만을 강조한다는 것으로서 결과물중심의 평가만이 이루어진다는 것을 의미한다. 만약 서비스 질 제고가 평가목적이라고 한다면 정부는 시설의 기준에 맞는 서비

제2절 사회복지관 평가와 성과관리   127

스 품질의 최소기준을 먼저 제시하고 서비스 질에 대한 평가만을 수행하도록 하는 것이 올바른 평가방식이라고 할 수 있다.

둘째, 현 사회복지시설평가는 단위사업과 프로그램별 평가에 초점을 맞추어 진행되어야 하며 프로그램에 제공하는 서비스의 효과성이 향상되어 프로그램의 성과가 개선될 수 있는 방향으로 수정되어야 한다.

셋째, 사회복지시설의 관리운영 전반에 대한 평가는 조직성과를 개선하기 위한 방향으로 개선되어야 하며 이를 위해서는 각각의 시설 특성을 고려한 표준조직성과관리모형을 개발하여 조직이 스스로 성과관리를 위한 노력에 매진할 수 있도록 하는 기본 토대를 제공하여야 한다. 성과관리는 효율성개선이나 품질개선 등과 같은 단편적인 이유가 목적이 아니며 또한 시설에 대한 정부의 통제나 감독이 목적이 아니고 사회복지시설이 스스로 발전하기 위한 노력의 일환이어야 한다. 조직성과관리를 통해 조직은 학습되고 조직사회자본이 강화되어 이용자들을 포함한 지역사회에 대한 조직의 영향력이 보다 강화되는 것이어야 하므로, 조직이 스스로 생존하고 발전할 수 있도록 표준적인 사회복지시설 성과관리체계를 정착시켜 모든 사회복지시설들이 스스로 조직의 성과를 비교 분석하고 개선할 수 있도록 하는 것이 중요하다.

제6장 사회복지관 성과관리모형

1 사회복지관 성과관리의 영역

이 저서가 제시하고자 하는 사회복지관 성과관리모형은 성과측정을 통한 조직성과개선을 담보하여야 하며 구체적으로는 성과관리가 조직사회자본을 강화하고 조직을 발전시키며 조직구성원들이 학습을 통해 조직학습능력이 강화되도록 하는 자기주도성 자기-성과관리모형이다. 이 저서는 이미 앞 장에서 밝힌바와 같이 사회복지관의 성과가 비전, 과정 그리고 결과의 영역으로 구성되어 있다고 본다. 비전은 조직의 비전 및 미션을 성취하기 위한 가치지향적인 노력을 포함하며, 체계주의적 관점에서 본다면 투입영역을 전환한 개념이고, 과정은 조직의 비전을 성취하기 위한 의식적인 행동과업으로 조직관리요소인 재무관리, 인력관리, 이용자관리, 프로그램관리, 갈등관리, 시설관리 등이 포함된 개념이며, 마지막으로 결과는 산출과 결과(outcomes)를 포함하는 영역으로 비전과 미션의 달성 및 성취, 즉 이용자, 조직, 나아가 사회의 변화를 다루는 영역이다. [그림 6-1]은 사회복지관 성과관리의 세 영역을 나타낸다.

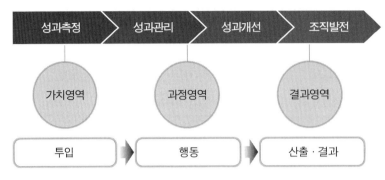

[그림 6-1] 사회복지관 성과관리의 영역

자료: 지은구(2012), p. 18의 내용을 그림으로 재구성

2 사회복지관 성과관리영역별 구성요소

사회복지관 성과관리의 관리구성요소는 제4장 '사회복지관 성과관리의 이론적 배경'에서 살펴본 바와 같이 조직사회자본이론, 조직발전이론 그리고 학습조직이론에 근거하여 도출될 수 있다. 각각의 이론과 조직관리 구성요소의 관계를 표로 나타내면 다음과 같다.

〈표 6-1〉 성과관리이론과 사회복지관 성과관리의 관리구성요소

이론적 배경	사회복지관 성과관리의 관리구성요소
조직사회자본이론	신뢰, 비전, 규범, 협력, 참여, (시설)안전
조직발전이론	혁신, 변화, 갈등, 리더십, 조직구조, 지역사회(환경), 효과, 평가
학습조직이론	인력, 지역사회, 품질, 이용자, 정보문서, 재무

조직사회자본은 조직구성원으로 하여금 공통된 목적을 보다 효과적으로 달성하기 위해 협력하고 함께 행동할 수 있도록 해 주는, 조직구성원들 사이의 상호관계 속에 내재하고 있는 자본을 강조하는 이론이므로 조직 구성원들의 상호행동을 규정하여 조직의 목적성취가 모든 행동에 영향을 미치게 한다. 따라서 조직사회자본이라는 개념을 설명하는 구성요소로는 앞에서 제시한 바와 같이 신뢰, 안전, 참여, 규범, 협력, 비전, 안전 등이 있다. 이 구성요소들을 사회복지관 성과관리의 관리구성요소에 적용하여 보면 시설

안전관리, 비전관리, 협력관리, 규범관리 등이 조직사회자본이론에 영향을 받은 성과관리 구성요소임을 알 수 있다.

조직발전이론은 리더십, 조직구조, 전략적 계획, 의사소통, 조직 갈등, 협력과 신뢰 등의 증진, 개선이나 해결 그리고 조직효과성 증대 등을 통해 조직을 변화시키고 발전시키는 것을 목적으로 하는 이론이다. 따라서 사회복지관 성과관리의 주요 관리요소로서 가치영역의 비전관리, 협력관리, 신뢰관리, 과정영역의 조직관리, 갈등관리, 지역사회관리, 혁신관리 그리고 결과영역에서 효과관리, 품질관리, 평가관리 등이 있으며, 모두 조직발전이론에 따른 사회복지관 성과관리요소라고 할 수 있다.

학습조직이론은 조직이 조직구성원들의 학습을 촉진시켜서 끊임없이 변화하고 발전하는 것을 강조하는 이론으로 시스템사고, 개인적 숙련, 정신모형, 공유된 비전 그리고 팀 학습과 같은 5개의 주요 특성을 가지고 있다. 따라서 성과측정을 위한 다양한 지식과 기술 그리고 성과측정과정으로의 직원개입은 직원들의 학습능력을 향상시키며, 성과측정을 통해 얻어진 정보나 자료들은 조직학습의 좋은 원료로서 작동할 것이 강조된다. 결국 학습조직이론의 주요 특성 중 공유된 비전이나 개인적 숙련, 팀 학습 등의 요소들은 바로 학습조직이론에 따른 성과관리요소가 될 수 있다. 따라서 사회복지관 성과관리 요소로 비전관리와 규범관리, 팀 학습과 자기개발 등을 포함하는 인력관리, 이용자들에 대한 빠른 응답과 불만처리 등은 곧 이용자관리를, 서비스 질 개선은 품질관리 그리고 지역사회에 대한 체계적이고 과학적인 분석은 곧 지역사회관리를 나타내고, 문서관리와 회계는 조직학습의 기본이므로 이 역시 학습조직이론에 적합한 사회복지관 관리구성요소라고 할 수 있다.

결론적으로 사회복지관 성과는 가치영역, 과정영역 그리고 결과영역으로 구성되며 각각의 영역에는 다양한 관리요소들이 포함된다. 가치영역을 구성하는 사회복지관 성과관리요소는 신뢰관리, 규범관리, 비전관리로 이루어지고, 과정영역은 인력관리, 프로그램관리, 시설안전관리, 재무관리, 혁신관리, 지역사회관리, 자원개발관리, 갈등관리, 이용자관리, 협력관리, 조직관리, 정보문서관리 등 총 12개 요소로 이루어진다고 할 수 있으며, 마지막으로 결과관리는 평가관리, 효과관리 그리고 품질관리로 이루어진다. 결국 사회복지관 성과관리는 세 개의 영역에 총 18개의 관리요소로 구성되고, 18개의 관리요소가 적절히 기능할 때 사회복지관의 성과가 개선되며, 직원들의 역량이 강화되고 나아가 조직은 발전된다고 전제할 수 있다.

다음의 그림은 사회복지관 성과관리의 세 영역과 18개의 영역별 관리요소를 그림으로 나타낸 것이다. 신뢰, 규범 그리고 비전관리는 가치영역에 속하며, 인력관리를 포함한 12개의 관리요소는 과정영역에 속하고, 평가, 효과 그리고 품질관리는 결과영역에 속하는 관리요소이다.

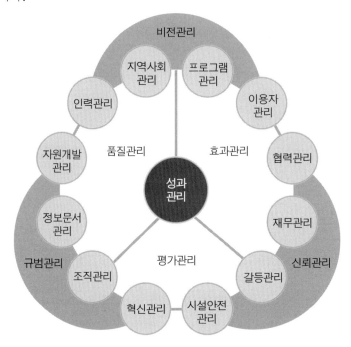

[그림 6-2] 사회복지관 성과관리영역과 영역별 관리요소

제2절 사회복지관 성과관리모형 해설과 관리구성요소

1 사회복지관 성과관리모형 해설

이 저서에서 제시하는 사회복지관 성과관리모형의 특징은 조직이 가치실현을 위한 행동을 수행하는 사회적 단위로 보아 가치영역을 투입단계에서 가장 중요한 성과관리영역으로 상정하였다는 점이며, 특히 성과관리의 전 요소가 대부분 이론적 배경에 근거하며 현실 복지관을 둘러싼 환경적 요소에 대한 분석에 의해 도출되었다는 점이다.

결론적으로 사회복지관의 성과관리모형의 핵심은 성과를 가치영역, 과정영역 그리고

결과영역으로 구성되는 개념으로 설정하고 가치영역의 성과를 관리하기 위한 관리요소
로 신뢰관리, 규범관리, 비전관리를 그리고 과정영역의 성과를 관리하기 위한 구성요소
로 총 12개의 구성요소, 즉 협력관리요소, 프로그램관리요소, 정보문서관리요소, 인력관
리요소, 이용자관리요소, 재무관리요소, 갈등관리요소, 시설안전관리요소, 혁신관리요
소, 조직관리요소, 자원개발관리요소 그리고 지역사회관리요소를 설정하며, 마지막으로
결과영역은 품질관리요소, 효과관리요소 그리고 평가관리요소를 설정한다는 점이다. 단
계별 성과관리영역으로 구분하면 투입은 가치영역으로, 행동은 과정영역으로 그리고 산
출 및 결과는 결과영역으로 구분된다. 또한 요소별 성과관리를 적용하면 총 18개의 관리
요소가 포함되는 성과관리모형임을 알 수 있다.

1) 단계별 성과관리영역

단계별 성과관리영역은 투입, 행동(처리) 그리고 산출 및 결과의 각 단계별 성과를 측정
하여 관리하는 것을 의미하는데, 사회복지관 성과관리모형은 투입이 가치영역이고 행동
및 처리는 과정영역이며, 산출과 결과는 결과영역으로 구분된다.

(1) 가치영역

가치영역은 조직의 가치실현을 다루는 영역으로 조직구성원들의 모든 조직 활동의 기
준을 제시하는 영역이다. 사회복지관의 가치는 사회복지증진이라는 사회적 가치의 실현
을 위해 존재하므로 사회복지관 및 조직구성원들의 모든 행동은 사회복지증진이라는 가
치실현과 밀접한 연관이 있어야 한다. 사회복지관이 사회복지증진이라는 가치를 실현하
기 위해서 추구하는 행동으로는 존중, 열정, 성실, 역량강화, 통합, 소통, 책임감, 전문성
등이 있으며 이러한 직원들의 행동을 관리하기 위해서 신뢰관리, 규범관리 그리고 비전
관리의 구체적인 관리구성요소가 필요하다.

> ◈ **사회복지관 성과관리 가치영역**
> • 사회복지관의 사회복지증진이라는 가치실현을 다루는 영역으로 조직구성원들의 모든
>   조직 활동의 기준을 제시하는 영역
> • 가치영역은 신뢰, 규범 그리고 비전의 관리요소를 포함

(2) 과정영역

과정영역은 조직의 가치실현을 위한 조직행동의 내용을 다루는 영역으로 조직을 운영 관리하기 위해 필요한 과정을 의미한다. 즉, 조직의 가치실현을 위한 일련의 노력들 또는 일련의 행동들을 다루는 영역으로 노인, 장애인을 포함한 지역주민의 복지증진을 위한 복지관 운영의 모든 행동들을 다루는 영역이다.

> ◈ **사회복지관 성과관리 과정영역**
> - 사회복지관의 가치실현을 위한 일련의 노력 또는 일련의 행동을 다루는 영역
> - 과정영역은 조직의 가치실현을 위한 구체적인 행동으로 재무관리, 인력관리, 조직관리, 프로그램관리, 자원개발관리, 이용자관리, 협력관리, 갈등관리, 시설안전관리, 혁신관리, 정보문서관리, 지역사회관리 등을 포함하여 총 12개의 관리구성요소를 포함

(3) 결과영역

결과영역은 조직성과의 산출과 결과를 다루는 영역으로 사회복지관은 사회복지증진을 위한 가치를 실현하기 위해 다양한 사업 및 서비스를 제공한다. 따라서 결과영역은 이러한 사회복지관의 가치실현을 위한 노력의 결과로서 지역주민들의 복지증진을 통한 성공적이고 안정적인 생활의 보장이라는 조직결과를 관리하는 영역이므로 서비스의 품질과 이용자의 만족은 중요한 결과영역의 요소이다. 또한 재정적 책임성을 입증하기 위해 주기적으로 시행하는 사회복지시설평가 역시 사회복지관의 결과영역에서 다루어야 하는 관리요소이다. 결국 사회복지관 성과관리의 결과영역을 구성하는 관리구성요소로는 품질관리, 이용자효과관리 그리고 시설평가관리가 있다.

> ◈ **사회복지관 성과관리 결과영역**
> - 사회복지관의 노인, 장애인, 지역주민의 삶의 질 향상, 노후생활안정 그리고 복지증진이라는 조직결과의 산출과 결과를 다루는 영역
> - 결과영역은 조직결과를 다루는 영역으로 서비스 품질과 조직효과성 그리고 시설평가관리를 성과관리요소로 포함

2) 영역에 따른 요소별 성과관리요소

요소별 성과측정은 성과를 구성하는 성과요소들을 측정의 단위로 삼는 것을 의미하므로 요소별 성과관리요소는 조직성과관리의 구성요소를 나타낸다. 사회복지관 성과관리 구성요소들은 가치영역의 세 개의 구성요소를 포함하여 총 18개의 구성요소로 구분한다. 즉, 18개의 성과관리요소를 잘 관리하고 수행하면 성과는 개선되고 조직은 발전함을 전제하는 것이다.

(1) 가치영역

① 신뢰관리

신뢰관리는 사회복지관에 대한 믿음과 관장을 포함한 전 직원, 지역주민 그리고 이용자 등 사회복지관의 이해당사자들 간에 믿음이 형성되도록 하고 믿음을 유지하도록 관리하는 것을 의미한다. 따라서 신뢰관리는 직원들의 조직에 대한 신뢰와 직원들 간의 신뢰 그리고 직원과 이용자와 지역주민 간의 신뢰 등 조직 및 프로그램을 포함하여 모든 행위주체들과의 상호 간의 신뢰를 구축하기 위한 노력이 유지될 수 있도록 하는 것을 나타낸다.

> **◈ 사회복지관 신뢰관리**
> - 신뢰관리는 조직에 대한 믿음과 조직의 관장을 포함한 전 직원, 지역주민 그리고 이용자 등 사회복지관의 이해당사자들 간에 믿음이 형성되도록 하고 믿음을 유지하도록 관리하는 것
> - 신뢰관리는 조직 내에서 직원들이 서로를, 직원이 조직을, 직원이 리더를, 이용자가 조직을 그리고 조직이나 조직이 제공하는 사업과 조직을 대표하는 리더를 믿도록 만드는 것

② 비전관리

비전관리는 사회복지관이 추구하는 미래의 상이나 이미지를 구축하기 위한 모든 행동을 관리하는 것을 의미한다. 즉, 사회복지관이 추구하고 지향하는 가치가 조직구성원들이 추구하고 지향하는 가치로 인식될 수 있도록 하는 모든 행동들이 비전관리에 포함된다. 사회복지관은 주민복지증진이라는 가치실현을 위한 노력의 집합체라고 할 수 있으

므로 이러한 가치실현의 노력은 모든 직원들이 추구하는 공동의 비전이라고 할 수 있다.

◈ 사회복지관 비전관리

• 비전관리는 사회복지관이 추구하는 미래의 상을 관리하는 것을 의미
• 사회복지관이 추구하고 지향하는 비전이 조직구성원들이 추구하고 지향하는 비전으로 인식될 수 있도록 하는 모든 행동이 관리의 대상임
• 사회복지관의 비전관리에는 조직의 존재이유를 설명하는 미션을 관리하는 과정도 포함

---

③ 규범관리

규범관리는 사회복지관 조직구성원들의 상호행동에 대한 지침이나 규칙을 설정하고 관리하는 것을 의미한다. 따라서 규범관리는 사회복지관의 전 직원들이 수행하는 행동을 지배하는 규정이므로 직원들의 행동패턴은 규범관리에 의해서 결정된다고 할 수 있다. 사회복지관의 규범은 조직구성원들에 의해 공유되고 전파되며 특정한 상황에 대해 조직구성원들이 유사한 방식으로 행동하도록 만드는 것이므로 사회복지관 행동윤리강령이나 사회복지관 직원사명 또는 실천원칙과 직원헌장이나 이용자헌장 등에 내재화되어 있다고 할 수 있다.

◈ 사회복지관 규범관리

• 사회복지관 조직구성원들의 상호행동에 대한 지침이나 규칙을 설정하고 관리하는 것을 의미
• 규범관리는 조직구성원들에게 공유되고 전파되며 특정한 상황에 대해 조직구성원들이 유사한 방식으로 행동하도록 만드는 것

---

(2) 과정영역

① 협력관리

협력관리는 어떤 조직이나 직원도 이용자들이 가지고 있는 복합적이고 다양한 욕구나 문제를 완벽하게 해결하는 것이 불가능하다는 것을 전제한다. 사회복지조직은 직원들 사이의 상호행동 그리고 조직과 조직 사이의 상호행동에 기초한 협력활동을 통해서 조

직목적 실현을 성취하기 위해 노력한다. 따라서 협력관리는 조직과 조직 그리고 직원들 간의 상호협력이 유지되고 증진되도록 관리하는 것을 의미한다.

> ◈ **사회복지관 협력관리**
> • 사회복지관이 추구하는 가치의 실현을 위해 조직과 조직 그리고 직원들 간의 상호협력 이 유지되고 증진되도록 관리하는 것

② 프로그램관리

프로그램관리는 사회복지관에서 제공되는 모든 단위사업이나 프로그램의 투입에서 결과까지의 전 과정을 관리하는 것을 의미한다. 프로그램은 이용자들의 변화를 위한 도구로서 각종 혜택과 서비스가 프로그램을 통해서 제공되므로 서비스를 원하는 모든 이용자들에게 형평성 있는 서비스와 효과적인 서비스가 제공될 수 있도록 하여야 한다.

> ◈ **사회복지관 프로그램관리**
> • 사회복지관에서 제공되는 모든 단위사업이나 프로그램의 투입에서 결과까지의 전 과정 을 관리하는 것

③ 정보문서관리

정보문서관리는 사회복지관의 사업과 프로그램에 대한 모든 문서의 작성 및 보관, 정보의 공유 그리고 조직운영과 관련된 모든 문서의 작성 및 보관, 정보의 공유를 관리하는 것을 의미한다. 정보는 힘을 나타내는 하나의 지표로서 사회복지관의 모든 정보는 필요로 하는 모든 사람이나 집단들에게 공개되어야 하며, 조직운영 관련 모든 서류는 기록되어야 하고, 어려움 없이 접근 가능하도록 유지 보관되어야 한다.

> ◈ **사회복지관 정보문서관리**
> • 사회복지관의 사업과 프로그램에 대한 모든 문서의 작성 및 보관, 정보의 공유 그리고 조직운영과 관련된 모든 문서의 작성 및 보관, 정보의 공유를 관리하는 것

④ 인력관리

인력관리는 조직행동의 행동주체이자 기본적 단위인 직원을 관리하는 것을 의미한다. 직원을 공개적으로 채용하고 직원의 학습능력을 고양시켜 역량을 강화하며 직원교육과 훈련 그리고 슈퍼비전을 통해 직원들의 성장을 돕는 전 과정을 관리하여 직원들이 행복하게 조직의 가치실현을 위해 노력할 수 있도록 하는 것이 인력관리의 핵심이다. 따라서 인력관리에는 직원들이 조직을 이탈하지 않도록 하는 직무보장과 각종 사회보장혜택 등이 포함된다.

◈ **사회복지관 인력관리**
- 조직행동의 행동주체이자 기본적 단위인 직원에 대한 직무를 보장하고 직원 성장 및 역량 강화를 위해 관리하는 것

⑤ 이용자관리

이용자관리는 이용자의 권리를 보장하고 이용자들의 불만을 해결하고 처리하며 이용자들의 변화하는 욕구를 지속적으로 파악하여 대응하는 모든 행동들을 관리하는 것을 나타낸다. 이용자들은 종속관계에 있는 단순한 서비스 대상자들이 아니며 사회복지관을 운영하는 운영의 주체이므로 그들의 결정구조에 대한 참여와 권리 그리고 자기결정권이 보장되어야 한다.

◈ **사회복지관 이용자관리**
- 이용자의 권리를 보장하고 이용자들의 불만을 해결하고 처리하며 이용자들의 변화하는 욕구를 지속적으로 파악하여 대응하는 모든 행동들을 관리하는 것

⑥ 재무관리

재무관리는 사회복지관의 모든 재정을 관리하는 것으로 수입과 지출, 회계 그리고 예산수립과 세무 등을 관리하는 것을 의미한다. 예산은 화폐로 표현되는 조직의 행동을 나타내 주므로 재무관리는 이해관련 당사자들에게 조직의 행동과 활동에 대한 정당성을 부여받는 노력이라고 할 수 있다. 기관의 비품이나 물품에 대한 관리 역시 재무관리에

포함된다.

> ◈ **사회복지관 재무관리**
> • 사회복지관의 모든 재정을 관리하는 것으로 수입과 지출, 예산수립과 세무 그리고 물품 등을 관리하는 것

⑦ 갈등관리

갈등관리는 조직에서 발생하는 직원들 사이에 발생하는 갈등, 직원과 이용자 간의 갈등 그리고 직원과 관장이나 부장과의 갈등을 관리하는 것을 의미한다. 조직 안에서 발생하는 모든 갈등은 조직발전을 위한 학습의 요소가 되며, 조직 갈등을 해결하기 위한 조직적 차원에서의 노력은 조직 갈등을 통한 조직발전을 담보할 수 있다. 따라서 사회복지관은 조직 안에서 발생할 수 있는 갈등이 원만히 해결되고 처리될 수 있는 시스템을 구축하는 것이 중요하다.

> ◈ **사회복지관 갈등관리**
> • 사회복지관에서 발생하는 모든 갈등을 해결하고 예방하기 위한 노력이자 행동

⑧ 시설안전관리

시설안전관리는 이용자 및 직원의 안전을 보장하도록 조직의 시설을 관리하는 것을 의미한다. 시설안전관리에는 조직에서 사용하는 각종 비품과 물품에 대한 안전과 편의시설, 주방시설 등과 같은 내·외부의 각종 시설에 대한 안전검사 등이 포함된다. 각종 안전사고는 항상 발생할 수 있으므로 사고나 위기 상황에 대한 대처방안을 수립하고 시행하는 것은 매우 중요한 시설안전관리요소이다.

> ◈ **사회복지관 시설안전관리**
> • 이용자 및 직원의 안전을 보장하도록 조직의 시설을 관리하는 것

⑨ 혁신관리

혁신관리는 사회복지관이 직면한 조직 환경의 변화요소에 적극적으로 대처하도록 하기 위한 조직변화와 혁신계획을 관리하는 것을 의미한다. 조직은 변화하지 않으면 퇴보할 수밖에 없으며 조직발전은 구체적인 전략적 계획에 따라 진행되어야 한다. 조직혁신은 결국 전략적 계획의 수립과 실행에 대한 관리를 포함한다고 할 수 있다.

◈ 사회복지관 혁신관리
- 사회복지관이 직면한 조직 환경의 변화요소에 적극적으로 대처하도록 하기 위한 조직변화와 혁신계획을 관리하는 것

⑩ 조직관리

조직관리는 조직부서의 배치와 인력들의 적절한 배치 및 업무분담 등 조직의 구조에 대한 관리를 의미한다. 조직의 구조는 조직의 가치실현을 가능하도록 하는 실체로서 조직의 특성 및 운영의 목적에 맞게 부서화가 이루어져야 한다. 제한적인 인력을 가진 사회복지관이 추구하는 가치실현을 위한 노력을 효과적으로 수행하기 위해서는 다양한 공식적 · 비공식적 조직이 필요하며 전문성을 가진 외부세력으로부터의 지지와 후원 그리고 도움이 절대적으로 필요하다. 따라서 조직구조관리는 조직구성원들의 적절한 배치 및 지역사회의 전문인력들이 조직의 행동에 참여하도록 관리하는 것을 말한다.

◈ 사회복지관 조직구조관리
- 조직구성원들의 적절한 배치 및 지역사회의 전문인력들이 조직의 행동에 참여하도록 관리하는 것

⑪ 자원개발관리

자원개발관리는 지역사회의 지지나 후원을 유지하고 증진시키기 위한 방안을 관리하는 것을 의미한다. 사회복지관의 사업을 효과적으로 수행하기 위해서는 지역사회의 지지와 협력이 필요하다. 현재 사회복지관은 국고보조금사업이나 민간재단으로부터 재원을 확보한 사업 이외에 회원비나 기부금 등과 같은 지역사회의 재정적 지원이 매우 부족

한 현실이다. 지역사회의 지지나 후원 활동은 자원봉사자들의 기여 또는 중요한 부분으로 이들에 대한 관리와 후원지지체계를 확보하는 것도 조직성과관리 개선을 위한 매우 중요한 부분이다.

> ◈ **사회복지관 자원개발관리**
> • 지역사회의 지지나 후원을 유지하고 증진시키기 위한 방안을 관리하는 것

⑫ 지역사회관리

지역사회관리는 지역에 근거하는 사회복지관의 지역사회환경을 관리하는 것을 의미한다. 지역사회의 특정 공간에 자리 잡은 사회복지관은 지역사회의 환경에 직·간접적인 영향을 받을 수밖에 없고, 이러한 복지관을 둘러싼 환경의 변화는 곧 사업과 프로그램 그리고 서비스의 변화, 조직구조의 변화, 지역 노인들의 욕구해결에 대한 대응방안의 변화, 지속적으로 변화하는 지역사회문제에 대한 분석과 해결방안에 대한 변화 등을 관리하여야 할 필요성을 제기하고 있다. 따라서 지역사회관리는 지역사회가 직면한 다양한 문제에 대한 해결방안을 수립하고 환경적·인구통계적 변화를 수용하고 해결하기 위한 대응방안을 관리하는 것을 의미한다.

> ◈ **사회복지관 지역사회관리**
> • 지역사회가 직면한 다양한 문제에 대한 해결 방안을 수립하고 환경적·인구통계적 변화를 수용하고 해결하기 위한 대응방안을 관리하는 것

(3) 결과영역

① 품질관리

품질관리는 사회복지관이 제공하는 서비스의 품질을 일정 수준 이상으로 유지 보존하고 향상시키기 위해 노력하는 것을 의미한다. 품질은 복합적이고 다면적인 용어로서 다양한 구성요소를 포함하는 개념이므로 품질을 지속적으로 향상시키기 위해서는 품질을 측정하고 개선방안을 모색할 수 있는 관리방안이 반드시 필요하다. 따라서 품질관리는

사회복지관이 제공하는 서비스의 품질을 측정하고 향상시킬 수 있는 방안을 모색할 수 있도록 하는 것을 의미한다.

> ◈ **사회복지관 품질관리**
> • 사회복지관이 제공하는 서비스의 품질을 측정하고 향상시킬 수 있는 방안을 모색할 수 있도록 하는 것
> • 사회복지관에서 제공되는 서비스의 품질을 일정 수준으로 유지하고 조직의 환경 및 이용자들의 욕구를 반영하여 지속적으로 향상되고 개선되도록 하는 것

② 효과관리

효과관리는 사회복지관이 각종 사업을 통하여 성취하려는 목표가 얼마나 성취되었는가를 측정하고 개선방안을 찾기 위해 노력하는 것을 의미한다. 조직의 가치실현을 위한 모든 활동이 얼마나 효과적이었는가는 조직이 달성하려고 설정한 단위사업 목표들의 성취여부에 의해서 평가받을 수 있으며, 이는 곧 조직의 효과를 관리하는 관리방안의 작동에 크게 의존한다.

> ◈ **사회복지관 효과관리**
> • 사회복지관이 설정한 미션을 성취하기 위해 노력하는 것으로, 구체적으로는 복지관이 각종 사업을 통하여 성취하려는 목표가 얼마나 성취되었는가를 측정하고 개선방안을 찾기 위해 노력하는 것을 의미

③ 평가관리

평가관리는 단위 사업이나 프로그램 그리고 사회복지관을 포함한 사회복지시설평가에 대한 지침과 지표를 관리하기 위해 조직 자체적인 평가체계의 확립과 운영을 관리하는 것을 의미한다. 사회복지관이 자체적으로 사업이나 프로그램에 대한 평가를 시행하고 사회복지관 평가를 준비할 수 있도록 하는 자체평가 환류체계를 갖추고 있도록 하는 것은 평가를 통한 사업 및 프로그램의 개선과 시설평가에 대비한 조직의 부담을 최소화할 수 있도록 하는 데 있어 매우 결정적인 방안이다. 평가관리는 또한 직원의 승진과 보

상을 평가하는 직원승진과 보상체계에 대한 관리를 포함하며 단위사업이나 프로그램평가 관리요소에 포함된다.

> ◈ **사회복지관 평가관리**
> • 성과관리의 한 요소로서 조직의 가치실현을 위한 실천행동을 개선시키기 위해 그리고 서비스의 제공과 사용에 대한 경험을 개선시키기 위해 시행되는 조직관리 기법
> • 단위 사업이나 프로그램 그리고 사회복지관을 포함한 사회복지시설평가에 대한 지침과 지표를 관리하기 위해 조직 자체적인 평가체계의 확립과 운영을 관리하는 것
> • 시설평가와 직원평가 그리고 프로그램평가의 전 과정을 관리하는 것

이상과 같은 사회복지관 표준성과관리를 위한 기본모형을 그림으로 나타내면 [그림 6-3]과 같다.

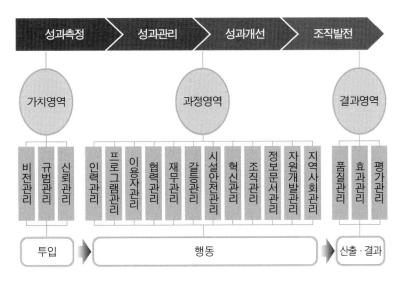

[그림 6-3] 사회복지관 표준성과관리모형

2 사회복지관 성과관리 영역과 관리구성요소 및 관리요소별 내용

사회복지관 표준성과관리를 위한 모형으로 이 저서에서 성과를 가치영역, 과정영역 그리고 결과영역으로 삼분화하여 제시하였고, 가치영역에서 비전관리, 규범관리 그리고 신뢰관리의 성과관리요소를 도출하였으며, 과정영역에서는 인력관리를 포함하여 12개의 성과관리요소 그리고 결과영역에서는 품질관리, 효과관리, 평가관리의 성과관리요소를 도출하여 총 3개 영역에서 18개 관리요소를 제시하였다. 다음의 표는 3개 영역별 총 18개의 관리요소와 관리요소별 관리가 이루어져야 하는 구체적인 내용을 나타낸다.

〈표 6-2〉 사회복지관 표준성과관리 영역 및 요소와 성과관리 구성요소별 내용

성과관리영역	성과관리 영역별 관리요소	성과관리 구성요소별 내용
가치영역	비전관리	• 복지관의 비전 • 복지관의 미션 • 관장을 포함한 직원들의 비전 및 미션의 공유 • 관장의 리더십 • 관장의 업무수행능력, 전문성 • 관장의 조직운영 철학
	규범관리	• 복지관 윤리경영규정 • 복지관 윤리헌장 또는 윤리강령 • 직원 윤리기준이나 지침, 직원별 윤리행동실천계획서
	신뢰관리	• 복지관에 대한 신뢰 • 지도자에 대한 신뢰(직원) • 직원들 간의 신뢰 • 이용자의 직원에 대한 신뢰 • 프로그램(사업)에 대한 신뢰
과정영역	인력관리	• 직원채용 및 보상(보수 및 보상체계), 직원복지 • 담당 업무의 양/담당 업무의 질/직원업무분담의 적절성 • 교육 및 직무훈련 • 직무태도관리: 직무몰입, 이·퇴직율, 직무만족 • 노무관리, 직원고충처리 • 슈퍼비전

과정영역	프로그램관리	• 사업계획서 작성(사업목적 및 목표, 제공되는 서비스)의 적절성 및 전문성 • 프로그램 모니터링 계획 및 시행/프로그램 평가계획 • 사업운영(서비스 전달), 대상자관리(선정 및 모집)의 적절성 • 사업 참여인력 관리(강사, 자원봉사자 등)
	이용자관리	• 이용자욕구, 이용자불만 • 이용자권리 및 비밀보장, 자기결정권 • 이용자 정보관리 • 이용자참여, 사례관리
	협력관리	• 공동사업추진계획/파트너십, 협약서/협의체 참여 • 직원의 결정구조 참여보장, 직원 간 권한위임구조 • 지역사회참여(지역행사 및 지역모임 지역의 각종 위원회) • 타 기관과의 협력: 복지부, 시 · 군 · 구 주민센터, 보건소, 지역사회복지협의체, 비영리 사회복지 시설 및 단체
	재무관리	• 사회복지법인 및 시설 재무회계규칙 • 예산 및 결산, 감사 • 수입과 지출, 계약 및 물품관리, 세무관리 • 물품관리
	갈등관리	• 이용자들 간의 갈등처리 • 직원과 이용자 간의 갈등처리 • 직원들 사이의 갈등처리 • 지방자치단체 또는 법인과의 갈등처리
	시설 안전관리	• 이용자안전 및 직원안전/보험 • 내 · 외부 공간/편의시설, 위생시설, 주방시설, 안내시설, 각종 안전시설의 안전검사 • 장비 및 비품 구입, 유지 및 처리의 적절성
	혁신관리	• 조직진단, 변화계획 또는 혁신계획(전략적 계획, 중장기 발전계획), 조직 환경의 변화 분석(SWOT 분석) • 서비스전달체계 적절성 • 부서의 업무 및 인력 적합성

	조직관리	• 운영위원회 • 이사회, 자문위원회 • 비공식적 · 자발적 조직(각종 모임) • 조직부서화(팀, 부서, 과 등 조직구조)의 적절성
	정보문서관리	• 정보시스템관리 • 정보의 생산과 관리 • 문서작성 및 처리
	자원개발관리	• 모금 및 후원자개발 계획 및 확보노력 • 자원봉사자관리(신규모집 및 교육 등) • 지역주민참여, 홍보 및 마케팅
	지역사회관리	• 지역사회변화 및 주민의 욕구변화 분석 • 지역사회 문제분석(인구통계적 변화 등)
결과영역	품질관리	• 서비스 품질관리: 권리성, 확신성, 공감성, 접근성, 유형성, 신뢰성, 응답성, 협력성 등 8개 영역 • 이용자의 서비스 만족관리
	효과관리	• 프로그램효과 • 이용자효과 • 지역사회(및 지역주민)효과
	평가관리	• 복지관(사회복지시설) 평가관리 • 프로그램(사업별) 평가관리 • 직원평가관리

3 사회복지관 자기주도성 성과관리모형의 특징

1) 조직사회자본이론의 적용

사회복지관 자기주도성 성과관리모형(SOPMM)의 가장 대표적인 특징은 이 모형이 조직구성원들의 신뢰나 공유된 규범, 안전, 협력네트워크, 참여 등에 대한 관리를 통하여 조직사회자본(organizational social capital)을 강화하는 것을 목적으로 기획된다는 점이다. 이는 사회복지관이라는 조직의 성과관리에 있어 가치영역을 강조하고 과정영역을 세분

화하여 사회자본의 구성요소가 관리되도록 설계되었다는 것을 의미한다. 이러한 조직사
회자본강화를 목적으로 하기 위한 관리요소로는 신뢰관리, 규범관리, 비전관리, 협력관
리 등이 포함되어 있다.

2) 조직학습을 통한 조직구성원들의 역량강화 및 조직발전

사회복지관 성과관리모형의 두 번째 특징으로 꼽을 수 있는 것은 성과관리의 목적이
조직관리 감독의 강화나 통제에 있지 않고 조직학습을 통한 조직구성원들의 성장, 즉 역
량강화 및 조직발전을 목적으로 한다는 점이다. 성과관리는 일회적인 과업이 아니며 지
속적으로 이루어지는 과정으로 성과측정을 통한 성과개선이 핵심이다. 성과를 측정하
기 위해서는 사회복지관의 성과영역에 대한 이해와 분석 그리고 측정을 위한 다양한 측
정도구 및 측정지표나 척도에 대한 이해가 필수적이며, 이를 적용하고 조사를 통해 결과
를 분석하는 일련의 과정을 거치게 된다. 이러한 과정에서 조직구성원들은 조직을 둘러
싼 내·외적 환경과 조직의 전반적인 관리에 대해 이해하고 조직성과관리기법 등에 대
한 지식과 기술을 경험하고 습득함으로써 학습능력이 고취되는 부수적인 효과를 얻을
수 있게 되는데, 이는 곧 조직 성장 및 발전을 위한 토대로서 작동하게 된다.

또한 사회복지관의 성과관리는 조직 스스로 발전할 수 있도록 설계되어 조직발전을
위한 토대로 작동한다. 조직은 변화하여야 하고 조직변화는 성과관리의 활용을 통해서
가능한데, 이러한 조직변화의 핵심은 바로 조직발전을 위한 성과관리에 그 토대를 둔다.

3) 단순산출중심의 성과를 배제한 단계별 및 요소별 성과의 포괄적 측정

이 저서에서 제시하는 사회복지관 성과관리모형은 투입과 행동, 산출과 결과의 단계
별 성과측정과 효과성, 서비스 품질, 만족도, 형평성 등의 요소별 성과측정을 혼합하여
단순산출중심의 수량화된 지표를 지양하고 성과를 포괄적으로 측정한다. 특히, 이 모
형에서 제시하는 사회복지관 성과관리의 단계별 요소 중 투입요소의 특징은 사회복지
관 비전, 미션 그리고 설립목적 및 운영목적과 목표 등의 가치적 측면을 강조한다는 것
이다. 즉, 통상적으로 조직관리의 투입요소는 인력이나 재원 등이 포함되지만 이 모형에
서는 인력이나 재원 등은 모두 과정관점의 관리영역에서 다루고 투입요소는 가치영역만
을 다룬다. 이는, 첫째, 사회복지조직은 사회적 가치실현이라는 설립목적을 실현하기 위

한 가치지향적인 노력들로 이루어진 사회적 단위라는 사회복지조직 본연의 성격을 반영하는 것이며, 둘째, 조직사회자본의 구성요소를 성과관리요소에 적용하기 위함이고, 셋째, 사회복지조직의 목적을 성취하기 위한 노력의 일환으로 과정이 중요하고, 이러한 과정에는 인력에 대한 지속적인 관리나 조직의 수입과 지출 및 예산에 대한 지속적인 관리 등의 관리요소가 반드시 포함되어야 하기 때문이다. 이는 단순히 인력과 재정이 투입요소가 아니라 과정에 대한 관리가 필요한 과정관리로 본다는 것을 의미한다.

4) 과정관리 영역의 세분화

사회복지관 성과관리모형의 네 번째 특징은 조직사회자본이론, 조직발전이론 그리고 학습조직이론을 적용하여 성과관리의 과정영역을 체계적으로 세분화하여 제시하였다는 점이다. 조직관리의 가장 일반적인 요소인 재무관리, 인력관리, 프로그램관리, 이용자관리, 시설안전관리, 정보문서관리 이외에, 특히 조직 성장 및 발전의 기본적 토대인 혁신 및 조직관리, 갈등관리, 협력관리, 지역사회관리, 자원개발관리 등 조직의 성과에 영향을 미치는 모든 관리요소를 포괄적으로 다루었다는 점은 사회복지관 성과관리모형의 특징 중 하나이다.

5) 결과요소의 개선

영역별 관리구성요소에서 산출단계 및 산출요소에 해당하는 생산성과 효율성을 과감히 삭제하고 결과영역에서 품질 및 효과성을 성과측정요소로 강조하였다는 점이 사회복지관 자기주도성 성과관리모형의 또다른 특징이다. 이는 사회복지증진이라는 사회적 가치를 실현하기 위해 설립된 사회복지관의 성과는 단순히 투입 대비 이익이나 산출량의 증대라는 지표를 가지고 측정하는 것이 적절하지 않으므로 성과관리요소에서 삭제하고, 그 대신 이용자를 보다 강조하는 서비스 품질요소와 사회복지관 사업이 지역사회와 지역주민 그리고 이용자와 가족들에게 미치는 영향력과 결과를 강조하는 효과성요소를 강조하였음을 나타낸다.

제2부

가치영역

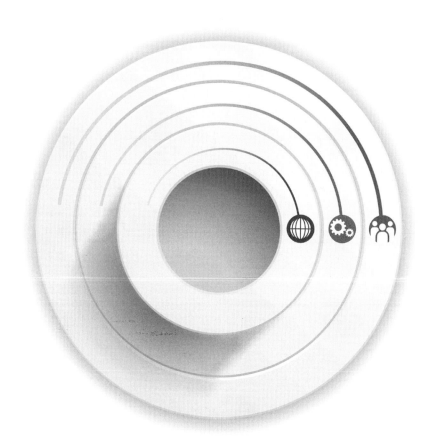

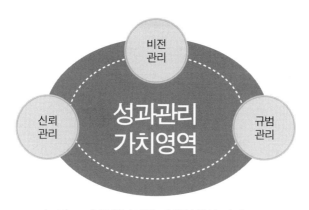

제7장 가치영역의 관리

가치는 과정, 결과와 함께 사회복지관의 성과를 구성하는 개념으로 조직성과 도출 및 향상을 위해 관장을 포함하는 모든 직원들의 행동을 규정하는 중요한 개념이다. 사회복지관 성과관리의 가치영역을 구성하는 관리요소는 신뢰관리, 비전관리 그리고 규범관리이다.

[그림 7-1] 사회복지관 가치영역의 관리요소

성과관리에서 가치영역은 조직의 가치구현을 다루는 영역으로 조직구성원들의 모든 조직 활동의 기준을 제시하는 영역이다. 사회복지관의 가치는 장애인, 노인 그리고 지역 주민의 복지증진이라는 사회적 가치의 실현을 위하여 존재하므로 사회복지관 및 조직구성원들의 모든 행동은 복지증진이라는 가치실현과 밀접한 연관이 있다. 다음은 사회복지관 성과관리 가치영역의 정의이다.

◈ 사회복지관 성과관리 가치영역

- 사회복지관의 노인과 상애인을 포함하는 주민복지증진이라는 가치구현을 다루는 영역으로 조직구성원들의 모든 조직행동의 기준을 제시하는 영역
- 신뢰, 규범 그리고 비전에 대한 관리요소를 포함

제1절 가치

1 가치의 개념

1) 가치란

Rokeach(1973)는 가치를 개인적 또는 사회적으로 더 좋은 행동의 구체적인 방식 또는 더 좋은 존재의 최종 상태에 대한 지속적인 믿음이라고 정의하고 모든 행동의 결정 요인이라고 보았다. 일반적으로 가치란 한 개인이 무엇을 믿고, 무엇을 지지하며, 무엇을 중요하게 생각하느냐 하는 문제에 있어서 '무엇'에 해당되는 것으로 볼 수 있다. 가치의 정의는 매우 다양할 뿐만 아니라 때로는 모순적 의미를 지닌 정의들까지 있다(Hutcheon, 1972; Rescher, 1969; Richmond, 2004). Kluckhohn(1967)은 가치란 가능한 행동양식 (mode), 행동수단(mean), 행동목표로부터 선택에 영향을 주는 바람직한 것(그것이 외현적이든 내현적이든, 개인의 특징이든 집단의 특성이든)이라는 하나의 개념이라고 정의하였다. 가치는 우리의 삶에 있어서 중요한 정도를 의미한다. 우리는 주관적 세계 내에서 객관적 세계에 있는 현상이 방출하고 있는 수많은 속성들을 범주화하여 다양한 개념을 창출해 내고 각 개념 간의 관계를 규정하게 된다. 이러한 개념들은 각기 인간의 삶과 관련하여 그 중요도에 따라 값이 매겨진다. 즉, 가치부여가 이루어진다. 삶이라는 것은 초월적 세계의 삶일 수도 있고 감각적 세계의 삶일 수도 있다. 우리 인간은 배고프면 먹어야 하고 졸리면 자야 하지만 때로는 더 높은 가치를 위하여 단식을 하기도 하고 수면을 억제할 수도 있다. 또 때로는 가치의 실현을 위해 욕구나 본능을 자제하기도 하고, 때로는 자신

에게 소중한 가치를 위해 가장 중요하다고 생각되는 생명조차 버린다. 예수나 소크라테스는 자신의 생각이 옳다고 믿어서 생명이라는 가치와 교환하였다. 탐험가는 호기심을, 사육신은 절개를, 실연당한 젊은이는 애정을, 그리고 종직자나 사업가는 자신의 명예를 지키기 위해 자신의 생명을 버린다. 이러한 의미에서 가치는 주관적 세계 내에 있는 개념 간의 교환비라고 정의할 수 있다(권인석, 2005).

◈ 가치

- 개인적 또는 사회적으로 더 좋은 행동의 구체적인 방식 또는 더 좋은 존재의 최종 상태에 대한 지속적인 믿음이며 모든 행동의 결정 요인
- 가능한 행동양식, 행동수단, 행동목표로부터 선택에 영향을 주는 바람직한 것
- 적합한 행동 선택에 대한 지침
- 우리의 삶에 있어서 중요한 정도

가치의 의미를 더 명확히 하기 위해 가치의 특성을 살펴보면 다음과 같다(권인석, 2005).

- 다양한 가치들은 복잡한 연계 구조를 가진다: 가치들은 서로 보완적 관계를 가지기도 하고 모순 또는 충돌 관계를 가지기도 하며, 때로는 서로 중복되기도 하고 배타적이기도 하다. 또한 어떤 가치는 다른 가치의 수단적 관계에 놓여 있다(Rokeach, 1973).
- 가치는 지속적으로 행위에 영향을 준다: 가치는 시간적 차원에서 어느 정도 지속성을 가진 규정이나 표준(a code or a standard) 또는 더 넓은 의미로 행위의 한 체계를 조직화한다(Kluckhohn, 1967). 태도는 대상의 수만큼 많다고 할 수 있으나, 가치는 그보다는 소수이며 추상적이다(Rokeach, 1973). 따라서 행동을 구체적으로 예측하고 설명하는 데는 태도가 중요하나 행동에 대한 장기적인 예측을 하거나 일반적인 예측을 하는 데는 가치가 더 유리하다. 예컨대, 정의라는 가치를 중요하게 여기는 학생은 아름다움(beauty)이라는 가치를 중시하는 학생에 비해 법률 지식을 습득할 가능성이 높으며, 정의를 통하여 인간의 행복을 얻을 수 있다고 믿을 확률이 높다. 또한 민주라는 가치는 참여라는 행동을 증가시킬 것을 예측할 수 있다.
- 가치는 바람직성을 의미한다: 이 특성은 하나의 관념으로, 가능한 행위의 양상, 수단 목적으로부터 선택에 영향을 주는 바람직성의 개념이다. 바람직성은 바라는 것과

다르며, 실제 조사에서는 그 반대로 나타나는 경우가 있다. 예컨대, 참여가 잘 안 되는 곳에서는 참여를 바라며, 참여를 그다지 중요한 가치로 생각하지 않을 수 있다. 바라는 것은 욕구만족의 정도가 현재의 욕구 간의 차이라고 할 수 있다. 예컨대, 참여의 기회가 충분히 보장되어 있다면 참여를 원하지 않을 것이다. 참여의 기회가 충분히 보장되지 않는다면 참여는 매우 중요한 가치를 가진다. 실제의 조사에서도 바람직한 것과 바라는 것이 반대로 나타난다(Hofstede, 1980; Hofstede, 1996).

- 가치는 의사결정의 지향점이다: 인간은 끊임없이 미래의 행동경로를 선택하게 된다. 가치합리성은 바람직함의 표준이라고 할 수 있으며, 도구합리성은 바라는 바의 목적을 달성할 수 있다고 믿고, 또 실제로 그렇게 일어난다면 합리적이라고 할 수 있다. 따라서 가치실현은 가치합리성과 도구합리성에 의해서 일어난다.

- 가치는 자아를 위해 중요한 정도를 말한다: 욕구의 충족은 자아를 생리적으로, 사회적으로, 문화적으로 생존케 하는 것이라고 할 수 있다. 우리 인간은 생리적으로는 물론 심리적·정신적으로 항상 자신의 정체성을 유지하고자 한다. 육체적 정체성의 상실은 육체적 죽음을 의미하며, 심리적 정체성의 상실은 사회적 죽음을 의미하고, 정신적 정체성의 상실은 정신적 죽음을 의미한다고 할 수 있다. C. Alderfer의 생존에 관한 욕구나 A. Maslow의 생리적 욕구는 육체적 정체성을 유지하기 위한 욕구라고 할 수 있다. 애정에 관한 욕구나 소속에 관한 욕구, 인정을 받고자 하는 욕구와 같은 사회적 욕구는 심리적 정체성을 유지하기 위한 것이다. 이러한 욕구를 충족하지 못하면 외로움이나 고독감 또는 죄책감을 느끼게 된다.

  S. Freud의 자아개념은 이를 설명하는 데 매우 적절하다. 욕구는 종의 생명을 유지하기 위한 본능인 성적 충동과 개체로서의 생명을 유지하기 위한 식욕이나 수면욕 그리고 생물학적 생명을 유지하기 위해 외부로부터 끊임없이 에너지를 유입하는 욕구, 즉 육체를 활성화하기 위해 쾌락을 추구하고 불쾌를 회피하는 욕구도 이와 관련이 된다.

  인간은 상징을 통해 주관적 세계 내에 수많은 개념을 만들어 놓고 이들이 실현되었을 때 자아에게 긍정적·부정적 영향을 주는 중요도에 따라 가치를 부여한다. 이런 의미에서 가치는 실재가능성과 실현가능성을 함께 내포하고 있다.

- 자아에 기여하는 방식에 따라 궁극적 가치와 도구적 가치로 나눌 수 있다: 궁극적 가치란 자아에게 직접적으로 기여하는 가치라고 할 수 있다. 이에 비해 도구적 가치는 궁극적 가치를 V라고 하고 이를 실현할 수 있는 확률을 E라고 했을 때 'V×E'에 의하여

평가된다. 물론 여기에는 가치를 실현하는 과정에서 발생하는 부정적·긍정적 가치
가 포함된다. 따라서 하나의 도구적 가치는 다른 수많은 가치에 영향을 주게 되며,
이러한 영향이 매우 복잡하고 서로 충돌되는 경우, 즉 긍정적 영향과 부정적 영향이
뒤섞여 있을 경우에는 가치갈등을 경험하게 된다. 이해관심 또는 이해관계는 다른
사람들의 행동 또는 외적 세계에서 일어날 수 있는 다양한 변화로 인해 자신의 가치
에 영향을 주는 경우를 말한다고 할 수 있다.

• 가치는 주관적 세계에서의 명시적 또는 묵시적 관념이다: 가치는 주관적 세계 내에 실존
적 의미를 가지고 있는 모든 관념에 부여되어 있다. 실존적 관념이란 실재할 수 있
는 하나의 상태가 개념의 형태로 인지된 상태라고 할 수 있다. 마음속에 있는 수많
은 관념은 네트워크 방식으로 연결되어 있으며, 어떤 관념은 다른 관념의 원인이며,
또 어떤 관념은 최종적 상태의 것이라고 할 수 있다. 전자를 도구적이라고 한다면
후자는 궁극적이라고 할 수 있다(Rokeach, 1973).

• 가치는 교환 가능한 관념 간의 교환비를 의미한다: 태양은 우리 인간에게 어마어마한
가치를 가진다고 하더라도 가치를 가지고 있다고는 할 수 없다. 그러나 양지 바른
곳은 우리에게 가치가 있다. 전자의 경우는 교환이 불가능하며, 후자는 교환이 가능
하기 때문이다. 공기의 경우에도 마찬가지이다. 산소가 희박한 고산지역에 갈 때 산
소는 매우 중요하며 따라서 교환가치가 있다. 이러한 관념은 선택에 의하여 교환될
수 있다. 교환될 수 있는 대상은 도구적이며, 교환의 기준을 제시하는 것은 상위적
가치 또는 초가치(metavalues)라고 할 수 있다. 교환의 최종적 기준이 되는 가치는
궁극적 가치라고 할 수 있다.

• 가치는 학습된다: 가치는 경험으로부터 형성되고 변화한다. 사람들은 즐거움과 고통,
박탈감과 충족감, 실패나 좌절과 성공, 사회적 승인과 금지, 사랑과 미움 등을 경험
하면서 구체적 또는 추상적 개념에 대해 가치를 부여한다(Williams, 1979). 규범은 사
회화과정을 거쳐 학습된다면 가치는 내면화과정을 통해서 학습된다.

2) 사회복지 핵심 가치

사회복지실천은 뚜렷한 가치를 기반으로 인간의 삶의 질을 증진시키기 위한 노력
을 지속해 옴으로써, 가치 기반의 전문직이라 여겨져 왔다(김인숙, 2005; 전선영, 2005).
Asamoah 등(1997)은 "사회복지 지식이나 방법론보다 어쩌면 가치가 더 중요하다"라고

하면서 가치의 중요성을 역설하였다. 역사적으로 지식, 기술, 가치의 상대적 중요성이 변화해 왔지만 가치 그 자체로의 중요성과 필수불가결성은 사회복지 실천에 대한 논의에서 공감대를 형성해 왔다(김인숙, 2005; Abbott, 2003). 그렇다면 가치란 무엇인가? 보편적인 가치를 탐구한 Schwartz(1992, 1994: Itzhaky et al., 2004: 449에서 재인용)에 의하면, 가치는 바람직한 목적 또는 행위들과 관련한 것으로 특정한 상황들을 초월하고, 행동과 사건들의 평가 또는 선택을 지도하는 개념들 또는 믿음들로 정의할 수 있다. 우리는 사회복지사 윤리강령의 윤리원칙을 살펴봄으로써 사회복지가 추구하는 핵심 가치를 구체적으로 알 수 있다. 왜냐하면 윤리강령은 사회복지사들에게 가치나 윤리적 원칙을 알릴 뿐 아니라 전문적 행위, 태도, 의사결정을 안내하기 때문이다(Greeno et al., 2007). 한국의 사회복지사 윤리강령은 실천적 가치로서 클라이언트 개인의 주체성과 자기결정권의 보장, 사회복지사의 전문적 지식과 기술의 개발, 전문가로서 능력과 품위의 유지 노력 등을 규정하고 있다(이효선, 2008; Congress & Kim, 2007). 2001년 2월 개정된 우리나라 사회복지사 윤리강령 중 '사회복지사의 사회에 대한 윤리기준'을 살펴보면 다음과 같다(한국사회복지사협회, 2011). 첫째, 사회복지사는 인권존중과 인간 평등을 위해 헌신해야 하며, 사회적 약자를 옹호하고 대변하는 일을 주도해야 한다. 둘째, 사회복지사는 필요한 사회서비스를 개발하기 위한 사회정책의 수립 · 발전 · 입법 · 집행에 적극적으로 참여하고 지원해야 한다. 셋째, 사회복지사는 사회 환경을 개선하고 사회정의를 증진시키기 위한 사회정책의 수립 · 발전 · 입법 · 집행을 요구하고 옹호해야 한다. 넷째, 사회복지사는 자신이 일하는 지역사회의 문제를 이해하고, 그것을 해결하는 일에 적극적으로 참여해야 한다. 이를 바탕으로 한 사회복지 가치는 인간존중과 평등, 서비스 개발과 지원, 사회정의, 옹호 등으로 볼 수 있다.

　미국 전국사회복지사협회(National Association of Social Worker)의 윤리강령에는 여섯 가지 핵심 전문 가치, 즉 '서비스(Service)' '사회정의(social justice)' '인간의 존엄성과 가치 존중(dignity and worth of a person)' '인간관계의 중요성(importance of human relationships)' '진실성(integrity)' '능력 또는 역량(competence)'을 들고 있다(Greeno et al., 2007). Crabtree(2000)의 연구에 의거해 이 여섯 가지 핵심 전문 가치를 상세히 살펴보면 다음과 같다. 첫째, 서비스 가치는 '사회복지사의 주요 목적이 사회문제를 해결하고 욕구를 가진 사람들을 돕는 데 있다'는 윤리적 원칙이다. 둘째, 사회정의 가치는 '사회복지사는 사회 부정의에 도전한다'는 윤리적 원칙이며, 셋째, 인간의 존엄성과 가치 존중의 가치는 '사회복지사들이 고유의 인간 존엄과 가치를 존중한다'는 윤리적 원칙이다. 넷째,

인간관계의 중요성 가치는 '사회복지사는 인간관계에 대해 그 중요성을 인정한다'는 윤리적 원칙으로 사람 사이의 관계가 변화를 위한 중요한 매개라는 것을 인식하는 것이다. 다섯째, 진실성 가치는 '사회복지사들이 믿을 수 있는 태도를 가지고 행동한다'는 윤리적 원칙이며, 마지막으로 능력 또는 역량 가치는 '사회복지사는 그들 능력 내에서 실천하고 그들의 전문적 기술을 증진시키고 발달시킨다'는 윤리적 원칙을 말한다. 국제윤리강령 (International Federation of Social Workers, 1994: Bisman, 2004: 110에서 재인용)에 의하면, 사회복지사들의 서비스 책무는 사회정의 달성에 있고, 인간의 자기충족과 복지 그리고 개인, 집단, 국가와 국제적 욕구와 열망에 대한 자원개발에 있다고 정의하고 있다.

사회복지 가치를 논한 학자들의 논의를 종합해 보면, 사회복지 가치는 사회정의의 지향과 서비스 원조(Frans & Moran, 1993: Itzhaky et al., 2004: 448에서 재인용), 기본권의 존중 및 자기결정권의 지지 그리고 개인 자유에 대한 책무(Abbott, 1999), 사회복지사 능력의 정진과 성실성 등을 그 핵심 가치로 들고 있다.

3) 사회복지 가치의 역할

사회복지실천 문헌에서도 가치는 적합한 행동 선택에 대한 지침(Lowenberg, 1988: 12: 양옥경 외, 2008: 55에서 재인용)이라고 정의하고 있다. 사회복지실천현장에서 전문가는 개인적 가치, 사회적 가치, 클라이언트의 가치, 조직의 가치, 전문직 가치 등 다양한 체계의 가치를 고려해야 한다(강선경, 김욱 역, 2005; 김기덕, 2005; 최경원 외 역, 2002: 40-43). 이 중 전문직 가치는 사회복지실천에 직접적인 영향을 미치기 때문에 매우 중요하다. 첫째, 전문직 가치는 그 사회에서 사회복지전문직의 임무와 역할을 제시한다(Levy, 1973; Reamer, 2013: 김기덕, 2005: 167에서 재인용). 지속적으로 변화하는 사회 속에서 사회복지사가 실천에서 어떠한 역할을 수행하는가는 곧 가치의 문제이며(김인숙, 2004), 그 사회에서 사회복지사가 담당하는 역할을 통해서 그들이 전문직으로서 공유하는 가치가 드러난다(Reamer, 2013: 김기덕, 2005: 168에서 재인용). 이는 윤리강령으로 성문화되어 전문가의 행동을 통제하며, 사회복지사가 자신의 권력을 남용하지 않도록 한다(BASW, 1996). 둘째, 전문직 가치는 사회복지 전문가로서 정체성을 가지고 일하는 근간이 된다(노혜련 외, 2011). 사회복지실천의 정체성은 가치기반을 명료화하는 것(김인숙, 2004)에서 비롯되며, 사회복지전문직의 가치는 다른 전문직과 구별 짓게 해 주는 기준(Bisman, 2001: 김인숙, 2004: 35에서 재인용)이자 그 사회에서 전문직으로 인정받는 기본 조건(권육상, 1999;

김기덕 외, 2012)이 된다. 셋째, 사회복지전문직 가치는 사회복지실천에서 대립되는 가치들 사이에서 윤리적 딜레마 또는 갈등을 해결하기 위한 방안이 된다(최경원 외 역, 2002). 사회복지사는 실천현장에서 적절하고 공정하게 결정하고 행동해야 하는 상황에 직면하게 되는데, 사회복지전문직 가치는 이러한 결정을 견인하는 역할을 하게 된다(오혜경, 2004; Abbott, 1988; 2003). 실천에서 윤리적 의사결정을 위해서 가장 우선적으로 검토되어야 하는 부분이 바로 사회복지전문직 가치인 것이다(강선경, 김욱 역, 2005). 즉, 사회복지실천에서 전문직 가치는 사회복지실천의 역할과 사회복지사가 직면하는 다양한 실천상황에서 구체적인 방향을 제시함으로써 사회복지실천을 조형하는 핵심적인 기준이라고 할 수 있다.

최근의 연구들(김인숙, 2005; 이효선, 2008; 전선영, 2005; Bisman, 2004; Dolgoff et al., 2009; Itzhaky et al., 2004)은 사회복지가치는 사회복지실천의 길잡이로서 더 나은 실천을 위한 수정 · 변형의 틀로 조망되어, '가치'의 숙고가 사회복지를 논함에 있어 중요한 논제로 고려되어야 한다고 강조한다. 사회복지가치는 사회복지실천의 여러 측면에서 다음과 같은 기준으로 역할을 한다.

첫째, 사회복지가치는 사회문제 정의와 접근에 일련의 지침으로서 역할을 한다 (Bisman, 2004).

둘째, 사회복지가치는 사회복지사들의 일상 활동에 반영되어 전문직의 실천방향을 제시해 준다(Timms, 1983). 사회복지실천은 다양한 환경과 사회구조에 영향 받는 실천영역으로서, 사회복지사는 딜레마에 직면할 가능성이 크다. 이때 가치는 서비스 실천의 길잡이 역할을 한다(김인숙, 2005; Congress & Kim, 2007; Greeno et al., 2007). 사회복지가치는 사회복지실천에서 자주 그리고 끊임없이 발생하는 질문들, 예컨대 '개인의 자유와 사회적 안녕상태 사이에서 사회복지사로서 취할 수 있는 적절한 행위는 무엇인가?' '개인의 죽음에 있어 자기결정권은 지켜져야만 하는가?' 등과 같은 질문이 발생할 때, 행동원리로서 실천의 길잡이 역할을 한다(Dolgoff et al., 2009). Skerrett(2000)는 사회복지가치가 사회복지실천 변화의 주요 동인이 되며, 궁극적으로 사회복지 패러다임 이동을 창출시키는 기제가 된다고 말한다.

셋째, 사회복지가치는 타전문직과 사회복지전문직을 구별 짓는 기준이 된다. Bisman (2004)은 '가치의 고려 없이 지식과 기술의 적용만으로 사회복지실천이 가능한가?'라는 질문을 던지고 이에 대한 답으로 타전문직에서도 지식과 기술 적용은 이루어지지만 사회복지실천에서는 '가치'라는 것이 실천의 토대를 이룸으로써 사회복지실천이 타전문직과 차이를 갖는다고 말하였다. Greeno 등(2007)과 Dolgoff 등(2000) 또한 Bisman(2004)의 견해와 동일하게 사회복지가치를 타전문직과 구별 짓는 중요한 요소로 제시하고 있다. 즉, 타전문직과 사회복지실천의 차이는 기술과 지식이 가치를 향해 적용될 때 비로소 가능해진다는 것이다. 따라서 사회복지가치는 윤리적인 의사결정 과정에 중요한 요소이자(Dolgoff et al., 2009; Osmo & Landau, 2001), 서비스 실천과 행동의 주요 결정요소이며(이효선, 2008; Congress & Kim, 2007), 방향을 선택하는 핵심기준(Skereet, 2000)이 된다.

2 조직가치란

모든 조직은 미션을 가지고 있는 것과 같이 가치 또한 가지고 있다. 조직의 가치란 조직을 인도하는 기본 원칙으로서 조직구성원들이 따라야 하는 규율이나 규칙과도 같은 것이라고 할 수 있다. 또한 가치는 조직과 조직 사이의 차이를 구별하는 역할을 하기도 한다. 만약 어떤 조직의 가치가 존중과 정직이라고 한다면 존중과 정직의 가치는 그 조직의 모든 과업행동(특히, 서비스 생산과 전달의 전 과정)에서 조직원들의 매일매일 행동을 규정하고 인도하는 역할을 하며 다른 조직과의 차이를 나타내 주는 역할을 한다. 따라서 가치는 조직을 인도하는 원칙으로서 시간제한이 없으며 서비스 이용자들은 조직이 설정한 가치를 통해 조직구성원들이 어떻게 행동할 것인지를 예측할 수 있다. 결국 가치는 조직성원들의 기대된 행동을 규정하며 조직구성원들이 조직 외부세계와 상호행동하는 원칙이라고 할 수 있다(Marr, 2009).

조직가치는 조직구성원들의 과업행동을 인도하는 규율이나 원칙과 같은 의미를 가지고 있다. 가치는 조직의 모든 행동과업을 규정하며 인도하므로 조직구성원들의 행동과업이나 조직이 제공하는 모든 서비스는 조직의 가치를 실현하는 범위 안에서 이루어진다. 즉, 모든 조직은 매일매일의 과업행동을 통해서 가치를 입증한다고 할 수 있다. 조직의 가치를 통해서 사람들은 조직성원들이 어떻게 행동할 것인지를 예측하고 기대할 수 있다. 일반적으로 조직들은 가치가 너무 많이 설정되면 혼란이 올 수 있으므로 몇 개의 핵심 가치를 가지고 있다(지은구, 2012).

◆ 조직가치

- 조직을 인도하는 기본 원칙으로서 조직구성원들이 따라야 하는 규율이나 규칙
- 조직성원들의 기대된 행동을 규정하며 조직구성원들이 조직 외부세계와 상호행동하는 원칙
- 조직구성원들의 과업행동을 인도하는 규율이나 원칙
- 조직가치를 통해서 사람들은 조직성원들이 어떻게 행동할 것인지를 예측하고 기대함

3 성과관리와 조직가치

조직가치란 이미 언급한 바와 같이 조직을 인도하는 기본 원칙으로서 조직구성원들이 따라야 하는 규율이나 규칙과도 같은 것이라고 할 수 있다. 또한 조직가치는 조직원들이 그들 주변이나 그들을 둘러싼 외부세계와 상호행동하는 원칙을 의미한다고도 할 수 있다. 즉, 조직원들은 조직의 가치가 조직의 외부세계(예를 들어, 지역주민이나 이용자)와의 상호행동을 통해 실현될 수 있도록 노력한다. 예를 들어, 사회복지사의 대표적인 가치가 사회복지사 실천윤리강령에 나타나 있는바와 같이 사회정의라고 한다면 모든 사회복지사들은 사회정의를 실현하기 위하여 노력하게 되며 그들의 상호행동은 사회정의를 실현하기 위한 행동에 입각하여 이루어져야 한다(지은구, 2012).

성과관리 측면에서 본다면 성과관리를 성공적으로 수행하기 위한 조직가치는 바로 조직이 이미 설정한 조직가치를 실현하기 위하여 노력하고 있는가를 확인하는 것이라고 할 수 있다. 조직은 조직이 설정한 미션과 비전 그리고 가치를 실현하기 위해 노력한다. 물론 모든 조직이 미션과 비전 그리고 가치를 가지고 있지 않을 수도 있지만 조직이 설정한 목적을 성공적으로 성취하기 위해서는 미션과 비전 그리고 가치를 설정하는 것이 바람직하며, 특히 성공적인 성과관리를 위해서도 이들을 설정하는 것은 중요하다(지은구, 2012).

특히, 조직가치는 조직이 성취하려는 성과와 직접적인 연관이 있다고 할 수 있으므로 조직이 가치를 설정하고 유지하기 위하여 노력하는 것은 매우 중요하다고 할 수 있다. 성과관리 측면에서 조직가치는 조직이 설정한 미션과 조직의 비전을 성취하기 위하여 조직성원들이 어떻게 행동하여야 하는지를 인도하는 안내자의 역할을 수행하므로 조직

구성원들의 성과에 직접적인 영향을 주는 행동지침이라고 할 수 있다.

결국 조직은 조직이 설정한 미션과 비전 그리고 가치를 실현하기 위해 노력하는 것이다. 결론적으로 성과관리가 가치중심적이어야 한다는 의미는 조직이 설정한 가치를 실현하는 것이 바로 조직성과를 개선하는 길을 인도하는 행동원칙임을 의미한다고 할 수 있다(지은구, 2012).

◈ 성과관리와 조직가치

- 조직 가치는 조직이 설정한 미션과 조직의 비전을 성취하기 위하여 조직성원들이 어떻게 행동하여야 하는지를 인도하는 안내자의 역할을 수행하므로 조직구성원들의 성과에 직접적인 영향을 주는 행동지침이다.

4 성과관리를 통한 가치의 실현

조직가치는 조직의 미션이나 비전에 반영되어 있으며 조직성과는 조직의 가치를 유지하고 반영한다. 즉, 조직성과는 조직의 가치를 유지하는 한에서 성취되어야 한다. 조직의 가치나 목적이 이윤을 많이 창출하여 주주에게 더 많은 이윤을 가져다주는 것이라고 한다면 조직의 성과는 이윤창출이라는 조직의 가치를 실현하기 위해 노력하게 되고 모든 조직성원들은 이윤창출이라는 조직의 가치를 실현하는 데에 그들의 노력을 집중하게된다. 이러한 영리조직의 경우 성과는 증대된 이윤이라고 할 수 있다. 만약 조직이 성취하려는 목적이 '지역주민들의 증진된 건강'이라는 사회적 가치라고 한다면 조직의 성과는 건강이 증진된 지역주민의 수로 표현될 수 있다. 그리고 조직의 가치가 건강한 지역사회건설과 같은 집합주의 특성을 내포하는 통합과 최선이라고 한다면 조직구성원들은 모두 통합적인 서비스와 최선을 다하는 서비스를 제공하여 건강한 지역주민을 만들기위해 그들의 노력과 행동을 집중할 것이다(지은구, 2012).

조직의 가치는 조직구성원들의 과업행동을 인도하는 규율이나 원칙을 나타낸다. 가치는 조직의 모든 행동과업을 규정하며 인도하므로 조직구성원들의 행동과업이나 조직이 제공하는 모든 서비스는 조직의 가치를 실현하는 범위 안에서 이루어진다. 조직의 핵심가치는 곧 조직의 미션과 비전을 통해서 공포되며, 지도자의 리더십과 조직에서 제공되는 서비스에 대한 신뢰와 직원들 사이에, 직원과 지도자 사이에, 이용자 사이에 형성된 신뢰에 의해서 실현되고 구체화된다.

결국 조직의 성과관리를 통한 가치의 실현은 구체적으로 신뢰에 대한 관리(신뢰관리), 조직의 비전 및 미션에 대한 관리(비전관리) 그리고 조직구성원들의 행동유형을 규정하는 규범에 대한 관리(규범관리)에 의해서 실현된다.

제2절 사회복지관과 가치

1 사회복지관의 가치

사회복지관의 가치는 사회복지관의 설립목적이 성취되기 위해 관장을 포함한 모든 조직구성원들이 하는 행동을 규정한다. 가치가 무엇을 믿고, 무엇을 지지하며, 무엇을 중요하게 생각하느냐 하는 문제에 있어서 '무엇'에 해당되는 것이라고 규정할 수 있으므로, 형성된 가치에 따라 사람들의 판단과 선택 그리고 행동양식이 달라지게 된다. 그러므로 바람직한 가치를 형성하고 확립하는 일은 노인복지관 직원들의 개인의 행동은 물론 조직의 방향 설정에 있어서도 중요하다.

가치가 어떤 특정 행동이나 궁극적인 목적을 다른 것보다 더 좋아하며 일상생활에서 무엇을 취하며 어떻게 행동할 것인가를 판단하는 기준이라고 할 수 있고, 사회복지실천의 영역에서도 가치는 적합한 행동 선택에 대한 지침이라고 정의되므로 사회복지관의 가치는 '복지관이 성취하려는 것을 위해 실행 가능한 행동목표나 행동방법 및 행동양식을 선택하는 데 영향을 미치는 조직구성원들의 지속적이고도 총제적인 행동기준이자 지침'이라고 할 수 있다.

휴먼서비스 영역에서 대인관계서비스를 제공하는 복지관의 가치는 사회복지의 가치를 기반으로 한다. 이상의 사회복지가치에 대한 연구 및 사회복지관의 특성을 종합하여 고려해 보면 사회복지관과 조직구성원들의 행동을 규정할 수 있는 사회복지관의 가치는 다음과 같이 정리될 수 있다.

◈ 사회복지관의 가치

• 존중(respect), 책임감(responsibility), 열정(passion), 전문성(professionality), 역량강화 (empowerment), 성실(sincerity), 소통(communication), 통합(integration)

2 사회복지관의 가치와 성과

존중, 책임감, 열정, 전문성, 역량강화, 성실, 소통, 통합(integration) 등과 같은 사회복지관의 가치는 이를 실현하기 위한 노력을 규정한다. 따라서 사회복지관의 가치지향적인 행동은 곧 사회복지관이 설정한 미션과 비전 그리고 설립목적의 성취를 위한 행동지침이라고 할 수 있다. 사회복지관의 미션과 비전 그리고 설립목적을 성취하기 위한 모든 행동들은 조직의 성과(performance)와 직접적인 연관이 있으므로, 가치는 곧 조직의 성과로 귀결된다. 즉, 사회복지관의 성과란 사회복지관의 가치실현을 위한 모든 노력의 결과로 나타난다는 것을 의미하는 것으로 책임감과 열정을 가지고 업무에 임하고, 이용자들을 존중하고 상호 소통하기 위해 노력하고, 이용자들을 이해하고 배려하고, 성실하게 그들의 입장에서 업무를 처리하고, 그들에게 보다 효과적인 서비스를 제공하기 위해 전문적 지식과 식견을 갖추기 위해 노력하고, 조직 및 구성원들이 역량을 강화하기 위해 노력하면 이는 곧 조직이 성취하려는 조직목적의 실현을 가능하게 하는 행동으로서 조직성과에 직접적으로 영향을 미친다고 할 수 있다. 이를 그림으로 나타내면 다음과 같다.

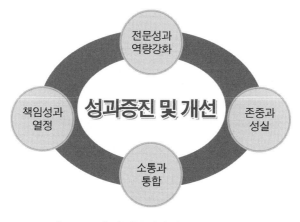

[그림 7-2] 사회복지관의 가치와 성과

👥3 사회복지관의 가치와 비전관리, 신뢰관리 그리고 규범관리

    존중, 책임감, 열정, 전문성, 역량강화, 성실, 소통, 통합 등과 같은 사회복지관의 가치를 실현하기 위한 노력은 사회복지관의 미션과 비전, 지도자의 비전과 철학 및 직원과 지도자 간의 비전공유 등을 규정하는 비전관리영역, 사회복지관의 조직구성원들에 의해 공유되고 전파되며 특정한 상황에 대해 조직구성원들이 유사한 방식으로 행동하도록 만드는 사회복지관 행동윤리강령이나 사회복지관 직원사명 또는 실천원칙과 직원헌장이나 이용자헌장 등과 같은 규범관리영역, 그리고 직원과 지도자 사이의 신뢰, 직원 간 신뢰, 이용자의 조직에 대한 신뢰나 직원에 대한 신뢰를 나타내는 신뢰관리영역과 밀접한 연관이 있다고 할 수 있다.

    즉, 사회복지관의 가치를 실현하기 위한 모든 노력이나 행동들은 설정된 조직의 비전과 미션을 성취하기 위한 노력이나 행동에 반영되며 또한 직원들은 조직의 가치실현을 위해 유사한 방식으로 행동하게 하는 규범의 반영을 의미하고, 마지막으로 가치실현을 위한 노력은 가치가 무엇을 믿고, 무엇을 지지하며, 무엇을 중요하게 생각하느냐 하는 문제에 있어서 무엇을 나타낸다는 점을 반영하여 믿고 지지하기 위한 기본적인 토대인 신뢰관리의 필요성을 강조한다고 할 수 있다.

    사회복지관의 가치영역과 가치영역을 관리하기 위한 관리구성요소의 관계는 다음의 그림과 같다.

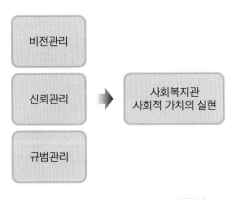

[그림 7-3] 사회복지관의 가치영역

또한 사회복지관의 가치영역을 구성하는 비전관리, 신뢰관리, 규범관리 그리고 사회복지관의 성과의 관계는 다음의 그림과 같다.

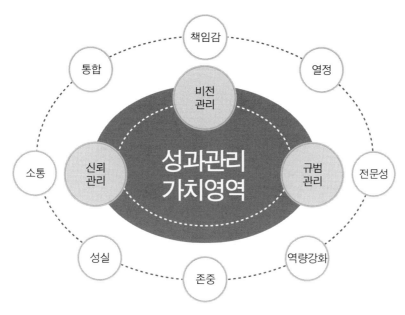

[그림 7-4] 사회복지관의 가치영역과 사회복지관의 성과

제8장 비전관리

사회복지관 가치영역의 관리요소로서 비전관리는 조직의 비전 및 미션을 관리하는 영역을 의미한다. 비전이 없는 조직은 곧 꿈이 없는 조직을 의미하므로 가치실현을 위한 어떠한 노력이나 조직설립목적(미션)을 위한 노력도 의미가 없으며, 조직의 성과개선을 위한 노력 역시 조직의 중요한 목적이 될 수 없다.

제1절 비전

1 비전의 개념

비전이란 사전적 의미로 내다보이는 장래의 상황을 의미하며 꿈으로도 표현된다. 현실성 있고, 믿을 만하며, 매력적인 미래상이다. 올바른 비전은 사람들에게 활력을 불러일으킴으로써 그들의 기술, 재능, 지원을 통해 미래로 도약하게 하는 아이디어이다. 비전은 미래에 대한 이상적이고 특별한 이미지(Kouzes & Posner, 1987)로서 결국 여기에는 '미래상'과 '공유'의 의미가 공통적으로 포함되어 있다고 볼 수 있다.

> ◈ 비전
> • 미래에 대한 이상적이고 특별한 이미지
> • 내다보이는 장래의 상황

2 조직비전

또한 비전은 조직의 창설뿐만 아니라 조직의 전체 라이프 사이클을 통해서 조직의 성격과 목적을 이해하려는 사람들에게 방향을 가르쳐 주는 중요한 역할을 담당한다. 따라서 비전은 리더의 핵심요소이다(Nanus, 1992). 조직비전은 미래에 조직이 되고자 하는 것을 나타내는 진술로, 글로 표현된 조직의 미래 사진이라고 할 수 있다. 미션이 일반적으로 추상적인 진술이라고 한다면 비전은 조직이 되고 싶은 구체적인 진술로서 전략과 성취하려는 목표를 설정하도록 돕는 역할을 한다. 비전은 분명하고 간결하며 실현가능하고 현실적이며 영감을 불러일으키도록 하는 진술로서, 이것이 가져다주는 혜택은 다음과 정리될 수 있다(지은구, 2012).

첫째, 분명하고 간결한 비전은 지역주민이나 이용자 그리고 자금제공자를 포함한 모든 이해관련집단들이 조직을 어떻게 생각하는지 그리고 조직의 미래상에 그들이 적합한지를 볼 수 있도록 한다.

둘째, 현실적이고 실현가능한 비전은 우리가 무엇이고 미래에 무엇이 될 것인가를 나타내 주므로 조직이 성취하려는 성과를 개선하는 역할을 한다.

셋째, 분명하고 영감을 주는 비전은 조직이 더 좋은 결정을 하도록 동기를 부여할 수 있다.

넷째, 비전은 조직이 이룩하려는 조직의 미래상이므로 조직 전 구성원의 동의, 협력과 협조를 촉진시키는 역할을 한다.

사람들이 꿈이 현실로 이루어졌으면 하는 바람으로 하루하루를 살아가는 것과 같이 조직도 무언가 되고 싶은 꿈이 있을 수 있다. 조직비전은 조직이 미래에 되고자 하는 것을 나타내는 진술이다(Niven, 2008). Niven의 정의에 따르면 조직비전은 미래지향적인 진술이라는 것을 알 수 있다. Marr(2009)는 조직비전이 글로 표현된 조직의 미래 사진이라고 설명하였다. 조직비전은 조직이 5년, 10년 또는 15년 후에 되고자 하는 바를 나타내주므로 구체적이기보다는 종종 추상적인 진술로 나타날 수 있다. Senge(1990)에 따르면 조직비전은 미션을 의미 있는 결과물로 바꾸고 시간이나 노력, 돈과 같은 자원의 할당을 인도하는 역할을 한다고 강조하였다. 결국 조직비전은 조직의 미션보다는 구체적으로 조직이 미래에 되고 싶은 상을 나타내 준다는 것을 알 수 있다(지은구, 2012).

조직비전은 조직이 공유하는 미래상, 즉 비전이 전략적인 측면에서 어떻게 사용될 수 있으며 그 결과로 나타나는 조직의 미래상이 얼마나 긍정적인가 하는 것이다. 조직비전은 조직의 미래상에 대한 긍정적 모습을 묘사하는 동시에 전략적 변화 방향의 의미도 지닌다. 또한 조직 변화 방향에 대한 긍정적 모습을 묘사하는 동시에 전략적으로 추구해야할 미래상에 대한 가능성을 평가하는 개념이기도 하다. 조직의 비전 제시는 많은 긍정적 영향력을 주게 된다. 조직비전 자체가 명료하고 조직구성원들에게 잘 공유되어 있는 등 정립수준이 높을수록 이타주의와 예의에 긍정적인 영향력을 보이며 조직구성원들이 실제로 비전 달성을 위한 업무수행을 가능하도록 하며, 특히 비전만족 수준이 높을 경우에 더욱 의미를 갖게 된다(류성민, 권정숙, 2009; Testa, 1999).

조직비전이 잘 정립되어 있다는 것의 의미는 조직비전 자체가 명료하고, 미래상, 즉 달성되어야 하는 목표를 명확하게 제시하며 그것이 조직구성원들에게 강하게 공유되어 있다는 것을 의미한다(윤정구, 2010). 조직비전의 공유는 조직구성원들로 하여금 상호존중을 하고 서로 도와주며 지원하도록 유도하므로(Wong, Tjosvold & Liu, 2009), 조직의 목표와 미래를 위해 자신에게 주어진 역할범위를 넘어서는 행동으로 이어질 수 있도록 유도한다. 결과적으로 조직의 비전이 명료하고 공유되어 있다는 것의 의미는 조직이 추구하고 지향하는 가치가 조직구성원들 자신이 추구하고 지향하는 가치로 받아들여졌다는 의미가 된다(윤정구, 2010).

조직비전(vision of organization)은 전체 조직구성원들에 공유되는 것으로 이상적인 목표의 집합적 의미를 가지고 있다. 따라서 비전은 미래에 조직이 추구해야 하는 방향성을 제공하면서 목표를 강조하고 조직구성원들의 하나됨을 밝히는 중요한 요소이다(Berson et al., 2001; Conger & Kanungo, 1998). 즉, 조직비전은 조직의 미래에 대한 바람직한 모습을 나타내 주는 것으로, 조직이 열망하는 공유된 가치발현의 의미(House & Shamir, 1993)와 미래에 대한 이상적이고 특별한 이미지적인 측면(Kouzes & Posner, 1987) 그리고 이상적인 목표의 집합으로서 미래상과 공유의 의미(Conger & Kanungo, 1998)를 가지고 있다.

명확한 조직비전의 설정은 조직에 목표의식과 의미를 부여하고, 사업의 전략방향과 조직운영의 행동기준을 제공하며, 조직구성원의 동기부여와 조직 활성화에 기여한다. 임정재(2004)는 조직 또는 조직지도자가 조직구성원에게 제시할 수 있는 명확한 비전이 설정되어 있다면 다음과 같은 좋은 점이 있다고 설명하고 있다. 첫째, 비전이 있으면 좀처럼 볼 수 없는 노력을 기울이게 되며, 둘째, 비전이 있으면 전략적 · 전술적 결정을 내릴 수 있는 상황을 스스로 만들어 간다는 것이고, 셋째, 비전을 공유하면 직원이 서로 단결하고 팀워크를 이루며 한 가족처럼 지낼 수 있는 환경이 조성된다는 것이며, 넷째, 비전이 있으면 소수의 핵심인물에만 의존했던 기업을 많은 사람이 참여할 수 있는 기업으로 성장, 발전시킬 수 있다는 것이다.

> ◈ **조직비전**
> • 조직이 나아가기를 기대하는 미래상
> • 미래에 조직이 되고자 하는 것을 나타내는 진술 또는 글로 표현된 조직의 미래 사진
> • 조직비전은 미션을 의미 있는 결과물로 바꾸고 시간이나 노력, 돈과 같은 자원의 할당을 인도하는 역할

3 비전과 조직성과

조직비전은 조직이 나아가고자 하는 미래에 대한 모습과 함께 목표를 제시하고, 조직구성원들로 하여금 자신이 조직의 중요한 구성원임을 느낄 수 있도록 하면서 조직구성원들의 공유를 핵심으로 하고 있기 때문에 구성원들의 태도와 사기 등은 조직성과에 긍정적인 영향을 미칠 수 있다(윤정구, 2010; Pearce & Ensley, 2004). 이는 조직비전에 대해 긍정적이고 조직비전에 대한 높은 기대 가치를 가지는 조직구성원들이 조직몰입과 성과 향상으로 이어지는 동기가 부여될 수 있다는 것을 나타내는 것이다(Kirkpatrick & Locke, 1996; Nanus, 1992). 따라서 조직관리적 측면에서 비전의 관리는 조직성과의 개선과 향상에 매우 결정적인 영향을 준다고 할 수 있다. 결국 조직에서 비전을 설정하는 목적은 조직이 나아가야 할 미래의 방향을 정함으로써 조직구성원들에게 업무 동기를 부여하는 데 있다고 하겠다.

조직비전에 관한 연구는 비전 자체와 비전성명서의 개발 및 조직성과에 미치는 비전의 효과에 관한 연구 등이 있는데(Collins & Porras, 1991), Baum 등(1998)은 조직비전이 조직성과와의 관계에서 긍정적 결과를 가져왔다는 연구결과를 제시하였고, Devanna와 Tichy(1990)는 조직비전이 동기부여와 조직애착을 장려하고, 열정에 영감을 준다고 하였다. 즉, 조직비전이 지지하는 가치와 목표를 제시함으로써 조직구성원의 일체감을 강화시키고 미래에 대한 꿈과 희망을 심어 준다는 것이다. 또한 Lock와 Latham(1990)은 도전적 목표가 '최선을 다한다'라는 평범한 목표보다 더 높은 수준의 성과를 이끌어 냄으로써 목표가 조직원의 노력을 고무시키고 지속성 및 전략개발의 향상과 연관되어 있다고 설명하고 있다. 그리고 조직비전의 공유는 조직구성원들로 하여금 상호작용 효과를 나타내어 서로를 존중하고 서로 도와주며 지원하도록 유도한다는 연구 결과를 제시하였다(Wong, Tjosvold, & Liu, 2009).

> ◈ **비전과 조직성과**
>
> • 조직에서 비전을 설정하는 목적은 조직이 나아가야 할 미래의 방향을 정함으로써 조직구성원의 일체감과 업무 동기를 강화시키는 역할을 수행하여 조직의 성과에 직접적인 영향을 미친다.

4 사회복지관 비전의 속성

사회복지관의 비전은 미래상과 공유로 특징 지어진다. 미래상은 사회복지관 미래의 이미지 또는 사회복지관이 되기를 기대하는 것을 의미하는 것이다. 즉, 사회복지관이 추구하고 지향하는 것을 나타낸다. 비전이 잘 정립되어 있으면 조직구성원들의 이타주의와 예의에 긍정적인 영향력을 보이며, 실제로 비전 달성을 위한 조직구성원들의 업무수행을 가능하도록 한다.

조직비전은 사회복지관 전체를 통해 직원들의 개인적인 비전과 연결되어야만 진정한 의미의 공유가 가능하므로 사회복지관의 비전을 직원들 사이에서 공유하는 것은 매우 중요하다. 비전을 공유하지 않으면 직원들의 사기는 저하되며, 동기는 부여되지 않고, 개인적 이익만 강조하게 되어 조직이 설정한 목적(미션)을 성취하는 것이 불가능하게 된다. 명확한 비전의 설정은 조직에 목표의식과 의미를 부여하고, 사업의 전략방향과 조직 운영의 행동기준을 제공하며, 조직구성원의 동기부여와 조직 활성화에 기여한다.

5 사회복지관 비전설정의 원칙

사회복지관의 비전은 다음과 같은 원칙하에서 설정되어야 한다.

• 비전은 명료하게 진술되어야 한다.
• 비전은 성취 가능하여야 한다.
• 비전은 조직구성원들에게 잘 공유되어 있어야 한다.
• 비전은 조직구성원들의 참여를 통해 수정될 수 있어야 한다.

제2절　미션

1 미션의 개념

조직을 목적을 성취하기 위해 두 사람 이상이 모인 집합체라고 규정한다면 모든 조직에게는 성취하려고 하는 설립목적이 있다. 일반적으로 조직의 설립목적은 미션(mission statement)[1]이라고 불린다. 미션은 매우 분명하고 간결한 조직 설립의 근거를 제시하는 문장이나 문맥으로서 왜 조직이 만들어졌는가 또는 왜 존재하는가를 다른 사람들이 쉽게 이해할 수 있도록 돕는다. Tribe(1997)는 미션을 조직이 무엇을 성취하고 추구하는지를 간단명료하게 설명하는 표현진술이라고 정의하였다. 일반적으로 미션은 시간제한이 없으며 오랫동안 사용되는 특성이 있다(지은구, 2012). Marr(2009)는 미션이란 조직이 왜 존

---

1) 일반적으로 우리나라에서는 미션이라는 용어보다는 조직설립목적 또는 조직목적이라는 용어를 자주 사용하지만 이 용어들은 모두 같은 의미이다.

재하며 무엇을 하는지를 설명하는 진술이라고 규정하였다. 따라서 조직설립목적을 나타내는 미션은 조직의 비전(조직이 미래 사진이나 이미지)을 관리함에 있어 매우 중요한 관리요소가 된다.

Niven(2008)은 조직의 미션은 다음과 같은 여섯 가지 질문을 통해서 설정될 수 있다고 강조하였다.

- 우리는 누구인가?
- 우리가 해결하려고 하는 기본적인 사회문제 또는 욕구는 무엇인가?
- 사회문제나 욕구에 대해 우리는 어떻게 인식하며 대응하는가?
- 우리의 이해관련 당사자들을 만족시키기 위해서 우리는 그들에게 어떻게 대응하여야 하는가?
- 우리 조직을 인도하는 철학이나 문화는 무엇인가?
- 다른 조직과 달리 우리 조직만이 가지고 있는 특성은 무엇인가?

어느 누구든 어떤 조직을 처음 접하는 사람들은 그 조직이 어떤 것이며 어떤 서비스를 제공하고 왜 존재하는가에 대해 알 수 없다. 조직의 미션은 바로 이러한 질문에 대한 답을 제공하는 진술이다. 앞에서 설명한 바와 같이 미션은 왜 조직이 만들어 졌는가 또는 왜 존재하는가를 다른 사람들이 쉽게 이해할 수 있도록 설명하는 진술이라고 할 수 있다. 일반적으로 임무선언은 분명하고 간단하게 진술되고 이해하기가 쉬워야 하며, 변화를 조장하고 쉽게 고치거나 수정되기보다는 장기적으로 유지되는 진술이라는 속성을 갖는다(지은구, 2012).

Witham(2007)에 의하면, 미션은 조직의 동질성을 보여 주는 특성으로서 조직의 곳곳에 미션이 스며드는 것이 조직의 성공을 위한 가장 효과적인 길이라고 제시하였다. 또한 가장 성공적인 조직은 미션을 통하여 조직구성원들의 업무수행에 의미를 부여한다고 하였다. 성공적인 조직은 조직의 목적, 즉 미션이 달성된 조직(Miller, 1997)이며 미션은 조직의 성공과 조직구성원들의 동기와 관련(Forehand, 2000)되어 있는 것이다(유수진, 2009). 미션은 조직이 사회의 한 구성체로서 책임과 목적, 사명을 명확히 하고 장기적으로 나아갈 방향과 행동원칙을 포함해 조직과 구성원이 공유하고자 하는 가치와 정신을 사내·외에 공식적으로 표명하여 명문화한 것이다. Forehand(2000)는 조직의 목표달성과 조직구성원들의 동기를 증가시키기 위한 가치 있는 도구로서 미션을 제시하고 있다.

◈ 미션

- 조직이 왜 존재하며 무엇을 하는지를 설명하는 진술
- 왜 조직이 만들어졌는가 또는 왜 존재하는가를 다른 사람들이 쉽게 이해할 수 있도록 설명하는 진술
- 조직이 무엇을 성취하고 추구하는지를 간단명료하게 설명하는 표현진술
- 조직이 사회의 한 구성체로서 책임과 목적, 사명을 명확히 하고 장기적으로 나아갈 방향과 행동원칙을 포함해 조직과 구성원이 공유하고자 하는 가치와 정신을 사내·외에 공식적으로 표명하여 명문화한 것

2 미션과 조직성과

미션에 대한 연구를 살펴보면 크게 두 가지로 구분되는데, 첫째는 미션이 조직에 미치는 영향에 대한 연구이고, 둘째는 미션의 내용과 구성들에 따라 성과에 차이가 있는지를 연구한 것이다. 미션이 조직에 미치는 영향에 대하여 조사한 연구들을 살펴보면, ① 조직 내에서의 기업 목적을 발전시키고(Campbell, Devine, & Young, 1990), ② 부서원들의 사기를 높여 주고(Falsey, 1989; Ledford, Wendenhof, & Strahley, 1996), ③ 기업 내 의사소통을 원활하게 하고(Gray & Smeltzer, 1985), ④ 비윤리적 행위를 줄이며(Farnham & Horton, 1996), ⑤ 조직성과를 개선 및 강화하는 것(Pearce & David, 1987)으로 요약된다.

미션의 내용과 구성에 따라 조직성과에 차이가 있는지를 조사한 연구들을 살펴보면, 먼저 Bart와 Tabone(1999)은 미션을 위한 유용한 가이던스를 병원의 관리자들에게 제공하고 지금까지 연구가 이루어지지 않는 비영리조직에 대해 연구를 진행하였다. 연구 결과, 비영리 조직에 있어서도 미션선언문의 구성요소의 중요성이 밝혀진 것뿐만 아니라 관리자들에게 미션선언문 가이던스의 제공 또한 중요한 것으로 밝혀졌다. Bart와 Tabone(2000)은 미션의 특성들과 다양한 병원성과 간의 관계가 있는지를 연구하였는데, 놀랍게도 미션의 개발 및 실행이 조직의 효과성에 영향을 준다는 결과를 도출하였다. Forehand(2000)는 병원조직 산업에서 조직의 성과와 관련하여 조직미션의 핵심요소들을 시험하고 그것들의 중요성을 연구하였다. 이 연구에서 각 미션의 요소들은 조직의 성과와 관련하여 상관관계를 지녔음이 밝혀졌다. Bart, Bontis, 그리고 Tagger(2001)는 조

직성과와 미션 간의 관계를 연구하였는데 미션이 재정적 성과에 영향을 준다는 것을 발견했으며, 미션에 대한 몰입이나 종업원의 행동이 이 두 관계의 매개변수 역할을 한다는 것 역시 발견하였다. Mullane(2002)은 미션을 전략적 도구로서 사용하였을 때의 기업성과에 대한 연구에서 전략적 도구로서 미션이 기업의 성과에 긍정적 영향을 주는 것을 밝혀냈다. Bontis(2003)는 미션의 인지, 종업원의 몰입과 조직의 성과 간의 관계를 연구하였고, 조직의 미션 개발에 대한 관심이 클 때 조직의 성과와 조직몰입에 긍정적 영향을 가져온다는 결론에 도달하였다.

> ◈ 미션과 조직성과
> • 조직이 무엇 때문에 존재하는가를 설명해 주는 미션은 직원들의 직무태도(조직몰입, 직무만족 그리고 이직의사)에 직접적인 영향을 미치고 이는 곧 조직성과에 영향을 미친다.

3 미션의 특성

조직에 있어서 미션(mission)은 전략적 사고의 출발점이다. 모든 경영활동의 시작에 있어서 기업이나 조직은 미션에 대한 명확한 개념적 정의를 우선적으로 해야만 한다(Wickham, 1997). 미션의 특성은 다음과 같은 몇 가지로 설명할 수 있다.

첫째, 미션은 조직이나 기업이 존재해야 하는 당위성을 명확하게 선언하고 있어야 한다는 점이다. 즉, 미션은 조직의 존재이유를 설명하는 것으로, 조직의 미션은 다른 조직과 차별화를 시킬 수 있어야 하며, 조직의 활동이 왜 필요한지를 대외적으로 천명하는 것이어야 한다(Altioka, 2011).

둘째, 미션은 조직의 외부가 아닌 내부적인 의사소통의 주요한 수단이나 의사결정에 중요한 지표로서의 가치를 가진다. 즉, 미션은 조직구성원들 간에 공통된 목표를 상기시키고, 상호 의사소통을 하는 하나의 도구로도 활용되며, 조직의 미션을 조직구성 내에서 상호 의사소통하도록 함으로써 전략계획 수립에서 중요한 역할을 담당한다(Wickham, 1997).

셋째, 미션은 또한 현재의 조직구성원이 아닌 미래의 조직구성원을 고용함에 있어서 동기부여와 조직몰입을 강화하는 데 영향을 미치기도 한다(Wang, Lin, & Yang, 2011). Tarnow(1997)의 연구에서는 조직의 성공적인 운영과 목표달성을 위해서는 심리적·정서적 일체감이 중요한 역할을 담당하며 구성원들이 공통된 특성을 명확하게 식별하도록 하는 사회 범주화(social categorization)라는 과정이 상당히 효과적인 것으로 설명되고 있는데, 특히 조직구성원들이 주체라는 점을 부각시키는 우리(we)라는 단어가 상당히 효과적으로 미션이나 비전에 활용될 수 있음을 강조하고 있다.

넷째, 미션은 조직 내의 구성원과 경영자에게 정의된 목표를 실현하는 것을 자각하도록 해야 한다. 그러나 미션은 때로는 애매모호한 용어나 개념을 사용한다는 점에서 비판받기도 한다. 따라서 미션은 기업의 현재 상황을 직시하여 달성 가능한 목표를 정확히 명시하도록 하는 것이 필요하다(Altioka, 2011). 즉, 미션은 조직의 목표와 목적을 명확하게 전달할 수 있는 것이어야 한다(Sohal, 1998). 특히 이러한 명확성이나 목적지향성의 수단으로 미션선언문(mission statement)이 설계되는데, 미션선언문은 간결하게 명문화되며, 조직의 생존과 환경에 순응하기 위한 주요한 의사결정의 지침으로 활용된다.

4 가치, 비전 그리고 미션의 관계

미션이 조직이 왜 존재하는지와 같은 조직의 본질적 차원에서의 개념이라면 비전은 조직이 미래에 되고 싶은 미래지향적이고 보다 현실적인 개념이 강조된 경영철학의 요소로 정의할 수 있다. 즉, 비전은 미래에 달성하고자 하는 혹은 되고자 하는 이상적인 수준에 대한 것을 포함하고 있어야 하며(Kirkwood, 2012), 현재의 상황에 대한 이해와 목표로 하는 미래를 반영하고 기업의 목표를 나타내는 기본적인 요소로 정의된다(Altioka, 2011).

명확하며 성공적으로 개발된 비전은 조직구성원의 직무만족에도 상당히 긍정적인 영향을 준다고 설명하는 실증연구도 있다(Testa, 1999). 이러한 것은 미래의 이상적이고 차별화된 이미지 혹은 조직의 달성 가능하고 바람직한 미래의 상태로 정의될 수 있는 비전을 조직 내에서 체계적이고 명확하게 공유해야 한다는 점을 강조하는 것이다(Kotter, 1990).

반면, 비전은 미션과는 다르게 상대적인 관점에서 변경 가능하고 유연한 형태로 개발된다. 미션이 상당히 장기적인 관점에서 기업의 존재이유를 설명하는 것이라면 비전은 사업, 기술 혹은 조직문화를 조직의 목표달성을 위해서 장기적인 관점으로 실현 가능한 개념으로 설정하되, 고정불변의 개념이 아니라 변화하는 상황에 따라서 변경 가능하고 유연하게 설정할 수 있는 것으로 설명되고 있다(Altioka, 2011). 한편, 이러한 비전은 특히 최고경영자는 물론 조직구성원의 의사결정에 중요한 영향을 미치는 것으로 나타나기도 한다.

　　Kurzynski(2009)에 따르면 경영자는 비전을 경제적·사회적·개인적 관점에서 명확하게 가지고 있어야 하며, 비전이 모든 의사결정에 고려될 수 있도록 하여야 한다. 이미 설명한 바와 같이 미션과 비전은 서로 유사한 점도 있지만 약간의 차이점도 있다. 즉, 미션은 존재적 의미를 부여하는 이유(why)를 설명해 주는 것이고, 비전은 달성하고자 하는 수준이나 대상(what)을 의미한다고 볼 수 있다(Kirkwood, 2012). 또 다른 의미로 미션은 기업이 해야만 하는 것과 관련되어 있으며, 비전은 달성하기 위한 구체적이고 현실적인 수준이나 중요한 지표 등으로 설명될 수 있다(Mirvis et al., 2010). 여기서 한 가지 강조되어야 할 점은 미션, 비전, 전략은 상호 유기적인 관점에서 철저하게 연계되어야 한다는 것이다. 즉, 미션은 조직의 목표달성을 위해서 수행되는 모든 행동과의 일관성, 신뢰성을 정의하고(Altioka, 2011), 이를 현실적인 달성 가능성을 고려한 비전으로 선정하여 명시하도록 하며, 이후에 조직의 전략적인 목표와 가치를 구체적으로 결정하도록 하는 과정으로 수행되어야 한다는 점이다. 결국 이러한 과정을 통해서 조직은 경쟁적 우위의 확보와 같은 실무적인 성과를 나타낼 수 있기에 미션, 비전과 같은 경영철학의 개발과 설정은 상당히 중요하다는 것이 전략적 경영의 핵심이라 할 수 있다.

　　가치는 비전과 미션을 성취하고 추동하는 원동력이다. 가치는 비전 및 미션을 성취하기 위해 조직구성원들이 어떻게 행동할 것인가(직원 행동양식의 규정)를 나타내는 것이며, 비전은 조직이 추구하는 미래의 이미지나 그림을 의미하고, 미션은 조직이 왜 생존하는가에 대한 대답을 의미한다. 비전은 조직의 가치와 미션을 연결하는 연결고리의 역할을 수행한다. 따라서 성과의 가치영역은 비전과 미션이라는 개념을 중심으로 구성된다. 이들의 관계를 그림으로 나타내면 다음과 같다.

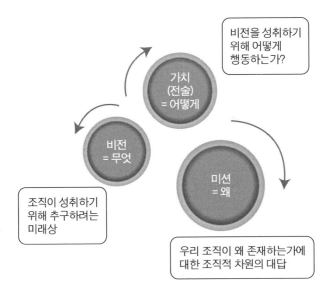

비전을 성취하기
위해 어떻게
행동하는가?

가치
(전술)
= 어떻게

비전
= 무엇

미션
= 왜

조직이 성취하기
위해 추구하려는
미래상

우리 조직이 왜 존재하는가에
대한 조직적 차원의 대답

[그림 8-1] 가치, 비전 그리고 미션의 관계

자료: 이동호(2013), p. 90에서 재인용

가치는 비전을 성취하기 위한 모든 행동을 규정하므로 사회복지관의 관장을 포함하여 전 직원들의 모든 행동에 영향을 주며 규율이나 규범을 결정한다고 볼 수 있다. 이는 규범이 조직원들의 상호행동을 위한 지침을 나타내기 때문이다. 나아가 비전과 미션을 성취하기 위한 모든 행동을 가치가 규정하므로 조직의 가치는 조직의 미션과 비전을 결정한다. 따라서 가치를 관리한다는 것은 비전과 미션 그리고 규범을 관리한다는 것을 의미한다.

조직의 미션, 비전 그리고 가치가 중요한 이유는 조직이 성취하려는 것을 이루기 위한 모든 행동을 위한 전략이 바로 미션, 비전 그리고 가치에 근거하여 설정되기 때문이다. 따라서 전략을 설정하기 위해서는 조직의 미션, 비전 그리고 가치를 확인하고 분석하는 것이 일차적인 과업이라고 할 수 있다. 또한 조직을 이해하기 위한 가장 빠르고 확실한 방법은 그 조직이 설정한 미션, 비전, 가치를 이해하는 것이다. Marr(2009)는 조직의 미션, 비전, 가치가 조직이 앞으로 나아가야 할 전략을 위한 경계조건들을 규정하기 때문에 중요하다고 강조하였다(지은구, 2012).

실질적으로 성과관리는 우연히 일어나거나 일시적으로만 진행되는 것이 아니며 전략적 차원에서 이루어지는 과업이라고 할 수 있으므로 많은 학자들은 성과관리를 전략적 성과관리라고 부르기도 한다(Niven, 2008; Marr, 2009).

제3절　사회복지관 비전관리

조직비전은 조직이 나아가기를 기대하는 미래의 상이라고 할 수 있으며 이와 같은 조직비전에 대한 개념 및 조직비전과 조직성과에 대한 연구는 조직성과를 관리하고 개선하기 위해서 비전의 관리가 매우 결정적임을 의미하는 것이라고 할 수 있다. 이러한 점에서 비전을 관리하는 비전관리는 결국 조직이 추구하고 지향하는 가치가 조직구성원들 자신이 추구하고 지향하는 가치로 받아들여지도록 지속적으로 노력하고 관리하는 것이라고 정의할 수 있다.

결국 조직성과개선을 위한 관리요소로서 비전관리는 가장 중심적인 두 축인 조직의 비전과 미션을 관리하는 과정을 의미하는 것이다. 조직의 비전과 미션은 최고지도자와 직원들의 관계에 의해서 실현되므로 지도자의 비전 및 미션 성취를 위한 노력과 능력여부 그리고 조직의 비전과 미션에 대한 직원들의 공감 정도는 조직의 비전관리에 있어서 가장 결정적인 관리요소이다.

비전관리의 관리요소에는 사회복지관의 비전 및 미션, 관장을 포함한 직원들의 비전 및 미션의 공유, 관장의 리더십 및 전문적 업무수행 능력, 관장의 조직운영철학 등이 포함된다.

다음의 표는 사회복지관 비전관리에 대한 정의와 비전을 관리하기 위한 관리요소를 나타낸다.

◆ 조직비전

비전은 미래에 조직이 되고자 하는 것을 나타내는 진술로, 글로 표현된 조직의 미래 사진이라고 할 수 있다. 일반적으로 미션이 추상적인 진술이라고 한다면, 비전은 조직이 되고 싶은 구체적인 진술로서 전략과 성취하려는 목표를 구체적으로 제시하는 역할을 한다. 비전은 분명하고 간결하며 실현 가능하고 현실적이며 영감을 불러일으키는 진술이다. 비전이 조직에게 가져다주는 혜택은 다음과 같다.

• 분명하고 간결한 비전은 지역주민이나 이용자 그리고 자금제공자를 포함한 모든 이해관련집단들이 조직을 어떻게 생각하는지 그리고 조직의 미래상에 그들이 적합한지를 볼 수 있도록 한다.

- 현실적이고 실현 가능한 비전은 우리가 무엇이고 미래에 무엇이 될 것인가를 나타내 주므로 조직이 성취하려는 성과를 개선하는 역할을 한다.
- 분명하고 영감을 주는 비전은 조직이 더 좋은 결정을 하도록 동기를 부여할 수 있다.
- 비전은 조직이 이룩하려는 조직의 미래상이므로 조직 전 구성원의 동의, 협력과 협조를 촉진시키는 역할을 한다.

◈ 비전관리
- 조직이 추구하고 지향하는 가치가 조직구성원들 자신이 추구하고 지향하는 가치로 받아들여지도록 지속적으로 노력하는 조직행동
- 조직의 비전과 미션을 관리하는 과정

◈ 비전관리의 관리요소
- 사회복지관의 비전 및 미션, 관장을 포함한 직원들의 비전 및 미션의 공유, 관장의 리더십 및 전문적 업무수행 능력, 관장의 조직운영철학

1 사회복지관의 미션

미션은 왜 사회복지관이 만들어졌는가 또는 왜 존재하는가를 다른 사람들이 쉽게 이해할 수 있도록 설명하는 진술이다. 누구든 어떤 조직을 처음 접하는 사람들은 그 조직이 누구이며 어떤 서비스를 제공하고 왜 존재하는가에 대해 알 수 없다. 조직의 미션은 바로 이러한 질문에 대한 답을 제공하는 진술이다. 특히, 미션은 왜 조직이 만들어졌는가 또는 왜 존재하는가를 다른 사람들이 쉽게 이해할 수 있도록 설명하는 진술이라고 할 수 있다. 일반적으로 미션은 분명하고 간단하게 진술되고 이해하기가 쉬워야 하며, 변화를 조장하고 쉽게 고치거나 수정되기 보다는 장기적으로 유지되는 진술이라는 속성을 갖는다.

노인복지관 미션의 예
- Activity: 우리는 활발하고 보람된 노후생활을 돕는다.
- Care: 우리는 사회적 약자인 노인을 신체적 · 정신적 · 제도적으로 보호한다.

- Successful aging: 우리는 노인복지의 선진화를 추구하며 안정된 고령사회를 준비한다.
- 행복한 노후, 나눔의 삶이 있는 지역사회를 만든다.
- 고객감동서비스로 지역사회 성장과 통합을 선도한다.
- 어르신이 건강하고 행복한 노년을 책임지는 복지관이 되도록 한다.
- 노인복지의 새로운 패러다임을 선도하고, 신 노년 문화를 선도하며, 지역사회와 함께 나눔과 사랑을 실천하는 복지관이 되도록 한다.
- 섬김의 정신을 바탕으로 어르신 복지의 새로운 패러다임을 제시하고, 지역사회와 함께 나눔과 사랑을 실천한다.
- 앞선 정보와 양질의 복지서비스, 최고의 교육을 제공한다.
- 감동과 즐거움이 넘치는 어르신들의 세상을 만든다.
- 자원봉사단, 시니어활동, 경로당 활성화를 통해 열정적인 어르신의 자발적인 활동 공간을 마련한다.
- 섬김과 나눔을 실천하는 행복한 노인복지관: 세상의 빛과 소금
- 사랑과 공경으로 어르신이 환하게 웃는 복지관이 되도록 한다.
- 청춘이 시작되는 곳, ○○노인복지관
- 어르신의 삶의 질 향상을 위하여 최고의 전문성과 섬김으로 지역사회를 변화시킨다.
- 자주와 공생의 지역공동체를 만든다.
- 사람중심 공동체 복지 노인복지관이 되도록 한다.
- 우리는 지역사회와 함께 어르신의 존엄한 가치와 건강하고 행복한 삶을 실현한다.
- 어르신들의 삶의 질 향상과 지역사회의 행복가치를 실현한다.

〈노인복지관이 설정한 미션의 키워드(핵심단어)〉
- 노인: 사랑, 건강, 행복, 감동, 즐거움, 자발적인 활동, 성장, 삶의 질, 존엄한 가치, 공경
- 지역: 나눔, 공동체
- 복지관: 교육, 복지서비스, 통합, 섬김

미션 설정하기

- 미션은 완전한 문장도 가능하며 불완전한 문장이어도 상관없다.
- 미션을 수립하기 위한 가능한 단계는 다음과 같다.
  ① 미션을 수립하기 위한 준비 팀을 구성한다. 법인이건 기관이건 미션을 설정 또는 재설정하기 위해서는 이를 위한 준비 단계로서 전 조직구성원들 중에 대표성을 가질 수 있는 조직구성원으로 구성된 준비 팀이 필요하다.

② 준비 팀의 미션 초안 작성: 미션설정을 위해 준비 팀은 법인 또는 복지관이 왜 존재하는지 그리고 무엇 때문에 만들어졌는지에 대한 공유 및 토론을 거쳐 핵심단어들을 도출한 후 핵심단어들을 조합한 미션의 초안을 작성한다.

③ 미션은 간결하고 이해하기 쉬우며 성취 가능한 진술로 구성되어야 한다.

④ 미션의 핵심단어를 비롯한 문맥이 완성되면 외부 자문을 거쳐 미션을 완성하고 미션선포식을 수행한다.

◈ 성과관리지침

• 우리 복지관의 미션은 사회적 가치실현과 연관이 있다(＝사회적 가치는 노인복지증진, 노인의 삶의 질 향상 등을 의미).

• 우리 복지관은 미션을 성취하기 위해 노력하고 있다.

• 우리 복지관의 모든 과업행동은 미션성취와 연관이 있다.

◈ 관리지침해설

• 조직이 바라는 미래상 또는 되고자 하는 상, 즉 비전을 성취하기 위한 구체적인 노력은 바로 복지관이 왜 또는 무엇 때문에 존재하는가를 이용자를 포함하여 지역주민들이 알 수 있도록 하는 모든 복지관의 활동을 통해서 입증되므로 미션을 성취하기 위한 노력은 비전관리에 있어 중요한 관리요소이다.

• 특히, 미션의 성취는 바로 복지관이 추구하는 복지의 증진이나 이용자 및 지역주민들의 삶의 질 향상, 행복감의 개선 그리고 사회자본 증진이라는 사회적 가치실현을 위한 모든 노력을 의미하므로 미션은 복지관이 성취하려는 이러한 사회적 가치실현과 직접적인 행위와 연관이 있는 진술이어야 한다.

2 사회복지관의 비전

비전은 미래에 사회복지관이 되고자 하는 것 또는 상(이미지)을 나타내는 진술로, 글로 표현된 조직의 미래 사진을 의미하며, 사회복지관이 설정한 미션을 성취하기 위한 구체적인 진술로서 전략과 성취하려는 목표를 구체적으로 제시한다. 따라서 비전은 미션을 성취하기 위한 보다 구체적인 과업진술을 의미한다. 조직의 비전을 수립하기 위해서는 직원들과의 복지관의 미래에 대한 공유가 중요하다. 미래에 복지관은 어떤 모습이어야 하는가를 결정짓는 비전은 조직구성원들의 합의된 모든 행위와 노력에 의해서 이루어지는 것이며, 한 사람의 노력으로는 결코 이루어질 수 없다. 따라서 조직구성원들로부터 공감대를 얻지 못하는 비전은 변경되어야 한다. 다음은 비전설정을 위한 단계를 나타낸다.

① 1단계: 비전을 수립하기 위한 준비 팀을 구성한다. 법인이건 기관이건 비전을 설정 또는 재설정하기 위해서는 이를 위한 준비단계로서 전 조직구성원들 중에 대표성을 가질 수 있는 조직구성원들로 구성된 준비 팀이 필요하다.

② 2단계: 준비 팀의 비전 초안 작성: 비전설정을 위해 준비 팀은 법인 또는 복지관을 둘러싼 조직 내 · 외의 환경을 분석하여야 한다. 조직을 둘러싼 인구 환경적 변화를 포함하여 다양한 조직 환경 변화(사회, 문화, 정치, 그리고 경제 변화)에 대한 분석이 필요하며 또한 조직 내의 환경에 대한 분석 역시 필요하다. 조직 내부환경의 분석은 조직인력, 조직재정, 조직규모 및 조직구조 등을 포함한다. 비전은 조직이 되고자 하는 상을 나타내므로 이에 대한 공유 및 토론을 거쳐 핵심단어들을 도출한 후 핵심단어들을 조합한 미션의 초안을 작성한다.

③ 3단계: 비전은 미션과 같이 간결하고 이해하기 쉬우며 향후 5년 정도 내에 성취 가능한 진술로서 구성되어야 한다.

④ 4단계: 비전의 핵심단어를 비롯한 문맥이 완성되면 외부 자문을 거쳐 비전을 완성한다.

비전설정을 위해서는 다음과 같은 점들이 고려되어야 한다.

첫째, 조직비전은 지역사회 환경의 변화에 맞게 설정되어야 하며 조직구성원들의 참여와 공유에 의해서 수립되어야 한다.

둘째, 조직비전은 조직구성원들이 조직 활동을 통해서 얻으려는 꿈과 희망을 반영하여야 한다.

셋째, 조직비전은 복지관의 설립목적 그리고 성취하려는 사회적 가치와 연관이 있어야 한다.

넷째, 조직비전은 누구나 쉽게 이해할 수 있어야 하고 간결하게 표현되어야 한다.

노인복지관 비전의 예

- 행복한 노년, 힘찬 대한민국을 위한 신 노년문화운동의 확산
- 선진노인복지를 선도하는 최고의 신뢰와 권위 있는 노인복지기관
- 고령사회 노인문제 해결의 전문적 연구와 실천기관
- 평생교육의 장, 노후 삶의 질 강화: 프로그램의 체계적인 운영, 변화하는 욕구에 부응하는 참신하고 전문적인 프로그램 개발
- 열린 공간, 지역사회와 함께하는 복지관: 다양한 세대와 함께 하는 복지관, 지역사회 연계 강화를 통한 후원사업 확대
- 시대적인 요구에 부응하는 노인역할 확립: 노인 취업 및 일자리사업 확충, 다양한 영역의 노인자원봉사 개발
- 전문적 · 생산적 복지 실천: 효율적인 조직관리 및 경영, 다양한 교육을 통한 전문성 강화
- 소외계층 서비스 강화: 사각지대 어르신을 위한 찾아가는 서비스 확대, 지역복지 프로그램 확충
- 지역사회와 함께 소통과 공감에 주력하는 열린 복지관
- 어르신과 소외계층 평등실현을 선도하는 인권 복지관
- 어르신 복지사업과 성과창출에 도전하는 전문 복지관
- 어르신과 지역주민을 우선하는 고객지향 복지관
- 어르신들이 지역공동체 변화의 주체가 되도록 어르신들의 삶에 의미 있는 변화를 추구하는 복지관
- 소외 어르신 없는 농촌 맞춤복지 전문기관
- 멈추지 않는 배움의 길을 열어 가는 복지관
- 사회 안정의 정신적 주춧돌이 되는 노인이 되도록 전문 상담 교육을 실시하고 노인문제 예방 사업을 전개
- 심신의 건강을 유지하고 밝고 활기찬 노인상을 제시
- 적극적인 사회활동 참여로 창조적인 노인 문화를 개척
- 감동의 사회복지서비스를 제공하는 ○○노인복지관: 가족으로 가는 디딤돌
- 어르신과 지역주민이 신뢰하는 ○○노인복지관: 투명하고, 정직하고, 당당하게
- 전문적인 사회복지를 실천하는 ○○노인복지관: Upgrade, Find, Solve
- 지역사회와 함께하는 ○○노인복지관: 어제의 생각과 오늘의 관심이 내일의 희망으로
- 전인적인 사랑을 실천하는 행복한 복지관
- 미래지향적 노인복지를 주도하는 복지관

- 지역사회와 협력하여 선을 이루는 복지관
- CT의 감동과 직원의 행복을 창출하는 복지관
- 지역사회와 소통, 공존하는 복지관: 세대 간 소통과 통합을 위한 결속력 강화, 노인복지 선 도와 지역사회변화 핵심기관 성장, 지역사회 기관, 단체 간 연계 및 파트너십 강화
- 어르신 욕구부합, 최적의 서비스 제공: 지역특화사업 개발과 노인복지 프로그램 모형 제 시, 단위사업별 품질관리를 통한 최적성 확보, 개별 잠재력과 복지수준에 따른 눈높이 컨 설팅 전개
- 지식경영과 미래지향적 서비스 개발: 체계적 사례관리와 지역복지(노인) 지속연구 개발, 합리적 지배구조 확립과 역량 강화, 선진 전문 경영기법 도입과 윤리경영
- 노인복지 전문 프로그램의 허브구축: 체계적 섬김복지 실현 모형 제시, 위기 및 소외계층 어르신 삶의 질 향상 추구, 복지 패러다임 변화에 따른 신 장년문화 형성 지도
- 건강한 노인문화 구현
- 창조 실버세대 구현
- 더불어 함께하는 지역공동체 구현
- 행복한 어르신! 성장하는 복지관!
- 2020년까지 노인복지관의 핵심리더가 된다.
    - 섬김: 어르신과 지역사회 주민을 향한 태도
    - 연대: 더불어 함께 어르신을 위한 노력 지향
    - 열정: 전문성과 성장을 향한 복지관의 노력
- 우리 ○○노인복지관은 전문성과 섬김을 바탕으로 맞춤형 복지서비스를 제공하며 선택과 집중, 강점강화를 통해 2017년까지 ○○도 최고의 복지관이 되기로 한다.
- 주민의 자주성과 지역사회의 공생성 강화를 위한 협동프로그램 활성화
- 존엄과 품격이 있는 노후를 위한 여가, 건강, 소득보장, 참여, 교육 제공
- 지역공동체 활성화를 위한 사회사업, 자원개발, 주민조직 프로그램 강화
- 어르신 참여, 나눔, 감동이 있는 복지관
    - 소외계층지원 거점복지관
    - 세대통합 지역네트워크 거점복지관
    - 자발적 참여로 성장하는 복지관
- 어르신이 즐겨 찾고 어렵고 소외된 곳에 가장 잘 다가가는 복지관

〈노인복지관 비전의 핵심단어〉
- 노인: 신뢰, 인권, 삶에 의미 있는 변화 추구, 활기찬 노인상, 사회활동 참여, 감동, 사랑, 건강, 행복한 어르신, 열정, 참여
- 지역: 지역사회와 함께, 지역사회와 협력, 지역사회와 소통ㆍ공존, 지역공동체 구현, 공생성 강화, 지역공동체 활성화, 세대통합, 연대, 나눔, 열린 공간
- 복지관: 직원의 행복, 성장하는 복지관, 지식경영과 미래지향적 서비스, 노인복지 전문 프로그램 허브구축, 최적 서비스, 맞춤형 복지서비스, 전문적 연구와 실천기관, 맞춤복지 전문기관, 노인문제 예방 사업, 전문적ㆍ생산적 복지 실천, 소외계층 서비스 강화, 시대적인 요구에 부응, 평생교육의 장, 고객지향, 섬김

◈ 성과관리지침
- 우리 복지관의 비전은 미션과 상호 연관이 있다.
- 우리 복지관의 비전은 사회적 가치실현(장애인, 노인 그리고 주민복지증진)과 연관이 있다.
- 우리 복지관은 비전을 성취하기 위해 노력하고 있다.
- 우리 복지관의 모든 과업행동은 비전성취와 연관이 있다.

◈ 관리지침해설
- 왜 존재하는가를 나타내는 미션을 성취하기 위한 복지관의 모든 노력은 복지관이 바라는 조직의 미래상을 결정짓는 중요한 요소임으로 미션과 비전은 매우 중요한 연관이 있음.

3 미션 및 비전의 공유 정도

사회복지관이 추구하고 지향하는 가치가 직원들 자신이 추구하고 지향하는 가치로 받아들여지며 지도자와 조직 간에 조직의 비전과 미션의 사회적 가치가 공유되어 있어야 한다.

◈ 성과관리지침

• 우리 복지관의 직원들은 우리 조직이 조직의 미션 및 비전을 성취하기 위해 노력하고 있
다고 생각한다.
• 우리 복지관의 미션과 비전은 조직몰입을 위한 강력한 동기요인이다.
• 나는 우리 복지관의 미션과 비전을 존중하며 이를 실천하기 위해 노력한다.

◈ 관리지침해설

• 복지관이 되고자 하는 비전과 존재이유를 설명하는 미션은 복지관 전체 직원의 공유물
로서 한 개인이나 법인의 전유물이 아니다.
• 미션과 비전이 직원들의 공감대를 형성하지 못한다고 한다면 복지관의 모든 행동들은
목적불일치현상으로 인해 서비스 제공의 효과성이 낮아질 수 있으며, 지역사회로부터의
사회적 마케팅을 통한 지원과 지지 역시 낮아질 수 있는 요인이 된다.
• 따라서 비전과 미션의 공유를 위한 노력은 복지관 비전관리를 위한 중요한 관리요소이다.

4 관장의 리더십

관장은 단순히 나이나 직위로 직원들이 조직을 위해 헌신하도록 할 수 없다. 조직을
둘러싼 환경은 관장의 지속적인 자기개발 노력을 통한 조직발전으로의 헌신을 요구하고
있다. 관장은 조직 환경 변화에 대처하기 위해 거래적 리더십과 변형적(변환적) 리더십,
혁신적 리더십을 겸비하고 있어야 한다. 관장은 특히 직원들로부터 존경받아야 하며, 직
원들 역시 당연히 존경하여야 한다.

관장의 리더십

• 변형적 리더십: 직원과 관장이 상호행동의 관계를 성립하는 것이다. 즉, 지도자는 직원과 노
인복지관이 추구하는 미션과 비전을 성취하기 위해서 상호 결합하도록 노력하여야 한다.
• 거래적 리더십: 관장은 복지관이 직면한 문제와 이용하는 노인들의 문제를 해결하기 위해
필요한 인적·물적 자원 등을 교환할 수 있는 교환체계를 가지고 있어야 한다. 따라서 관

장은 복지관 프로그램들이 아무런 문제없이 잘 운영되게 하기 위해서 조직과 예산을 관리할 수 있어야 하며 필요한 경우는 자원을 동원하고 교환할 수 있는 능력을 가지고 있어야 한다.
- 혁신적 리더십: 관장은 변화를 두려워하지 말아야 한다. 노인인구의 변화와 노인들의 생활환경 변화 그리고 복지관을 둘러싼 지역사회 환경의 변화는 끊임없는 조직 차원에서의 대처와 이에 따른 변화를 필요로 한다.

◈ 성과관리지침
- 관장은 복지관을 둘러싼 환경에 적극적으로 대처할 수 있는 능력이 있다.
- 관장은 직원 개개인들을 존중한다.
- 관장은 직원 및 이용자의 생각을 이해하기 위해 노력한다.

◈ 관리지침해설
- 관장의 리더십은 권위와 학력 그리고 나이나 경험으로만 형성되는 것이 아니며, 관장의 위기대처능력이나 직원역량개발능력 그리고 직원들이나 이용자들에 대한 수용과 돌봄 등의 행위를 통하여 획득되는 것이라고 할 수 있다.

5 관장의 업무수행 전문성

관장은 조직의 리더로서 조직을 운영하기 위해 필요한 전문적 지식과 실천기술을 겸비하고 있어야 한다.

◈ 성과관리지침
- 관장은 직원들로부터 업무수행에 있어 전문적 능력을 인정받고 있다.
- 관장의 문제해결을 위한 분석 및 대처방안은 항상 신뢰가 간다.
- 관장은 직원들의 성장 및 역량강화에 도움이 되는 슈퍼비전을 제공한다.

◈ 관리지침해설

- 관장은 복지관을 대표하는 리더로서 직원들의 조직설립목적을 성취하기 위한 모든 노력을 기획하고 인도하며 현실에 맞게 지속적으로 수정해 나가는 능력을 겸비하여야 한다. 이를 위해서 관장은 직원들과 신뢰관계를 형성하여야 하며 신뢰는 바로 관장의 전문적 지식과 식견에 우선적으로 기반하여야 한다.
- 관장의 실천경력 연수 및 교육 정도는 단순산출중심의 지표이므로 관장의 업무수행 전문성에서는 배제한다.

6 관장의 조직운영철학

관장의 철학은 조직을 운영하는 데 있어 모든 영역에 영향을 미치는 요소이다. 관장은 사회복지관의 가치지향적인 비전과 미션이 실현될 수 있도록 양방향의 대화를 수행하여야 하며, 모든 직원들이 노력할 수 있도록 지도하고 인도할 수 있는 사회가치의 실현을 위한 굳건한 믿음과 신뢰를 가지고 있어야 한다. 또한 관장은 특정 종교나 정치에 편향적일 수 없으며 보편타당한 인권존중의 가치실현을 위해 노력하여야 한다.

◈ 성과관리지침

- 관장은 복지관의 사회적 가치실현(노인복지증진 등)을 위해 노력하고 있다.
- 관장은 개인의 이익(예: 복지관 버스 등과 같은 비품이나 용품의 개인적 사용이나 직원들에게 개인적 업무 지시 등)보다 사회적 이익을 더욱 중요시한다.
- 관장은 모든 직원들과 열린 의사소통을 한다.
- 관장은 특정 종교 및 정치 색채를 띠지 않으며 직원들에게 강요하지도 않는다.
- 관장은 직원들의 성장을 중요하게 생각하며 이를 적극적으로 지원한다.
- 관장은 직원들을 배려한다.

◈ 관리지침해설

- 복지관의 실질적인 리더로서 관장은 사회적 가치실현을 위해 솔선수범하여야 한다. 특히, 개인의 목적을 위하여 복지관의 비품이나 인력을 자유롭게 활용하여서는 안 되며 직

원이나 이용자들에게 특정 종교나 정치 색채를 띠거나 강요하여서는 안 된다. 관장은 직원들을 항상 감싸고 직원들의 능력을 향상시킬 수 있는 지식과 기술 그리고 전체 사회의 복지증진을 위한 소명감을 가지고 있어야 한다.

제**9**장 규범관리

제**1**절 규범관리

1 규범과 조직규범

　규범은 기대되는 행동패턴이다(Heide & John, 1992; Noordewier et al., 1990). 그러므로 기대에 부응하는 정도 혹은 기대가 요구하는 정도에 따라 여러 가지 규범체계가 존재할 수 있다. 교환 당사자 간의 관계에 있어 질서의 형성은 교환 방식을 결정하고 행동에 대한 예측을 가능하게 하기 때문에 관계상의 안정을 보장하게 된다. 이는 규범에 의해 지켜지는 질서 유지가 상호 관심, 상대방에 대한 봉사 그리고 전반적인 관계의 안녕 추구에 기초하고 있기 때문이다. 그러므로 교환 당사자 간의 규범의 존재는 바람직한 관계적 교환을 가능하게 하는 중요한 기준이 된다(Heide & John, 1992). 따라서 조직의 성과를 관리하는 측면에서 보면 규범관리에 있어 중요한 점은 바로 규범의 관계적 측면을 관리하는 것이라고 할 수 있다. 즉, 규범은 조직의 직원들 사이의 관계적 속성에 반영되어 나타난다고 할 수 있다. 결국 기대되는 행동유형으로서 규범은 복지관의 모든 직원들의 행동을 인도하고 규정하는 중요한 관리요소이다. 특히, 직원들의 행위를 규정하는 규범은 사회복지관이라는 조직 안에서 이루어지는 조직규범을 의미한다고 할 수 있다. 즉, 규범은 사회구성원들의 행위를 인도하는 사회적인 규범이 아니라 조직구성원들의 행위를 인도하는 조직규범을 의미한다.

> ◈ 규범
> • 어떻게 행동할 것이라고 기대되는 유형이나 패턴
>
> ◈ 조직규범
> • 조직구성원이나 조직구성원 간 상호작용을 통해 개발되는 행동에 대한 지침
> • 직원들이 어떻게 행동하는가를 규정하는 지침

　사회복지관의 규범을 관리한다는 것은 곧 조직규범을 관리한다는 것을 의미한다. 조직 또는 집단의 규범은 조직구성원이나 집단구성원 간 상호작용을 통해 개발되는 행동에 대한 지침이다(Cialdini & Trost, 1998). 따라서 조직이나 집단의 규범은 조직 및 집단 구성원들에 의해 공유되고 전파되며 특정한 상황에 대해 구성원들이 유사한 방식으로 행동하도록 만든다. 조직이나 집단에서 개인의 자발적 행동은 조직과 집단에 의해 지지될 수도 있고 혹은 억압될 수도 있다. 즉, 동일한 행동이라도 집단맥락에 따라 다르게 해석될 수 있는데, 이러한 맥락을 집단의 규범이라고 할 수 있다. 이와 같은 맥락에서 본다면 조직규범은 조직구성원들의 상호행동을 규정하고 상호행동은 곧 조직구성원 사이의 관계적 교환을 의미하므로 규범은 곧 관계규범을 관리하는 것이라고 할 수 있다. 결국 조직규범은 직원들이 어떻게 행동하는가를 규정하므로 사회복지관의 규범 역시 직원들이 어떻게 행동하는가를 규정하는 지침이라고 할 수 있으며, 직원과 직원 그리고 직원과 이용자 사이의 관계를 규정한다고 할 수 있다.

ஃ 2 관계규범

　관계규범은 거래관계를 맺고 있는 거래당사자들에 의해 수용되는 행동의 규칙 혹은 상대방 행위에 대한 기대이며(Macneil, 1980), 상호 이익 및 장기지향성을 강조한다(Heide & John, 1992; Macncil, 1980). 특히, 관계규범은 여러 종류의 행위들과 관련되어 있는(Heid & John, 1992) 다차원적인 개념으로 이해해야 한다. Macneil(1980), Heide와 John(1992)은 관계규범의 차원(또는 구성요소)을 단결규범 · 유연성 · 정보교환으로, Kaufmann과 Stern(1988)은 단결규범 · 역할통합 · 상호성으로, Noordweir(1986)는 상호성 · 확장성 ·

유연성·정보교환·활동통제로, Dwyer 등(1997)은 단결성·유연성·상호성으로, Jap과 Ganesan(2000)은 단결성·정보교환·참여로, Cannon 등(2000)은 유연성·단결성·상호성·갈등해소·통제 등의 차원으로, Ivens(2002)는 단결성·유연성·상호성·역할연합·계속성의 차원으로 제시하였다.

> ◆ 관계규범
> • 사회복지관에서 관계를 맺고 있는 직원들에 의해 수용되는 행동의 규칙 혹은 직원들의 행동에 대한 이용자들의 기대

3 사회복지관의 규범

사회복지관이 지켜야 할 규범이 몇 가지 있다. 첫째, 지역중심의 사회복지서비스 전달체계를 위해 지역사회의 특성과 노인, 장애인 그리고 지역주민들의 욕구에 따라 서비스 제공계획을 설정하고, 지역주민들의 사회복지 욕구의 변화에 의해 서비스 제공계획은 수정 및 확대될 수 있도록 하여 이용자중심 서비스가 이루어지도록 한다. 둘째, 지역사회 내에서 지역주민들의 생활문제를 사회복지사와 지역주민들이 참여하여 공식적·비공식적 자원을 활용하고 개발하며, 이를 예방하고 해결하고자 하는 사회적 노력이 요구되도록 해야 한다. 셋째, 지역주민들의 생활상의 욕구를 충족하기 위해서는 지역사회에서 사회복지관련 기관들과의 모든 협력 및 상호관계를 유지·발전시켜야 하며, 넷째, 지역주민들의 삶에 위협을 주는 문제발생 후의 사후적 대책보다는 문제발생을 예방하고 해결하기 위해 조직적이고 체계적이며 효과적인 개입을 수행하여야 한다. 이를 위한 조직구성원들은 이용자중심적 사고, 유연한 행동, 협력과 단결, 상호행동, 효과적 개입을 위한 노력 등과 같은 행동을 하여야 한다.

따라서 사회복지관의 성과관리를 위한 관리요소 중 조직구성원들의 규범적 행동은 이용자중심적 사고, 유연성, 상호성, 협력 및 단결성, 효과적 개입을 위한 노력 등으로 분류할 수 있다. 따라서 사회복지관의 성과관리 중 규범관리는 이용자중심성, 유연성, 상호성, 협력 및 단결성 그리고 효과적 개입을 위한 노력을 행동의 기본적 규범으로 설정하여 관리하고 있는가를 의미한다.

৪৯ 4 규범과 신뢰의 관계

사회복지관을 포함하여 사회복지조직은 다양하고 복잡한 특성의 사회복지서비스를 제공하는 주체로서 이해관계가 첨예하게 대립되어 있는 경향이 있고, 사회복지서비스는 아무런 대가 없이 봉사의 개념에 토대를 두어 구성된 조직적 특성 때문에 무엇보다 조직구성원뿐만 아니라 후원을 받게 되는 주체인 사회복지조직 혹은 사회복지사에 대한 신뢰구축이 요구되며, 이를 위해서는 규범(구성원들의 행동)이 명확해야 한다. 즉, 사회복지관과 같은 사회복지조직은 조직구성원들이 전문성을 갖춘 휴먼서비스를 제공한다는 점에서 법적·행정적 감독이나 강압적 규제보다는 신뢰와 같은 비강압적 규제가 중요하다. 실제로 김은희(2005)의 연구에서는 규범, 의사소통의 질, 본부의 지원, 과거 거래상의 만족이 신뢰에 긍정적인 영향을 주는 것으로 나타났다. 윤석현과 조의영(2002)의 연구에서도 규범 차원 중 결속성과 유연성이 신뢰에 정(+)의 영향을 미치는 것으로 나타났다. 규범이 신뢰에 미치는 긍정적 효과는 조규호와 전달영(2003)의 연구에서도 입증되고 있다. 그들은 프랜차이저와 프랜차이즈들 간의 관계는 상호이익을 전제로 한 네트워크 또는 상호 협력적 특성을 가지기 때문에(Dant & Schul, 1992), 상호성은 프랜차이즈 시스템의 중요한 관리수단으로 활용될 수 있으며, 규범이 상호의존성을 높이고, 다시 상호의존성이 신뢰를 증가시키는 것으로 나타났다. 또한 Tangpong, Hung과 Ro(2010)는 구매자와 공급자들의 교환 관계에서 규범은 구매자의 기회주의에 부(−)의 영향을 미침을 밝혔다. Cai 등(2011)은 중국의 제조기업 구매담당자로부터 공급자의 협력적 규범은 운영 연계를 통해 공급자의 성과에 대한 구매자평가에 정(+)의 영향을 미침을 밝혔다. 이러한 연구 결과는 결국 사회복지관의 규범관리가 복지관의 직원 및 서비스에 대한 신뢰를 증가시켜 신뢰관리에 있어 규범관리가 상호관계에 영향을 미침을 예측할 수 있게 한다.

제2절 사회복지관 규범관리

1 사회복지관 규범관리

사회복지관의 성과관리 측면에서 규범을 관리한다는 것, 즉 규범관리는 조직구성원들의 상호행동에 대한 지침이나 규칙을 관리한다는 것을 의미한다. 사회복지관의 규범은 조직구성원들에 의해 공유되고 전파되며 특정한 상황에 대해 조직구성원들이 유사한 방식으로 행동하도록 만드는 것이므로 사회복지관 행동윤리강령이나 사회복지관 직원사명, 실천원칙, 직원헌장, 이용자헌장 등에 내재화되어 있다고 할 수 있다. 사회복지관 규범관리에 있어 중요한 질문은 다음과 같다.

첫째, 우리는 사회복지관의 조직구성원들이 어떠한 행동을 할 것임을 기대하고 있는가?
둘째, 사회복지관의 직원들이 어떠한 상호행동을 하는 것을 기대하는가?

결국 규범관리란 조직구성원들에 의해 공유되고 전파되며, 특정한 상황에 대해 조직구성원들이 유사한 방식으로 행동하도록 만드는 것을 나타내며, 규범을 관리하기 위해 필요한 관리구성요소로는 사회복지관 윤리경영규정, 윤리강령, 행동원칙이나 기준, 직원사명, 실천원칙, 직원헌장, 이용자헌장 등이 있을 수 있다. 다음의 표는 규범관리의 정의와 규범을 관리하기 위해 필요한 관리요소를 나타낸다.

◈ 규범관리
- 사회복지관 조직구성원들의 상호행동에 대한 지침이나 규칙을 설정하고 관리하는 것을 의미한다.
- 조직구성원들에 의해 공유되고 전파되며, 특정한 상황에 대해 조직구성원들이 유사한 방식으로 행동하도록 만드는 과정이다.

◈ 규범관리의 관리요소
- 사회복지관 윤리경영, 윤리헌장/윤리강령, 윤리기준/행동원칙이나 실천지침

2 사회복지관 윤리경영

윤리경영이란 회사 경영과 기업 활동에서 기업 윤리를 최우선 가치로 생각하며, 투명하고 공정하며 합리적인 업무수행을 추구하는 경영을 말한다. 사회복지관에서 윤리경영이 필요한 이유는, 첫째, 윤리경영은 복지관이 사회적 가치실현을 위해 정당한 역할이나 활동을 하여 지역사회로부터 지속적인 신뢰를 얻는 데 이바지할 수 있기 때문이며, 둘째, 높은 수준의 윤리성이 유지되는 조직에서는 구성원도 자부심과 보람을 느끼고 열심히 일하려는 의욕이 생겨나 조직의 성과개선에 영향을 미치기 때문이다.

◈ 사회복지관 윤리경영

• 윤리경영이란 사회복지관의 경영 및 관리와 활동에서 조직 윤리를 최우선 가치로 생각하며, 투명하고 공정하며 합리적인 업무수행을 추구하는 경영을 말한다.

◈ 성과관리지침

• 우리 복지관은 윤리경영의 지침을 가지고 있다.
• 우리 복지관은 설정된 윤리경영을 실현하기 위해 노력하고 있다.
• 우리 복지관의 윤리경영은 조직운영에 적극 반영되어 있다.
• 우리 복지관의 윤리경영 규정은 현실에 맞게 설정되어 있으며 실현 가능하다.

◈ 관리지침해설

• 사회복지관은 사회복지증진이라는 사회적 책임에 근거하여 설립된 비영리조직으로서 사회적 책임을 다하기 위한 윤리경영의 지침이나 규정이 설정되어 있어야 한다. 특히, 윤리경영의 규정이나 지침은 복지관 운영을 인도하는 규범관리의 핵심으로 모든 복지관의 행위는 윤리경영에서 벗어나지 않아야 하며, 이를 위해 윤리경영 규정은 현실 가능하게 설정되어 있어야 한다.

다음의 표는 윤리경영 규정의 예이다.

✏️ 〈표 9-1〉 사회복지관 윤리경영 규정의 예

○○사회복지관 윤리경영

• 윤리경영
  - 외부교육: 우리의 존재이유가 고객의 행복임을 기억합니다. 인간 존엄성의 가치를 기반으로 고객의 삶의 질 향상과 사회통합을 실현하기 위해 항상 고객중심의 가치를 핵심에 두고 생각하며 행동합니다.
  - 내부교육: 우리는 윤리적 의사결정을 통해 직원 모두가 최고의 현장전문가로 성장하도록 책임 있는 인적자원 관리를 실현합니다. 공공기관으로서 사회적 책임을 다하기 위해 인력 및 예산 운영에 효율성을 기합니다.
  - 전문가 집단: 고객에게 최선의 복지를 제공하기 위하여 전문가 집단과 협력하여 서비스를 개발, 적용, 보급하기 위한 노력을 경주합니다.
  - 이해관계자: 우리는 조직 내·외부 이해관계자와 정직성을 기반에 둔 공제체계를 형성하여 윤리성을 기반으로 한 투명한 조직문화 확산에 솔선합니다. 지역사회의 기대에 부응하기 위해 상호 이해와 협력 속에서 상생을 도모하고 공통선을 이루는 데 협력합니다.
• 윤리경영 실행지침
  - 우리는 모든 사람의 권리를 보장하고 그 존엄과 가치를 믿습니다.
  - 우리는 내·외부 고객과 전문적인 관계를 형성하며, 투명하고 공정한 관계를 지향합니다.
  - 우리는 내·외부 고객의 지속적인 성장을 위한 최선의 지원을 제공합니다.
  - 우리는 동료 간에 상호존중을 기반으로 업무를 합니다.
  - 우리는 업무를 함에 있어 진정성을 최우선의 가치로 둡니다.
  - 우리는 이해관계자에게 진정성을 통해 감동을 제공합니다.
  - 우리의 진정성은 지역사회와 함께 성장하는 원동력이 되어야 합니다.
  - 우리는 공통선을 위해 지역사회와 연대하고 협력합니다.
  - 우리는 우리가 서비스 전달에 일차적인 책임을 갖는 사람임을 압니다.
  - 모든 일에 열과 성을 다합니다.

👥 3 사회복지관 윤리헌장/윤리강령/윤리기준

통상 윤리헌장은 조직의 행동을 규정하며 윤리강령은 직원의 행동을 규정한다. 따라서 윤리강령은 사회복지관에서 근무하는 사회복지사의 전문직으로서의 사명과 권익옹호를 역설한 규정이나 규칙을 의미한다. 우리나라 사회복지사 실천윤리강령은 전문과 윤리기준으로 구성되어 있다. 사회복지사 윤리강령에 포함되어 있는 전문은 사회복지사들의 윤리규정이나 윤리기준이라기보다는 사회복지사가 마땅히 따라야 하는 윤리적 원칙을 제시한 것이므로 규정이라기보다는 규범을 나타낸다. 따라서 윤리강령에서 전문은 윤리헌장에 가까우며 윤리기준은 직원들의 윤리적 행동의 기준을 의미한다. 따라서 윤리헌장과 윤리강령 그리고 윤리기준의 관계는 다음과 같다.

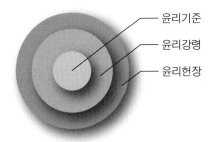

— 윤리기준
— 윤리강령
— 윤리헌장

[그림 9-1] 윤리헌장과 윤리강령 그리고 윤리기준의 관계

따라서 사회복지관의 경우 윤리헌장을 설정하고 윤리헌장에 따른 직원들의 윤리기준을 포함하는 윤리강령을 설정하는 것이 순서라고 할 수 있다. 하지만 윤리강령의 전문이 곧 윤리헌장의 기능을 대체할 수 있으므로 윤리헌장 없이 윤리강령의 전문과 윤리기준을 설정하기도 한다. 즉, 윤리헌장이란 조직이 기본적으로 지향하는 기본적 가치를 표방하고, 윤리강령이란 조직의 내부 구성원이 기본적으로 지향해야 할 가치를 담은 윤리지침을 말하며, 실천지침 또는 윤리기준이란 윤리강령을 보다 구체화한 것으로서 특정 행위에 대한 표준화되고 구체화된 기준과 절차를 정한 것이다. 현재 한국 사회복지사들이 활용하고 있는 사회복지사 윤리강령은 2011년에 개정된 것으로 전문과 윤리기준 6장, 전체 46개 조항으로 이루어져 있다. 윤리강령은 사회복지전문가들이 지켜야 할 전문적 행동기준과 원칙을 기술해 놓은 것으로 법적 제재의 힘은 없지만 전문가 단체가 합의해서 만든 것이기 때문에 도의적·사회 윤리적 제재의 힘을 갖는다. 즉, 사회복지전문가들로 하여금 전문

직 자격 기준에 맞게 실천할 수 있도록 판단기준을 제시하고 비윤리적 행위에 대해 판단할 수 있는 기준을 제시하고 있다.

Reamer(1995)는 윤리강령의 기능을 매일의 실천현장에서 부딪치는 윤리적 딜레마에 대한 일반적인 원칙과 지침을 제공하여 외부 규제로부터 전문직을 보호하고, 전문직 사명에 관련된 규범적 기준을 제공하며, 비윤리적 행위를 처벌하는 데 도움이 되고 표준이 되는 규범적 기준을 제공하는 것으로 정의하고 있다. 따라서 사회복지기관이 윤리경영을 하고 있는가에 대한 평가 역시 윤리강령에 기초하여 내려질 수 있다.

사회복지사 윤리강령은 ① 전문가로서의 책임과 의무, ② 전문성 개발을 위한 노력, ③ 경제적 이득에 대한 태도, ④ 클라이언트와의 관계에서의 의무와 권리, ⑤ 동료의 클라이언트와의 관계에서의 의무와 권리, ⑥ 동료와의 관계에서의 의무와 권리, ⑦ 슈퍼바이저의 의무와 권리, ⑧ 기관과 관계에서의 의무와 권리, ⑨ 지역사회 및 전체 사회와의 관계에서의 의무와 권리에 대해서 제시하고 있으며, 마지막으로 ⑩ 사회복지윤리위원회의 구성과 운영에 관해 기준을 제시함에 따라 사회복지사의 비윤리적 실천에 대해 클라이언트와의 직접 서비스에서나 기관을 운영하는 경영적 서비스에서 모두 제재를 가할 수 있는 근거를 제시하고 있다. 고객헌장은 윤리헌장과 윤리강령의 내용에 포함되며 고객이라는 용어는 일반기업조직에서 더 많이 사용하는 용어이므로 윤리헌장이나 윤리강령으로 명칭을 통일하는 것이 바람직하다. 또한 직원 윤리기준이 직원 개개인들에게 적극적으로 반영되도록 하기 위하여 윤리강령과 윤리기준의 적용을 직원별로 계획하는 실천계획서의 작성도 중요하다.

◈ 사회복지관 윤리헌장/윤리강령/윤리기준

- 사회복지관 윤리헌장이란 복지관이 기본적으로 지향하는 기본적 가치를 표방하며, 윤리강령이란 복지관의 직원들이 기본적으로 지향해야 할 가치를 담은 윤리지침을 말하고, 실천지침 또는 윤리기준이란 윤리강령을 보다 구체화한 것을 의미하며 특정 행위에 대한 표준화되고 구체화된 기준과 절차를 정한 것을 의미

◈ **성과관리지침**

- 우리 직원들은 소직의 윤리헌상/윤리강령/윤리기준을 살 알고 있다.
- 우리 직원들은 윤리헌장/윤리강령/윤리기준을 준수하기 위하여 노력하고 있다.
- 우리 복지관의 윤리헌장/윤리강령/윤리기준은 현실에 적합하게 설정되어 있으며 실현 가능하다.
- 나는 윤리강령 준수를 위한 실천계획서를 작성하고 실현하기 위해 노력하고 있다.

◈ **관리지침해설**

- 통상 윤리헌장을 설정한 경우 윤리헌장의 본문 안에 직원들의 윤리행동기준을 제시하는 경우가 많다.
- 윤리헌장은 선언적 의미를 담은 진술이고 윤리강령은 조직구성원 전체의 행위를 구체적으로 담은 진술을 나타내므로 윤리강령과 윤리기준이 동일시되는 경우도 존재한다.
- 직원들의 윤리강령이니 윤리기준을 직원 개개인들의 업무에 적용하여 개인적으로 작성한 것이 윤리강령 준수를 위한 '직원실천계획서'이다.

✏️ 〈표 9-2〉 사회복지관 윤리헌장, 윤리강령, 윤리기준의 예

〈윤리헌장〉

○○사회복지관은 인간의 존엄성과 가치를 존중하고 사회정의에 대한 신념을 바탕으로 전문성, 도덕성, 공정성에 기반을 둔 책임 있는 실천을 다함으로써 모든 이용자와 지역사회가 행복하고 존중받을 수 있도록 최선을 다한다.

〈윤리강령〉

1. 우리는 ○○○의 권익옹호를 최우선의 가치로 삼고 행동한다.
2. 우리는 ○○○의 존엄성과 자기결정권을 최대한 보장하며 어르신의 이익을 최대한 대변해야 한다.
3. 우리는 ○○○의 사생활을 보장하여야 하며, 직무상 알게 된 정보 및 비밀을 누설하지 않는다.
4. 우리는 성실하고 공정하게 업무를 수행하며 자신의 맡은 업무에 책임을 진다. 우리는 최상의 서비스를 제공하기 위하여 전문성 개발을 위해 노력하며 이를 이유로 서비스 제공을 소홀히 하지 않는다.

5. 우리는 ○○○의 알 권리와 평등한 참여기회를 보장하며 어떠한 이유로도 차별하지 않는다.

6. 우리는 정당한 방법으로 업무를 수행하며 직무와 관련하여 부정한 이득 도모, 부당한 영향력 행사, 사적 이익을 추구하지 않는다.

7. 우리는 직원 상호 간 인격존중, 신뢰, 협력하는 마음으로 서로 존중하고 즐거운 직장생활을 만들어 나간다.

8. 우리는 윤리위원회와 ○○○대표자회의를 통해 이용자와 종사자의 입장을 대변하는 통로를 마련하고, 적극 활용한다. 또한 모든 행위에 대한 신고는 철저한 보안과 안전이 보장되도록 가능한 모든 조치를 취한다.

9. 우리는 정치적·종교적인 중립을 지키며 사회복지증진을 위해 협력하고 참여하여야 한다.

10. 우리는 지역자원의 활용을 극대화하여 발전시키되 자원을 낭비하지 않는다.

11. 우리는 지역사회와 연계하고 적극적으로 협력하여 지역사회 발전을 도모한다.

〈실천지침(윤리기준)〉
• 사회복지실천가로서의 윤리
  1. 이용자의 자기결정권을 최대한 존중하되 이용자의 이익을 우선으로 결정한다.
  2. 최상의 서비스를 제공하기 위하여 전문성 개발을 위해 노력하며 이를 이유로 서비스 제공을 소홀히 하지 않는다.
  3. 자신이 맡은 업무, 언행에 대해 책임을 진다.
  4. 직무와 관련하여 부정한 이득 도모, 부당한 영향력 행사, 사적 이익을 추구하지 않는다.
• 이용자에 대한 윤리
  1. 이용자에 대한 차별대우 없이 평등하고 공정한 서비스를 제공한다.
  2. 이용자에게 존댓말을 사용하며 역지사지의 마음으로 대한다.
  3. 이용자에게 정확하고 충분한 서비스 제공을 통해 알 권리를 보장한다.
  4. 이용자와의 라포형성을 위한 작은 스킨십은 가능하지만 정도를 넘어선 성희롱적인 것은 명확하게 거부의사를 표현한다.
  5. 이용자의 사생활을 존중하며 개인 정보에 대한 철저한 비밀보장이 되어야 한다. 또한 정보공개 시에는 동의를 얻는다(이면지, 전산기록 등 철저한 자료관리 및 폐기).
• 동료와의 윤리
  1. 동료 간에 존칭어를 사용하며 이용자를 대하듯 동료를 대한다.
  2. 전문가로서 상호 존중하며 상대방을 비방, 비난하지 않는다.
  3. 업무에 대해 서로 협력, 공유하며 공식적인 통로를 통해 활발히 소통한다.

4. 존중과 신뢰로 가족과 같은 즐거운 직장생활을 만들어 간다.

- 기관에 대한 윤리

  1. 정치적·종교적 중립을 지키며, 이용자와 종사자의 입장을 대변하고 서로의 이익을 위해 노력해야 한다.

  2. 이용자 및 종사자의 비윤리적인 상황에 대한 신고가 들어왔을 때에는 철저한 보안과 안전이 보장되도록 해야 하며 신속하게 처리한다.

  3. 전문적 활동에 필요한 제반 경비를 예산으로 확보한다.

  4. 고유사업의 목적을 위해서만 운영하며 투명하게 공개 운영한다.

- 국가 및 지역사회에 대한 윤리

  1. 지역사회 발전을 도모하고 지역자원의 활용을 극대화하며 자원을 낭비하지 않는다.

  2. 지역사회가 당면한 문제에 대해 기관이 지역의 이익을 위해 충분히 역할을 수행한다.

○○종합복지관 윤리강령 전문

○○사회복지관 종사자는 인본주의·평등주의 사상에 기초하여, 모든 인간의 존엄성과 가치를 존중하고 천부의 자유권과 생존권의 보장활동에 헌신한다. 특히, 사회적·경제적 약자들의 편에 서서 사회정의와 평등, 자유와 민주주의 가치를 실현하는 데 앞장선다. 또한 도움을 필요로 하는 사람들의 사회적 지위와 기능을 향상시키기 위해 그들과 함께 일하며, 사회제도 개선과 관련된 제반 활동에 참여한다. ○○복지관 종사자는 개인의 주체성과 자기결정권을 보장하는 데 최선을 다하고, 어떠한 여건에서도 개인이 부당하게 희생되는 일이 없도록 한다. 이러한 사명을 실천하기 위하여 직무의 지식과 기술을 개발하고, 사회적 가치를 실현하는 종사자로서의 능력과 품위를 유지하기 위해 노력한다.

이에 우리는 이용자, 동료, 기관 그리고 지역사회 및 전체 사회와 관련된 ○○복지관 종사자의 행위와 활동을 판단하고 평가하며 인도하는 윤리기준을 다음과 같이 선언하고 이를 준수할 것을 다짐한다.

〈윤리기준〉

1. 종사자의 기본적 윤리기준

  1) 종사자의 자세

    ① ○○사회복지관 종사자로서 품위와 자질을 유지하고, 자신이 맡고 있는 업무에 대해 책임을 진다.

② 복지관 이용자의 종교, 인종, 성, 연령, 국적, 결혼상태, 성 취향, 경제적 지위, 정치적 신념, 정신·신체적 장애, 기타 개인적 선호, 특징, 조건, 지위를 이유로 차별 대우를 하지 않는다.

③ 성실하고 공정하게 업무를 수행하며, 어떠한 부당한 압력에도 타협하지 않는다.

④ 지역주민의 복지증진에 헌신하며, 이를 위한 환경조성을 지역사회에 요구한다.

⑤ 자신의 이익을 위해 복지관의 활동 가치와 권위를 훼손해서는 안 된다.

⑥ ○○사회복지관 종사자는 윤리적 가치와 판단에 따라 업무를 수행하여야 한다.

2) 전문성 개발을 위한 노력

① 복지관 이용자에게 최상의 서비스를 제공하기 위해 지식과 기술을 개발하는 데 최선을 다하며, 이를 활용하고 전파할 책임이 있다.

② 복지관 이용자의 정보는 비밀보장의 원칙에서 다루어져야 하고, 복지관에서 이용자는 신체적·정신적 불편이나 위험, 위해 등으로부터 보호되어야 한다.

③ 직무의 전문성을 개발하기 위해 노력하되, 이를 이유로 서비스의 제공을 소홀히 해서는 안 된다.

④ ○○사회복지관 종사자는 직무의 전문화를 위한 내·외부 교육에 적극 참여하여야 한다.

3) 경제적 이득에 대한 태도

① 클라이언트는 지불능력에 상관없이 서비스를 제공해야 하며, 이를 이유로 차별대우를 해서는 안 된다.

② 이용료를 책정해야 하는 경우, 제공된 서비스에 대해 이용자 입장에서 공정하고 합리적으로 책정한다.

③ 업무와 관련하여 정당하지 않은 방법으로 경제적 이득을 취하여서는 안 된다.

2. 종사자의 복지관 이용자에 대한 윤리기준

1) 복지관 이용자의 권익옹호를 최우선의 가치로 삼고 행동한다.

2) 복지관 이용자의 사생활을 존중하고 보호하며, 직무과정에서 얻은 정보에 대해 철저하게 비밀을 유지해야 한다.

3) 복지관 이용자가 받는 서비스의 범위와 내용에 대해 정확하고 충분한 정보를 제공함으로써 알 권리를 인정하고 존중해야 한다.

4) 문서, 사진, 컴퓨터 파일 등의 형태로 된 이용자의 정보에 대해 비밀보장의 한계·정보를 얻어야 하는 경우 목적 및 활용에 대해 구체적으로 알려야 하며, 정보 공개 시에는 동의를 얻어야 한다.

5) 개인적 이익을 위해 복지관 이용자와의 직무관계를 이용하여서는 안 된다.

6) 복지증진을 위한 환경조성에 복지관 이용자를 동반자로 인정하고 함께 일해야 한다.

3. 종사자의 동료에 대한 윤리기준

　1) 동료

　　① 존중과 신뢰로서 동료를 대하며, 동료의 지위와 인격을 훼손하는 언행을 하지 않는다.

　　② 이용자의 이익과 권익을 증진시키기 위해 동료와 협력해야 한다.

　　③ 동료의 윤리적인 직무를 촉진시켜야 하며, 이에 반하는 경우에는 제반 규정이나 윤리기준에 따라 대처해야 한다.

　　④ 직무적인 실수로 문제를 야기했을 때에는 적절한 조치를 취하여 이용자의 이익을 보호해야 한다.

　　⑤ 상급자가 행한 비윤리적 행위에 대해 제반 규정이나 윤리기준에 따라 조치를 취해야 한다.

　　⑥ 동료의 직무 가치와 내용을 인정·이해하며, 상호 간에 민주적인 직무관계를 이루도록 노력해야 한다.

　2) 상급자

　　① 상급자는 개인적인 이익의 추구를 위해 자신의 지위를 이용해서는 안 된다.

　　② 상급자는 공정하게 책임을 수행하며, 부하직원에 솔선수범해야 한다.

　　③ 종사자는 상급자의 지도와 조언을 존중해야 하며, 상급자는 직원의 업무수행을 도와야 한다.

　　④ 상급자는 부하직원에 대해 인격적·성적으로 수치심을 주는 행위를 해서는 안 된다.

4. 종사자의 지역사회에 대한 윤리기준

　1) 인권존중과 인간평등을 위해 헌신하며, 사회적 약자를 옹호하고 대변한다.

　2) 지역사회복지를 위한 지방정책의 수립·발전·입법·집행에 적극적으로 참여하고 지원한다.

　3) 지역사회환경을 개선하고 사회정의를 증진시키기 위한 정책의 수립·발전·입법·집행을 요구하고 옹호한다.

　4) 자신이 일하는 지역사회의 문제를 이해하고, 그것을 해결하는 일에 적극적으로 참여한다.

5. 종사자의 복지관에 대한 윤리기준

　1) 복지관의 정책과 사업 목표의 달성, 서비스의 효율성과 효과성의 증진을 위해 노력함으로써 복지관 이용자에게 이익이 되도록 해야 한다.

　2) 상급자 또는 동료의 부당한 명령이나 요구에 대하여 윤리적 가치를 근거로 이에 대응하고, 즉시 복지관의 윤리위원회에 보고해야 한다.

3) 복지관 제반 활동에 적극 참여함으로써 복지관의 성장과 발전을 위해 노력해야 한다.

6. 윤리위원회의 구성과 운영

1) 복지관은 윤리위원을 지정하여 직원의 윤리적 고충사항을 해소하고 윤리실천의 질적인 향상을 도모한다.

2) 윤리위원은 종사자로부터 윤리적 고충사항을 청취하여 해당직원의 입장에서 대처하여야 한다.

3) 종사자는 복지관의 윤리적 권고와 결정을 존중하여야 한다.

7. 윤리위원회의 구성과 운영

1) 복지관은 윤리위원을 지정하여 직원의 윤리적 고충사항을 해소하고 윤리실천의 질적인 향상을 도모한다.

2) 윤리위원은 종사자로부터 윤리적 고충사항을 청취하여 해당직원의 입장에서 대처하여야 한다.

3) 종사자는 복지관의 윤리적 권고와 결정을 존중하여야 한다.

다음의 표는 윤리강령을 직원들의 행동에 적용하기 위한 직원들 각자의 실천계획서의 예이다.

✎ 〈표 9-3〉 사회복지관 윤리강령 실천계획서의 예

연번	성명	내용			
3	○○○	1. 기관의 모든 개인정보에 대한 철저한 보호(컴퓨터/개인파일)와 업무상 알게 된 개인의 사생활정보들의 비밀보장			
		실천 방법	1. 기관 내에 비치된 개인용 컴퓨터에 비밀번호를 설정하여 정보를 보호하고, 작업 중 이동 시 컴퓨터 화면 내려놓기, 퇴근 시 개인정보 관련 문서는 사무실 내 캐비닛에 보관	조정기간	정착기간
				11월	12월
		2. 프로그램 진행에 따른 간식구입에서 투명하고 이용자중심으로 구입			
		실천 방법	2. 프로그램 진행에 따른 간식구입 시 대상자의 참여 예상인원을 파악하여 간식을 구입하고, 잔여 간식이 발생할 시 기관이용자 및 취약노인(반찬배달사업 등)에 지원하기	조정기간	정착기간
				즉시	즉시
		3. 기관 이면지 사용을 생활화(기안 및 공문 사용 시 제외)			

					조정기간	정착기간
		실천 방법	3. 사무실 내 복사기 및 프린터기 사용 시 중요문서(기안, 공문, 외부 발송자료 등) 이외의 문서는 이면지에 출력 – 프린터 및 복사용지 기기에 이면지 사용에 대한 문구 부착 – 자원봉사자를 활용하여 이면지에 '이면지활용' 날인 후 상시 비치하고 직원은 문서의 특성을 고려하여 이면지 사용을 상용화		즉시	12월
2	○○○		1. 기관이용 회원의 분실물품에 대한 노력			
		실천 방법	1. 건강관리실 내에 분실물주의 안내문을 부착하고 지속적으로 어르신들께 안내		조정기간	정착기간
					즉시	즉시
			2. 건강관리실의 노인자원봉사자 역할에 대해 공평한 기회 제공			
		실천 방법	2. 노인자원봉사자 기간을 1년으로 정하여 여러 사람에게 봉사기회 제공 – 건강관리실 노인자원봉사자로서 이용어르신께 존칭을 사용하고, 순서대로 마사지기계 접수 및 작동하도록 지속적인 안내		조정기간	정착기간
					11~12월	2014년 1월
3	○○○		1. 기관의 자판기 수입에 대해 투명성에 노력			
		실천 방법	매주 화요일 오전에 정기적으로 자판기 수입을 입금하여 자판기 수입 입금 및 운영을 투명하게 운영		조정기간	정착기간
					11월	12월
			2. 프로그램별 예산집행 시 긍정 업무에 대한 공정한 마음가짐 가지기			
		실천 방법	프로그램별 예산집행 시 복지관 예산서를 기준으로 집행하고, 직원들의 회의 및 상위결재권자의 승인을 통해 집행하여 공적 업무를 공적으로 진행		조정기간	정착기간
					즉시	즉시
4	○○○		1.직원들 회의시간 외 간식시간 자제(사무실 내 근무분위기 조성)			
		실천 방법	1. 근무시간 동안 회의를 제외한 시간에 간식분위기를 노출하지 않으며, 간식시간이 필요한 경우 관장실에서 잠깐(10분 정도)의 직원교대 간식시간을 활용		조정기간	정착기간
					11월	12월부터

	2. 사무실 비치되어 있는 월중행사 기록은 직원들 순환기록		
실천 방법	2. 사무실에 비치되어 있는 월중행사표는 특정 직원이 아니라 지명하지 않아도 직원들이 순환하여 기록할 수 있는 분위기 조성	조정기간	정착기간
		11월	12월부터
	3. 개인택배 사무실로 배송하는 일은 자제		
실천 방법	3. 업무관련용도 외 개인용 택배 수령에 대해서는 기관배송을 금지	조정기간	정착기간
		11월	12월부터
	4. 기관 물건구매 시 포인트 적립은 기관명으로 적립		
실천 방법	4. 기관에서 거래하고 있는 업체에 기관명의의 포인트 적립할 수 있게 회원가입을 하고 구매 시 기관명의 포인트 적립을 의무 ※ 사무원이 회원가입하고 담당자가 구매할 시 포인트 적립할 수 있게 안내	조정기간	정착기간
		11월	12월부터
	5. 기관 자율판매대(에코백/EM) 사용 시 직원들도 동일 규칙 적용		
실천 방법	5. 기관에서 자율로 판매하고 있는 물품을 직원들이 업무관련 외 개인용도로 구매할 때 외부 판매자와 동일한 규칙으로 적용	조정기간	정착기간
		즉시	즉시
	6. 어르신들의 사례금은 근절하고 공개적으로 후원금처리		
실천 방법	6. 기관이용 어르신들이 정성이 담긴 물품을 기관으로 사례를 하는 경우 정중히 거절하며, 어쩔 수 없는 경우에는 기관의 운영(자원봉사자 등)을 위해 사용됨을 알리고 다음부터 받을 수 없음을 충분히 서운하지 않게 설득함, 그리고 최대한 후원으로 처리하여 공적인 업무를 처리하도록 함	조정기간	정착기간
		즉시	즉시

5	○○○	1. 기관의 모든 대상자 서비스 욕구에 대한 대처방법에서 정확한 정보를 파악한 후 서비스를 전달하고 이후 서비스 제공에 대한 만족 정도를 파악하여 확인하는 절차(고객감동서비스)		
		실천 방법	1. 서비스 욕구 파악 → 충분한 서비스 정보 및 대상자 파악 → 서비스 연계 및 진행 → 대상자 서비스 진행 → 서비스 참여 만족파악 → 참여자 및 제공자 서비스 재점검 → 타 서비스 욕구 정도 파악(단계별 진행) ※직원별 대상자 서비스 전달한 내용을 기록지에 기록하여 직원평가(서비스 욕구에 따라 접근방법이 차이 발생 가능)	조정기간 11월~12월 (12월 평가회의 시간 전 직원 공유)	정착기간 14년 1월부터 3개월 과정점검
		2. 기관의 홍보방송은 사업 담당자별로 직접 홍보하는 방식		
		실천 방법	2. 사업별 방송홍보 멘트 작성 → 방송기기 '벨'을 작동 → 홍보문 낭독(사업홍보기간 동안 지속) – 각 사업: 사업별 담당자(1개 이상의 방송홍보가 있을 경우 협의하여 1인이 방송하도록 함) – 시설관련 홍보: 사업담당자를 지정하기 모호한 시설물에 대한 홍보방송의 경우 '○○○ 과장'이 직접 함 ※사업의 홍보가 있을 시 1회만이 아니라 홍보기간 동안 필히 방송홍보를 하도록 인식 ※방송시간 1회-9시 50분, 2회-11시 50분, 3회-14시 40분	조정기간 11월	정착기간 12월 활성화 정착

제**10**장 신뢰관리

제**1**절 신뢰관리

1 신뢰

신뢰는 사회자본을 구성하는 중요한 구성요소 중 하나이다. 신뢰, 네트워크, 사회참여, 공유된 규범과 가치, 안전 등으로 이루어진 사회자본은 지역사회의 삶의 질의 개선은 물론 지역사회의 발전 및 사회통합을 위한 토대를 구성하는 매우 중요한 자본이다(지은구, 김민주, 2014).

신뢰의 개념은 당사자 간 관계의 특성, 신뢰의 내용, 신뢰의 근거 등에서 다양한 견해가 존재하므로 다차원적일 수 있다. 일반적으로 신뢰는 타인이 행위를 할 때 나의 이해와 관심을 고려할 것이라는 기대를 말하며(Lin, 2001), 믿고 의지한다는 사전적 의미가 있다. 신뢰는 관계지향적이므로 사람과의 관계 속에 존재하며, 신뢰가 있음으로 해서 관련 행위자들은 서로 협동하게 되며, 감시·통제의 비용을 절감할 수 있게 된다(안우환, 2005). 더 나아가 사회적 안정과 사회적 결속 그리고 협력을 증진시키는 기능을 한다(Lin, 2001). Coleman(1988, 1990)은 사회자본이 인적·물적 자본과 달리 공공재적 성격을 갖는다고 하면서 사회적 관계 및 환경에 대한 신뢰와 규범이 사회자본을 구성한다고 하였다. Putnam(1995a)과 Paldam(2000)도 사회자본을 구성하는 중요 요소로 신뢰를 강조하였다. 이후 대부분의 학자들도 사회자본의 구성요소 중 신뢰를 가장 중요한 요소로 지적하고 있다. 신뢰 없이는 사람들 간에 네트워크나 규범 등이 형성되기 어렵다고 보았기 때문이다.

신뢰는 개인 차원, 국가 전체 차원에서도 중요하지만 조직 차원에서도 중요하게 다루어지고 있으며, 그동안 조직에 대한 연구에서 신뢰는 주로 조직몰입이나 직무만족 등과 연계되면서 결과적으로 조직의 성과를 얼마나 높이는가 하는 경험적 연구들로 이루어져 왔다. 많은 조직 연구자들은 조직의 문제를 조직구조의 문제로 보거나 조직을 합리적 의사결정이 지배하는 객관적 체계로서만 보는 것이 아니라 조직구성원들 사이의 상호작용의 사회심리적 구성물로 보고 있다(Scott, 2003: 구자숙, 2005: 70에서 재인용). 특히, 집권이나 위계적 관리를 통해 조직의 발전을 도모하려는 것보다 분권이나 상호신뢰와 같은 기제를 통해 수평적이고 유연한 운영으로 조직의 발전을 도모하는 것이 훨씬 더 민주적이고 효율적이라고 주장되어 왔다(Zeffane & Connell, 2003). 박희봉(2002)은 조직 내 사회자본인 신뢰는 지식과 정보의 교환과 공유를 가능하게 하고 의사소통을 원활하게 한다고 하면서, 조직 내 신뢰가 형성되어 있지 않다면 지식과 정보가 원활하게 전달되지 못하며 기회주의적 행동으로 비용이 발생하게 된다고 하였다.

김왕배와 이경용(2002)은 조직성원들이 보유하고 있는 신뢰가 어떻게 조직몰입적인 태도형성에 영향을 주고 있는지 연구하였는데, 조직신뢰는 기존의 실증연구들이 제기하고 있는 것처럼 고용인과 피고용인 간의 거래비용을 감소시키고 직무에 대한 조직성원들의 몰입과 헌신을 높임으로써 생산성증대의 효과를 가져오는 핵심적 자원이라 하였다. 이처럼 신뢰를 연구한 많은 조직론 학자들은 신뢰가 조직 내 구성원들 간 협력 및 협조와 조정을 용이하게 하고 거래비용과 스트레스를 감소시킴으로써 조직효과성을 증대시킨다고 본다. 이 저서는 이와 같은 기존연구의 결과들을 토대로 구성원들 간에 형성된 조직 내 신뢰가 조직과 조직구성원들은 물론 고객에게 유익한 결과를 가져올 것이라고 가정한다.

조직 내 신뢰의 정의에 대한 선행연구들을 살펴보면, Mayer, Davis 그리고 Schoorman (1995)은 조직신뢰 연구에서 신뢰를 개인수준에서 접근하였는데, 이들에 의하면 신뢰란 다른 당사자가 자신에게 중요한 행동을 할 것이라는 기대하에서 다른 당사자에게 자신의 취약성(vulnerability)을 기꺼이 드러내려는 의지로 정의하였다. Rousseau 등(1998)도 신뢰란 타인의 의도나 행태에 대한 긍정적 기대에 기초하여 취약성을 수용하려는 심리적 상태라 정의하였다. 이러한 정의에는 당사자들의 자유의지와 위험을 감수하려는 의지가 내포되어 있다고 할 수 있다. 배병룡(2005)은 신뢰란 "한 당사자가 다른 당사자를 통제할 수 없는 위험한 상황임에도 불구하고 그 다른 당사자가 자신의 기대에 부합하도

록 행동할 것이라는 예상하에서 그 다른 당사자에게 자신의 취약성을 자발적으로 드러
내려는 의지"라고 정의하였다. 구자숙(2005)은 조직 내 신뢰에 대한 개념화와 연구동향
연구에서 선행연구들을 바탕으로 조직 내 신뢰를 두 차원으로 정의하였다. 즉, 조직 내의
개인과 개인 간 수평적 신뢰와 조직이나 이를 대표하는 리더에 대한 수직적 신뢰이다.

이 저서는 선행연구들을 근거로 사회복지조직 내 구성원들 간의 신뢰관계가 조직구성
원들의 식무태도나 사회복지서비스 품질에 영향을 미치는 중요한 결정요인이라 보고 조
직을 관리하기 위한 가치영역에서 신뢰관리는 조직 운영 및 관리에 영향을 미치는 중요
한 관리요소임을 전제한다. 다음의 표는 신뢰에 대한 정의를 나타내 준다.

〈표 10-1〉 신뢰의 정의

신뢰의 정의	학자
• 지역에서 서비스를 제공하는 조직들이나 이웃주민들을 믿을 수 있다는 생각	Forrest & Kearns(2001)
• 한 사회의 성원이 다른 사람을 믿는 정도나 믿는 양	Paldam(2000)
• 다른 당사자가 자신에게 중요한 행동을 할 것이라는 기대하에서 다른 당사자에게 자신의 취약성을 기꺼이 드러내려는 의지	Mayer, Davis, & Schoorman(1995)
• 타인의 의도나 행태에 대한 긍정적 기대에 기초하여 취약성을 수용하려는 심리적 상태	Rousseau et al. (1998)
• 한 당사자가 다른 당사자를 통제할 수 없는 위험한 상황임에도 불구하고 그 다른 당사자가 자신의 기대에 부합하도록 행동할 것이라는 예상하에서 그 다른 당사자에게 자신의 취약성을 자발적으로 드러내려는 의지	배병룡(2005)
조직 내 신뢰의 정의	학자
• 조직 내의 개인과 개인 간 수평적 신뢰와 조직이나 이를 대표하는 리더에 대한 수직적 신뢰	구자숙(2005)

특히, 인간의 상호행동에 영향을 주는 신뢰는 Putnam을 비롯하여 많은 연구자들에 의
해서 제시된 사회자본의 구성요소이고 사회자본을 측정하는 주요 지표이다. 신뢰는 직
접적으로 측정을 할 수 있는 측정항목이 아니므로 측정은 간접적 질문방식으로 이루어
진다. Paldam(2000)은 신뢰를 구분하였는데, 그는 사회의 잘 알지 못하는 구성원들에 대

한 신뢰를 일반화된 신뢰(generalized trust)로, 그리고 제도나 조직 그리고 친구에 대한 신뢰를 특별한 신뢰(special trust)로 제시하였다.

일반화된 신뢰에 대한 측정은 주로 사회구성원들을 얼마나 믿는지 등에 대한 질문으로, 그리고 특별한 신뢰에 대한 측정은 공공기관이나 사회기관에 대해 얼마나 믿는지 그리고 친구나 가족을 얼마나 믿는지 등에 대한 질문으로 구성된다. 따라서 신뢰에 대한 개념과 조직 내 신뢰에 대한 개념에 착안하여 이 저서에서는 신뢰관리를 구성하는 주요 관리요소로서, 첫째, 직원들 사이의 신뢰의 정도, 둘째, 직원의 지도자에 대한 신뢰의 정도, 셋째, 이용자들의 조직과 직원에 대한 신뢰의 정도, 마지막으로 조직에서 제공하는 사업에 대한 신뢰의 정도 등으로 보도록 한다.

◈ 신뢰
- 조직사회자본을 구성하는 구성요소
- 직원들의 직무태도(직무몰입과 직무만족)에 영향을 미치고 서비스 품질에 영향을 미치는 결정요인
- 타인의 의도나 행태에 대한 긍정적 기대에 기초하여 취약성을 수용하려는 심리적 상태를 나타내어 관계 지향적임
- 지식과 정보의 교환과 공유를 가능하게 하여 의사소통활성화를 위한 기본 토대

2 사회복지관 신뢰관리의 속성

사회복지관과 같은 휴먼서비스를 제공하는 비영리조직에 있어 제공되는 모든 서비스는 관계 지향적 성격을 갖고 있다는 특징이 있으며, 관계 지향적 속성은 곧 이용자들과 직원들 상호 간에 내재되어 있는 조직에 대한, 상사직원에 대한, 조직 자체에 대한 그리고 조직에서 제공하는 사업이나 프로그램에 대한 신뢰를 바탕으로 한다. 신뢰가 조직성과에 직접적인 영향을 미친다는 것은 많은 학자들에 의해 입증되었다. 특히, 일반기업경영에서 신뢰관리는 곧 사회책임경영의 한 구성요소로서 인정되고 있다. 즉, 현재 일반기업에서 영업기법으로 활용하고 있는 사회책임경영(corporate social responsibility: CSR) 역시 기업 신뢰구축을 위한 관리기법이라고 할 수 있다. 사회책임경영을 통해 지역사회 구성원들로부터 기업이미지를 제고하고 국민들이 신뢰의 기업이라는 믿음을 갖도록 하면

이것이 조직성과 및 조직이윤창출에 도움이 된다는 것이 사회책임경영의 핵심이다.

반혜정(2009)에 따르면 사회책임경영은 일반적으로 세 가지로 나누어 구분해 볼 수 있는데, 그 첫째는 기업 내·외부 이해관계자들과의 신뢰구축을 위한 책임이다. 기업은 기업 내부와 외부의 이해관계자가 상호의존적인 관계를 가지고 있으므로 다양한 이해관계 집단과의 상호협력을 통하여 성과를 향상시킬 수 있다(Wicks et al., 1999). 따라서 다양한 이해관계자들과 상호신뢰와 협력관계를 구축한다면 장기적인 경쟁우위 향상에 도움이 될 수 있다(Jones, 1995). 이러한 관점에서 기업이 대외적으로 관련법규를 성실히 준수하고 조직 내부의 종업원에 대한 책임을 적극적으로 수행한다면 내·외부 이해관계자들과 신뢰가 강화되고 이러한 신뢰관계는 직원만족을 통한 생산성과 품질 향상 및 고객 및 이용자 충성도로 이어져 기업의 성과를 향상시킬 수 있다. 따라서 공정거래와 뇌물수수 및 세금 등과 관련한 법 규정을 준수하고 직원들의 복지를 위한 책임을 성실히 수행하는 기업일수록 신뢰구축을 위한 사회적 책임을 이행하는 기업으로 간주할 수 있다. 이에 따라 다양한 법 규정의 준수와 종업원에 대한 책임의 질문항목들은 신뢰구축을 위한 사회적 책임을 측정하는 지표라고 할 수 있다. 이러한 사회책임경영의 신뢰구축을 위한 책임은 곧 조직관리적 측면에서의 신뢰관리를 의미한다고 할 수 있다.

사회적 책임의 두 번째 구분은 기업 외부로부터 발생할 수 있는 부정적인 외부효과 감소를 위한 책임을 의미한다. 기업은 제품이나 서비스의 제공으로 인해 이해관계자들과 일차적인 관계를 가진다 하더라고 이후에 지속적인 관계가 유지되지 않는다면 장기적으로 성과를 향상시킬 수 없다. 특히, 기업의 주요 이해관계자인 공급업자, 종업원, 고객은 기업과의 상호의존성이 매우 높고 기업에 적극적인 대응을 할 가능성이 높기 때문에 (Christmann, 2004), 이들에게 우호적인 메시지를 전달함으로써 부정적인 문제에 직면한 경우라도 이해관계자들의 적대적인 대응 가능성을 줄일 수 있다(Godfrey, 2005). 따라서 기업이 윤리적인 경영환경을 통한 윤리적 책임을 이행함으로써 이해관계자와 보다 우호적인 관계를 형성할 수 있을 것으로 기대하고 윤리경영에 대한 설문항목을 통하여 외부효과 감소를 위한 사회적 책임을 측정할 수 있다.

사회적 책임의 세 번째 구분은 기업이 자발적으로 수행하는 기부 또는 자선적인 책임 단계이다. 기업은 기업이 속한 사회 및 이해관계자들과 상호의존적으로 성장, 발전해 나가야 하므로 기업도 하나의 시민으로서 책임 있는 경영을 수행하여야 한다. 기부나 자선적인 책임활동은 전통적으로 인식되어 온 기업의 이윤추구활동에서 더 나아가 보다 적극적으로 사회발전에 기여하고자 하는 일련의 활동으로서(신유근, 2001), 기업은 사회에 대한 자발적인 공헌활동을 통하여 지역사회의 발전을 도모하고 사회복지구조의 기반을 향상시킬 수 있다. 그리고 기부 및 자선적인 책임활동은 다양한 이해관계자들에게 기업명성을 향상시킬 수 있고 이러한 효과는 지속 가능한 기업의 성과에 기여할 수 있다(Roberts & Dowling, 2002). 따라서 지역사회에 대한 봉사활동과 다양한 환경보호에 대한 책임활동 등을 나타내는 질문항목들은 모두 기부 및 자선적인 사회적 책임을 측정하는 지표가 될 수 있다.

결국 사회복지관 신뢰관리는 조직 내·외부 이해관련 당사자들 사이의 신뢰관계구축과 깊은 연관이 있음을 알 수 있다. 따라서 이러한 사회복지관의 신뢰관리는 복지관과 관련이 있는 이해관계집단(직원, 관장, 이용자, 지역주민)과의 상호협력을 통하여 성과를 향상시킬 수 있도록 이해관계자들과 상호신뢰를 구축하여 조직성과를 증진시킬 수 있도록 협력관계를 구축하는 것에 있다고 할 수 있다.

사회복지관 신뢰관리는 또한 기관의 사회적 마케팅(social marketing)을 위한 노력과도 깊은 연관이 있다. 사회적 마케팅은 마케팅의 전문화된 하나의 유형으로서 손으로 만질 수 없는 사회적 사고를 포함하는 생산물을 마케팅하기 위해 사용된다. 즉, 사회적 마케팅은 사회적 사고의 채택과 증진을 위해 사용하는 것이다(지은구, 2005). 사회복지관은 장애인, 노인 그리고 지역주민 등의 복지증진이라는 사회적 가치를 실현시키기 위해 노력하는 기관으로 사회적 가치를 실현시키기 위해 노력하고 있음을 이용자를 포함하여 지역사회에 알리고, 그들로부터 신뢰를 확보하여 더 많은 인적·물적 지원과 지지를 얻어 낼 수 있어야 하기 때문에 조직과 조직의 전반적인 사업이나 프로그램에 대한 사회적 마케팅을 시행한다. 따라서 신뢰를 구축하기 위한 노력으로 사회적 마케팅이 필요한 것이다.

👥 사회복지기관의 사회적 마케팅의 필요성

사회복지기관에게 있어 마케팅이 필요한 이유는 도대체 무엇인가? 일반기업과 달리 판매할 물질적 상품이 없는 비영리기관이 대부분인 사회복지기관이 도대체 무엇 때문에 마케팅을 필요로 하는가? 사회복지기관의 재정을 공고히 하기 위한 하나의 방편으로서 더 많은 재정을 확보하기 위해 마케팅이 필요한가? 아니면 또 다른 무엇 때문에 마케팅이 필요한가? 이 질문들에 대한 대답으로 사회복지기관들에게 있어 마케팅이 필요한 이유를 살펴보기로 한다.
마케팅은 다양한 집단들을 위해 각기 나름대로의 필요성 때문에 나타난다고 할 수 있다. 다양한 집단들이란 이용자나 잠재적인 이용자 그리고 이용자와 관련이 있는 집단(예를 들어, 클라이언트의 가족), 재정후원자나 자원봉사자 그리고 일반 대중으로 구분할 수 있다.

현대 사회에서 사회복지기관에게 있어 마케팅이 필요한 이유는 각각의 집단의 이해에 따라 몇 가지로 지적될 수 있는데, 마케팅이 필요한 중요한 이유는 다음과 같이 정리될 수 있다.

- 마케팅은 잠재적 이용자나 실제 이용자가 사회복지조직에서 제공하는 유용한 서비스에 대해 알 수 있도록 하는 방법들 중에 하나이기 때문이다. 즉, 잠재적인 이용자(대상자 집단의 구성원들을 포함하는)나 또는 이용자를 사회복지조직으로 소개하는 사람들이 이용자에게 제공되는 서비스나 혜택의 내용을 알아야 할 필요가 있기 때문에 마케팅이 필요하다.
- 조직은 후원자들이나 지지자들이 조직의 서비스를 제공하는 데 참여할 수 있도록 해야 할 필요가 있기 때문에 마케팅이 필요하다. 이러한 경우 마케팅은 잠재적 자원봉사자들 (volunteers)에게 접근할 수 있는 하나의 방법이며 조직과 조직의 임무가 후원자들이 지지하는 것이라는 사실을 설득하는 데 도움을 주는 방법이기 때문에 필요하다.
- 마케팅은 이용자도 아니고 지지자도 아니고 후원자도 아닌 일반 대중들로부터 지지를 얻도록 설득하기 위한 하나의 방법이기 때문에 필요하다. 즉, 마케팅을 통해서 조직이 일반 대중에게 직접적인 혜택을 가져다주지는 않지만 지역에 혜택을 가져다주는 활동들을 한다는 것을 인식시켜 주고 지지를 이끌어 내며 최소한 사회복지조직의 사업에 반대하지 않게 하기 때문에 필요하다고 볼 수 있다.
- 책임성의 시대와 결부 지어서 이용자가 해결하고자 하는 문제나 욕구를 정확히 파악하고 해결하기 위해 마케팅이 필요하다. 즉, 마케팅은 이용자의 변화하는 욕구와 그 욕구를 성취하기 위해 필요한 전략을 만들어 내기 위한 끊임없는 진단과 분석이기 때문에 마케팅을 통해 제공되는 사회복지서비스나 프로그램과 이용자가 해결하고자 원하는 욕구나 문제와의 적합성을 꾸준히 추구하기 위해 필요한 것이다.
- 이용자는 일반기업 경영적 관점에서 본다면 소비자가 된다. 따라서 소비자주의적 관점에서 이용자가 원하는 것이나 선호 또는 욕구가 어떠한 과정을 거쳐서 어떻게 해결될 수 있는지에 대한 정보를 제공할 수 있기 때문에 마케팅이 필요하다.
- 지금까지 언급했던 이유들보다 보다 거시적인 입장으로서, 사회복지조직이나 사회복지사들에게 있어 계속적으로 증가하는 경쟁적이고 급변하는 과업환경 속에서 효과적인 서비스를 전달 또는 제공하기 위해서 마케팅이 필요하다고 볼 수 있다.

이러한 사회복지조직에서의 마케팅에 대한 내적·외적 필요성에 직면하여 사회복지조직 또는 전문가로서의 사회복지사는 마케팅을 수행하게 된다고 볼 수 있다.

제2절 사회복지관 신뢰관리

1 사회복지관 신뢰관리

신뢰관리는 사회복지관에 대한 믿음과 관장을 포함하여 전 직원, 지역주민 그리고 이용자 등 복지관의 이해당사자들 간에 믿음이 형성되고 유지되도록 관리하는 것을 의미한다. 따라서 신뢰관리는 직원들의 조직에 대한 신뢰와 직원들 간의 신뢰 그리고 직원과 이용자와 지역주민과의 신뢰 등 조직 및 프로그램을 포함한 모든 행위주체들 상호간의 신뢰를 구축하기 위한 노력이 유지될 수 있도록 하는 것을 나타낸다. 따라서 사회복지관의 성과관리 측면에서 신뢰를 관리한다는 것, 즉 신뢰관리는 직원들 간의 신뢰와 이용자들의 조직과 직원 그리고 사업에 대한 신뢰 그리고 지도자에 대한 신뢰를 관리한다는 것을 의미한다. [그림 10-1]은 사회복지관 신뢰관리의 구성요소를 나타낸다.

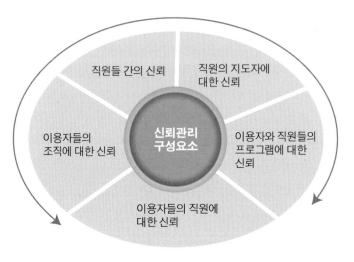

[그림 10-1] 사회복지관 신뢰관리의 구성요소

> ◈ 신뢰관리
>
> • 신뢰관리는 조직에 대한 믿음과 조직의 관장을 포함한 전 직원 그리고 지역주민과 이용자 등 사회복지관의 이해당사자들 간에 믿음이 형성되고 유지되도록 관리하는 것을 의미한다.
> • 조직 내에서 직원들이 서로를, 직원이 조직을, 직원이 리더를, 이용자가 조직 및 조직이나 조직이 제공하는 사업과 조직을 대표하는 리더를 믿도록 만드는 것

👥 2 이용자들의 조직에 대한 신뢰

사회복지관의 모든 조직 활동에 대해 이용자들은 신뢰하여야 한다. 복지관은 이용자들의 권리를 향상시키기 위해 노력하고 이용자들의 위험이나 위기 그리고 욕구, 나아가 지역사회주민들과 지역사회의 문제를 해결하기 위해 조직의 모든 자원을 활용하고 있음을 이용자들이 인지할 수 있도록 최선의 노력을 경주하여야 한다. 기관에 대한 불신은 기관 활동에 대한 불신을 가져다주며, 조직구성원들에 대한 불신 더욱 나아가 복지관의 사회적 가치실현을 위한 모든 노력에 대한 불신으로까지 발전할 수 있다. 결국 기관이나 기관 활동에 대한 이용자들의 신뢰는 복지관의 모든 활동 및 존재 자체에 대한 지지와 후원을 위한 군건한 토대가 된다.

> ◈ 성과관리지침
>
> • 나는 우리 복지관의 이용자들이 복지관의 운영원칙이나 규정을 신뢰한다고 생각한다.
> • 나는 우리 복지관의 이용자들이 복지관을 신뢰한다고 생각한다.
> • 우리 복지관의 이용자들은 복지관이 그들에게 든든한 지원을 제공할 것이라고 믿고 있는 것 같다.
> • 우리 복지관의 이용자들은 복지관의 결정에 잘 따른다.

3 직원들의 조직에 대한 신뢰

사회복지관의 모든 직원들은 복지관을 신뢰하여야 한다. 복지관의 한 구성원으로서 직원들이 갖는 조직에 대한 신뢰감은 직무활동의 정당성을 강화시키며 조직에 대한 충성과 헌신을 불러일으켜 조직성과개선을 위한 토대를 형성한다.

◈ 성과관리지침

- 나는 우리 복지관의 운영원칙이나 규정을 신뢰한다.
- 나는 복지관이 직원들에게 한 약속을 잘 이행한다고 생각한다.
- 나는 우리 복지관이 직원 의견을 반영하기 위해 노력한다고 생각한다.
- 우리 직원의 복지관에 대한 신뢰는 매우 두텁다.
- 나는 우리 복지관의 의사결정구조와 결정을 신뢰한다.

4 직원들의 직장상사에 대한 신뢰

사회복지관의 상층지도부인 관장과 국장(부장)들에 대한 직원들의 신뢰는 직원들의 직무에 대한 몰입 및 직무 잔류의사, 나아가 조직성과에 결정적인 요인이다. 또한 열린 의사소통, 직원들 개개인에 대한 이해 및 공감을 위한 노력, 직원들의 직무에 대한 인정 및 감사의 표시, 공평한 인사 및 직무배치 등은 모두 직장상사들에 대한 신뢰에 결정적인 요인들이다.

◈ 성과관리지침

- 나는 관장을 포함한 직장상사를 신뢰한다.
- 나는 관장을 포함한 직장상사들이 나의 고충을 잘 알고 있다고 생각한다.
- 나는 관장을 포함한 직장상사들이 나의 고충을 해결하기 위해 노력할 것이라고 생각한다.
- 나는 관장을 포함한 직장상사들이 직원들을 모두 공정하게 대하며 형평성 있는 직무관리가 이루어지고 있다고 생각한다.
- 나의 노력은 관장을 포함한 직장상사로부터 인정받는 편이다.

---

5 직원 간의 신뢰

직원들 간의 신뢰는 직원권한위임 및 협력활동을 포함하는 모든 직원 간 상호행동을 위한 토대이다. 직원들 간의 믿음에 기초한 동료의식은 노동의 강도가 높은 모든 복지관의 직원들에게 있어 소진 및 이직의도를 약화시키는 요인이 된다.

◈ 성과관리지침

- 나는 동료들과 함께 일하는 것이 즐겁다.
- 나는 나의 동료에게 나의 업무를 언제든지 믿고 맡길 수 있다.
- 나는 나의 동료를 신뢰한다.
- 동료는 나에게 협력자이고 지원자이다.
- 나는 동료들이 나를 신뢰한다고 생각한다.

---

6 직원과 이용자들의 프로그램에 대한 신뢰

사회복지관의 사업이나 프로그램에서 제공되는 모든 서비스들은 복지관을 이용하는 이용자들(이용자들의 행위, 인식, 태도, 기능 등)에게 직접적으로 긍정적인 영향을 미쳐야 한다. 따라서 복지관의 모든 사업이나 프로그램은 지속적인 수정을 통해 발전하여야 하며, 이는 곧 이용자들에게 있어 서비스의 효과 및 품질에 대한 신뢰를 가져다줄 수 있다. 사업이나 프로그램이 이용자들의 노력이나 시간 등에 대한 보상을 가져다주지 않는다면 곧 프로그램 이용자들의 축소, 나아가 복지관 이용자들 수의 축소를 가져올 수 있다. 직원들은 자신들이 제공하는 프로그램이 이용자들의 생활환경에 대한 변화나 이용자들의 삶의 질 개선을 가져올 수 있다는 신념을 갖고 있어야 하는데, 이는 프로그램의 효능감을 높이는 중요한 인식이다.

◆ 성과관리지침

• 나는 우리 복지관이 제공하는 사업이나 프로그램을 신뢰한다.
• 나는 우리 복지관이 제공하는 프로그램이 이용자들에게 많은 도움이 될 것이라고 생각한다.
• 우리 복지관의 프로그램은 자랑할 만하다.
• 우리 이용자들은 복지관이 제공하는 프로그램에 관심을 기울이며 적극적으로 참여한다고 생각한다.

제3부

결과영역

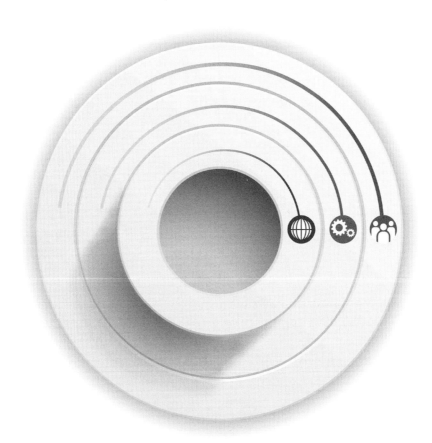

제11장 결과영역의 관리

일반적으로 결과는 하나의 행동과정에 참여함으로써 나타나거나 하나의 행동과정에 의해 이루어진 것을 의미한다(지은구, 2008). 결과는 사전적 의미로 '열매를 맺거나 어떤 원인으로 결말이 생김 또는 영향이나 변화'를 의미한다. 이러한 정의에 따르면 결과는 결말이 생긴다는 의미에서 산출(output)과 영향이나 변화를 나타내는 결과(outcome)를 모두 포함하는 개념임을 알 수 있다. 결과는 서비스 실행에 따른 산출이 이용자를 어떻게 변화시켰는지를 알아보는 과정이라 할 수 있다. 따라서 이 저서에서의 결과관리는 '서비스 산출(output)에 따른 이용자의 변화와 파급효과 또는 영향력(impact)'으로 정의하고자 한다.

> ◈ 결과(outcome)
> • 서비스 실행에 따른 산출이 이용자를 어떻게 변화시켰는지를 알아보는 과정
> • 서비스 산출에 따른 이용자의 변화와 파급효과 또는 영향력

단위사업이나 프로그램의 분석에서 적용할 수 있는 산출과 결과에 대한 구체적인 내용을 살펴보면 다음과 같다.

- 산출: 산출은 행동에 의해서 직접적으로 나타나는 행동의 산물로서 성취된 작업의 양에 의해서 측정된다. 따라서 사람의 숫자, 제공된 교육이나 상담횟수 같은 것들이 산출에 포함된다. 하지만 산출은 모두 원하는 또는 기대하는 결과를 성취하지는 않는다. 예를 들어, 알코올중독자 치료 상담 프로그램에 참여한 모든 참가자들이 프로그램의 상담에 참여했다고 해서 모두 알코올중독의 문제에서 벗어나는 것은 아니며 프로그램이 종결된 후 다시 알코올중독자로 돌아가는 사람들도 존재한다. 산출은 원하는 또는 갈망하는 혜택이나 참가자들의 변화를 인도하기 때문에 매우 중요하다고 할 수 있다.

- 결과: 결과는 프로그램 활동에 참가한 이후에 또는 참가하는 동안에 나타나는 개개인이나 집단들에 대한 혜택이나 변화를 의미한다. 간략히 말하면 프로그램이 이루려 했던 또는 갈망했던 결과라고 할 수 있다. 성과는 산출에 의해 영향을 받는다. 결과는 프로그램에 참석한 참가자들이 성취하려는 또는 바꾸려는 행동, 지식, 기술, 태도, 조건, 지위 등과 연관이 있다. 사회복지조직은 이용자, 지역주민, 나아가 지역사회가 특정한 방식으로 변화되는 것을 추구한다. 이러한 변화는 조직의 투입, 행동 그리고 산출의 마지막 단계에서 갈망하는 결과에 의한 영향력이라고 할 수 있다.

결국 결과를 관리한다는 것은 사회복지관 조직의 사회적 가치실현을 위한 모든 활동(사업과 프로그램)에 대한 이해관계자들의 변화나 혜택을 관리하는 것을 의미한다. 따라서 결과를 구성하는 영역의 관리는, 첫째, 산출과 결과의 영향력을 관리하는 효과관리영역, 둘째, 이용자를 포함한 전제 이해관련당사자들에게 직·간접적으로 영향을 주며 결국 산출과 결과에 영향을 주는 서비스 품질을 관리하는 품질관리영역, 셋째, 가치의 실현과 변화를 추구하는 모든 조직 활동에 대한 평가를 관리하는 평가관리영역으로 구분된다. 〈표 11-1〉은 결과영역을 구성하는 관리요소의 내용을 나타낸다.

✎ 〈표 11-1〉 결과영역을 구성하는 관리요소의 내용

평가관리	사회복지관의 사회적 가치의 실현과 변화를 추구하는 모든 조직활동에 대한 평가를 관리
품질관리	이용자를 포함한 전제 이해관련당사자들에게 직·간접적으로 영향을 주는 산출과 결과를 포함하는 서비스 품질을 관리

효과관리	목적대비 성취의 정도로서 나타나는 산출과 결과의 이용자에 대한 영향력을 관리

제2절　사회복지관 성과의 결과영역

사회복지관 성과의 결과영역은 조직성과의 산출과 결과를 다루는 영역으로 사회복지관은 장애인, 노인 그리고 지역주민의 복지증진을 위한 가치를 실현하기 위해 다양한 사업 및 서비스를 제공한다. 따라서 결과영역은 이러한 사회복지관의 가치실현을 위한 노력의 결과로서 주민복지증진을 통한 삶의 질 향상, 행복감 증대 그리고 안정적인 노후생활의 보장이라는 조직결과물을 관리하는 영역이므로 서비스의 품질과 이용자의 만족은 중요한 결과영역의 요소이다. 다음의 표는 사회복지관 성과관리 영역에서 결과영역의 개념을 나타내 준다.

> ◈ 사회복지관 성과관리 결과영역
> • 사회복지관의 장애인, 노인 그리고 지역주민의 복지증진을 통한 삶의 질 향상, 행복감 증대 그리고 안정적인 노후생활의 보장이라는 조직결과물의 산출과 결과를 다루는 영역
> • 서비스의 결과와 사회적 영향력을 다루는 영역
> • 결과영역은 조직결과물을 다루는 영역으로 서비스 품질과 조직효과성 그리고 시설평가관리를 성과관리요소로 포함

지은구(2012)는 결과관리영역을 서비스의 결과와 사회적 영향력을 다루는 영역이라고 정의하였는데, 이러한 정의에 따르면 결과영역은 산출과 결과를 포함하며 서비스 결과에 영향을 미치는 서비스 품질과 서비스 효과성 그리고 사회적 영향력을 다루는 사회복지시설평가를 주요 관리구성요소에 포함할 수 있다. 사회적 영향력은 사회복지조직으로부터 서비스를 제공받는 개인이나 집단뿐만 아니라 지역사회의 구성원들과 지역사회 전

체도 사회복지조직 또는 조직이 제공하는 서비스에 의해서 영향을 받는다는 것을 의미하는 용어로, 사회복지조직활동에 대한 간접적 결과를 의미한다. 사회적 영향력은 사회문제해결을 위해 제공되는 사업의 지역사회에 대한 영향력을 의미하는 것이므로 사업의 외부환경에 대한 영향력이자 사업의 간접적 또는 부차적 효과라고 할 수 있다. 즉, 사회문제에 영향을 받은 클라이언트들의 변화는 사업의 직접적 영향력이며 개인의 변화에 따른 가족이나 집단 그리고 지역사회 구성원들의 변화는 사업의 간접적 영향력이자 사회적 영향력이라고 할 수 있다. 예를 들어, 지역사회서비스 투자사업의 제공에 따른 지역주민들의 복지체감도 향상은 사회적 영향력을 보여 주는 대표적인 증거이다.

사회복지관은 사회적 영향력을 강화하기 위하여 **사회적 책임성** 역시 강화하여야 조직의 정당성을 부여받을 수 있다. 사회적 책임성은 단지 복지관사업에 지원되는 국고보조금에 대한 사회복지조직의 재정적 책임성만을 강조하는 개념이 아니라 보다 폭넓은 개념으로, 사회적 응답과 사회적 상호행동을 모두 포함하는 개념이다(지은구, 2012b). 즉, 지역사회구성원들이나 지역사회로부터의 요구에 즉각적으로 응답을 하여야 하며 지역사회의 다른 조직들을 포함한 제반 영역과 상호행동을 통해 조직의 사회적 영향력을 강화하여야 한다.

사회적 책임성과 연관하여 조직이 지역사회로부터의 요구에 즉각적으로 응답을 잘하고 있는지 그리고 지역사회의 다른 조직들과 상호행동을 잘하고 있는지 그리고 국고보조금의 활용이 적절하게 이루어지고 있는지 등을 점검하는 사회복지시설평가를 관리하는 평가관리는 결과영역의 중요한 관리구성요소가 될 수 있다. Martin과 Kettner(2010)는 성과를 구성하는 영역으로 효과성, 효율성 그리고 품질을 제시하면서 산출은 효율성을 나타내고 효과성은 결과를 그리고 품질은 산출을 결과로 연결하는 필수품이라고 강조하였다. 따라서 결과는 산출과 직접적인 영향을 맺음으로써 성과의 결과영역에 효과성과 품질이 포함된다고 할 수 있다. 이는 품질과 효과가 결과를 구성하는 중요한 영역이라는 점을 의미한다.

따라서 결과영역의 성과관리 구성요소는 평가관리, 효과관리 그리고 품질관리의 세부분으로 구성된다. 단계별 성과측정을 적용하면 결과관리는 산출 및 결과를 관리하는 것이며 요소별 성과측정을 적용하면 효과성, 비용효과성, 형평성, 품질, 이용자만족 등을 관리하는 것을 의미한다.

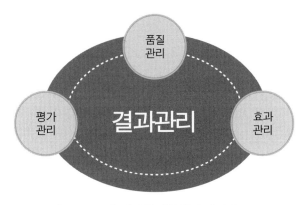

[그림 11-1] 결과관리영역의 관리요소

제12장 평가관리

제1절 평가관리와 평가관리의 필요성

　　조직구조를 평가하고 조직이 제공하는 사업이나 프로그램을 평가하는 것은 조직진단과도 같은 역할을 한다. 몸이 아프면 진단을 통해서 아픈 곳을 찾아 치료를 받는 것이 중요한 것과 같이 조직은 조직목적을 위한 모든 행동들에 대한 진단, 즉 평가를 받는 것이 조직 생존과 발전을 위해 필요하다. 따라서 평가는 조직관리를 위한 관리구성요소라고 할 수 있다. 통상 평가는 단위사업이나 프로그램에 대한 평가를 의미한다고 볼 수 있지만, 현재 시행되고 있는 사회복지시설에 대한 평가 역시 중요한 조직관리의 영역이라고 할 수 있다.

　　현실적으로 비영리조직에 대한 재정적 책임성, 즉 사회복지관 국고보조금사업에 대한 책임성은 곧 정부가 주도하는 사회복지시설평가를 통해서만 공개적으로 입증된다고 할 수 있다. 평가는 가치판단을 위한 행위의 과정이므로 사회복지시설들의 증거기반 실천행동을 위한 토대를 형성한다. 즉, 평가를 위해 모든 조직 활동에 대한 증거를 수집하고 제시하여 활동에 대한 가치판단을 통해 조직의 존재 및 조직 활동에 대한 책임성을 입증받는다는 점 또는 정당성을 부여받을 수 있다는 점이 평가의 중요한 역할이라고 할 수 있다. 따라서 사회복지관에 있어서 평가는 복지관의 사회적 가치실현을 위한 실천행동들을 개선시키기 위한 그리고 이용자들에게 서비스의 제공과 사용에 대한 이해나 경험을 개선시키기 위한 기회를 제공한다. 또한 평가는 성취하기를 원하는 성과가 성취되었는지를 검사하고 판단하기 위한 목적적 과정이므로 평가에 대한 관리, 즉 평가관리는 성과관리의 중요한 하나의 요소가 된다고 할 수 있다. 결국 사회복지관에 있어서 평가관리는 조직적 실천행동을 개선시키기 위한 그리고 서비스의 제공과 사용에 대한 경험을 개선시키기 위한 기회를 제공한다고 볼 수 있다.

◈ 평가관리

- 사회복지관의 평가관리는 성과관리의 한 요소로서 조직의 가치실현을 위한 실천행동을 개선시키기 위해 그리고 서비스의 제공과 사용에 대한 경험을 개선시키기 위해 시행되는 조직관리기법이다.
- 평가관리는 단위사업이나 프로그램 그리고 사회복지시설평가에 대한 지침과 지표를 관리하기 위해 조직 자체적인 평가체계의 확립과 운영을 관리하는 것을 포함한다.
- 평가관리는 시설평가와 직원평가 그리고 프로그램평가의 전 과정을 관리하는 것을 의미한다.

　　사회복지조직의 서비스를 개선시키는 것을 목적으로 조직행동을 평가한다는 의미에서 평가와 함께 프로그램평가라는 용어가 자주 사용되어 왔는데, 이는 조직적 차원에서의 사회복지사 개개인들의 실천행동들이 대부분 프로그램을 통해서 실현되기 때문이다. 또한 직원보상과 직원승진 등의 인력관리적 측면에서 직원평가 역시 평가가 이루어지는 영역이다. 따라서 평가관리의 대상은 직원들에 대한 평가와 복지관에 대한 평가 그리고 프로그램에 대한 평가로 구분될 수 있다. 즉, 평가관리는 조직이 제공하는 프로그램의 평가관리가 가장 핵심적인 내용을 구성하며, 3년마다 이루어지는 사회복지시설에 대한 평가 역시 관리의 필요성이 있고, 마지막으로 직원들의 업무수행능력에 대한 평가 또한 조직효과성을 향상시키기 위해 필요하다. 따라서 평가관리는 크게 시설평가관리, 프로그램평가관리 그리고 직원평가관리의 세 부분으로 구성된다.

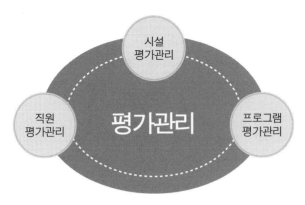

[그림 12-1] 평가관리의 요소

제2절 평가관리

1 시설평가관리

시설평가의 핵심은 정부가 주도하는 사회복지시설에 대한 평가를 준비하고 평가결과를 조직관리에 반영하도록 노력하는 것이다. 현 시설에 대한 평가는 매 3년마다 이루어지며 대부분의 복지관들은 평가가 이루어지는 당해년도에 평가를 준비하고 평가를 받기 위해 모든 기관의 역량을 집중하고 있는 것이 현실이다. 물론 사회복지시설평가에 대한 문제점들이 앞 장에서 지적한 바와 같이 도출되고 있지만, 국고보조금으로 사업을 진행하는 복지관사업의 경우 정부로부터의 재무적 측면에서 감사나 감독 그리고 평가를 받는 것은 당연한 책무라고 할 수 있다. 정부의 평가의 목적이나 평가의 방법, 평가의 과정 그리고 평가지표의 문제점 등은 꾸준히 개선될 여지가 있으므로 시설평가를 위한 각종 서류작업들을 관리하는 시설평가관리가 필요하다. 시설평가를 전략적으로 관리하여 평가준비로 인하여 평가 당해년도의 조직운영에 부정적인 영향이 미치지 않도록 사전에 평가를 준비하는 것은 조직성과에도 영향을 미치며, 또한 이용자나 직원 모두에게 있어 매우 중요한 과제라고 할 수 있다.

◈ 시설평가관리

• 사회복지시설에 대한 평가를 준비하고 평가결과를 조직관리에 반영하도록 노력하는 것

◈ 성과관리지침

• 우리 복지관은 사회복지시설 평가결과가 복지관 운영에 도움이 되도록 노력하고 있다.
• 우리 복지관은 시설평가를 위한 계획에 따라 평가를 준비하고 있다.
• 우리 복지관은 시설평가준비를 위한 담당자나 평가준비팀이 구성되어 있다.
• 시설평가결과는 우리 복지관의 운영계획에 반영된다.

2 직원평가관리

사회복지관의 평가를 관리하는 데 있어 시설평가, 프로그램에 대한 평가와 함께 개개 직원들의 개인적 책임성을 강조하며 직원 개개인들에 대한 수행능력에 대한 평가 또한 중요시되고 있다. 즉, 기관의 평가업무에 대한 수행과 함께 직원 개개인들의 평가의 문제가 제기된다. 직원들에 대한 평가는 직원들이 스스로 자신들을 평가하는 자가(self)평가와 동료들이 평가해 주는 동료평가가 사용될 수 있다고 한다(Skidmore, 1995). 또한 상급자들에 의해서 이루어지는 하급자들의 승진이나 보상을 전제로 하는 업무에 대한 평가들도 일 년 단위로 실행되기도 한다.

직원평가는 기본적으로 직원들의 직무를 수행하는 데 있어 그들의 직무역량을 강화하도록 하는 데 목적이 있으며, 직원들이 수행한 그들의 직무역량을 평가하여 그들이 그들의 능력을 십분 발휘할 수 있는 분야에서 일을 하고 있는지(직무의 적합성), 그들이 다루는 업무의 양은 적절한지(업무적절성), 전문성을 발휘할 수 있는지 그리고 그들의 직무역량은 어떠한지 등을 평가하여 승진과 보상의 기본 자료로 활용하게 되며, 나아가 스스로 평가를 통하여 직무역량이 강화될 수 있는 자기개발계획을 스스로 작성하여 시행할 수 있도록 하는 자기개발계획서 작성의 자료로 활용될 수 있다.

◈ 직원평가관리

- 직원들의 직무를 수행하는 데 있어 그들의 직무역량을 강화하도록 하는 데 목적이 있다. 직원평가관리는 직원들이 수행한 그들의 직무역량을 평가하여 직원들이 그들의 능력을 십분 발휘할 수 있는 분야에서 일을 하고 있는지, 그들이 다루는 업무의 양은 적절한지(업무적절성), 전문성을 발휘할 수 있는지 그리고 그들의 직무역량은 어떠한지 등을 평가하여 직무재배치 및 승진과 보상의 기본 자료로 활용하기 위하여 노력하는 것을 의미한다.

◈ 성과관리지침

- 우리 복지관은 직원평가를 위한 공정한 지침이 있다.
- 우리 복지관은 직원들의 자기개발 노력을 지지한다.
- 우리 복지관은 나의 능력을 잘 평가한다고 생각한다.
- 내가 하는 직무는 내가 잘할 수 있는 분야이다.
- 나는 나의 직무에 만족한다.
- 우리 복지관은 직원보상 및 승진에 대한 기본계획을 준수한다.
- 우리 복지관은 직원들의 직무태도(직무몰입과 직무만족)에 대해 정기적으로 조사하여 관리에 활용하고 있다.
- 나의 업무는 사회복지 전문성과 연관이 깊다.
- 내가 다루는 업무의 양은 내가 감당할 수 있는 수준 이상이다.

◈ 관리지침해설

- 직원들의 역량강화를 위한 조직의 노력은 직원개발과 관련된 다양한 정책들을 통해서 이루어진다. 직원개발을 위한 조직적 차원에서의 노력은 비생산적인 노력이나 투자가 아닌 조직발전과 학습조직을 통한 성과의 개선에 직접적인 영향을 미치는 생산적인 활동이다.
- 직원 개개인들의 업무능력을 사정하여 보다 적합한 업무에 배치하고 업무의 전문성을 보장하며 적절한 양의 업무를 할당하는 것 역시 직원들의 사기를 향상시키고 업무에 대한 동기를 유발하여 조직성과개선에 영향을 미치는 강력한 동기유발요인이다.

🐾 3 프로그램평가관리

사회복지관의 책임성은 결국 복지관이 제공하는 프로그램의 평가를 통해 어느 정도 이루어지므로 프로그램평가가 중요시된다. 조직성과를 관리하는 데 있어 프로그램평가에 대한 관리는 매우 중요한 기능에 속한다. 특히 프로그램평가는 복지관들에게 점점 더 중요성이 있는 것으로 인식되고 있다. 조직관리에 있어서 목적에 의한 관리와 질 중심 관리 등의 도입은 목적의 수립과 결과, 서비스 질의 강조 그리고 이에 대한 평가를 중요시함으로써 사회복지기관이 평가와 책임성을 더욱 강화하는 데 일익을 담당하였다고 볼 수 있다(지은구, 2005a). Biggerstaff(1977)는 프로그램평가의 중요성을 강조하였는데, 그에 따르면 프로그램평가는 기관의 운영과 서비스의 현재와 미래에 관해 더욱더 유용한 결정을 하도록 행정가를 돕는 하나의 도구이다. 그리고 Piliavin과 McDonald(1977)는 프로그램평가가 적절하게 설계되고 수행되면 조사의 결과는 서비스를 재조정하고 개선시키는 데 유용할 것이라고 주장하였다. 특히, 자원이 제한되어 있고 결과가 특별히 중요하게 인식되고 있는 지금 시점에 제공하는 서비스의 효과성은 더욱더 중요하게 인식되고 있다. 평가는 종종 변화의 주체로서 사용되기도 한다. 즉, 안정적 프로그램에 대항하는 의미로서 평가가 사용된다(지은구, 2005, 2008).

사회복지관이 제공하는 재화와 서비스는 프로그램을 통해서 클라이언트들에게 전달된다. 따라서 사회복지조직들에게 있어서 프로그램의 실행과 운영은 곧 그 조직의 활동을 대표하는 것으로 인식될 수 있다. 사회복지조직의 관리에 있어 관리기능의 중심이 프로그램을 중심으로 이루어진다고 해도 지나치지는 않을 것이기 때문에 복지관들에게 있어 그들이 제공한 프로그램에 대한 평가는 복지관의 평가나 관리 또는 행정의 중심축에 대한 평가라고 할 정도로 중요하다고 볼 수 있다(지은구, 2005).

구체적으로 형평성, 적절성, 효율성, 효과성 또는 품질의 측면에서 책임성을 사정하기 위해서 사회프로그램이나 사회기관 또는 사회복지기관에 종종 적용되는 방법이 프로그램평가이다. 따라서 프로그램평가는 짧은 기간 동안에 이루어지는 모든 사회프로그램을 위한 가장 기초적인 책임성을 측정할 수 있는 도구로 인식될 수 있다. 결국 프로그램평가는 사회프로그램의 책임성에 대한 강조가 증대됨으로써 그 중요성이 배가되었다고 볼 수 있다. 사회프로그램, 특히 사회복지프로그램에 대한 책임성의 증대는 구체적으로 이용자들, 자원제공자들, 일반 시민들 그리고 사회복지조직에서 일하는 전문가로서의 사회복지사들로부터 왔다고 볼 수 있다. 이러한 의미에서 Lohmann과 Lohmann(2002)은 프로그램평가란 사회복지기관들의 책임성을 증명하기 위해 그들에 의해서 사용되는 그리고 효과성, 형평성, 품질의 이슈를 해결하기 위해 사용되는 방법론 중에 하나라고 정의하고 있다. 또한 지은구(2008)는 프로그램평가가 사회과학적 조사방법론을 사용해서 개입행동이나 프로그램이 성취하려는 목적을 달성하였는지를 그 행동이나 프로그램이 소속되어 있는 정치·사회·경제적 조건하에서 조사하는 것이라고 정의하였다.

사회복지관에서 제공하는 프로그램에 대한 책임성 증대는 클라이언트들의 입장에서 본다면 그들에게 제공되는 프로그램이나 서비스가 얼마나 그들이 바라는 효과를 갖도록 해 주는지에 대해 알고자 하는 욕구에 기인하며, 일반 시민들의 입장에서 본다면 사회복지조직이 제공하는 프로그램들이 그들 조직의 비영리적 지위를 정당화시키는 방향으로 바라는 효과를 만들어 내는가를 알고 싶은 욕구에 기인한다. 또한 자금제공자들(예를 들어, 정부나 민간재단, 삼성 또는 아산복지재단이나 사회복지공동모금회 등)의 입장에서 본다면 그들이 제공한 자금이 바라는 결과를 가져다주는지를 알고 싶은 욕구에 기인한다고 할 수 있으며, 전문가로서의 사회복지사들의 입장에서 본다면 책임성 증대는 이용자들의 욕구가 바라는 방향으로 해결되도록 영향을 미치고 싶은 그리고 이용자들에 대해 전문적으로 책임감을 갖고 싶어 하는 욕구에 기인한다고 할 수 있다(지은구, 2005b, 2008).

> **◈ 프로그램평가**
> - 사회복지관의 운영과 서비스의 현재와 미래에 관한 더욱더 유용한 결정을 하도록 사회복지사를 돕는 하나의 도구
> - 사회과학적 조사방법론을 사용해서 개입행동이나 프로그램이 성취하려는 목적을 달성하였는지를 그 행동이나 프로그램이 소속되어 있는 정치·사회·경제적 조건하에서 조사하는 것

프로그램평가와 관련되어 반드시 숙고하여야 하는 것을 다음과 같이 크게 네 가지로 분류할 수 있다(지은구, 2005, 2008).

첫째, 무엇이 측정되는가?
둘째, 어떤 측정도구가 사용되는가?
셋째, 어떤 평가 방법을 선택할 것인가?

넷째, 프로그램평가를 위해 필요한 자원이 확보되어 있는가?

이들 이슈들을 자세히 살펴보면 다음과 같다.

1) 무엇이 측정되는가

사회복지관들이 프로그램평가를 수행하게 될 때 가장 첫 번째로 등장하게 되는 이슈는 프로그램의 영향력을 평가하기 위해서 어떤 것이 측정될 것인가를 결정하는 것이다. 프로그램의 복잡성 때문에 무엇이 측정되는가를 결정하는 것은 상당히 어렵다(Lohmann & Lohmann, 2002). 때때로 프로그램평가 시에 프로그램의 영향력에 상관없이 측정되기 쉬운 것만을 측정하는 경우가 있는데, 이런 경우 평가는 프로그램의 영향력을 평가하는 것이 아니라 단지 평가만을 위한 평가가 되고 만다. 따라서 단순히 프로그램에서 측정되기 쉬운 것을 측정하는 것이 아니라 프로그램이 목적으로 하는 것을 측정하는 것이 프로그램평가에 있어서 중요하다고 볼 수 있다. 다시 말해, 만약 프로그램평가가 프로그램이 영향을 주기 위해 수행했던 것을 평가하는 것이 아니라면 그 평가결과는 프로그램평가에 대한 부정확한 정보를 제공하게 될 것이며, 프로그램에 관련 없는 잘못된 대응을 낳는 원인을 제공하게 될 것이다.

예를 들어, 교육문화사업을 평가하는 데 있어 어떤 것들이 측정되어야 하는가를 결정하는 것이 교육문화사업을 원하는 이용자들 또는 프로그램을 제공받았던 이용자들에 대한 프로그램의 영향력을 평가하는 데 중요한 요소가 되기 때문에 교육문화사업프로그램의 어떤 것들이 측정되어야 하는가를 결정하는 것이 중요하게 된다.

2) 어떤 측정도구가 사용되는가

일단 프로그램의 영향력이 측정되어야 한다는 데 동의가 이루어진다면 프로그램의 영향력을 어떻게 측정할 것인가를 결정해야 할 필요성이 생긴다. 일반적으로 수많은 방식들을 이용해서 주어진 영향력을 측정할 수 있는 방법들이 있지만 측정도구들 중의 일부는 더욱 신뢰할 수 있고, 더욱 유효하기도 하며, 더욱 적은 비용으로 그리고 쉽게 이용할 수 있기 때문에 프로그램평가는 이러한 요소들 사이의 교환이 중요한 이슈로 남기도 한다. 즉, 유효도와 신뢰도 그리고 비용과 편리성이 중요한 측정도구로 사용될 수 있다. 측정에 있어 타당도(validity)란 측정도구가 측정하려고 하는 것을 측정할 수 있어야 한다는 것이고, 신뢰도(reliability)는 같은 측정도구를 사용하여 측정하는 경우 계속적으로 같은 결과를 측정할 수 있어야 한다는 것을 의미한다고 한다.

3) 어떤 평가방법을 선택할 것인가

프로그램평가는 사회복지사들에게 윤리적 문제점을 불러일으킨다. 윤리적 문제점이란 무엇이 좋은 평가조사방법론인가라는 문제와 서비스를 전달하기 위한 기관의 사명감(예를 들어, 사회복지기관들이 사회적 가치실현을 위해 노력하여야 한다는 사명감) 사이의 잠재적 갈등으로부터 온다고 한다(Lohmann & Lohmann, 2002). 즉, 조직이 실현하려는 가치의 성취여부가 평가조사방법에 의해서 실현되고 있는지를 확인할 수 없는 경우 사회복지사들은 윤리적 딜레마에 빠질 수 있다.

실험적 조사방법(예를 들어, 설문조사)은 가장 일반적으로 프로그램이 의도했던 영향력을 가지게 되었는지를 확인하는 프로그램평가를 위해 많이 사용되는 방법인데, 경험집단과 통제집단을 사용해서 두 집단 간의 차이를 프로그램과 연관해서 설명하며 샘플선정의 편견을 없애기 위해 무작위 샘플선정방식을 사용하여 조사의 객관성을 높이는 방식을 사용한다. 하지만 실험적 조사는 클라이언트에 대해 가장 많이 알고 있는 사회복지사들의 클라이언트에 대한 정보를 등한시하고 배제할 수 있다는 측면에서 문제점을 내포하고 있다. 따라서 가장 좋은 평가설계방식이 무엇인가에 대한 문제는 양적 설계방식과 질적 설계방식을 모두 포함하는 포괄적인 평가조사와 평가조사에서 이해당사자들을 참여시키는 것을 강조하는 참여적 평가의 중요성을 포함하는 설계방식이 강조됨으로써 해결될 수 있다고 본다.

또한 프로그램평가와 서비스를 전달하기 위한 기관의 사명감 사이의 갈등은 사용하는 조사설계방식이 잠재적인 이용자들에게 서비스 제공을 거부하는 윤리적 오류가 발생할 수 있을 것이란 문제점을 야기할 수 있다. 예를 들어, 행정가가 프로그램이 긍정적인 결과를 제공한다고 굳게 믿고 있고, 프로그램으로부터 서비스를 제공받고 있는 사람을 배제하는 것은 적절하지 않다고 믿는다면 프로그램의 결과를 강조하는 평가보다는 프로그램의 발전을 강조하는 과정평가가 우선시될 수 있다. 즉, 사회복지사가 특정 프로그램이 이용자들에게 반드시 필요한 것이고 긍정적인 효과를 제공한다고 생각하여도 프로그램의 결과에 대한 평가결과가 프로그램의 긍정적인 영향을 입증하는 데 실패하고 나아가 비효과적이라는 결과를 제시한다면 프로그램의 성과에 대한 결과와 프로그램의 사회복지가치에 대한 사회복지사들의 갈등이 나타나게 될 수 있다. 이런 경우 조사설계의 난해성이나 객관성 등은 이용자들에게 중요하지 않으며, 중요한 것은 그들이 프로그램으로부터 배제되어야 하는 이유를 알고 싶어 한다는 사실이다. 따라서 이러한 결과에 대한 평가, 특히 화폐적 가치나 숫자를 통해서 이루어지는 양적 평가에 기초하는 평가는 프로그램의 발전과 더 나은 프로그램을 위한 수정을 강조하는 발전을 위한 평가와 동시에 이루어지는 것이 필요하다고 할 수 있다.

4) 프로그램평가를 위해 필요한 자원이 확보되어 있는가

평가는 분명하게 자원을 필요로 한다. 하지만 대부분의 기관들은 현실 세계에 있어 충분하지 못한 자원의 환경에 놓여 있는 것이 사실이다. 대부분의 사회복지사들은 주어진 제한된 자료를 가지고 가능한 한 가장 효과적인 방식으로 현재 가지고 있는 자원을 사용하는 것에 관심이 있다. 따라서 기관에서 일하는 사회복지사들이 프로그램평가를 수행하는 데 있어 직면하게 되는 마지막 이슈는 평가를 수행하기 위해 필요한 자원에 대한 갈등이다. 이는 대부분의 기관에서 프로그램평가를 위해서 기본적으로 평가를 수행할 직원과 평가를 수행할 수 있는 시간이 주어져야 한다는 현실적인 욕구에 기초한다. 결국 주어진 제한된 자원을 가지고 프로그램평가를 위해 사용해야 하는가와 아니면 제한된 자원을 더욱 효과적인 서비스 전달을 위해 사용해야 하는가에 대한 갈등이 사회복지사들에게 중요한 이슈가 될 수 있다.

이러한 갈등의 원인은 기본적으로 사회복지사들이 제공하는 프로그램이나 서비스가 클라이언트들에게 긍정적인 영향력을 미친다고 하는 사회복지사들 나름대로의 확신에 기인한다. 만약 그들이 자신이 제공하는 서비스나 프로그램이 긍정적인 영향력을 제공하지 못한다고 믿는다면 서비스 전달에 계속적으로 개입하는 것에 어려움을 느낄 가능성이 있다. 따라서 서비스나 프로그램에 대한 사회복지사들의 긍정적인 영향력에 대한 사고는 프로그램평가를 위해 들어가는 자원이 서비스 전달을 위한 긍정적인 행동들과 자원의 확대를 잠식하게 될 수 있음을 강조하게 된다. 하지만 프로그램평가가 프로그램의 책임성을 증명할 수 있는 중요한 방식이라는 책임성의 시대와 결부하여 프로그램의 질과 적절성, 형평성 그리고 효과성에 대한 중요성이 확대되는 시점에 있어, 기관들은 더욱 클라이언트의 만족에 기초하는 그리고 욕구에 응답적인 서비스 전달체계를 확립하

기 위해 프로그램평가와 이에 따른 프로그램의 발전에 많은 노력을 기울이고 있음을 볼
수 있다.

프로그램평가가 사회과학적 조사방법론을 사용해서 개입행동이나 프로그램이 성취하
려는 목적을 성취하였는지를 그 행동이나 프로그램이 소속되어 있는 정치·사회·경제
적 조건하에서 조사하는 것이라고 한다면 평가를 위해 앞에서 제시되었던 과정들은 다
음과 같이 정리될 수 있다. 먼저, 첫 번째 단계는 프로그램에 관한 일반적인 서술을 확인
하는 단계이고, 두 번째 단계는 프로그램이 목적과 목표를 명확히 하였는지를 확인하는
단계이다. 세 번째 단계는 프로그램이 목적하는 바를 성취하였는지를 평가하기 위해 조
사설계방식을 선택하는 단계인 조사설계단계로서, 설계된 조사방법에 따라 어떠한 자료
를 어떻게 수집하였는가를 확인하는 것도 포함된다. 그리고 프로그램을 어떻게 수행할
것인지에 대한 설계가 끝나게 되면, 네 번째 단계로 실제 평가를 실행하는 단계에 들어
가게 된다. 평가의 다섯 번째 단계로 수집된 자료를 분석하는 자료분석단계, 그리고 마
지막으로 분석의 결과를 토대로 평가보고서를 작성하는 단계로 나누어서 살펴볼 수 있
다(지은구, 2005a). 구체적으로 이들 단계들을 그림으로 나타내면 [그림 12-2]와 같다.

결론적으로 프로그램평가는 사회과학적 조사방법을 사용하여 프로그램이 성취하려는
목적을 성취하였는지를 그 행동이나 프로그램이 소속되어 있는 환경적 조건하에서 조사

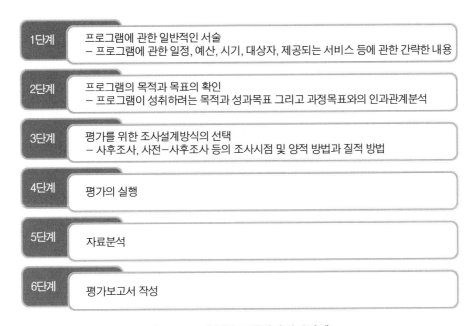

1단계	프로그램에 관한 일반적인 서술 – 프로그램에 관한 일정, 예산, 시기, 대상자, 제공되는 서비스 등에 관한 간략한 내용
2단계	프로그램의 목적과 목표의 확인 – 프로그램이 성취하려는 목적과 성과목표 그리고 과정목표와의 인과관계분석
3단계	평가를 위한 조사설계방식의 선택 – 사후조사, 사전–사후조사 등의 조사시점 및 양적 방법과 질적 방법
4단계	평가의 실행
5단계	자료분석
6단계	평가보고서 작성

[그림 12-2] 프로그램평가의 6단계

하는 것이라고 할 수 있으며 일회적 과정이 아닌 단계적 과정으로 시간과 노력이 필요한 과업이라고 할 수 있다. 프로그램평가를 통해 조직이 목적하는 바를 성취하도록 진행되기 위해서는 조직관리적 측면에서 관리되어야 한다. 프로그램평가는 사회조사방법론을 활용한다는 측면에서 평가에 대한 지식과 기술을 가진 직원들의 활용이 필요한 영역이다. 평가를 기획하고 평가요소, 즉 과정과 결과 그리고 투입요소들에 대해 분석하고 목적과 목표 사이의 영향력과 인과관계를 분석하여야 한다. 그리고 평가대상을 결정하고, 평가를 위한 조사방법론을 결정하고 평가를 시행하며, 결과를 분석하고, 평가를 다시 프로그램의 수정과 변화를 위하여 재투입하는 일련의 과정은 단순히 일회적 과정이 아니며 반드시 관리가 필요한 영역이라고 할 수 있다.

　결국 프로그램평가관리는 프로그램의 이용자들에 대한 영향력을 비롯하여 내용의 변화와 수정을 위해 시행되는 프로그램평가를 기획서부터 피드백의 적용까지 전 과정을 관리하는 것을 의미한다. 그리고 프로그램평가관리를 위한 관리요소는 기획서 작성에서부터 평가의 피드백까지의 전 과정에서 나타난다.

◈▤ 프로그램 평가관리

- 프로그램의 이용자들에 대한 영향력을 비롯하여 내용의 변화와 수정을 위해 시행되는 프로그램평가를 기획서부터 피드백의 적용까지 전 과정을 관리하는 것

◈▤ 성과관리지침

- 우리 복지관은 평가계획서에 따라 평가를 시행한다.
- 우리 복지관은 평가 전담 부서나 평가 전담 직원이 있다.
- 우리 복지관은 사업별, 프로그램별로 정기적으로 평가결과보고서를 작성한다.
- 우리 복지관의 평가결과는 사업/프로그램에 반영된다.

제**13**장 품질관리

1 서비스 품질의 개념

서비스의 품질 보장이 중요하다는 것은 일반적으로 누구나 동의를 한다. 그러나 서비스의 품질에 대해 객관적으로 받아들일 수 있는 정의를 내리는 것은 쉽지 않다. 품질이라는 용어는 학자와 실무자들 사이에서 널리 이용되고 있지만 이에 대한 정의는 연구자에 따라 혹은 연구목적에 따라 다르게 설정되고 있다. 이는 품질이라는 용어 자체가 절대적인 것이 아닌 상대적인 것이기 때문이다. 즉, 서비스 품질에 대한 정의 자체가 간단하지 않기 때문에 서비스 품질에 대한 정의는 다양하게 나타나는데, 그중에서 Pillinger(2001)는 품질을 프로그램 또는 서비스의 주요 성과지표 중 하나로서 생산물의 질적 수준의 비교를 통해 나타낼 수 있다고 한다. 그는 질적 수준의 비교로서, 첫째, 휴먼서비스라는 고유의 특성을 근거로 하여 품질 기준을 정하고, 둘째, 해당 서비스 분야 전문가가 설정한 기준에 기반을 두어 품질을 사정하고, 셋째, 서비스를 수급받는 수혜자의 지각과 기대하는 만족도 수준 사이의 갭(gap)에 중점을 두고, 넷째, 다양한 이해당사자의 적극적인 참여와 협상, 마지막으로 경영자와 행정관리자의 조직 내부의 내용규정에 근거하여 품질을 정의하고 있다. Parasuraman 등(1988b)은 휴먼서비스의 품질은 아니지만 일반 서비스의 품질을 서비스의 우수성에 대한 전반적인 판단이나 태도로 정의하고 있다. 그는 SERVQUAL모형에서는 서비스의 품질을 이용자들이 서비스 제공자들에 대해 갖는 기대와 실제 서비스 수행과 일치하는지에 대해 비교, 평가하는 것으로 이용자들이 서비스에 대해 갖게 되는 일반적인 태도, 지각된 질로 정의하고 있다. 이와 같이 학자마다 서로 다른 정의를 하고 있지만 서비스 이용자에게 질이 담보되는 최적의 서비스를 제공한다는 것은 동일한 목표라고 볼 수 있다. 지금까지 공공부문이나 민간 비영리 분야에서의 서비스 품질은 산업분야의 서비스에 비하여 많은 관심을 받지 못했으나 최근에는 공공재원의 효율적·효과적 사용에 대한 관심이 증대되면서 비영리 분야의 서비스 품질에 대한 관심도 지속적으로 증가하고 있다.

서비스의 품질은 최적의 서비스를 어떻게 만들어 전달하며 그 결과를 어떻게 평가하고, 어떻게 이용자의 만족을 증진할 수 있는가에 대한 행위라고 볼 수 있다. 이러한 원칙을 토대로 선진국에서는 서비스를 측정할 수 있는 합의된 품질 평가 도구를 개발하고, 이를 근거로 하여 서비스 질에 대한 모니터링을 강화하고 강력한 법률적 제재를 취해 오고 있다. 결국 사회복지관의 품질서비스는 서비스 자체의 특성, 이용자의 인식과 기대수준, 이해관계자들의 민주적인 참여와 협조 등을 포괄할 수 있는 관리척도의 필요성을 역설하고 있는 것이다. 따라서 이 저서에서는 이러한 관점을 바탕으로 일선 사회복지관의 관계자들이 복지관의 품질을 효율성 있고 효과적으로 관리하기 위한 사회복지관 서비스 품질관리척도를 개발하기 위하여 노력할 것이다. 특히, 이 장에서 사회복지관 서비스 품질관리척도는 서비스의 우수한 성과에 관련한 제공자의 전반적인 판단이나 태도라고 정의를 내리고자 한다(지은구 외, 2013).

🧑‍🤝‍🧑 2 서비스 품질요소

앞에서 정의한 것과 같이 제공자가 느끼는 우수한 성과에 대한 전반적인 판단이나 태도가 품질을 구성하는 요소라는 측면에서, 제공자의 인지를 통한 무형적인 요소에 의해서 품질요소가 또한 결정된다고 볼 수 있다. Parasuraman 등(1988b)은 초점집단면접(Focus group interview)를 통해 제공받는 서비스의 형태가 각각 다름에도 불구하고 서비스 품질을 인지할 때 척도로 삼을 수 있는 일반적인 기준이 있음을 밝혀내고 〈표 13-1〉과 같이 서비스 품질의 구성요소를 만들었다.

✍ 〈표 13-1〉 서비스 품질의 구성요소

구성요소	정의
유형성	기관의 물리적인 시설, 장비, 관리요원의 용모 및 복장 등
신뢰성	이용자와 약속한 서비스를 정확하고 믿을 수 있게 수행하는 능력
반응성	이용자를 기꺼이 도우며 신속하게 서비스를 제공하려는 것
능력	제공자가 서비스를 수행하기 위한 기술과 지식을 소유하고 있는 것
예절	서비스 제공자의 정중함, 존경, 배려, 친근함
신용성	서비스 제공자의 신뢰성과 정직성이 있는 것
안전성	이용자에게 위험과 의심의 가능성이 없는 것
접근가능성	이용자에게 쉽게 접촉할 수 있는 것
커뮤니케이션	이용자에게 쉬운 말로 이야기하고, 이용자에게 귀를 기울이는 것
고객이해	이용자의 욕구를 알기 위해 노력하는 것

자료: Parasuraman, Zeithaml, & Berry(1988b) 재구성.

앞에서 제시한 열 가지 품질구성요소 간에 중복되는 부분들을 양적 연구를 통해 유형성, 신뢰성, 반응성, 확신성, 공감성의 다섯 가지 차원으로 줄였다. 능력, 예절, 신용성, 안전성을 하나로 묶어 확신성으로 분류하였고, 접근가능성, 커뮤니케이션, 고객이해를 하나로 묶어 공감성으로 분류하였다. 〈표 13-2〉는 국내외 선행연구에서 국내외 서비스 품질구성요소 적용실태를 정리한 것이다. 다양한 분야에서 여러 연구자들이 품질구성요소에 대한 연구를 수행하였음을 알 수 있다.

✍ 〈표 13-2〉 국내외 품질구성요소 적용실태

연구자(연도)	연구분야	품질구성요소
지은구(2012b)	비영리조직	유형성, 신뢰성, 응답성, 확신성, 공감성, 사회성
김은정, 정소연(2009)	노인돌봄바우처서비스	신뢰성, 응답성, 보증성, 공감성, 사회성
이현진(2010)	방문요양서비스	신뢰성, 응답성, 보증성, 공감성, 지원성
김선경, 문인규(2008)	대중교통서비스	대응성, 보증성, 유형성, 동조성, 신뢰성, 능률성, 접근용이성
김성국(2003)	국제해상여객운송서비스	유형성, 신뢰성, 대응성, 보증성, 공감성

김순양, 윤기찬(2004)	여성복지서비스	유형성, 신뢰성, 대응성, 보증성, 공감성
문신용, 윤기찬(2004)	사회복지서비스	유형성, 신뢰성, 대응성, 보증성, 공감성
송균석, 남윤형, 권혁찬 (2007)	중소기업정책	유형성, 신뢰성, 대응성, 보증성, 공감성
신종화(1999)	행정서비스	유형성, 신뢰성, 대응성, 보증성, 공감성
안홍복, 권기정, 이미숙 (2004)	호텔서비스	신뢰성, 보증성, 유형성, 여가활용성, 감정이입, 대응성, 친절성, 쾌적성, 접근성
이곤수, 이태종, 송건섭 (2005)	지역축제 서비스	접근성, 신뢰성, 대응성, 보증성, 공감성
이상복, 김명훈(2008)	공공도서관서비스	유형성, 신뢰성, 대응성, 보증성, 공감성
이수광(1997)	호텔서비스	대응성, 편리성, 유형성, 다양성, 입지조건, 쾌적성, 적지성
이환범, 송건섭(2003)	지역축제서비스	유형성, 신뢰성, 대응성, 보증성, 공감성
이환범, 이수창(2007)	공공의료서비스	감정이입, 유형성, 대응성, 보증성, 신뢰성
이후석(2008)	박물관서비스	식음료시설, 전시표현, 전시내용, 직원 대응성, 매력물 정보, 정보전달, 금지정보의 유용성, 박물관 시설
장철영(2007)	전자정부 e-행정서비스	유형성, 신뢰성, 대응성, 보증성, 감정이입, 효율성, 신속성, 시정성
정규진(2008)	녹색주차마을조성사업	유형성, 신뢰성, 대응성, 편리성, 친절성
정기한, 황인호(2003)	교육서비스	유형성, 신뢰성, 대응성, 확신성, 공감성
홍미나(2007)	레스토랑 서비스	유형성, 신뢰성, 대응성, 보증성, 공감성
Bardi, Abdulla, & Al-Madani(2005)	IT센터서비스	유형성, 신뢰성, 대응성, 보증성, 공감성
Bouman & Wiele(1992)	차량서비스	친절성, 유형성, 신뢰성
Brysland & Curry(2001)	행정서비스	유형성, 신뢰성, 대응성, 보증성, 공감성
Curry & Sinclair(2004)	의료서비스	유형성, 신뢰성, 대응성, 보증성, 공감성
Donnelly et al.(2006)	경찰서비스	유형성, 신뢰성, 대응성, 보증성, 공감성
Engelland, Workman, & Singh(2000)	학사지원서비스	유형성, 신뢰성, 대응성, 보증성, 공감성

Jabnoun & Khalifa(2005)	금융서비스	개인의 기술, 신뢰성, 이미지, 가치
Iwaarden et al.(2003)	웹서비스	유형성, 신뢰성, 대응성, 보증성, 공감성
Kilbourne et al.(2004)	의료서비스	유형성, 신뢰성, 대응성, 공감성
Soutar & McNeil(1996)	교육서비스	유형성, 신뢰성, 대응성, 보증성, 공감성, 지식, 의사소통, 시스템

자료: 지은구 외(2013)에서 재인용

서비스 품질척도로 가장 많이 인용되고 활용되는 Parasuraman 등(1988b)과 동료들이 개발한 SERVQUAL모형은 알려져 있는 바와 같이 은행, 신용회사, 수선 및 유지관리 회사, 전화회사 등 영리조직의 서비스 품질을 구성하는 구성요소이므로, SERVQUAL모형이 제시한 다섯 가지 영역의 품질을 사회적 목적 실현을 강조하는 비영리 사회복지관의 서비스 품질을 구성하는 품질요소로 적용하기 위해서는 비영리 사회복지관의 가치에 맞게 품질척도가 수정·보완되어 개발되어야 한다. 앞의 〈표 13-2〉에서 보는 바와 같이 국내외의 다양한 영역에서 이루어진 서비스 품질에 대한 연구들을 보면 각각의 영역에서 SERVQUAL모형에서 제시되었던 품질구성요소들이 수정되어 적용되고 있음을 알 수 있다.

특히, 사회복지서비스영역에서 이루어진 김은정과 정소연(2009), 지은구(2012a)의 연구에 따르면 사회복지조직의 서비스 품질구성요소로 사회성을 추가하였음을 알 수 있다. 하지만 이들이 제시한 사회성은 이용자의 권리보호, 이용자의 선택권에 대한 정보제공을 척도로 보았다. 구체적으로 사생활보호 및 존중, 비밀보장, 안전한 서비스 제공을 사회성을 측정하는 측정지표로 제시하였다. 사회성이란 일상적으로 타인과의 관계에서 협동하고 서로 간에 원활한 상호작용을 하는 정도를 나타내는 인간관계 및 대인관계로서 사교적인 행동을 의미한다. 즉, 사람과 사람과의 관계를 맺는 능력, 즉 타인과 잘 사귀고 잘 어울릴 수 있는 특성을 말한다. 따라서 이들이 말하는 사회성의 의미는 보다 정확히 표현한다면 사회성이라기보다는 곧 선택권이나 이용자 정보보장 등 이용자의 권리성을 의미하는 것이라고 볼 수 있다(지은구 외, 2013). 따라서 사회성을 권리성으로 대체하여 품질구성요소에 대한 설명을 하면 다음과 같다.

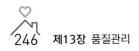

1) 권리성

사회복지조직이 중심인 제공자중심 모형에서는 이용자의 권리가 침해받을 가능성이 있으므로 제공기관과 이용자의 관계는 민주적 의사소통이 강조되는 수평적이고 대등한 관계로 변모되어야 한다. 어떤 영역에서든 이용자는 이용계약서를 통한 상호 계약을 요구하고, 계약으로 발생한 비용에 따른 정당한 권리를 요구할 수 있는 위치에 있다. 권리성에 대한 국내외의 근거규정을 살펴보면, 국내 법령체계에서 이용자의 권리는 성문법으로 인정되고 있다. 즉, 헌법 제10조, 제34조 1항 등에서 "모든 국민은 인간의 존엄과 가치를 가지며, 행복을 추구하며 인간다운 생활을 할 권리를 가진다"고 규정하여 불가침의 기본인권으로 보았다. 또한 국민의 자유와 권리는 헌법에 열거되지 아니한 이유로 경시되지 아니한다(헌법 제37조 1항)고 열거하여, 명시되지 않은 규정도 기본적인 권리로 확인하고 있다. 또한 「보건의료기본법」에서도 건강을 보호받을 권리, 알 권리, 자기결정권, 자신의 신체 · 건강 및 사생활의 비밀을 침해받지 않을 권리로 비밀보장권을 들고 있어 이용자의 권리보장에 관한 규정을 찾을 수 있다(「보건의료기본법」 제10조, 제11조, 제12조, 제13조). 즉, 모든 이용자는 어떤 이유로도 차별 없이 평등하게 최선의 서비스를 받을 권리가 있으며, 자신의 상태나 조건 등에 대해 충분한 설명을 듣고 적절한 서비스를 선택할 권리가 있고, 서비스 제공에 따른 사생활에 관한 비밀을 보호받을 권리가 있다. 이외에도 국외에서 성문화되지는 않았지만 사회 통념상 인정되는 이용자들의 권리도 있다. 여기에는 진료를 받을 권리(the right to health care), 정보접근권(access to information), 선택권(choice), 진료참여권(participation), 존엄권(dignity and human care), 비밀보장권(confidentiality), 손해배상청구권(complaints and redress) 등이 포함된다(리스본 선언)[1](지은구 외, 2013).

2) 접근성

Martin과 Kettner(2010)는 인간봉사영역의 프로그램에서 제공되는 서비스의 품질구성요소를 설명하면서 접근성이라는 개념을 추가하였다. 그들은 이용자들이 사회프로그램에 접근하거나 프로그램을 제공받기가 쉬운가의 여부를 접근성이라고 지칭하고, 접근성

---

1) 리스본 선언은 1981년 제34차 WMA(World Medical Association)총회에서 채택되었다.

이 서비스 품질을 구성하는 중요 요소임을 강조하였다. 일반적으로 지역사회복지관은 사회로부터 배제되고 소외받은 국민들이 이용하는 장소로서 복지관에서 제공되는 프로그램은 어떤 국민이건 배제 없이 그리고 장벽 없이 서비스를 제공받을 수 있어야 한다. 그러한 측면에서 장소적 또는 절차적으로 국민들을 배제하는 것은 국민들의 입장에서 보았을 때 당연히 받아야 하는 서비스의 배제를 의미하는 것이므로 접근성은 비영리 사회복지조직에게 있어 반드시 유지하여야 하는 서비스 품질요소라고 할 수 있을 것이다. 이 저서에서는 접근성을 지역사회복지관이 담보하여야 하는 중요한 서비스 품질구성요소로 설정하도록 한다(지은구 외, 2013).

3) 유형성

유형성은 기관의 물리적인 시설, 장비, 관리요원의 용모 및 복장 등이 최신식으로 또는 깔끔하게 관리되는 것이 이용자의 인지 및 태도를 통해 확인하는 것을 관리척도로 하였다(지은구 외, 2013).

4) 공감성

공감성은 이용자에게 쉬운 말로 이야기하고, 이용자에게 귀를 기울이며, 이용자의 욕구를 알기 위해 노력하는 것, 즉 이용자 욕구조사와 이용자와의 정기적인 컨퍼런스를 실시하여 이용자의 상태를 확인하는 것을 의미한다(지은구 외, 2013).

5) 신뢰성

신뢰성은 이용자와 약속한 서비스를 정확하고 믿을 수 있게 수행하고 관리하는 능력을 인정하는 것을 의미한다(지은구 외, 2013).

6) 응답성

응답성은 이용자를 기꺼이 도우며 신속하게 서비스를 제공하려는 것, 이용자의 불만접수, 불만사항을 해결하는 것을 인지하는 이용자의 태도를 확인한다(지은구 외, 2013).

7) 확신성

확신성은 제공자가 서비스를 수행하기 위한 기술과 지식을 소유하고 있고, 서비스 제공자의 정중함, 존경, 배려, 친근함, 신뢰성과 정직성이 있는 것, 이용자에게 위험과 의심의 가능성이 없는 것, 이용자 참여의 적극 독려, 그리고 이용자의 의사를 우선 반영하여 프로그램에 대한 정보를 제공하는 것을 품질구성요소로 확인한다(지은구 외, 2013).

8) 협력성

인간의 욕구는 다양하고 복잡하다. 인간이 가지고 있는 욕구를 해결하기 위한 휴먼서비스 영역의 모든 조직들은 어떤 한 조직도 한 명의 이용자가 가지고 있는 욕구를 완전하게 해결할 수 있을 정도의 완벽한 지식과 기술 및 자원을 가질 수 없다는 전제가 바로 조직과 조직 그리고 직원과 직원, 이용자와 이용자 가족들과의 협력적 관계를 통한 서비스 제공의 중요성을 나타내 준다. 협력은 휴먼서비스 영역에서 매우 중요한 작동 원칙이자 원리이다. 휴먼서비스의 전달과 관련하여 모든 조직은 이용자들의 욕구를 해결하기 위하여 그들이 가지고 있는 민간조직의 지식과 기술을 활용하는 데 있어 다른 조직이나 직원 그리고 이용자 가족들을 협력파트너로 인식하게 된다. 즉, 조직과 조직 사이의 협력을 위한 노력이 이용자들을 보호하고 돌보는 데 있어 더욱 효과적인 관리를 위한 토대로서 작동하게 된다. 휴먼서비스를 제공하는 민간비영리조직들은 협력관계를 기반으로 한 자원의 교류 및 협력을 통해, 더 나아가 조직 상호 간의 상호지원과 지지행동을 통해서 국민들의 사회서비스 욕구를 공동으로 해결하기 위해 노력하여야 한다(지은구 외, 2015).

협력성의 핵심은 조직의 성공이 조직목적 실현에 영향을 줄 수 있는 이용자, 이용자 가족 그리고 직원 등과 같은 핵심집단과의 관계를 어떻게 잘 관리하는가에 전적으로 달려 있다(Freeman & Phillips, 2002). 따라서 협력성은 모든 이해관련집단의 지지나 지원활동을 유지하고 그들의 이익이 최대가 될 수 있게 균형 있는 협력을 이루도록 하는 것이다. 따라서 협력성을 이용자의 욕구를 공동으로 해결하고자 하는 노력으로 정의한다(지은구 외, 2015).

사회복지서비스를 먼저 제공하고 있는 독일이나 일본 그리고 영국 등과 같은 선진국에서는 서비스 품질을 강화하는 다양한 정책을 시행하고 있으며, 서비스 품질측정문항으로 협력성에 대한 지표를 중요한 지표로 제시하고 있다. 일본의 경우 서비스 품질측정 항목에 지역주민과 자원봉사자 등 외부와의 연계가 잘 이루어지는지를 묻는 지표가 포함되어 있으며, 독일은 결과의 질로서 사회망 강화를 측정항목에 포함하고 있고, 영국 역시 다른 제공기관과의 협력을 서비스 품질측정지표로 활용하고 있다(이정석 외, 2011).

👥3 서비스 품질측정척도

사회복지관 서비스 품질을 측정하는 측정척도의 연구는 제한적으로 이루어져 왔다. 서비스 품질측정척도의 개발은 비영리조직이나 공공조직보다는 영리기업을 중심으로 개발되고 활용되고 있으며 최근 들어 영리기업에서 활용하는 서비스 품질측정척도를 비영리조직이나 공공조직으로 확대 적용하는 사례들이 늘어나고 있다. 비영리조직으로 적용되는 가장 대표적인 척도가 SERVQUAL모형과 SERVPERF모형이다. 하지만 두 측정모형 모두 영리기업을 대상으로 개발된 서비스 품질측정척도모형이므로 조직의 속성과 추구하는 가치가 상이한 사회복지조직, 특히 사회복지관의 서비스 품질을 측정하는 측정모형으로는 그 유용성 및 적합성을 면밀히 검토해 보아야 한다.

따라서 SERVQUAL모형과 SERVPERF모형을 비영리조직의 서비스 품질측정모형으로 수정 없이 적용하기보다는 비영리조직의 속성에 맞게 수정하여 새롭게 품질척도를 개발한 후 신뢰도 및 타당도 검증을 거친 척도의 개발이 필요하다. 최근 국내에서 비영리조직의 서비스 품질측정척도로 개발된 대표적인 모형이 지은구 등(2013) 모형과 지은구 등(2015) 모형이다. 먼저, 2013년에 개발된 모형은 지역종합사회복지관의 서비스 품질측정척도로서 지은구 등 모형은 SERVQUAL모형을 대폭 수정하여 비영리조직인 사회복지관의 특성에 맞게 새롭게 권리성과 접근성이라는 품질구성요소를 도출하여 총 7개 품질영역(공감성, 응답성, 신뢰성, 확신성, 유형성, 권리성, 접근성)의 18개 항목으로 구성된 품질척도를 개발하였다. 이들은 또한 2015년에 노인요양시설 서비스 품질측정척도 역시 개발하였는데, 이들이 개발한 품질척도는 노인요양시설의 특성을 고려하여 협력성이라는 품질구성요소를 새롭게 추가한 총 8개 품질영역(협력성, 공감성, 응답성, 신뢰성, 확신성, 유형성, 권리성, 접근성)에서 36개의 문항으로 구성된 품질척도를 개발하였다.

제2절 사회복지관 품질관리

1 품질관리의 개념

사회복지관의 서비스 품질은 향상되고 개선되기 위해 계획적이고 체계적으로 관리되어야 한다. 사회복지관의 품질관리는 '복지관에서 제공되는 서비스의 품질을 일정 정도 수준으로 유지하고 조직의 환경 및 이용자들의 욕구를 반영하여 지속적으로 향상되고 개선되도록 하는 것'을 의미한다. 사회복지관의 품질관리는 사회복지관의 품질을 협력성, 공감성, 응답성, 신뢰성, 확신성, 유형성, 권리성, 접근성 등의 총 8개 영역으로 구성되는 다면적인 개념으로 이해하여 각각의 영역을 측정할 수 있는 총 36개의 측정항목들로 구성된 품질척도의 결과를 통하여 서비스의 품질을 유지, 보완, 수정하려고 노력하는 과정이라고 할 수 있다.

2 사회복지관 품질관리

사회복지관의 품질관리는 또한 이용자들에 대한 만족도조사를 통한 만족비율의 정도를 이용하여 지속적으로 관리하는 것이 가능하다. 물론 만족도조사는 이용자들이 대체적으로 긍정적인 대답을 한다는 단점이 있지만, 사회복지관에서 활용될 수 있는 표준화된 만족도척도를 개발하여 모든 복지관들이 공통적인 척도를 이용하여 지속적으로 조사한다면 조사의 신뢰도는 향상될 수 있다. 또한 사회복지관의 실무책임자들로 구성된 전문가집단을 통한 면접 등을 활용하여 척도의 내용타당도를 확보할 수 있고, 나아가 요인분석을 통하여 만족도척도의 지표들에 대한 내적일관성을 확보할 수 있다.

◈ 사회복지관 품질관리
- 복지관에서 제공되는 서비스의 품질을 일정 정도 수준으로 유지하고, 조직의 환경 및 이용자들의 욕구를 반영하여 지속적으로 향상되고 개선되도록 하는 것이다.

- 품질관리는 사회복지관이 제공하는 서비스의 품질을 측정하고 향상시킬 수 있는 방안을 모색할 수 있도록 하는 것을 의미한다.

◈ 성과관리지침

- 우리 복지관은 서비스의 품질을 관리할 수 있는 척도를 활용하고 있다.
- 우리 복지관은 서비스의 품질을 향상시키기 위해 노력하고 있다.
- 우리 복지관은 자체적인 품질향상방안을 가지고 있다.

◈ 성과관리지침해설

- 사회복지관은 제공되는 서비스 전반에 대한 서비스 품질을 지속적으로 확인하고 개선하기 위해 객관적인 서비스 품질척도를 활용하여야 한다. 이를 위해 사회복지관 서비스 품질척도의 개발이 요구된다.
- 품질척도의 활용과 별도로, 복지관은 자체적으로 서비스 품질을 향상시키기 위한 방안을 마련하고 있어야 한다. 서비스 품질향상을 위한 방안으로는 강사에 대한 지속적인 관리방안, 서비스내용에 대한 확인 및 모니터링 방안, 이용자 참여율의 확인, 이용자만족도 모니터링, 새로운 서비스 내용(또는 교육내용)의 개발 노력, 욕구조사 반영노력, 사업/프로그램 평가결과의 반영 등의 내용이 포함되어야 한다.
- 서비스 품질척도 이외에 이용자만족도 척도를 이용하는 경우 객관적인 타당도의 검증을 거친 사회복지영역 이용자들의 만족도 측정도구를 활용하는 것이 바람직하다.

결론적으로 사회복지관 품질관리는 서비스 품질을 일정 수준 이상 유지하기 위해 노력하면서 지속적으로 이용자들의 욕구가 해결될 수 있도록 개선하는 것과 이용자들이 제공받는 서비스나 기관의 모든 활동에 대해 긍정적으로 인식하는 인식의 정도를 유지ㆍ개선할 수 있도록 하는 이용자의 만족 정도를 유지 관리하는 것을 의미한다. 따라서 품질관리의 관리구성요소는 서비스 질과 이용자만족이 된다.

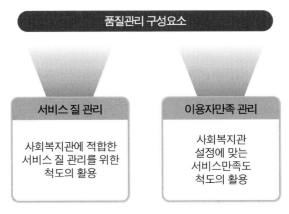

[그림 13-1] 품질관리 구성요소

3 사회복지관 서비스 품질관리척도의 활용

사회복지관의 서비스 품질을 지속적으로 관리하기 위해서 사회복지관 서비스 품질척도를 사용하는 것도 효과적이다. 이 저서에서는 기존의 사회복지영역에서 개발한 품질척도를 수정·보완하여 사용하도록 한다. 특히, 위에서 설명한 지은구 등(2015)이 노인요양시설의 서비스 품질을 관리하기 위해 개발한 척도를 수정·보완하여 사용한다.

이 저서의 연구 영역은 사회복지관이다. 따라서 서비스 품질척도는 당연히 사회복지관의 특성을 반영하여 개발되어야 한다. 즉, 지은구 등이 2015년 개발한 척도는 노인요양시설을 대상으로 하는 것이고 사회복지관은 노인여가시설임으로 노인여가시설인 사회복지관의 특성이 고려된 서비스 품질척도가 개발되어야 한다는 것을 의미한다. 하지만 사회복지관 서비스 품질척도의 개발은 차후의 연구 과제로 남기고, 이 저서에서는 지은구 등(2013b)이 개발한 지역복지관 품질척도와 노인요양시설 품질척도를 수정·보완하여 품질관리의 주된 내용으로 활용하도록 한다. 다음의 표는 지역복지관 품질척도와 노인요양시설 품질척도를 수정한 사회복지관 서비스 품질척도이다.

📝 〈표 13-3〉 사회복지관 서비스 품질척도의 예

차원	내용
유형성	복지관의 장비(체육시설, 교육시설, 물리치료기구 등)는 잘 관리되고 있으며 현대적으로 보인다.
	복지관은 내·외부적으로 깨끗하고 깔끔한 분위기이다.
	복지관 직원들은 밝고 단정한 용모를 갖추고 있다.
	복지관은 이용자에게 안전한 공간이다.
	복지관은 이용자를 위한 편의복지관(휴식공간, 승강기, 강당, 산책공간 등)을 가지고 있다.
접근성	식단은 매주 알림판 등을 통해 이용자가 알 수 있다.
	서비스나 복지관에 관련된 자료가 보기 쉬운 장소에 놓여 있다.
	복지관은 이용자가 참여할 수 있는 다양한 프로그램(사회교육, 사회활동참여, 보건 및 복지 서비스 등)을 제공한다.
신뢰성	복지관은 서비스를 제공하기로 약속한 시간에 서비스를 제공한다.
	이용자에게 문제가 발생할 때 복지관은 이용자를 이해하기 위해 노력하며 위안을 준다.
	복지관(직원)은 믿을 만하다.
	복지관은 이용자 및 가족에 대한 기록을 정확하게 보관하고 있다.
	제공하기로 한 서비스와 실제 제공된 서비스는 같다.
응답성	복지관은 이용자의 요구에 신속하게 대응한다.
	서비스가 제공될 시간을 이용자에게 정확하게 알려 준다.
	복지관의 직원으로부터 이용자가 요구하는 서비스를 기대할 수 있다.
	복지관의 직원은 이용자를 도울 의지가 있는 것 같다.
	서비스는 이용자의 상태나 의사를 반영하여 제공된다.
확신성	직원들은 충분한 업무 지식 및 기술을 갖추고 있다.
	직원들은 이용자에게 예의 바르고 친절하다.
	직원들과 같이 있으면 안전함을 느낀다.
공감성	직원은 이용자의 편의를 최우선적으로 고려한다.
	직원은 이용자에게 관심을 가지고 있다.
	직원은 이용자가 무엇을 원하는지를 잘 알고 있다.
	복지관에서 제공되는 서비스는 이용자에게 편리한 시간에 제공된다.

	이용자의 희망과 의견이 반영된 서비스가 제공된다.
	직원들은 이용자의 심신 상태를 잘 파악하고 있다.
권리성	복지관은 이용자의 사생활과 자존심을 존중한다.
	복지관은 서비스를 제공할 때 이용자에게 설명하고 동의를 얻는다.
	이용자들은 언제나 서비스를 거절 및 중지할 수 있다.
	복지관은 이용자들에 대한 기록을 이용자나 가족의 요구 시 언제든 제공한다.
	복지관은 이용자를 다른 사람과 차별하지 않고 동일하게 대한다.
협력성	복지관에는 자원봉사자가 자주 찾아온다.
	복지관은 이용자가 위급 시 연락할 수 있는 가족 및 기타 긴급연락처를 파악하고 있다.
	복지관의 직원들은 서로 도와주고 잘 지낸다.
	복지관은 공공기관을 포함한 다른 사회복지관이나 사회서비스 제공기관들과 협력하여 사업이나 서비스를 제공하고 있다.

앞서 제시된 사회복지관 서비스 품질척도는 복지관 자체에서 품질개선을 위한 노력의 일환으로 매년 시행되며, 조사결과는 서비스 품질개선을 위한 품질관리 개선방안에 포함되어야 한다.

4 사회복지관의 이용자만족

사회복지관의 이용자만족은 복지관에서 제공된 서비스에 대하여 이용자가 얼마나 만족한 결과가 나타나는지를 확인하고, 확인한 결과를 서비스의 품질 향상 노력에 반영하도록 하는 것을 의미한다. 사회복지관은 구체적으로 이용자가 서비스에 대한 바람과 소망을 충족시키는 정도와 관련된 모든 사고를 열어 놓고 관리하여야 하며, 특히 이용자만족은 평가체계의 핵심적인 요소로 취급되고 있어 집중적인 관리를 하여야 하는 영역이다. 특히, 사회복지관에서의 이용자만족은 중요하게 취급되어야 하는데 이는 이용자만족의 수준에 따라 이용자의 행동이 영향을 받을 수 있기 때문이다. 사회복지관은 서비스를 제공하는 측면에서 이용자의 복지관 전반 및 단위사업이나 프로그램에 대한 만족을 측정하여 이용자의 욕구에 부응하는 서비스에 대한 개선을 모색하고 서비스의 질적 수준을 높이도록 노력하여야 한다.

◈ **사회복지관 이용자만족관리**

• 만족관리는 복지관이 이용자가 만족할 만한 수준의 서비스를 제공하는지를 측정하여 서비스에 대한 개선을 모색하고 서비스의 질적 수준을 높이도록 노력하는 과정을 의미한다.

◈ **성과관리지침**

• 우리 복지관은 전체 이용자에 대한 만족도조사를 하고 있다.
• 우리 복지관은 프로그램별 만족도조사를 실시하고 있다.
• 우리 복지관은 복지관 이용자들의 만족을 관리할 수 있는 만족도척도를 활용하고 있다.
• 우리 복지관은 이용자만족도 조사결과를 사업에 반영하고 있다.

◈ **관리지침해설**

• 객관적인 사회복지관 만족도 척도가 개발되지 못한 경우 기존에 사용하고 있던 이용자만족도 척도의 활용은 대안이 될 수 있지만, 객관적인 타당도 검증을 거친 만족도조사를 개발하여 활용하는 것이 바람직하다.

---

5 사회복지관 이용자만족도척도의 활용

이용자만족도는 품질관리와 함께 성과관리의 결과관리요소를 구성하는 개념으로 이용자들이 인지하는 조직의 서비스나 프로그램에 대한 만족의 정도를 나타낸다. 하지만 단순히 프로그램이나 사업 등에 대한 전반적인 만족의 정도에서 벗어나 이용자만족도는 투입단계에서 시작하여 결과단계, 즉 이용자의 상태나 기능 또는 생각의 변화 등을 포함하는 개념일 수 있으며 단순히 투입과 행동 그리고 산출에 대한 만족만을 포함하는 개념일 수도 있다. 따라서 이용자만족도를 측정하기 위해서는 성과관리의 전 단계, 즉 가치영역, 과정영역 그리고 결과영역에 대한 단계별 측정에서 이용자만족의 내용을 확인하는 것이 필요하다.

6 사회복지관 이용자만족도척도

　사회복지관 서비스 이용자들의 만족도를 측정하기 위한 도구로서 이 저서에서는 McMurty와 Hudson(2000)이 사회복지조직을 이용하는 이용자들의 만족을 측정하도록 개발한 이용자만족도 척도(client satisfaction inventory)를 참고하고, 김용석(2009)이 국내 실정에 맞게 수정하여 개발한 이용자만족도 척도를 사회복지관의 특성에 맞게 다시 수정하여 제시하도록 한다. 사회복지관 이용자들의 만족도를 측정하기 위해서 복지관의 특성에 맞게 수정된 복지관 이용자만족도척도가 필요하다. 특히, 서비스 품질척도와 비슷한 맥락의 질문항목은 질문의 중복을 피하기 위해 삭제되는 것이 바람직할 것이다. 〈표 13-4〉의 척도는 복지관 결과관리 영역에서 이용자들의 만족을 측정하기 위해 수정된 이용자만족도 척도의 예이다. 이 척도는 단위사업이나 프로그램의 만족을 측정하는 척도라기보다는 서비스를 포함하는 조직 전반에 대한 이용자들의 인식을 질문하는 이용자만족도척도이며, 타당도가 검증되지는 않았으므로 향후 타당도 검증의 단계가 필요할 것이다.

✏️ 〈표 13-4〉 활용 가능한 사회복지관 이용자만족도척도의 예

사회복지관 이용자만족도척도		
■ 응답범주 1 = 전혀 그렇지 않다, 2 = 거의 그렇지 않다, 3 = 조금 그렇지 않다, 4 = 보통이다 5 = 조금 그렇다, 6 = 대부분 그렇다, 7 = 항상 그렇다		
항목	점수	질문내용
1		이곳에서 받은 서비스는 나에게 큰 도움이 된다.
2		이곳의 직원은 진심으로 나를 도와주는 것 같다.
3		만일 다시 도움이 필요하면 이곳을 이용할 것이다.
4		이곳의 직원은 나를 업무적으로 대하지 않고 인격적으로 대해 준다.
5		이곳에서 나는 나의 문제를 다루는 방법을 많이 배웠다.
6		내가 이곳에서 도움받은 것에 대해 다른 사람에게도 추천하고 싶다.
7		이곳의 직원은 자신들이 맡은 일을 열심히 한다.
8		나는 이곳에서 진정으로 내가 필요로 하는 도움을 받았다.
9		이곳의 직원은 나의 모습을 있는 그대로 받아 준다.
10		내가 처음 이곳에 왔을 때보다 지금이 훨씬 좋아졌다고 생각한다.
11		이곳에 오기 전까지는 나를 도와줄 사람이 아무도 없다고 생각했다.
12		여기서 받은 도움은 내가 지불한 이용료만큼의 가치가 있다.
13		이곳의 직원은 자신의 업무보다 내가 요구하는 것을 먼저 해 준다.
14		이곳에서 내가 받은 가장 큰 도움은 나 자신을 돕는 방법을 배운 것이다.
15		내가 아는 사람들은 이곳에서 내가 긍정적으로 변화되었다고 말한다.
16		이곳의 직원은 내 심정을 이해하는 것 같다.
17		나는 이곳의 직원에게 속마음을 털어놓을 수 있을 것 같다.
18		내가 여기서 받은 도움은 기대 이상이었다.
19		이곳의 직원은 나를 도울 수 있는 전문적인 지식과 기술을 가지고 있다.
20		이곳은 내 이야기에 대해 비밀보장을 잘 지킨다.
21		이곳의 직원은 나와 한 시간약속을 정확하게 지킨다.
22		이곳에서는 내가 문제를 해결할 수 있도록 적극적으로 지지해 주고 도와준다.
23		이곳의 직원은 서비스 이용 절차를 이해하기 쉽도록 친절하게 설명해 준다.

제**14**장 효과관리

1 효과의 개념

효과성(effectiveness)[1]은 조직관리적 측면에서 조직이 달성하려는 목적의 달성 정도를 나타낸다. 따라서 조직이 성취하려는 목적의 달성 정도를 관리하는 과정이 곧 효과관리라고 할 수 있다. 일반적으로 목적은 미션과 같은 수준의 용어이므로 효과관리란 곧 조직관리적 측면에서 조직이 설정한 미션을 성취하도록 노력하는 과정이라고 정의할 수 있다.

◈ 효과
- 조직관리적 측면에서 조직이 설정한 목적(미션)의 성취 정도를 나타낸다.

◈ 사회복지관 효과관리
- 사회복지관이 설정한 미션을 성취하기 위해 노력하는 과정을 관리하는 것이다. 구체적으로는 복지관이 각종 사업을 통하여 성취하려는 목표가 얼마나 성취되었는가를 측정하고 개선방안을 찾기 위해 노력하는 것을 의미한다.

---

[1] 이 저서에서는 효과와 효과성을 동일시하도록 한다.

효과는 기대된 또는 설정된 목적이나 목표 대비 성취된 목적이나 목표를 나타내는 지표를 통하여 알 수 있다. 효율성은 혜택이 화폐가치로 환원될 수 없는 경우 측정 불가능하다는 단점이 있지만 효과성은 혜택이 화폐가치로 환원되지 않아도 측정이 가능한 영역(지은구, 2012b)이다. 따라서 사회복지조직의 성과를 결과영역에서 측정하기 위하여 효과를 측정하고 효과의 향상을 위한 노력을 관리하는 효과관리는 무엇보다도 중요한 조직의 성과관리요소라고 할 수 있다.

🚹 2 효과의 측정

효과는 유지, 수정, 보완되기 위해 측정되어야 한다. 조직의 목적성취여부나 프로그램의 목적/목표달성여부가 측정되지 않는다면 효과를 관리하는 것은 사실상 불가능하다. 효과측정은 노인복지관 사업의 효과를 양적 기준으로 측정한다는 측면에서 효율성측정과 같은 의미를 가지고 있지만, 단순히 사업을 위해 사용한 투입과 사업의 결과인 산출(output)을 비용으로 환산해서 사업을 평가하는 효율성측정과는 달리 사업이 성취하려고 하는 목표들이 얼마만큼 사업을 통해서 이루어졌는지에 대한 사업의 효과를 측정한다는 측면에서 다르다고 볼 수 있다. 즉, 사업이나 프로그램을 통해서 제공된 산출이 지역사회, 지역주민 그리고 이용자들에게 어떠한 영향을 미쳐서 사업이 의도하였던 목표의 성취, 즉 지역사회구성원이나 이용자들의 변화가 있었는가를 확인하는 것이라고 할 수 있다. 예를 들어, 효과측정은 노인일자리사업을 통해서 얼마나 많은 노인들이 취업을 하였는가를 평가하는 것을 말한다. 그리고 비용효과(cost effectiveness)측정은 비용을 기준으로 프로그램이 목표달성 정도가 얼마나 효과적이었는지를 비교하는 것이다. 투입대비 산출당 들어간 비용을 측정하는 효율측정과는 달리 비용효과측정은 결과측정(outcome measure)과 밀접한 연관이 있다. 즉, 사업에 들어간 비용에 대해서 사업이 달성하려는 목표를 얼마나 달성하였는가를 비교하는 기준으로 사용하는 분석모형이 비용효과분석이다. 다시 말해, 사업의 비용에 관련해서 사업이 기대하였던 결과를 성취하였는지를 가지고 사업의 효과를 분석하는 방법이라고 할 수 있다. 예를 들어, 노인일자리사업을 통해 취업된 1인당 노인에게 들어간 비용이 대표적인 비용효과측정이라고 할 수 있다(지은구, 2012).

일반적으로 효과측정은 설정된 사업목표에 대해서만 효과를 측정할 수 있기 때문에 효과를 관리하기 위해서는 사업이나 프로그램의 목표가 구체적으로 진술되어 있어야 한다. 즉, 진술되지 않은 사업의 목표는 효과를 측정하여 관리하는 것이 불가능하다. 예를 들어, 노인일자리사업의 사업목표가 단순히 기간 내에 사업에 참여한 노인들의 일자리 확보비율이라고 한다면 효과는 단순히 하나의 효과, 즉 사업 참여노인들의 일자리 확보비율로만 나타나게 된다. 하지만 노인일자리사업의 결과목표(outcome objective)로서 참여노인들의 사회활동참여 증대, 노인자존감 증대, 노인생활태도 변화, 사회에 대한 책임감 향상, 경제적 안정감 증진, 가족관계의 개선 등을 설정한다면 사업의 효과는 앞에서 언급된 모든 목표설정 진술에 따라 매우 다양하게 나타날 수 있다. 결론적으로 효과측정을 위해서는 설정된 목표와 효과 간의 관계를 정확하게 인식하는 것이 매우 중요하다.

◈ **효과측정**

- 설정된 목표 대비 성취의 정도
- 사업의 결과목표의 달성 정도를 확인할 수 있는 각종 척도, 지수, 지표의 활용

◈ **비용효과측정**

- 투입비용 대비 목표성취의 정도
- 투입비용과 결과목표의 달성 정도를 확인할 수 있는 각종 척도, 지수, 지표의 활용

---

3 효과관리의 대상

조직의 미션성취를 위한 다양한 활동들은 조직이 제공하는 사업이나 프로그램 등에서 제공되는 교육, 상담 등과 같은 서비스를 통해서 이루어진다. 조직의 미션성취에 대한 효과 또는 영향력은 조직에서 제공하는 다양한 사업과 프로그램 등을 통해서 입증되는 것이므로 효과관리의 주된 대상은 사업과 프로그램의 효과이다. 특히, 사업이나 프로그램은 교육과 상담과 같은 서비스를 제공하고 효과는 서비스를 이용하는 이용자들의 변화에서 측정되는 것이므로 이용자들에게서 나타나는 효과 또한 효과관리의 대상이다. 이용자들의 변화는 가족과 주변 사람들에게 그리고 나아가 지역사회에도 영향을 가져다주므로 이용자들의 가족을 포함하는 지역사회구성원(지역주민들)과 지역사회도 효과관

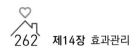

리 대상에 포함하게 된다.

> ◈ 사회복지관 효과관리의 대상
> • 단위사업이나 프로그램
> • 이용자
> • 가족을 포함하는 지역사회구성원들과 지역사회

　따라서 효과관리는 프로그램의 효과, 이용자효과 그리고 지역사회효과를 관리하는 과정으로 구분될 수 있다.

제2절 │ 사회복지관 효과관리

1 효과관리의 관리구성요소

　프로그램의 효과는 프로그램계획이나 프로그램평가계획에서 설정한 결과목표의 달성정도를 나타내며 이용자효과는 프로그램을 이용하는 이용자들의 생활상의 변화나 태도, 기능, 감정이나 생각 등의 변화를 나타내는 것이다. 즉, 이용자들의 일상생활 변화는 생활태도, 사회적응, 사회참여, 일상생활기능개선, 지위향상 등의 변화를 포함하여 개선된 태도나 행동, 기능, 감정, 인식, 상태 그리고 지위를 나타내는 각종 지표의 변화를 나타낸다. 지역사회 변화는 이용자가족을 포함하여 지역사회구성원들과 전체 지역사회에 영향을 미치는 프로그램이나 조직목적을 위한 노력 또는 행동에 따른 변화의 정도를 나타낸다. 각각의 관리요소는 다음의 그림에서 나타난 바와 같다.

[그림 14-1] 효과관리 구성요소

⚇ 2 프로그램효과

효과는 목표달성 정도를 통해 측정할 수 있으므로 프로그램효과는 프로그램계획이나 프로그램평가계획에서 설정한 프로그램이 성취하려는 결과목표의 달성 정도를 통해 관리될 수 있다. 단위사업이나 프로그램은 성취하려는 결과목표를 계획단계에서 설정하고 프로그램을 진행한 후 프로그램이 설정한 결과목표들을 어느 정도 달성하였는가를 확인하여야 한다.

◈ **효과관리의 프로그램효과**

• 프로그램계획이나 프로그램평가계획에서 설정한 성과목표가 달성되는 정도

◈ **성과관리지침**

• 우리 복지관은 프로그램의 효과나 결과목표의 달성 정도를 측정할 수 있는 척도가 있다.
• 우리 복지관의 프로그램은 결과목표의 달성 정도가 프로그램 종료 후 또는 개시 전과 종료 후의 자료를 바탕으로 비교 분석된다.
• 우리 복지관의 프로그램이 성취하려는 목표는 결과목표와 과정목표로 구분되어 기술되어 있다.

◈ 관리지침해설

• 사회복지관 프로그램의 효과는 생활만족, 삶의 질 그리고 복지증진을 측정하는 척도나 지수 그리고 지표들이 포함된다.
• 프로그램 결과목표는 프로그램이 궁극적으로 달성하려는 변화를 나타내는 목표로서 프로그램을 통해서 참여집단이나 나아가 가족을 포함한 지역사회구성원들에게 미치는 직·간접적 영향력을 의미한다.

3 이용자효과

이용자효과는 단위사업이나 프로그램을 이용한 이용자 개개인들에게 나타나는 변화의 정도를 나타낸다. 프로그램은 프로그램이 제공하는 서비스나 교육, 상담 등 혜택을 통해 이용자의 생활상의 변화나 기능·태도·지식·생각·감정 또는 인식의 변화, 이용자들이 가지고 있는 위험요소나 문제의 해결 또는 예방 등의 변화를 추구한다.

예를 들어, 사회복지관의 교육·문화 사업의 목적이 이용자들의 사회참여활동을 증진시키는 것이라고 한다면 사업의 효과는 이용자들의 사회참여활동에 대한 인식의 변화나 참여활동의 증가 등의 효과로 나타나야 한다.

◈ 효과관리의 이용자효과

• 프로그램을 이용한 이용자들에게 생활상의 변화(기능, 태도, 인식, 생각, 감정 등의 변화)를 가져온 정도

◈ 성과관리지침

• 우리 복지관의 프로그램은 이용자들의 생활상의 변화(기능, 태도, 인식, 생각, 감정 등의 변화)를 측정할 수 있는 척도가 있다.
• 우리 복지관은 이용자들의 변화 정도가 프로그램 종료 후 또는 개시 전과 종료 후의 자료를 바탕으로 비교 분석된다.
• 나는 우리 복지관의 서비스로 인해 이용자들의 생활상에 변화(기능, 태도, 인식, 생각, 감정 등의 변화)가 있을 것이라고 생각한다.

◈ 관리지침해설
- 이용자들의 변화는 상태나 기능, 인식이나 감정 등의 변화를 나타내는 것으로서 자아존중감, 주관적 행복이나 만족, 사회참여나 공헌에 대한 주관적 인식의 변화, 예능이나 각종 문화활동(컴퓨터나 서예, 노래교실 등) 등에 따른 기능 또는 상태의 변화, 건강증진사업을 통한 이용자 개개인들의 건강상의 변화, 전문상담을 통한 상태나 감정의 변화 등을 측정하는 척도를 이용하여 프로그램이 이용자 개개인들에게 미치는 효과성을 측정하는 것이다.

⚘ 4 지역사회효과

복지관이 제공하는 각종 사업이나 프로그램은 이용자들이 가지고 있는 문제나 욕구의 해결을 중심으로 이용자들의 변화를 가져다주는 역할을 수행하지만, 이용자들의 변화로 인해 이용자가족들과 지역사회구성원 그리고 전체 지역사회는 긍정적 외부효과 또는 복지외부효과를 기대할 수 있다(지은구, 2003). 사회복지조직은 사회적 가치실현을 위해 노력하는 집단으로 그들의 노력은 곧 직접적 서비스의 대상자들이나 이용자를 포함하여 직접적으로 서비스를 제공받지 못하는 이해관계자들에게 그리고 나아가 그들이 존재하는 모든 사회영역에서 긍정적인 효과를 창출할 수 있다.

예를 들어, 요가나 탁구 등과 같은 노인체육활동프로그램은 이용자들에게 건강의 유지나 참여활동증가 그리고 우울증 감소나 자존심향상 등의 직접적인 효과를 가져다줄 수 있다. 또 이용자들의 가족들에게는 가족관계증진이나 개선을 통한 가족불화감소라는 효과 그리고 지역사회에는 사회참여활동의 활성화를 통한 지역사회 참여활동증진, 건강한 노후생활보장을 통한 의료비 절감이라는 사회비용감소 등의 복지외부효과, 즉 지역사회효과를 가져다줄 수 있다.

◈ 복지외부효과
- 비영리 사회복지조직이나 정부로부터 제공되는 다양한 사회복지서비스가 서비스 대상자들의 삶의 질에 긍정적인 영향을 미침과 동시에 서비스 대상자들의 가족이나 친척, 친구를 포함하여 지역사회구성원, 나아가 지역사회 전체의 삶의 질에 긍정적인 영향을 가져다주는 효과

결국, 지역사회의 문제해결은 곧 지역주민들의 위험요소의 해결이나 욕구의 해결, 나아가 위험과 문제에 가장 직면해 있고 문제에 의해 고통받고 있는 이용자의 위험이나 문제가 해결되는 것으로부터 시작된다고 할 수 있다. 지역사회효과는 또한 복지관의 사업이나 프로그램에 대한 지지와 후원, 나아가 조직에 대한 지지와 후원의 동기를 유발할 수 있어 매우 중요한 효과관리의 요소가 된다.

◈ **효과관리의 지역사회효과**

• 복지관에서 제공한 사업이나 프로그램이 가족을 포함한 지역사회구성원들이나 지역사회에 미친 영향의 정도

◈ **성과관리지침**

• 우리 복지관의 프로그램은 지역사회의 변화 정도를 측정할 수 있는 목표가 설정되어 있다.
• 우리 복지관의 프로그램은 기관을 이용하는 이용자 가족, 지역사회주민 그리고 전체 지역사회가 복지관이나 복지관이 제공하는 각종 사업에 대한 인식, 생각, 태도 등의 변화를 측정할 수 있도록 구체적인 목표를 설정하고 있다.
• 우리 복지관의 프로그램은 기관을 이용하는 이용자 가족, 지역사회주민 그리고 전체 지역사회가 복지관이나 복지관이 제공하는 각종 사업에 대한 인식, 생각, 태도 등의 변화를 측정할 수 있는 측정척도(설문지 질문문항)를 활용한다.
• 우리 복지관은 기관을 이용하는 이용자 가족, 지역사회주민 그리고 전체 지역사회에 복지관의 사업이나 프로그램의 효과를 알리기 위해 노력하고 있다.

◈ **관리지침해설**

• 사회복지관이 제공하는 다양한 프로그램이 지역사회에 미친 영향, 즉 복지외부효과를 관리하는 것은 사실 현실적으로 어려운 측면이 있다. 하지만 궁극적으로 사회복지관에서 제공하는 모든 프로그램들은 이용자들의 복지증진, 나아가 지역사회주민들의 삶의 질이나 행복을 개선 내지는 증진시키는 것을 목적으로 한다. 이러한 목적의 성취를 위한 노력의 결과로서 지역사회에 이용자들과 함께 생활하는 가족이나 친구 그리고 이웃주민들의 변화는 사회복지관의 모든 행동에 대한 부수적인 효과(side effect)로서 나타나게 된다. 따라서 가족관계의 변화, 즉 부부 또는 자식들과의 관계변화를 측정하는 질문이나 측정척도는 지역사회 변화를 측정할 수 있는 대표적인 지표이다.

• 가족 및 세대 간 통합의 증진을 위한 의사소통 활성화 정도, 각종 자원봉사활동 등 사회
활동참여를 통한 사회자본강화, 자살률 감소, 주거환경 개선, 폭력 및 각종 학대 예방 그
리고 취업지원을 통한 일자리 창출 등은 모두 이용자 개개인들뿐만 아니라 지역사회 전
체에 미치는 지역사회효과를 측정하는 척도나 지수 그리고 사회지표의 일부이다.

제4부

과정영역

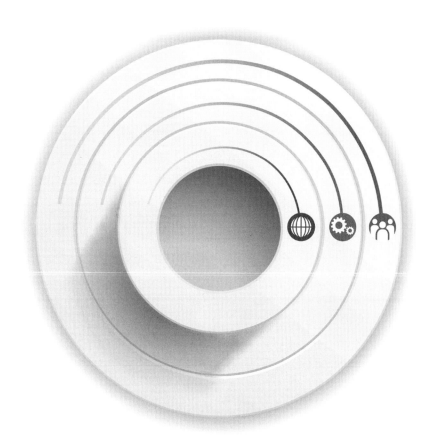

제**15**장 인적자원관리

제1절 인적자원관리의 개념과 중요성

1 인적자원관리의 개념

인적자원관리는 조직에서 가장 중요한 요소로 인식되고 있는 사람에 관계되는 문제를 다루고 있으며 조직의 관리 일반과 유기적인 관련이 있다. 따라서 인적자원관리를 인력의 조달과 유지, 활용, 개발에 관한 계획적이고 조직적인 관리활동의 체계라고 정의할 수 있다.

인적자원관리는 HRP(Human Resource Planning, 인적자원계획), HRD(Human Resource Development, 인적자원개발), HRU(Human Resource Utilization, 인적자원활용)의 세 가지 측면으로 되어 있지만 채용, 선발, 배치부터 조직 설계·개발, 교육·훈련까지 포괄하는 광범위한 활동에 있어 종래의 인사관리의 틀을 넘어선 보다 포괄적인 개념으로 주목받고 있다.

사회복지시설의 목적은 고객과 지역사회에 양질의 사회복지서비스를 제공하는 데 있다. 사회복지서비스는 주로 대인서비스로 시설 종사자들의 전문적인 판단이나 재량 등에 크게 의존할 수밖에 없다. 인간의 삶의 질을 향상시키고, 사회 공동의 자원을 활용하는 사회복지시설에서 사회복지서비스를 제공하는 전문인력에 대한 관리는 사회복지조직의 성패를 좌우하는 매우 중요한 핵심요소라고 볼 수 있다(서울시노인종합복지관협회, 2011). 사회복지시설의 미션과 비전에 부합되는 인력을 모집, 선발, 임명하고 잠재역량을 발휘하도록 지원하고 관리하는 것은 기관 조직의 성패를 좌우하는 중요한 요소이다.

인적자원관리가 추구해야 하는 목표는 조직의 목표를 달성하도록 인력을 관리하는 한편, 구성원 개인의 욕구충족과 자아개발의 터전을 마련하여 자신의 역할을 담당하고 조직발전에 기여하도록 촉진하는 것이 필요하다. 인적자원관리의 주체는 누가 될 것인가? 일반기업에서는 인사관리팀이나 인사부서가 별도로 있어 채용과 배치, 훈련, 교육 등의 업무를 전담하는 것이 일반적이며, 사회복지관은 총무팀에서 일괄하기도 한다. 그러나 인사관련 업무를 전담한다 하더라도 각 영역에서 활동하는 인적자원을 효과적으로 관리하기에는 어려움이 있다. 그러므로 인사관리 자체는 조직의 모든 구성원이 인사관리자가 될 수 있다. 사회복지관의 경우는 사업부서와 총무부서의 협력과 연계를 통해 실질적인 업무에 대한 지원과 인사관리의 전문적 내용들이 효과적으로 전달될 때 인사관리가 적절하게 이루어진다고 볼 수 있다.

2 인적자원관리의 체계

1) 기능적 인사관리

인사관리의 기본기능은 사회복지관의 운영에 필요한 유능한 인재를 확보하고 육성·개발하며, 이들에 대한 공정성 보상과 유지활용을 이룩하는 데에 중점을 두고 있다고 할 수 있다. 이러한 인사관리기능의 효율적 수행에 중심을 두고 있는 기능적 인사관리의 기본 체계는 우수한 인재의 확보와 함께 확보된 인재의 지속적인 육성개발과 유지활용을 이룩하기 위한 노동력관리, 노동력의 유효활동과 관련된 공정한 보상의 처우 및 근로시간 등 근로조건 개선 및 향상을 위한 근로조건관리, 고용근로자의 인간적 측면을 중시한 인간관계개선 및 근로생활의 질 향상을 위한 인간관계관리, 개별·집단의 원활화를 통한 협조적 관계의 확립 및 조직의 유지발전을 위한 근로관계관리 등으로 구분된다.

(1) 노동력 관리

노동력의 관리는 유능한 인재의 확보 및 육성·활용을 위한 관리활동의 체계로서, 기업의 경영활동에 필요한 종업원의 채용, 교육·훈련, 배치·이동, 승진·승급, 이·퇴직 등에 이르기까지의 모든 기능을 효과적으로 수행하기 위한 고용관리와 개발관리의 영역을 포괄하는 관리체계라 할 수 있다.

(2) 근로조건관리

근로조건관리는 고용근로자의 안정적 확보 및 유지발전과 노동력의 효율적 활용을 위한 선행적 관리체계로서 노동력의 대가에 상응하는 공정한 임금의 처우와 충실한 복지후생제도의 정비 및 시설의 확보 등의 실현을 위한 보상관리, 근로시간, 산업안전, 보건위생 등 작업환경의 쾌적화와 노동의 인간화를 추구하는 근로조건의 유지개선관리 등이 이에 속한다.

(3) 인간관계관리

사회복지관은 곧 사람으로서, 인간관계의 집단이라 할 수 있다. 따라서 사회복지관의 주체적 요소이기도 한 인간 상호관계의 개선을 통한 경영 질서의 유지발전은 사회복지관 운영에서 중요하고 핵심적인 과제라 할 수 있다.

(4) 근로관계관리

근로관계관리는 근로공동체로서 사회복지관 내 고용근로자의 노동력을 효율적으로 활용하고 노동질서를 유지함으로써 사회복지관의 목적을 달성하고 조직을 유지발전하는 것에 주요 목적을 두고 있다.

2) 과정적 인사관리

(1) 인사계획

인사계획이란 경영자의 경영이념 및 경영철학과 관련된 인사관리의 기본이념으로서 인사 철학을 정립하고, 이에 근거한 인사관리의 기본방침인 인사정책을 결정하며, 이에 따른 인사관리기능의 합리적 수행을 위한 직무계획 및 인력계획을 수립해 가는 인사관리활동의 기초적 과정이라 할 수 있다.

(2) 인사조직

인사조직은 인사계획의 단계에서 수립된 인사정책 및 기본방침을 구체적으로 실천하기 위한 인사관리활동의 체계화 과정으로서 실제 인사관리업무를 담당하고 수행하게 되는 최고경영자와 인사관련직원의 기능이 이에 속한다.

(3) 인사평가

인사평가는 인사계획에 기초한 모든 인사관리활동의 실시결과를 종합적으로 평가하고, 정리하며, 개선을 이루어 가는 인사관리과정을 말한다.

3 인적자원관리의 중요성

1) 지식기반사회의 도래에 따른 생애능력의 개발

우리나라 지식기반산업이 GDP에서 차지하는 비중은 계속하여 증가하고 있다. 이러한 상황에서 경제의 지속적인 성장을 위해서는 지식기반산업을 주도할 인력을 체계적으로 양성하는 일이 무엇보다 중요하다. 특히, 디지털 경제의 도래에 따라 정보통신 관련 분야의 인력에 대한 체계적인 수급 계획과 전략 분야의 인력양성체제 정비의 필요성이 증대되고 있다.

2) 월드와이드 웨어(world-wide ware)의 확대와 노동의 국제적 이동 가속화

지식기반사회의 도래 및 세계화 추세에 따라 인적자원은 시간과 공간을 초월하여 자신의 지식과 기술을 활용할 수 있는 곳으로 이동하고 있다. 즉, 국경을 초월한 인적자원의 흐름이 활발해지고 있다. 이러한 상황 속에서는 언제 어디서나 고용이 가능한 상태로 자신의 활용도를 높이기 위하여 부단한 재교육과 훈련을 받아야 할 필요성이 증대되고 있다.

3) 다품종 소량 생산체제에 적합한 다양한 채널을 통한 맞춤형 인력 양성

모든 지식이 코드화되는 디지털 경제의 도래에 따라 관련 분야 인력을 체계적인 수급

계획에 의해 육성해야 할 필요성이 증대되고 있다.

4) 소외계층의 인력개발을 통한 자립 기반 및 생산적 복지 대책 마련

사회자본의 육성 및 그를 통한 사회적 결속의 강화는 인적자원개발의 중요한 목표 중의 하나이다. 그러나 급속한 정보화는 계층 간, 지역 간 정보 격차(digital divide)를 심화시켜 사회적 안정과 통합을 저해하는 요인으로 작용하고 있다. 따라서 정보 소외계층의 인력개발을 통한 자립 기반의 조성 및 지역단위 인적자원개발을 통한 국가 인적자원의 균형 발전 등 다양한 계층과 지역을 아우르는 인적자원개발 정책을 통하여 생산적 복지를 구현하기 위한 기반을 다져야 할 필요가 있다.

5) 노동력 공급의 불균형을 해소하기 위한 인적자원관리의 필요성 증대

한국은 현재 출산율의 꾸준한 감소, 평균 수명의 지속적인 증가에 따른 생애 주기(life cycle)의 변화가 일어나고 있다. 특히, 청소년 연령층이 지속적으로 감소하고, 고령층은 급격하게 증가하는 양극화 현상이 전망됨에 따라 생애 주기의 변화와 그에 따른 효율적 인적자원관리의 필요성이 증대되고 있다.

◈ **인적자원관리**
- 인적관리는 조직행동의 행동주체이자 기본적 단위인 직원에 대한 직무를 보장하고 직원 성장 및 역량을 강화하도록 하기 위해 관리하는 것을 의미한다.

◈ **인적자원관리의 관리요소**
- 직원채용 및 보상(보수, 보상)체계, 직원복지, 담당업무의 양과 질/업무분장 적절성, 교육 및 직무 훈련, 직무태도관리(직무몰입), 이·퇴직율, 직무만족, 직원고충처리, 슈퍼비전

제2절 사회복지관의 인적자원관리

비영리기관인 사회복지관에서 인적자원관리의 중요성은 일반 영리조직에서 더욱 중요하다. 왜냐하면 사회복지서비스의 실천주체로서 사회복지사, 즉 사람이 문제해결의 도구가 되기 때문이다. 사회복지관에서 인적자원관리는 곧 서비스의 질과 연결된다는 점에서 더욱 중요하다고 하겠다. 사회복지관의 주요 사업 수행을 위한 전문인력을 보면, 사회복지사를 포함하여 심리상담사 등 다양한 전문직종의 인력과 함께 협업하고 있다. 따라서 인력관리지침은 사회복지시설관리안내(보건복지부, 2015a)에 따라 채용절차를 준수하여야 한다. 사업수행에 필요한 자격을 가진 전문인력의 채용과 배치, 교육, 훈련, 승진 등 인력관리가 필요하다.

제3절 사회복지관의 인적자원관리 요소

1 직원채용 및 보상(보수 및 보상 체계), 직원복지

사회복지시설 종사자 채용관련 지침은 다음과 같다.

1) 채용

정부에서 인건비를 지원하는 사회복지시설의 시설장 및 종사자 채용은 직위에 상관없이 공개채용을 원칙으로 한다. 공개모집방법은 해당시설 및 법인 홈페이지, 워크넷(www.work.go.kr), 복지넷(www.bokji.net) 중 두 곳 이상의 사이트 등에 채용관련사항을 15일 이상 공고한 후 법인 및 시설 내규 등에 의해 채용한다(보건복지부, 2015a). 채용절차를 보면, 채용분야의 업무를 기준으로 적합한 채용기준, 공고방법, 선발 기준 및 인원 등이 포함된 채용계획을 수립하고 채용계획에 따라 공고와 복수 지원자에 대한 면접 등(인사위원회)을 거쳐 최종적으로 채용여부를 결정한다.

2) 종사자 처우

사회복지시설에도「근로기준법」등 관계법령에 의한 근로기준을 적용하여 시설종사자의 기본적 생활을 보장 및 향상시키며 사회복지시설관리의 효율성, 민주성을 기해야 한다(보건복지부, 2017). 또한 비정규직 차별 문제의 시정을 위해 관계법령 등을 준수하여야 한다. 사회복지시설의 복무관리 원칙은 종사자에 대한 노무관리를 함에 있어「근로기준법」「고용보험법」「근로자퇴직급여보장법」「남녀고용평등과 일 · 가정 양립 지원에 관한 법률」등 노동관계 법령을 준수하여 종사자의 권리를 존중하여야 한다.

3) 인사관리 규정과 취업규칙 마련

인사관리는 직원의 잠재력을 최대한으로 살려 직원 스스로가 최대의 성과를 발휘하고 일하는 보람을 느낄 수 있도록 그들을 공평하게 처우하고 관리함을 그 이념으로 한다. 그리고 일반적으로 취업규칙은 기관의 장이 기관운영에 기하여 기관에서 근무자의 복무규율이나 근로조건의 기준을 획일적이고 통일적으로 정립하기 위하여 작성하는 것이다. 이러한 취업규칙 작성을 법으로 강제하는 것은 종속적 노동관계의 현실에 입각하여 실질적으로 불평등한 근로자의 지위를 보호 · 강화하여 그들의 기본적 생활을 보장 · 향상시키려는 목적이 있다.

1. 적재적소의 원칙: 각 업무의 소요자격 요건에 가장 적합한 자를 보직하여야 한다.
2. 기회균등의 원칙: 모든 직원은 각자의 자력에 적합한 업무에 보직될 기회가 균등히 부여되어야 한다.
3. 욕구충족의 원칙: 모든 직원은 가능한 한 각자의 욕구가 충족되어 개인의 안정과 발전이 보장될 수 있도록 보직되어야 한다.

인사시스템 과정에서 발생할 수 있는 모든 업무의 운용과 처리에 관한 세부사항을 명문화하는 것이 필요하다. 그 종류를 살펴보면 법적으로 규제된 규정과 법적으로는 강제되지 않으나 기관 내부의 업무처리와 관련하여 자체적으로 규정하는 것이 있다. 법적으로 규제되는 내규로는 정관과 취업규칙이 대표적이라 할 수 있다.

기타의 규정은 법적으로는 강제되지는 않으나 조직 내부의 업무처리와 관련하여 자체적으로 규정하는 것이지만, 조문의 작성 시 관련법규의 내용을 신중히 검토하여 사회복지시설의 미션과 비전에 부합되는 인력을 모집, 선발, 임명하고 잠재역량을 발휘하도록 지원하고 관리하는 것은 기관 조직의 성패를 좌우하는 중요한 요소이다. 기관은 인사관리 규정을 마련하고 이를 준수하기 위해 노력하여야 한다. 인력관리의 내용으로 근로계약, 임금, 근로시간, 휴일과 휴가, 재해보상, 취업규칙, 퇴직 및 징계 제도 등의 내용을 포함하여야 한다.

◈ 성과관리지침

- 우리 복지관은 인력 선발에 대한 기본 방침 및 규정이 있다.
- 우리 복지관은 인력채용 공고와 공식적 채용절차를 거쳐 인력을 선발하고 있고 관련 근거들이 보관되어 있다.
- 우리 복지관은 인력채용 절차에서 불필요한 개인정보를 수집하지 않는다.
- 우리 복지관은 직원채용 시 직원에 대한 자격기준 명시, 명문화된 인사규정에 의한 채용, 직원채용을 위한 공개적 공고, 인사위원회 구성 등의 절차를 확보하고 관련 근거를 관리하고 있다.
- 우리 복지관은 종사자의 보수지원 지침과 절차가 규정대로 시행되고 있다.
- 우리 복지관은 직원의 직무평가를 실시하고 있다.
- 우리 복지관은 직무평가에 의한 보상이 적정하게 이루어지고 있다.
- 우리 복지관은 우수 직원을 위한 포상제도가 실시되고 있다.
- 우리 복지관은 직원 및 팀별 성과에 대한 포상제도의 규정이 마련되어 있다.
- 우리 복지관은 직원의 건강관리를 위한 정기검진을 실시하고 있다.
- 우리 복지관은 직원의 건강보험, 고용보험, 국민연금, 산재보험에 가입하고 있다.
- 우리 복지관은 종사자의 법정 휴가 사용이 이루어지고 있다.
- 우리 복지관은 법인정관, 취업규칙, 운영규정 등에 인력관리에 대한 기본지침을 마련하고 있다.

◈ 관리지침해설

- 인력채용에 대한 절차와 과정이 객관적이며, 사회복지시설관리안내 지침에 근거해 직원의 채용과 보상 체계 등을 갖추어야 한다. 근로자의 법적 권리와 사회보장을 위해 기본적으로 지원할 수 있는 체계가 마련되도록 하여야 한다.

👥 2 직무분석

직무분석은 어떤 일을 어떤 목적으로 어떤 방법에 의해 어떤 장소에서 수행하는지, 직무를 수행하는 데 요구되는 지식, 능력, 기술, 경험, 책임 등이 무엇인지를 과학적이고 합리적으로 알아내는 것이다.

인적자원관리의 가장 기본적인 기능 중 하나가 직무분석이다. 직무분석은 조직 내의 인적자원관리의 가장 핵심적인 기능이며 인적자원관리의 출발점이다. 직무분석은 조직 내에 존재하는 다양한 직무들을 대상으로 그 안에서 수행되는 작업내용과 직무수행자가 그 직무를 수행하기 위해 갖춰야 할 자격요건 등에 관한 정보자료를 수집ㆍ분석ㆍ정리하는 과정을 말한다(Noe et al., 2010: 이학종, 양혁승, 2014 재인용). 직무분석은 모집, 선발, 입사훈련, 인사고과, 교육훈련, 인력계획, 경력계획, 직무재설계 등의 기초가 된다는 점에서 매우 중요한 사항이다. 직무분석의 목적은 다양한 인적자원관리 기능을 효과적으로 수행하기 위한 기초자료를 제공하는 데 있다. 직무분석의 활용 목적을 보면, 인력계획(채용 선발), 교육훈련, 평가관리, 임금관리, 조직합리화, 업무합리화(표준화)의 기초자료를 제공하게 된다(장수용, 2014). 직무분석 절차는 직무분석 목적설정 → 분석대상 직무선정 → 조직구성원과의 커뮤니케이션 → 직무분석 자료수집 → 직무분석 자료정리 → 직무분석 자료의 계속적인 보완의 과정을 거친다(이학종, 양혁승, 2014). 이렇게 볼 때 일반적으로 직무분석은 과업중심 직무분석과 작업자중심 직무분석으로 나누어 볼 수 있다.

1) 과업중심 직무분석

과업중심 직무분석(task-oriented job analysis)은 직무에서 수행하는 과업이나 활동이 어떤 것들인지를 파악하는 데 초점이 있으며 직무기술서를 작성하는 데 중요한 정보를 제공한다. 따라서 과업분석(task analysis)이라 불리기도 한다.

2) 작업자중심 직무분석

작업자중심 직무분석(worker-oriented job analysis)은 직무를 수행하는 데 요구되는 인간의 재능들에 초점이 있으며, 작업자 명세서를 작성할 때 중요한 정보를 제공한다.

◈ 성과관리지침

• 우리 복지관은 직원의 경력 및 전문성, 역량에 대한 분석이 이루어지고 있다.
• 우리 복지관은 직무분석을 하고 있다.
• 우리 복지관은 직무분석에 따른 업무분장을 명시화하고 있다.
• 우리 복지관의 직원들은 직무분석에 따른 직무를 실행하고 있다.

◈ 관리지침해설

• 사회복지관은 지역사회복지실천의 중심기관으로서 다양한 업무를 수행하도록 요구받고 있어 업무의 과중이 심각해지고 있다. 한정된 재원과 인력으로 사업의 효과성과 효율성 증진을 위해 직무에 대한 면밀한 분석을 통해 인력활용의 효과성을 증진하여야 한다.

3 담당업무의 양과 질 및 업무분장의 적절성

사회복지관의 업무를 효율적으로 수행하기 위하여 조직 및 기능에 관하여 필요한 업무를 직종별로 구분하여야 한다. 다만, 복지관 조직의 크기와 직원 수에 따라 직책업무를 겸하여 진행하기도 한다. 그 외 복지관의 부설기관의 경우에도 사회복지사가 재정회계 및 행정업무를 겸하여 수행하기도 한다. 기관은 서비스 특성을 고려하여 인력의 유형 및 규모를 파악·실행하여야 하며, 직원은 서비스 제공을 위한 자격을 보유하고 있어야 한다. 기관은 법적 기준에 맞는 전문인력 및 기타 직원을 확보하여야 하며, 직원의 업무분장을 명시화하여 직무를 수행하고 있는지 확인하여야 한다.

◈ 성과관리지침

• 우리 복지관은 직원의 업무분장을 명시화하여 직무를 수행하고 있다.
• 우리 복지관은 업무분장 규정 및 직원업무 분장표, 조직도 등 관련서류들이 관리되고 있다.
• 우리 복지관은 서비스 특성을 고려하여 필요한 인력의 유형과 규모를 파악하고 있다.
• 우리 복지관은 서비스 특성을 고려하여 법적 기준에 맞는 전문직 및 기타 직원을 확보하고 있다.
• 우리 복지관 직원은 서비스 제공을 위해 필요한 자격을 보유하고 있다.

• 우리 복지관은 업무의 실행 및 평가에 대한 모니터링을 통해 업무의 효율성을 증진시키고 있다.

◆ 관리지침해설
• 사회복지관 직원의 업무분장과 서비스 특성을 고려한 전문직원의 확보, 자격보유 및 담당업무의 실행과 평가에 대한 모니터링을 실시하고 있는지를 점검한다.

4 교육 및 직무훈련

1) 교육과 훈련

교육과 훈련은 개발과 함께 인사관리영역 중 인적자원개발을 위한 활동의 일환으로 분류되며, 직원의 능력수준과 조직성과를 개선하기 위한 계획적이고 지속적인 활동(Mondy & Noe, 1990)으로 정의되는 포괄적이고 장기적인 개념이라 할 수 있다(최소연, 2003: 서울복지재단, 2009a 재인용). 사회복지시설의 종사자에게 있어 교육과 훈련은 사회복지시설에서 종사하고 있는 구성원에게 행해지는 교육으로 현 직무를 보다 효과적으로 수행하고, 전문적 성장을 가져오기 위해 필요한 지식과 기능을 습득시킴을 말한다.

2) 교육형태

교육과 훈련의 형태는 집단교육과 개인교육, 내부교육과 외부교육으로 구분할 수 있다.

✎ 〈표 15-1〉 교육형태

교육형태	내용
집단교육	• 집단으로 이루어지는 교육을 말하며, 주로 업무와 관련하여 진행되는데, 대표적인 것은 집단슈퍼비전, 전문영역별 교육(자문, 세미나, 토론, 워크숍 등), 사례회의, 학습조직을 통한 스터디 등을 들 수 있다.

개인교육	• 주로 자기개발과 관련이 있으며, 동기부여에 의한 진행이 핵심이라고 할 수 있다. 개인교육은 조직의 비전에서 필요로 하는 인재상과 개인의 비전에 의한 교육욕구의 조화와 절충이 관건이라고 할 수 있다. 〈교육방법〉 – 온라인수강(사이버교육, 어학 강좌 등), 독서토론, 우편통신교육, 개별수강, 해외연수 등 〈비용과 시설 등의 지원방법〉 – 조직일괄지원방법 – 자기부담방법, 조직과 개인 양자 간 비율분담을 통한 방법 – 비용과 시설의 지원방법은 조직의 재정 상태나 교육내용에 따라서 다양한 형태로 유연하게 처리할 수 있다.
외부교육	• 기관 외부의 협회, 유관교육기관, 전문교육센터 등에서 개최하는 교육에 참가하거나, 외부 전문가를 초청하여 집단으로 교육하는 경우를 들 수 있다. • 교육주제, 주관기관의 역량, 협회나 지자체, 정부 등의 다소 의무적인 교육, 시대적 요청에 의한 교육 등 다양한 변수를 판단해서 정하여 직원을 파견하는 방식이다. 외부교육은 주로 해당 분야의 전문성과 관련한 경우가 많으므로 분야별로 직원 각자나 팀에서 자율성을 가지고 연중계획을 세워서 받게 하는 것이 좋다.
내부교육	조직에서 교육 전 과정을 주최, 주관하는 형태와 교육장소 지원 등의 방법을 통해 관련분야 직원을 자연스럽게 교육하는 것을 말한다.

3) 교육내용

교육내용은 직무교육, 직급별교육, 인성교육, 공동체의식 함양교육 등이 포함되며 다음의 표와 같다.

✏️ 〈표 15-2〉 교육내용

교육 종류	내용
직무교육	1. 해당 전문분야별 교육 ① 협회나 유관기관 교육, ② 국제 세미나, ③ 워크숍 등, ④ 자문, 대학원 진학 등 2. 사무관련 교육 ① 컴퓨터 능력, ② 기획능력 등
직급별 교육	1. 신입직원교육 ① 신입직원으로서 갖추어야 할 기본 소양 함양, ② 조직의 사명 · 비전 · 목표 숙지, ③ 내규 숙지, 조직문화, ④ 업무 프로세스, ⑤ 사회복지의 기본 가치와 동향, ⑥ 휴먼서비스와 조직의 특성 이해, ⑦ 직장인으로서의 기본 매너 등 2. 중간 간부 교육(신입직원 공통사항 제외) ① 의사소통, ② 리더십, ③ 슈퍼비전 역량, ④ 조직의 목표와 팀의 목표 일관성 유지기술, ⑤ 갈등 처리 기술, ⑥ 회의 및 의사결정 3. 경영진 교육 ① 사회복지 경영의 이해, ② 복지 동향과 향후 전망에 대한 이해, ③ 슈퍼비전 역량, ④ 의사결정, ⑤ 의사소통, ⑥ 리더십, ⑦ 판단력 향상 훈련, ⑧ 성과관리, ⑨ 대외 협력 및 조정
인성교육	1. 소양교육 사회복지기관 직원으로서의 기본 가치에 대한 이해, 영역별 복지 이념 숙지(장애인, 노인, 아동, 청소년 등) 패러다임과 법, 제도 등의 변화에 따른 직원의 변화와 대처방안 2. 태도 관련 교육 이용자만족을 위한 태도 변화, 고객만족 교육(이용자 응대 요령, 고객만족도 조사 방법 등), 자기 자신에 대한 이해, 소진에 대한 이해 등(자신의 강점, 약점 이해하기, MBTI 기초교육, 에니어그램, 번아웃 예방과 기술 등), 직장인으로서의 기본 매너 함양
공동체의식 함양교육	1. 정서적 일체감 함양 MT, 야유회, 종교적 지원(피정, 수련회, 명상 등) 2. 조직 활성화 교육 팀, 부서, 조직 단위의 활동 강화(단위별 자체 연수, 세미나 워크숍, 지지 · 격려 활동 등), 내부 고객만족 교육, 기관과 개인의 비전 통합과 향상 관련 워크숍 등

자료: 서울복지재단(2009a), p. 69.

◈ 성과관리지침

- 우리 복지관은 직원의 역량강화를 위한 계획이 수립되어 있다.
- 우리 복지관은 신입 및 근무자 교육이 이루어지고 있다.
- 우리 복지관은 직원의 경력관리를 위한 다양한 내·외부 교육의 기회가 제공되고 있다.
- 우리 복지관은 직원의 업무향상과 능력개발을 위한 적절한 교육을 실시하고 있다.
- 우리 복지관은 직원의 교육을 담당하는 인력을 배치하고 있다.
- 우리 복지관은 업무수행에 필요한 교육에 참여하도록 행정적·재정적으로 지원하고 있다.
- 우리 복지관은 승진관리를 위한 관리지침이 포함되어 있다.

◈ 관리지침해설

- 직원의 직무능력 향상을 위한 교육, 훈련시스템의 구축과 그 시스템의 운영 및 지원을 점검하여야 한다. 더불어 승진과 전직 등 직원의 역량강화를 위한 노력은 사회복지관 서비스 질 향상의 기본이다.

5 직무태도관리: 직무몰입, 이·퇴직율, 직무만족

사회복지사와 같은 전문직 종사자는 비전문직 종사자와는 상당히 다른 직무태도를 가지고 있는 것으로 알려져 있다. 가령, 승진과 같은 전통적인 보상수단이 효력을 발휘하지 못하는 경우가 많고 승진이 너무 느리거나 자신이 속한 조직에서 직무와 관련하여 자신의 장래가 보이지 않는다고 느낄 경우 쉽게 조직을 떠나려고 한다(이기은, 2000: 조학래, 1996; Von Glinow, 1983; 강종수, 류기형, 2007 재인용).

사회복지기관의 전문인력들의 직무에 대한 몰입 정도와 직무에 대한 만족도 등은 사회복지사의 이직율에 영향을 미친다. 사회복지기관은 종사자의 직무태도 증진과 직무몰입, 직무만족도 향상을 위해 노력하여야 한다. 종사자의 직무몰입과 직무만족도는 비영리기관의 조직운영 성과에 중요한 요소이다. 더 높은 직무몰입은 더 높은 수준의 고객만족도와 생산성을 제시한다고 한다. 종사자들의 직무만족 증진과 정서적·규범적 직무몰입을 위한 조직 차원의 노력이 필요하다.

1) 직무몰입

직무몰입은 개인과 조직의 관계를 나타내는 말로, 주로 조직에 대한 개인의 일체감, 집착, 애착, 관여(몰입), 충성도, 동일시, 소속감 등의 정도를 의미한다. 직무몰입의 개념 속에는 조직이 추구하는 목표나 가치에 대한 강한 신뢰와 애착, 조직을 위해 열심히 노력하려는 의지 그리고 조직의 구성원으로서 남아 있으려는 강한 의욕 등이 담겨 있어야 한다(양창삼, 2007).

최희철(2011)의 연구에 따르면 직무스트레스의 하위 차원에서는 역할모호성, 역할갈등, 역할과다 모두 직무몰입에 부적인 영향을 미치는 것으로 나타나 명확하고 적절한 역할을 제시함으로써 직무몰입을 지원하는 것이 필요하다고 하였다.

2) 직무만족

직무만족(job satisfaction)은 개인이 자신의 직무에 대해 갖고 있는 감정의 집합체로서 자신이 보상받고자 하는 수준과 실제로 보상받은 수준 간의 차이에 대한 종합적인 태도(이덕로, 김태열, 박기찬, 2011)이다.

이홍직(2008)은 사회복지사의 개인적 특성에 있어서는 성별과 교육수준이, 업무특성에 있어서는 주요 담당업무, 근무시간, 직위, 연봉, 부가서비스 등이 노인복지시설에 종사하는 사회복지사의 직무만족에 통계학적으로 유의한 영향을 미치는 요인으로 나타났다. 직무만족도에 영향을 미치는 요인을 살펴보면 다음 그림과 같다.

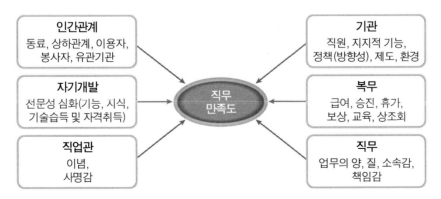

[그림 15-1] 직무만족도에 영향을 미치는 요인

◈ 성과관리지침
- 우리 복지관은 직원의 직무만족도 조사를 연 1회 이상 실시하고 있다.
- 우리 복지관은 직원의 업무개선 제안서를 접수하여 반영하고 있다.
- 우리 복지관은 직원의 업무환경개선을 위하여 기관장과 직원간의 간담회를 실시하고 있다.
- 우리 복지관은 직무스트레스, 소진, 신체적 손상, 조직 내 업무환경 등과 관련하여 상담이 이루어지고 있다.

◈ 관리지침해설
- 사회복지관은 직원의 직무만족도 증진을 위한 노력을 하여야 한다. 복지관은 직원의 업무환경 개선을 위한 다양한 노력을 하고 있는지 점검한다.

6 직원고충처리

　업무상 발생 가능하거나 발생한 위험과 관련하여 위험 판단 및 보고여부 또는 그로 인하여 겪게 되는 신체적·정신적 피해와 스트레스에 관하여 상담을 할 수 있도록 한다. 직무상 발생 가능한 스트레스 관리를 위해 스트레스에 영향을 미치는 요인을 살피고, 기관의 차원에서 관리 가능하도록 한다. 문제해결 방안에 대한 슈퍼비전을 제시해 줌으로써 소진, 이직, 퇴직 등의 문제를 줄여 나가며 직원들의 근무동기를 부여해 나갈 수 있도록 편안한 고충상담이 이루어져야 한다. 직원고충처리는 인력관리과정 중 매우 중요한 의미를 갖는다. 고충이 있는 직원이 자신의 업무와 관련하여 직면하는 어려움들에 대해 동료나 상급자와 교류할 수 있는 과정이 있어야 한다. 상급자나 기관장이 고충에 대해 논의할 수 있는 회의나 과정(예: 윤리경영토론회)을 통해 다양한 방법으로 피드백함으로써 직원이 자신의 업무 관련 스트레스나 문제를 해결할 수 있도록 지원하는 것이 필요하다.

◈ 성과관리지침

- 우리 복지관은 고충상담에 필요한 절차와 과정이 고지되고 있다.
- 우리 복지관의 고충상담은 개인면담 신청, 메일 신청을 통해 가능하다.
- 우리 복지관은 고충상담 결과를 반영하여 기관의 업무환경 개선, 업무의 재배치, 문제해결과 관련한 프로그램 등을 파악하고, 상담 후 일주일 이내에 결과를 개인에게 통보하고 있다.
- 우리 복지관의 고충상담 신청은 비공개적으로 가능하도록 하며, 고충상담의 내용은 비밀보장을 하고 있다.
- 우리 복지관은 고충상담 시 개진된 의견에 대해 기관장에게 보고하고 있다.
- 우리 복지관은 고충상담 결과에 따라 업무의 재배치와 대상자의 변경 등이 필요할 경우 복지관 내 제도의 개선을 통해 해결하고 있다.
- 우리 복지관은 업무의 재배치 등 고충상담 결과 반영된 내용이 계속 근무 시 불이익이 발생하지 않도록 고려하고 있다.
- 우리 복지관은 고충상담 시 개진된 내용은 기관의 다른 종사자에게서 재발생하지 않도록 운영개선 노력을 하고 있다.

◈ 관리지침해설

- 전문인력의 업무상 고충에 대한 조직의 관심과 대처방안을 점검하는 것이다. 고충처리 과정에 대한 정보를 제공하고 객관적 절차를 통한 고충처리의 해결, 피드백의 노력이 필요하다.

7 슈퍼비전

1) 슈퍼비전의 개념

슈퍼비전은 경험 있고 훈련받은 전문가가 실습생, 신입직원, 일선 사회복지사 등을 대상으로 사회복지의 지식과 실천기술을 제공하기 위해 행정적·교육적·지지적 기능을 수행하는 전문적 사회화의 과정이다. 특히, 실무자로 하여금 그들의 지식과 기술을 활용하여 맡은 업무를 보다 효과적이고 효율적으로 수행할 수 있도록 돕는 과정이다(서울복지재단, 2009a).

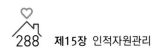

2) 슈퍼비전의 목적

슈퍼비전의 목적은 ① 조직의 효과성과 효율성 증진, ② 사회복지사의 전문적 성장, ③ 클라이언트에 대한 질적 서비스 제공이라 할 수 있다. 또한 슈퍼비전의 목표는 단기목표와 장기목표로 나뉘는데, 슈퍼비전의 장기목표는 클라이언트에게 보다 효과적이고 효율적인 서비스를 제공하는 데 있다. 나아가 시설의 목표를 달성하는 것이 슈퍼비전의 궁극적 목표이다.

3) 슈퍼비전의 내용

슈퍼비전의 목적 및 목표를 달성하기 위해 다루어야 할 내용으로는 ① 사회복지의 기본정신과 철학, ② 전문적 지식과 이론의 임상적용, ③ 시설의 행정체계에 따른 행정지도, ④ 전문적 태도, ⑤ 지지와 격려 등이 있다.

4) 슈퍼바이저의 과업과 역할

슈퍼바이저의 과업으로는 관련서적 탐독하기, 기록 활동 수행하기, 슈퍼바이지 관찰하기, 슈퍼바이지의 말에 경청하기, 말하는 기술 활용하기 등이 있다.

> ◆ **성과관리지침**
> - 우리 복지관은 목표로 하는 서비스를 실현하기 위한 슈퍼비전 체계를 갖추고 있다.
> - 우리 복지관에서는 슈퍼바이저가 슈퍼비전을 수행할 수 있도록 슈퍼비전 교육이 이루어진다.
> - 우리 복지관은 프로그램별 슈퍼비전 실천을 기록 · 관리하고 있다.
> - 우리 복지관의 슈퍼바이저는 필요한 학력 및 경력을 가지고 있다.
> - 우리 복지관의 슈퍼바이저는 슈퍼비전을 제공하기 위해 필요한 내 · 외부 교육을 받고 있다.
> - 우리 복지관의 슈퍼바이저는 사업담당자에게 월 1회 이상의 정기적인 슈퍼비전을 주고 있다.
> - 우리 복지관의 슈퍼바이저는 필요로 하는 슈퍼비전을 제공받고 있다.

◆ 관리지침해설

• 사회복지관은 직원을 대상으로 하는 슈퍼비전 체계를 갖추고, 이를 통해 전문성 및 서비스
  질 향상에 노력을 기할 필요가 있다. 위계적 슈퍼비전 체계 구축과 전문성을 지닌 슈퍼
  바이저의 양성, 다양한 슈퍼비전이 이루어지도록 하는 행정지원 체계를 갖추어야 한다.

8 노무관리

사회복지관은 노동력을 제공하는 종사자들의 노동력 재생산과 유지를 위해 좋은 생활
환경, 각종 법 및 기관의 운영규정에 제시된 복리후생제도를 실시하여야 한다. 노동자의
노동효율이 물적·생물적 조건(조명·온도와 같은 작업조건)보다도 노동자의 내적·심정
적 조건(쾌·불쾌와 같은 심리 상태)에 의해서 보다 크게 좌우된다고 본다. 조직 내 인간관
계관리 차원에서 직장 내 커뮤니케이션을 잘하기 위한 직장간담회, 자기 표현력을 충족
시키기 위한 제안제도, 전체적 커뮤니케이션 수단으로서의 사내보(社內報), 상사와 부하
의 커뮤니케이션을 잘하기 위한 면접제도, 건전한 심리 상태를 만들기 위해 전문가에 의
뢰해 실시하는 카운셀링제도 등을 운영할 필요가 있다.

◆ 성과관리지침

• 우리 복지관은 노동법 및 운영규정에 의한 근로시간을 준수하고 있다.
• 우리 복지관은 연장근로와 휴일근로, 휴게시간, 선택적 근로제도, 재량근로제도, 휴일,
  휴가, 재해보상에 대한 규정이 있고, 이를 준수한다.
• 우리 복지관은 취업규칙이 있고, 종사자에게 고지되며, 변경 시 종사자의 의견이 반영되
  고, 이를 준수하고 있다.
• 우리 복지관은 적절한 노동환경을 위한 직장간담회 및 상사와 부하의 의사소통 채널을
  확보하고 시행하고 있다.
• 우리 복지관은 노동자 대표제도 및 노사협의회와 같은 제도가 있고, 정기적으로 운영되
  고 있으며, 관리가 이루어진다.

- 우리 복지관 근로계약서와 복무규정의 내용에는 고용계약기간, 자격 및 근무 연수에 따른 급여기준, 국민연금 · 건강보험 · 산재보험 · 고용보험, 승진, 전직, 휴가 · 휴직 및 사직 절차, 복무, 근무규율, 직무내용 등이 포함된다.

◈ 관리지침해설

- 사회복지관은 사회복지사업관련은 물론 「근로기준법」에 근거하여 노무관리를 철저히 하여야 한다. 기관장은 이를 법적 기준에 따라 문서화하고, 정기적으로 관리를 하여야 한다.

제16장 이용자관리

제1절 이용자의 개념

이용자는 사전적 의미로 '어떤 물건이나 시설, 서비스 등을 이용하는 사람'이라고 정의하고 있다. 이는 사회복지서비스를 받는 모든 대상자를 뜻한다. 시설이나 기관에서 제공하는 서비스를 이용하는 당사자를 이용자의 주체로 볼 수 있다. 같은 의미로 클라이언트, 내방객, 내담인, 민원인, 소비자, 고객 등의 용어가 혼용되고 있다. 최근에는 당사자의 권리와 영향력이 강조되는 이용자라는 용어가 복지서비스의 전반에 사용되고 있다. 크게는 서비스의 직접적인 이용 당사자를 1차적 이용자, 서비스 이용 당사자의 가족 및 보호자를 2차적 이용자, 향후 서비스를 이용할 대기자를 3차적 이용자(잠재적 이용자)라 볼 수 있다. 기존의 사회복지분야에서는 서비스를 받는 사람을 지칭하여 클라이언트라는 용어를 주로 사용하여 왔으나, 최근에는 서비스를 받는 사람들의 권리와 영향력을 강조하기 위하여 서비스 이용자라는 용어가 사용되고 있다.

이용자는 소비자 개념과 유사하다고 볼 수 있으며, 이용자의 4대 권리로 선택의 권리, 안전의 권리, 정보입수의 권리, 의사반영의 권리(최새성, 장신재, 2001)를 사회복지관의 서비스와 관련하여 이해할 수 있다. 선택의 권리는 이용자가 원하는 양질의 서비스를 스스로가 선택하고 이용할 수 있는 권리를 보장하는 것이다. 안전의 권리는 서비스를 이용하면서 서비스의 위해로부터 보호받을 수 있는 권리를 보장해 주어야 하는 것이다. 정보입수의 권리는 이용자에게 제공되는 서비스를 공개하고 개인의 특성에 맞는 서비스를 선택할 수 있도록 원조하는 것이다. 의사반영의 권리는 이용자의 욕구와 만족에 근거하여 서비스가 제공되어야 하며 계속적인 이용자의 의사를 반영하는 적극적 개념으로 보고 있다.

이용자는 자신의 욕구를 충족시키는 데 관련된 복지, 건강의료, 교육 등 서비스 제공기관과 접촉하고 있는 사람을 의미하며, 적절한 서비스를 받기 위하여 자신의 의사를 반영하고 참여하고자 하는 욕구와 이러한 자신의 욕구를 충족하고 독립성을 보장받기 위한 권리나 권한 강화, 적절한 지원을 강조하는 경향이 존재하게 된다. 이러한 이용자의 개별적인 참여가 보장되기 위해서는 관리적 측면에서 점검이 필요하다. 이러한 이용자관리 측면은 '이용자의 욕구나 불만족, 이용자의 권리와 비밀보장, 이용자의 자기결정권, 이용자 정보보호, 이용자 참여 및 사례관리' 등과 같은 이용자를 위한 환경적 여건이 조성되어야 한다.

21세기의 사회복지관은 공급자 위주의 복지에서 이용자가 선택하고 결정하는 이용자 위주의 복지조직으로 변화하고 있다. 이러한 경향은 서비스 이용주체의 권리와 편의성과 같은 복지욕구의 충족 없이는 건강한 문화생활을 누리고 최저한도의 생활을 향유할 수 없다는 것을 보여 주는 시대의 흐름이다. 즉, 사회복지관은 이용자 욕구 판정이나 서비스 실시계획, 서비스 평가에 이용자의 동의나 선택, 참가를 촉진함과 아울러 의사결정 능력이 저하된 장애인, 저소득주민, 특히 고령자의 경우는 자기결정권의 대리나 옹호를 제공하는 등 이용자의 권리 반영이 필요하다는 것이다. 사회복지관의 이용자 권리는 자기결정권의 존중이 중요시되고 권리의식의 향상과 함께 사회복지의 근간을 유지하는 중요한 요소가 되고 있다.

사회복지관은 서비스를 제공할 때 이용자의 서비스 욕구를 인식하려는 노력을 강화하여야 하며, 이용자 또는 지역주민의 욕구인식 부재는 서비스 과정에서 이용자를 동반자로 인식하지 못하게 하는 원인(정원철, 2003)이 되기 때문에 기관의 구성원들은 이용자와 같이 호흡을 맞추어 같은 목표를 향해 나아가야 할 것이다. 그리고 직원들은 이용자의 서비스 욕구를 비합리적으로 인식하는 경향(Ridgway, 1986)이 강하나 비록 이용자가 비합리적인 결정을 내렸을 경우에도 직원들은 자신의 경험을 바탕으로 가장 합리적인 결정을 찾아야 할 것이다. 또한 이용자는 현실적인 어려움을 통해 서비스 욕구를 인식하는 반면에, 직원들은 이용자의 성격문제를 더 중요하게 인식하는 경향이 있기에 이러한 의문을 가지기에 앞서 이용자를 이해하고 조직의 구성원과 이용자들은 항상 상호 의사결정의 연속선상에서 존재하고 있다고 생각하는 이용자관리가 필요할 것이다. 따라서 이용자관리는 이용자에 대하여 '형평성과 공평성 그리고 다양성에 대한 책임 있는 응답 행동'으로 볼 수 있다. 즉, 이용자들에 대한 형평성은 상황에 따라 다르게, 공평성은 모두에게 동일한 조건으로 그리고 다양성은 이와 같은 사실을 두고 서로 다른 시각이 있을 수 있음을 받아들이는 것이라 할 수 있겠다.

제2절 사회복지관 서비스 이용자

사회복지관은 이용자의 기능향상을 도우며, 적절한 생활을 누릴 수 있는 건강 유지, 거주, 이동, 적정한 소득과 함께 사회참여와 관련한 어려움을 감소(Atchley, 1980)시키는 데 노력하여야 할 것이다. 그리고 이용자가 일반적 욕구에서부터 법률적 · 사회적 지위 유지 및 도움과 적응의 문제뿐만 아니라 이용자들이 지역사회의 구성원으로서 살아갈 수 있도록 삶을 질적으로 제고할 수 있도록 지지해야 한다.

사회복지관은 이용자가 서비스에 쉽게 접근할 수 있도록 홍보나 정보제공을 통해 고지하고, 회원으로 가입하여 자신에게 맞는 프로그램이나 서비스를 이용할 수 있도록 안내하며, 서비스를 이용하지 못할 경우는 장애가 되는 요인이 무엇인지 파악하고 원인을 제거하여 원활히 이용할 수 있도록 도와야 한다. 회원탈퇴나 제적관리를 통해 변화의 흐름을 파악하고, 전 과정에 걸쳐 회원관리를 할 필요가 있다.

사회복지관은 이용자와 서비스 제공자 사이의 대등한 관계를 위해서는 권리 의무관계가 명확한 체계화된 구조가 필요하다. 이용자와 복지관은 계약을 맺어 서비스를 선택하고 이용자의 의사가 존중되는 서비스의 질적, 양적 예측 시스템 개발이 필요하다. 특히, 이용자의 권리는 서비스 품질을 구성하는 주요한 개념으로 사회복지관을 이용하는 모든 이용자들은 존엄한 존재로 대우받을 권리와 양질의 서비스를 제공받을 권리를 보장받아야 하고, 자신들의 의사는 자신들이 결정할 수 있는 자기결정권 및 복지관의 모든 사업에 참여할 수 있는 참여의 권리도 보장받아야 하며, 사적 생활이 침해받지 않도록 개인의 모든 비밀과 개인정보를 보호받아야 한다. 따라서 이용자 권리향상을 위해 사회복지관이 위치한 지역사회 내의 사회참여와 관련한 개별 기관 간의 유기적인 협력체계의 구축을 통하여 경쟁보다는 서비스의 공유를 통하여 이용자중심 서비스 제공이 가능토록 해야 한다. 이는 이용자들을 대상으로 단순히 서비스를 제공하는 차원을 넘어 이용자들의 권리와 이익을 대변할 수 있는 조직체로서의 역할을 강조해야 한다는 것이다. 따라서 정기적인 이용자와 비정기적인 이용자에 대한 관리의 체계화가 필요하다.

◈ 이용자관리
- 사회복지관의 이용자관리는 형평성과 공평성 그리고 다양성에 대한 책임 있는 응답 행동으로 볼 수 있으며, 이용자들에 대한 형평성은 상황에 따라 다르게, 공평성은 모두에게 동일한 조건으로, 다양성은 이와 같은 사실을 두고 서로 다른 시각이 있을 수 있는 것을 받아들이는 것이다.

◈ 이용자관리의 관리요소
- 이용자의 욕구 및 불만, 이용자의 권리와 비밀보장, 이용자의 자기결정권, 이용자 정보 보호, 이용자 참여 및 사례관리, 이용자 실적관리

제3절 사회복지관의 이용자관리

1 이용자 욕구와 이용자 불만

사회복지관은 이용자가 자신의 욕구 충족과 발전을 위해 현재 이용자가 필요로 하는 것과 복지관이 제공하는 서비스 사이에 존재하는 격차를 이해하여 관리되도록 하여야 한다. 특히, 사회복지관은 이용자가 필요로 하는 각종 서비스 또는 프로그램을 식별하여 우선순위를 정해야 하고, 현재 수행 중인 프로그램 평가에 필요한 보조자료를 마련해 주어야 하며, 이용자의 욕구조사를 통해 복지관의 정체성을 확인하여야 한다. 또한 이용자 욕구조사를 통해 복지관의 활동과 프로그램을 대상자집단이나 지역사회에 홍보하여야 한다. 사회복지관에서의 이용자 욕구조사는 다음의 근거에 의한 필요성으로 관리될 필요성이 있다.

• 정보의 획득, 객관성의 확보, 실증적 방법, 이용자중심의 비전 및 프로그램 개발, 체
  계적이고 전문적인 기관운영 수행, 자원의 효율적인 운영, 환경변화에 적극적인 대
  응, 책임성에 대한 평가와 발전의 기초, 정보의 공유와 네트워크 기능, 홍보와 참여
  기회 제공 등

사회복지관 이용자의 욕구조사는 다음과 같은 절차가 필요하다.

[그림 16-1] 사회복지관 이용자의 욕구조사 절차

사회복지관의 이용자 욕구는 문제해결중심의 욕구조사가 선행되어야 한다. 문제해결중
심 욕구조사의 과정은 다음과 같다.

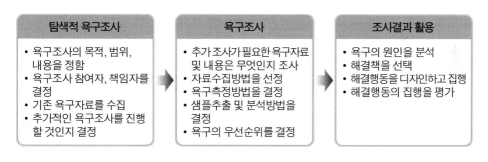

[그림 16-2] 문제해결중심 욕구조사 과정

사회복지관의 이용자 불만은 복지관을 이용한 이용자가 경험한 것을 외부로 표출하는
행동이라 볼 수 있는데, 불평행동은 불공정한 대우를 받았을 때, 서비스에 실망했을 때
등의 복지관에 대해 불만이 있는 사람들의 감정을 알 수 있는 수단이라는 점을 인지하여 관
리가 필요하며, 사회복지관에서 나타날 수 있는 이용자의 불만행동은 무행동, 사적불만행
동, 공적불만행동 등의 유형(Day & Landon, 1977)이 있을 수 있음을 인지하고 관리하여야
한다.

- 무행동: 이용자가 자신의 불만을 표출하지 않거나 무시하는 행동이다.
- 사적불만행동: 친구나 주변의 지인들에게 자신이 겪은 서비스에 대한 불만을 이야기하고, 제3자 등에게도 서비스를 받지 말도록 설득하며, 그뿐만 아니라 제공자의 서비스를 다시는 이용하지 않는 것도 포함된다.
- 공적불만행동: 제공자에게 자신의 불만을 말하고 환불이나 기타 행동 등을 요구하고, 공공단체나 소비자 단체와 같은 기관에 자신의 불만을 이야기하는 것과 보상을 받기 위해 법적인 대응을 하는 것이라 할 수 있다.

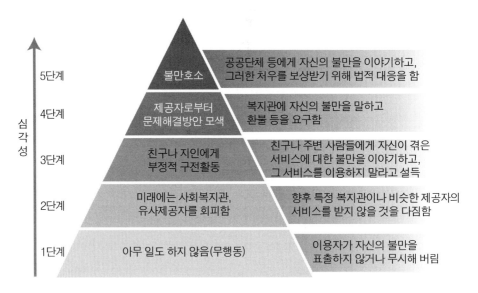

[그림 16-3] 사회복지관에서의 불만행동 유형 및 단계

자료: 이학식 외(2002); Day & Landon(1977) 참고로 재구성.

사회복지관의 불만 표출은 Fornell과 Westbrook(1979)의 이용자 불만의 악순환의 개념을 통해 볼 때, 사회복지관은 이용자 불만에 대해 적절히 대처하여야 한다. 사회복지관에 이용자의 불만사항이 많이 접수되면, 이는 복지관에 대한 나쁜 평가로 이어질 것이며, 정부는 나쁜 평가를 받은 복지관에 대한 인적 · 물적 지원을 줄일 수 있기 때문에 관리가 필요하다. 특히, 이용자의 불만행동의 악순환이 연결고리화될 수 있기 때문에 이용자 불만을 줄이기 위해 복지관은 이용자의 불만이 많이 접수된 부분이 무엇인지를 밝혀야 한다. 또한 사회복지관은 이용자 불만 발생 시 불만의 원인이 무엇인지를 파악하여 이를 해결하기 위해 자원을 투입하는 등 적절한 대처가 필요하며, 이용자의 불편과 불만 사항을 해소하기 위하여 공식적인 절차(건의함, 생활노인위원회, 정례적인 간담회 등의 실시)를 마련하여 제기된 불평과 불만 사항을 신속히 해결하고, 그 처리결과를 공개하도록 하여야 한다. 그리고 사회복지관은 의사표현에 제한이 있는 이용자의 불평과 불만 사항에 대해서도 특별한 관심을 기울여 모니터링을 하고 문제를 해결하기 위해 노력하여야 하며, 이용자들이 불평, 불만, 고충을 표현하였다는 이유로 이용자에 대해 유형 또는 무형의 제재나 차별, 불이익을 주어서는 안 된다.

◈ 성과관리지침
- 우리 복지관 서비스는 이용자의 욕구를 반영하고 있다.
- 우리 복지관은 이용자의 욕구가 합리적으로 검토되고 있다.
- 우리 복지관은 불만 사항이 신속하게 처리되고 있다.
- 우리 복지관은 이용자의 불만 사항에 대해 후속조치가 이루어지는 등 적절한 조치가 이루어지고 있다.

2 이용자 권리와 비밀보장, 자기결정권

이용자 권리는 인간과 집단이 국가·사회·단체 활동을 함에 있어 정당하게 행사할 수 있는 힘이며, 또한 법이 보호하려는 이익을 뜻하기도 한다. 사전적인 의미의 권리는 어떤 일을 주체적으로 자유롭게 처리하거나 타인에 대하여 당연히 주장하고 요구할 수 있는 자격이나 힘을 의미하며 '사람이 사람답게 살기 위해 필요한 것으로서 당연히 인정된 기본적 권리' 또는 '인간이 자연인으로 누려야 할 당연한 권리'를 의미한다. 세계인권선언에서는 인권의 개념을 보다 적극적으로 해석하여 '인간의 권리(right of man)'를 넘어 '인간이 존엄한 존재가 되기 위해 가져야 할 당연한 권리'로 보고 있다.

사회복지관에서의 이용자 권리는 '이용자가 사람답게 살기 위해 필요한 것으로서 당연히 인정된 기본적 권리' 또는 '이용자가 자연인으로 누려야 할 당연한 권리' 또는 '이용자가 존엄한 존재가 되기 위해 가져야 할 당연한 권리'로 인식될 수 있다. 사회복지관은 이용자의 권리규정을 따로 마련하여 관리하여야 한다. 사회복지관에 있어서의 이용자 권리의 성격은 다음과 같다.

첫째, 기본적이고 필수적인 인권적 권리이다. 이는 인간답게 살기 위해 주장하는 인권적 권리이다. 즉, 사회복지관 이용자의 존엄성을 유지하기 위해서는 필수적이며, 권리를 보장받지 못할 때 이용자는 자신의 존엄성을 유지할 수 없기 때문에 누구에게나 당연히 보장되어야 할 최소한의 권리로 관리되어야 한다.

둘째, 보편적인 인권적 권리이다. 성, 종교, 정치적 의견 또는 사상, 출신, 재산, 출생 또는 그 어떠한 지위에 따른 차별도 없어야 한다. 결국 사회복지관을 이용하는 이용자는 누구나 자신의 존엄성을 유지하기 위해 보장받아야 할 것이 바로 이용자 권리이기 때문에 어떠한 상황에서도 누구에게나 차별 없이 평등하게 보장되도록 관리되어야 한다.

셋째, 상호의존적이다. 사회복지관의 이용자들은 나의 권리와 타자의 권리 또는 다른 공동체의 권리와 상호의존적인 관계에 있다. 즉, 인권이 다른 사람이나 공동체의 희생을 대가로 추구되지 않도록 관리되어야 한다.

넷째, 타자의 권리를 존중해야 하는 권리이다. 사회복지관의 이용자들이 기존 이용자들의 지속적인 서비스 제공 유지를 위해 새로운 이용자들을 제한하기 위한 목적으로 권리를 행사하거나, 타 이용자 또는 직원 및 봉사자의 권리를 위하여 인권모독이나 싸움, 차용, 탈취, 훔치거나 방종하는 등의 문제를 야기하는 이용자에 대해서 제재할 수 있도록 이에 대한 관리가 되어야 한다.

〈표 16-1〉 국제적 권리규정 영역과 항목

권리영역	하위영역	세부 항목
인간 존엄 및 평등권	인간 존엄권 및 평등권	천부적 자유와 존엄, 생명권, 신체의 자유와 안전, 강제노동과 노예제도의 금지, 고문금지, 법 앞에서의 평등, 차별금지
시민적 · 정치적 권리	시민적 권리	사생활의 자유(명예, 정보통신, 혼인선택 등), 거주이전의 자유, 국적취득권, 이동의 권리, 재산소유권, 사상 · 양심 · 종교의 자유
	정치적 권리	의사표현의 자유(알 권리, 정보접근권), 언론 · 출판의 자유, 집회 · 결사의 자유, 참정권(발안권, 참정권, 공무참여권, 청원권)
경제적 · 사회적 · 문화적 권리	경제적 권리	사회보장권, 노동에 대한 권리, 적정 보수의 권리, 유리한 노동조건 향유권, 노동조합의 권리

	사회적 권리	가족형성권, 적정 생활수준 향유권(식량권, 물에 대한 권리, 주거권, 건강권 포함)
	문화적 권리	교육에 대한 권리, 문화생활참여권(과학기술 향유권, 저작권, 자기문화 향유권 포함), 인권질서 추구권
법 절차적 권리	법 절차적 권리	법적 인격체의 인정, 법적 구제권, 인신보호, 공정하고 신속한 재판을 받을 권리, 적법절차, 무죄추정, 죄형법정주의, 수형자의 권리

자료: 이창수 외(2005) 재구성

　사회복지관 이용자의 권리가 중요한 이유는 이용자의 존엄성이 최대한 실현될 수 있는 상태를 이루기 위한 것이기 때문이다. 또한 개인의 가치, 사회통합, 능력개발, 사회정의, 인간관계의 중요성을 핵심 가치로 포함하고 있기 때문에 중요하게 관리되어야 하며, 이용자 권리헌장을 제정하여 고지하고 시행해야 한다. 다음 〈표 16-2〉는 노인복지관에 적용될 수 있는 권리영역의 예이다.

📎 〈표 16-2〉 노인복지관에 적용될 수 있는 권리영역의 예

국가인권위원회 (2004)	주체로서의 노인, 자기결정의 원칙, 잔존능력의 존중과 활용, 노인의 가치와 존엄의 확보라는 인권사상에 기반을 두어 노인의 권리영역을 ① 주거권, ② 고용보장의 권리, ③ 건강권, ④ 교육권, ⑤ 소득보장권, ⑥ 기타의 권리라는 6개 영역으로 구분
미국 노인헌장(1969)	① 인간으로서의 역할을 수행할 수 있는 권리, ② 각자의 능력에 따라 취업을 할 수 있는 권리, ③ 노후생활의 궁핍을 면할 수 있는 권리, ④ 여가, 교육 및 의료에 대한 지역사회의 자원을 공평하게 향유할 수 있는 권리, ⑤ 노후의 필요를 충족시킬 수 있는 주거환경에서 거주할 수 있는 권리, ⑥ 가족의 최선의 이익에 반하지 않는 한 정신적·경제적 원조를 받을 수 있는 권리, ⑦ 본인이 원하는 경우에는 독립하여 생활할 수 있는 권리, ⑧ 생존이나 사망 시까지도 인간으로서의 존엄성을 잃지 않을 권리, ⑨ 노후를 풍부하게 보내는 데 필요한 모든 지식에 접근할 수 있는 권리를 지닌다고 규정

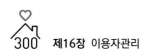
사회복지관 권리실천 관점은 다음과 같다.

첫째, 이용자의 권리에 대한 인식전환이 필요하다. 즉, 권리실천 관점에 근거하여 종사자가 이용자 권리에 대해 정확한 이해를 갖추고 있어야 가능해진다. 그러므로 현장에 종사하는 직원에 대한 인권교육이 선행되어야 한다.

둘째, 이용자에 대한 인권교육이 필요하다. 즉, 현 세대의 지역주민들은 인권에 대해 교육을 받을 기회가 적었기 때문에 자신의 권리가 무엇인지도 모르고 있는 경우가 많다. 따라서 주민이나 이용자를 대상으로 한 인권교육 프로그램을 개발하여 적극 실시하고, 이용자 스스로 권리를 주장할 수 있는 역량을 개발하고, 이용자의 권리를 향유하기 위해 활용 가능한 지역자원이나 복지정보들이 상세히 담긴 이용자 인권가이드북을 발행하여 보급함으로써, 이용자의 인권 의식을 강화할 수 있을 것이며, 자연스럽게 이용자 스스로 자신의 권리 찾기 운동을 전개할 수 있을 것이다.

셋째, 이용자가 스스로 권리를 주장하고 구성해 낼 수 있도록 이용자 권리 역량강화의 실천이 필요하다. 이를 위해 현재 사회복지관에서 사용하고 있는 욕구의 개념에 내재되어 있는 권리의 개념을 찾아내어 인권 용어로 재해석하는 작업이 선행되어야 한다.

또한 사회복지관의 이용자 권리실천을 위한 노력들로는 다음과 같은 사항들이 있다.

첫째, 사회복지관은 이용자의 불편, 불만 사항을 해소하기 위하여 공식적인 절차(건의함, 생활노인위원회, 정례적인 간담회 등의 실시)를 마련하고 제기된 불편과 불만 사항을 신속히 해결하고, 그 처리결과를 공개하도록 하여야 한다.

둘째, 사회복지관은 의사표현에 제한이 있는 이용자의 불편, 불만 사항에 대해서도 특별한 관심을 기울여 모니터링을 하고, 문제를 해결하기 위한 노력을 하여야 한다.

셋째, 사회복지관은 불평, 불만, 고충을 표현하였다는 이유로 이용자에 대해 유형 또는 무형의 제재나 차별, 불이익을 주어서는 안 될 것이다.

넷째, 사회복지관은 이용자가 거부하거나 참여하기를 부담스러워하는 프로그램이나 서비스를 강요하지 않도록 해야 한다.

다섯째, 사회복지관은 소극적인 이용자의 경우 직원이 이들의 심리적인 외로움이나 낯선 곳에서의 불안을 공감하고 잘 극복하도록 지지해야 할 것이다.

여섯째, 사회복지관의 직원들은 이용자의 행동, 생활태도 등의 비언어적인 상태를 모

니터하여 이용자가 언어적으로 표현하지 않는 불평이나 불만을 찾아내고 이를 해결하기
위하여 적극적으로 노력하여야 할 것이다.

일곱째, 낯선 공간과 사람들 사이에서 이용자가 심리적으로 소외되지 않도록 사회복
지관 직원은 이용자가 편안하게 느끼는 공간과 시간대에 만나서 이야기를 하거나 부담
되지 않는 선에서 관심을 보이도록 하여야 한다.

◈ 사회복지관 권리의 예
- 자유권, 평등권, 행복추구권, 참정권, 자기결정권, 비밀보장권

◈ 성과관리지침
- 우리 복지관은 이용자 개인정보를 철저히 관리하고 있다.
- 우리 복지관은 이용자의 권리가 보장되고 있다.
- 우리 복지관은 이용자에 대한 권리보장규정이 운영내규로 마련되어 있다.
- 우리 복지관은 이용자 권리보장에 대한 교육이 이루어지고 있다.
- 우리 복지관은 타 이용자와 직원 및 봉사자의 권리를 보장하기 위한 이용자 수칙이 마련
  되어 있다.

3 이용자(회원) 정보관리

사회복지관은 이용자에 대한 적절한 접근제어를 위해서 정보를 체계적으로 구분 관리
하여야 하며, 정보의 중요성에 따라 중요도가 높은 정보(등급 1, 2)와 중간정보(등급 3), 낮은
정보(등급 4)로 구분하여 관리할 필요성이 있다(〈표 16-4〉 참조). 사회복지관의 이용자정
보는 가공되지 않은 원시정보와 이를 기반으로 가공된 중간 형태인 중간정보와 가공된
최종형태인 최종정보로(안계성, 임태훈, 2000) 나눌 수 있다. 사회복지관에서 이용자의 정
보 중 이름이나 주민등록번호 등은 다른 정보에 비하여 활용빈도가 상당히 높으므로, 이
러한 정보항목에 대해서는 '상'의 가치를 부여하여 관리하여야 한다.

> **🧑‍💼 사회복지관에서의 개인정보의 예**
> --
> 주민등록번호, 신용정보(통장 및 카드번호), 이름, 주소, 전화번호, 이동통신번호, 성별, 나이, E-mail, 학력, 결혼여부, 직업, 수입정도, 혈액형, 종교, 직종, 팩스번호, 직장명(학교명), 비밀번호, 아이디(ID), 생일, 국가, 가족사항, 군 경력, 학점, 출산정보, 결혼기념일, 생체정보(지문) 등

또한 사회복지관은 이용자 개인정보 유출 시 피해의 등급에 따라 인사고과 및 처벌규정 방안을 마련하고 있다. 다음의 표는 개인정보 등급의 예이다.

✎ 〈표 16-3〉 사회복지관 개인정보의 등급설정 결과의 예

등급	개인정보 항목
1	주민등록번호, 신용정보(계좌번호, 카드번호)
2	이름, 비밀번호, 주소(집, 직장), 전화번호, 성별, 이동통신번호
3	아이디, 나이, E-mail, 학력, 결혼여부, 직업, 수입정도, 혈액형, 종교, 생일, 국가, 직종, 팩스번호, 가족사항, 직장명(학교명), 군 경력, 학점, 출산정보, 결혼기념일
4	관심분야, 컴퓨터 이용장소, 자기소개, 지역(현위치), 취미, 이상형, 가입동기, 홈페이지, 차량소유여부, 체중, 신장, 타 통신사 아이디, 무선인터넷 사용여부, 동호회 가입경험, 쇼핑몰 사용경험(전자상거래), 주식투자 경험, 가입보험, 거주형태, 스타일, 성격, 안경착용유무, 좋아하는 배우, 색깔, 장르 잡지 구독여부, 방송시청 횟수, 공연관람횟수, 서적구입횟수, 음반구입횟수, 공연정보 얻는 곳

사회복지관은 정보보호책임자와 개인정보 관리책임자, 시스템 관리자로 구성된 정보보호조직을 구성할 필요가 있다. 사회복지관의 정보통신서비스의 안정성과 정보의 신뢰성을 확보하는 데 관련된 업무를 총괄하는 정보보호책임자와 정보통신서비스에 이용되는 컴퓨터 등 각종 장치를 관리하는 시스템 관리자를 지정하여야 한다. 또한 개인정보의 수집, 이용 및 처리 등의 취급에 관해서 실질적인 권한을 가진 사람을 개인정보 관리책임자로 지정하여야 한다(정보통신서비스 정보보호지침 제4조 1항).

사회복지관은 제공하는 정보통신서비스에 적합한 정보보호 조치사항을 계획, 구현, 승인, 감독할 수 있는 정보보호조직체계를 수립해야 하며 이를 위해 정보보호책임자와 시스템

관리자, 개인정보 관리책임자를 지정할 필요가 있다. 사회복지관의 정보보호책임자가 시스템 관리자의 업무를 동시에 수행할 경우에는 업무의 구분을 명확히 하여야 한다. 이용자의 개인정보를 보호하기 위해 관장을 최고 관리책임자로 지정하고, 실질적인 관리를 위해 개인정보취급 부서의 장을 개인정보 관리책임자로 지정할 수 있다. 사회복지관은 개인정보 관리책임자를 복수로 지정할 수 있으며, 이 경우 책임자 간의 역할 분담을 명확히 하여야 한다. 즉, 사회복지관은 정보보호책임자, 개인정보 관리책임자, 시스템 관리자의 업무를 관리·감독하여야 한다. 또한 정보보호책임자, 개인정보 관리책임자, 시스템 관리자가 인사이동되거나 퇴직하는 경우, 이들에 대한 계정을 삭제하고 접속을 제한하는 등 적절한 보안조치를 취하여야 한다.

사회복지관은 현재의 정보보호책임자와 시스템 관리자 이외에는 정보보호에 관련된 자료 및 정보시스템에 접근하는 것을 제한(정보통신서비스 정보보호지침 제8조)하고, 정보보호책임자는 실제적으로 정보보호 업무의 일차적인 책임이 있으며 직접적으로 관리하는 주체가 된다(정보통신서비스 정보보호지침 제7조). 사회복지관의 개인정보 관리책임자는 개인정보와 관련된 내부지침을 준수하도록 충분한 기술적·관리적 보호조치를 실시하여야 하며 교육·훈련, 내부규정의 정비, 안전대책의 실시, 실천준수계획의 제정 등의 업무를 수행하여야 한다. 그리고 이용자의 불만사항 접수 및 처리에 대한 책임을 지게 되며, 개인정보를 취급하는 직원에 대해 충분한 교육 및 훈련을 실시하여야 한다.

사회복지관의 정보보호책임자는 서비스와 관련된 모든 정보의 불법적인 유출, 변조, 파괴를 방지하기 위해 취하는 모든 정보보호 행위에 대한 관할업무를 수행하며, 시스템 관리자의 업무 중 정보보호와 관련된 세부업무를 지도감독하여야 하며, 사회복지관 이용자에 대한 비밀번호 관리지침 등은 정보보호책임자의 지시에 따라 시스템 관리자가 수행하여야 한다. 그리고 사회복지관의 정보보호책임자는 부정행위 확인 등 정보보호업무에 필요한 경우 이외에는 이용자의 정보를 열람, 수정 또는 삭제하거나 제3자에게 제공해서는 안 된다.

〈표 16-4〉 정보보호조직의 역할

정보보호조직	역할
사회복지관	• 정보보호조직체계 수립 • 각종 정보보호장치 마련 • 정보보호책임자, 시스템 관리자, 개인정보 관리책임자의 지정과 감독

정보보호책임자	• 시스템 관리자 감독 • 시스템 및 네트워크의 점검 • 물리적 · 기술적 통제의 기준설정 • 정보보호 사고 대비업무
시스템 관리자	• 컴퓨터 및 네트워크 등 장비 관리 • 이용자 비밀번호 및 ID 관리 • 주기적 백업
개인정보 관리책임자	• 개인정보의 보호대책 마련 • 이용자 불만사항 처리 • 교육 · 훈련, 안전대책 실시 • 개인정보처리 위탁 시 관리상황 확인 등

◈ 이용자정보관리

• 정보의 중요성에 따른 등급별 정보관리

◈ 성과관리지침

• 우리 복지관은 정보보호책임자, 개인정보 관리책임자, 시스템 관리자를 두고 있다.
• 우리 복지관은 기밀로 분류된 정보는 접근권한의 수준에 따라 등급을 나누는데, 범위 기준에 의한 분류와 등급 기준에 의한 분류표가 있다.
• 우리 복지관은 개인정보보호 교육을 실시하고 있다.
• 우리 복지관은 보유연한이 지난 개인정보들은 파기하고 있다.

◈ 관리지침해설

• 휴먼서비스를 제공하는 사회복지관의 성격상 이용자들의 권리를 보장하고 그들의 개인정보를 보호하는 것은 서비스의 품질을 결정짓는 중요한 요소이다.
• 따라서 인간의 존엄성을 바탕으로 그들의 자기결정권을 존중하며 그들의 권리가 침해받지 않도록 하고 이용자들의 개인정보를 보호하기 위한 각종 조치를 취하도록 하는 것은 최소한의 품질보장을 위한 노력의 일환이다.
• 정보를 보호하기 위한 최소한의 인력을 배치하는 것 역시 정보보호를 위한 노력의 일환으로 현 복지관의 형편상 다음과 같은 업무분장이 가능하다.

　－ 개인정보 관리책임자: 부장 또는 과장이 임무 수행
　－ 정보보호책임자: 관장이 임무 수행
　－ 시스템 관리자: 전 직원이 임무 수행

4 이용자 참여 및 사례관리

　사회복지관은 이용자에 대한 교육프로그램, 소득지원, 건강생활지원 등 각 영역별 사회복지관 서비스 연계가 얼마나 잘 되었는지 관리하고, 이용하지 않을 경우 어떤 요인이 있었는지를 분석하는 과정과 연계를 통해 이용자의 삶이 더 풍성해졌는지를 관리하여야 한다. 예를 들면, 교육프로그램 참여자 중 경제활동이 요구되는 회원은 소득지원 영역, 봉사활동 욕구가 있는 회원은 사회참여지원 영역으로 사례관리를 통해 담당자 역량개발과 회원의 만족수준이 높아질 수 있도록 관리하여야 한다.

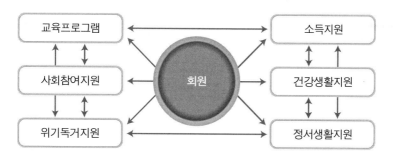

[그림 16-4] 이용자 참여 연계 모형

　사회복지관의 이용자 참여는 사회복지관에서 어떠한 서비스를 어느 정도 받아야 하는가에 영향을 주는 결정에 관여하여 서비스 제공자와 이용자의 불평등한 관계의 개선을 꾀하는 것이라 볼 수 있다. 사회복지관 이용자의 서비스 과정별 참여는 다음을 의미한다.

① 사회복지관 등록과정: 사회복지관 이용을 신청한 이용자가 복지관을 선택하고 등록결정 과정에 의견을 개진할 수 있는 수준을 말한다.
② 프로그램 운영계획 수립 과정별 참여: 사회복지관의 서비스 과정별 참여는 복지관

의 이용을 결정한 후 프로그램 운영과정계획에서 이용자 및 보호자의 참여 및 의견을 개진할 수 있는 정도와 이용자가 이용하게 될 구체적인 서비스 결정과정에 참여함을 의미한다.

③ 이용의 공유: 복지관 이용자가 이용자의 한 사람으로서 자신과 관련이 있는 일(상황)에 대하여 동등한 참여 및 적극적 의견개진이 가능한 수준이다.

④ 서비스 과정 참여와 이의제기: 복지관 이용자는 서비스 진행과정에 대한 참여와 서비스에 대하여 이의를 제기할 수 있는 가능성을 가지고 있다.

⑤ 퇴소결정 및 계획: 이용자의 퇴소결정 및 퇴소 이후 계획에 대한 참여가능성이 있다. 복지관은 이용시설이므로 입소나 퇴소보다는 (사업)서비스 참여나 (사업)서비스 중단 등을 의미하는 것으로 이해할 수 있다.

사회복지관은 이용자의 참여방법으로 건의함이나 상담창구, 관장과의 대화시간, 온라인 상담실을 구비하여야 한다. 이러한 열린 의견제시 방법에 대해 이용자에게 알리고 참여시켜야 하며, 이용자와 함께 아젠다 형성, 연구, 정책논의를 할 수 있도록 노력하고, 이용자와의 상담, 가족회의, 자치회를 통해 이용자의 실질적인 의견을 반영할 수 있도록 노력하여야 한다. 또한 사회복지관의 이용자 참여 방해요소로 다음을 인식하여 관리해야 할 필요가 있다.

- 단체생활에 따른 개별 욕구 파악 부족
- 정해진 일과시간
- 한정된 프로그램

사회복지관은 이용자 참여를 위한 과제로 다음을 생각하여 관리할 필요가 있다.

- 직원들은 이용자와 동등한 관계에 있는 주체라는 것과 이용자가 모든 생활에서 충분히 자율적인 선택을 할 수 있다는 인식의 전환과 그에 따른 역할의 변화가 요구된다.
- 이용자의 참여 관점에서의 일상 이용행동을 재해석하는 시도가 필요하다.
- 서비스 계획과정에서 의식적으로 이용자의 참여를 확대시키고 이용자와 동등한 관계를 이룰 수 있도록 하는 노력이 요망된다.

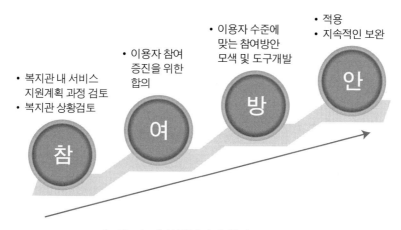

[그림 16-5] 사회복지관 참여 증진 방안

　사회복지관은 다양한 욕구를 가지고 있는 이용자에 대해 그 욕구에 맞는 개별적인 원조계획을 통해 여러 가지 자원을 연결, 동원하여 적절한 서비스를 제공함으로써 이용자의 기능 회복 및 복지증진을 도모할 수 있도록 사례관리를 하여야 한다. 따라서 복지관은 적합한 이용자에게 사례관리 서비스를 실행할 수 있도록 노력하여야 하며, 이를 위하여 복지관에서는 찾아오는 사례에만 의존하여서는 안 되며 외부 연계 및 의뢰, 아웃리치 등으로 사례발견을 할 수 있어야 한다. 사회복지관의 사례관리자에게 요구되는 자질은 다음과 같다.

　첫째, 이용자의 문제나 욕구를 파악하고 이용자를 위해 서비스 계획을 세울 수 있는 능력이 요구된다.
　둘째, 지역에 존재하는 현재적 · 잠재적 사회자원에 대한 이해가 필요하다.
　셋째, 이용자나 기타의 기관, 시설, 단체와 커뮤니케이션 능력이나 이해를 높이기 위해 연수나 슈퍼비전이 요구된다.

　사회복지관의 사례관리 과정은 다음의 과정으로 진행될 수 있다.

[그림 16-6] 사회복지관의 사례관리 과정

사회복지관은 다양한 자원의 공급주체인 가족구성원, 친척, 친구, 동료, 이웃, 자원봉사자 등과 같은 비공식 섹터와 행정이나 법인 등 공식 섹터의 다양한 공급주체에 따른 사회자원을 이용자가 활용할 수 있도록 할 필요가 있으므로 다양한 사회자원을 이용자가 활용할 수 있도록 촉진하고, 조정하고, 연결시킬 수 있도록 사례관리 전담직원을 두어야 한다. 복지관 이용자의 초기상담 내용을 위해서는 다음과 같은 사례관리자의 역할이 요구된다.

- 이용자를 위한 지원서비스 계획의 수립과 운영을 위한 권리와 책임 이해시키기
- 권리 및 유용한 공공 지원서비스에 대한 정보제공
- 복지관을 포함한 다양한 지역사회서비스와 한계 설명
- 이용자에게 지역사회서비스, 프로그램, 교통 등의 정보제공

사회복지관에 사례관리 전담팀을 둘 경우 인적 구성은 사례관리팀장, 사례관리자, 인테이크 워크, 파트타임 사례관리자(필요시), 준 사례관리자(필요시), 기타 복지관 내부의 다른 사례관리에 필요한 전문가로 구성될 수 있다.

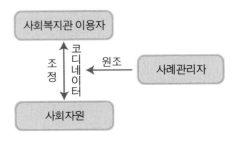

[그림 16-7] 사례관리자의 역할

초기접촉 후에 사례관리자는 이용자의 현재 상황과 어떤 다양한 문제를 가지고 있는지, 욕구는 무엇인지 등을 파악하기 위해 면접하여 초기면접지를 작성하여야 한다.

- **기본정보**: 이름, 나이, 생년월일, 성별, 거주지, 종교, 면접경로 등
- **보호구분**: 현재 수급여부 및 서비스지원 내용 등 기록
- **건강상태**: 질환, 외상, 중독, 시청각문제, 약복용유무, 정기진료 등
- **가족사항**: 현 가구형태, 가족구성원과 가족구성원에 대한 기본목록

- 욕구: 이용자가 필요로 하는 주요 지원 영역
- 상담자 평가: 조사된 객관적 정보를 통해 서비스 지원계획 지원 여부 및 사정 영역 선정

이용자가 자신의 사례관리과정에 적극적으로 참여할 수 있도록 강점관점과 탄력성에 기초하여 평등한 관계 속에서 사례관리자와 이용자 그리고 가족 간 협력 작업이 수행되어야 한다.

강점사정 가이드라인

- 상황에 대해 이용자와 가족이 이해하는 것이 중심이 되어야 한다.
- 이용자와 가족을 신뢰하라.
- 이용자와 가족이 원하는 것이 무엇인지 발견하라.
- 이용자와 가족을 둘러싼 환경의 강점(문제가 아닌)을 사정하라.
- 다차원적으로 강점을 사정하라.
- 이용자와 가족의 독특함을 발견하는 데 사정을 사용하라.
- 이용자와 가족의 언어를 사용하라.
- 사정을 이용자와 가족, 사례관리자의 공동 작업으로 진행하라.
- 사정의 내용에 대해서는 합의에 이르도록 하라.
- 비난하지 마라.
- 인과적 사고를 지양하라.
- 진단하지 말고 사정하라.

자료: Saleebey(1996) 재구성

사회복지관은 사례관리를 통해 다음과 같은 목적을 달성하기 위해 노력하여야 한다.

첫째, 외부환경에 적응할 수 있는 이용자의 잠재력을 최대화시킬 수 있다.

둘째, 이용자가 다양한 서비스와 지원체계에 접근하여 이를 활용할 수 있는 방법을 습득하게 하여 가족, 이웃, 친구 등 비공식적 지원체계가 이용자를 보조할 수 있는 능력을 최대화시킨다.

셋째, 이용자의 욕구를 충족시키는 데 있어 공식적 도움 체계의 능력을 최대화하는 역할을 수행한다.

사회복지관 사례관리의 가치는 다음을 인지하여 관리되어야 한다.

첫째, 이용자가 자신의 삶의 목적을 성취하고, 문제를 해결하고, 인간으로서의 잠재력을 실현하기 위하여 도움이 될 수 있는 자원이나 서비스에 대한 동등한 접근기회를 갖도록 기본권에 대한 존중이 선행되도록 관리하여야 한다.

둘째, 복지관 내의 서비스나 프로그램은 인본주의적으로 만들고, 이용자의 욕구에 반응하도록 사회적 책임감을 가지고 만들어야 한다.

셋째, 이용자의 다양성을 존중하고, 개인들이 자신에 대해 내린 결정을 존중하는 자기결정에 대한 지지가 이루어지도록 관리되어야 한다.

사회복지관은 사례관리의 진행과 결과를 이용자 및 가족과 공유할 수 있는 시간을 마련할 필요가 있으며, 사례관리 평가를 통해 서비스 목표달성 여부뿐만 아니라 스스로 무엇을 해낼 수 있는지, 새롭게 획득된 능력과 장점은 무엇인지 평가서에 함께 기술할 필요가 있다.

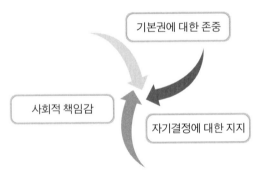

[그림 16-8] 사회복지관 사례관리의 가치

◈ 성과관리지침
- 우리 복지관은 이용자가 인테이크 회의에 참여하고 논의에 의견을 개진할 수 있다.
- 우리 복지관은 이용자와 가족이 자유롭게 참여하여 자신들의 의견을 충분히 개진할 수 있다.
- 우리 복지관의 이용자는 공식 협상과정에서 대표자로 인정되고 있다.
- 우리 복지관은 문제발생 시 이용자와 직원들이 함께 해결해 나간다.

- 우리 복지관의 이용자는 서비스의 계획, 설계, 전달, 평가 과정에 자유롭게 참여하여 자신의 의견을 충분히 제시할 수 있다.
- 우리 복지관은 이용자가 이의를 제기하면 받아들인다.
- 이용자의 사업 또는 서비스 중단은 복지관 직원과 함께 논의되고 기록된다.
- 우리 복지관은 사례관리지침이 구비되어 있다.
- 우리 복지관은 사례발견에 노력하고 잠재적 사례관리 서비스 이용자의 적격성 여부를 객관적으로 수행한다.
- 우리 복지관은 사례발견을 위해 다양한 노력을 한다.
- 우리 복지관은 접수 양식을 활용하여 잠재적 사례관리 서비스 이용자를 접수하고 있다.
- 우리 복지관은 스크리닝 도구를 활용하여 잠재적 사례관리 서비스 이용자를 객관적으로 구분한다.
- 우리 복지관은 사례관리 적격성 여부를 결정하여 이용자들에게 신속하게 통보한다.
- 우리 복지관은 사례관리 전담직원(또는 팀)을 두고 있다.
- 우리 복지관은 사례관리를 위한 개별 공간(사례관리 상담실)을 확보하여 활용하고 있다.
- 우리 복지관은 연계관리에 관한 측정도구가 있다.

◈ 관리지침해설

- 복지관을 이용하는 이용자들의 복지관 사업이나 서비스로의 참여는 보장되어야 한다. 이용자는 복지관 회원등록에서부터 서비스 참여 그리고 서비스 중단에 이르는 전 과정에 참여할 수 있으며, 모든 과정은 직원들과 함께 공개적으로 진행되고 기록되어야 한다.
- 특히, 복지관은 이용자의 참여를 증진시키기 위한 다양한 방안을 강구하여야 하며 이를 위해 건의함이나 상담창구, 관장과 직원들과의 대화, 온라인 상담실 등을 구비하여야 한다.
- 복지관은 적합한 이용자에게 사례관리서비스를 실행할 수 있도록 노력하여야 한다. 이를 위해 사례관리 전문 직원 및 전용공간을 확보하고 있어야 한다.
- 이를 위하여 복지관에서는 찾아오는 사례에만 의존하여서는 안 되며, 외부 연계 및 의뢰, 아웃리치 등으로 사례발견을 할 수 있어야 한다.

5 이용자 실적관리

◈ 실적관리

• 사회복지관 공간 대비 일일 이용인원이 이용하고 있는가?

• 사회복지관 회원은 몇 명인가?

• 사회복지관 제적회원은 노인인구 제적인원 대비 비례하는가?

• 사회복지관 신규회원 가입은 지역 내 노인인구 증가율에 비례하여 가입하고 있는가?

• 사회복지관 신규회원 가입자 중 몇 %가 실질적으로 이용하고 있는가?

• 사회복지관 신규회원의 이용 접근성을 높이기 위해 회원교육을 주 1회 이상 하고 있는가?

◈ 성과관리지침

• 우리 복지관은 1개 프로그램을 이용할 경우 공간별 최적인원을 산정하고 있다.

• 우리 복지관은 전체 회원 등록인원수에 대한 회원가입대장을 보관 및 관리하고 있다.

• 우리 복지관은 제적회원 관리대장을 보관 및 관리하고 있다.

• 우리 복지관은 신규회원 가입이 지역 내 인구 비례에 미치지 못할 경우 신규회원 가입을 위한 노력을 하고 있다.

• 우리 복지관은 신규회원의 이용접근성을 높이기 위해 교육, 상담, 안내방식의 변경 등의 노력을 하고 있다.

제**17**장 조직관리

제**1**절　조직관리의 개념

조직관리는 행정의 생산성을 제고하기 위하여 구조를 재설계하고 조직원들이 더욱 열심히 봉사하게 하며, 또 업무처리 과정을 개선하는 과정이다. 조직관리는 조직의 생(生)과 사(死)의 모든 단계를 관리하며 구체적으로 다음을 관리하는 것이다.

- 비전을 관리하는 것
- 조직구조를 관리하는 것
- 인력을 관리하는 것
- 과정을 관리하는 것
- 성과를 관리하는 것

일반적으로 조직의 구조는 조직 내 권력(power)과 권한(authority)의 배치를 결정하게 되며 구조에 관한 조직설계는 크게 네 가지 영역인 전문화(specialization), 조직형태(shape), 권력분배(distribution of power), 부서화(departmentalization)로 나누어진다(김현주, 정재상 공역, 2005). 첫째, 전문화는 업무를 수행하기 위해 사용되는 직무 전문성(job specialties)의 유형과 수를 의미한다. 둘째, 조직형태는 조직의 수준(level)에 따라 각 부서를 결정하는 평균적인 인력의 수를 가리키며 각 부서를 구성하는 인력의 수가 평균적으로 많을수록 평평한 형태의 조직구조가 된다고 볼 수 있다. 권력분배는 조직의 분화(differentiation)

과정으로 볼 수 있으며 수직적 분화와 수평적 분화의 두 차원으로 구성된다. 수직적인 권력분배는 상부에 권한이 집중되는 집권화(centralization)와 하부에 권한이 이양되는 분권화(decentralization)에 관련된다. 수평적인 권력분배는 부서의 위치와 권한에 관한 것으로서 조직에서 더욱 중추적인 역할을 하는 부서로 권력이 이동하는 것을 말한다. 넷째, 부서화는 조직의 수준별로 어떤 부서를 설치해야 하는지에 대한 것으로 이때 부서를 나누는 기준으로는 부서별 기능, 제품과 서비스, 업무흐름의 프로세스, 지역 등을 들 수 있다(서울복지재단, 2009a). 이러한 조직구조와 조직설계에 대한 논의를 비추어 보면 조직관리는 크게 조직의 구조를 결정하고 조직의 인력을 배치하는 것을 나타낸다고 할 수 있다.

◆ **조직관리**
• 조직구성원들의 적절한 배치 및 지역사회의 전문인력들이 조직의 행동에 참여하도록 관리하는 것

◆ **조직관리의 관리요소**
• 운영위원회, 이사회, 자문위원회, 인사위원회, 비공식적 자발적 조직(각종 모임), 조직부서화(팀, 부서, 과 등 조직구조)의 적절성

제2절 사회복지관의 조직관리

사회복지관은 설립배경과 운영의 목적을 분명하게 갖고 있는 조직이다. 그렇기 때문에 조직설계에 기본이 되는 전문성과 부서별 기능도 타 유형의 조직에 비하여 목적성이 뚜렷하다고 할 수 있다. 동시에 각 조직마다 갖고 있는 자원과 환경이 다른 만큼 모든 유형의 시설들이 동일한 조직의 형태를 가질 수 없는 배경도 동시에 존재한다. 사회복지관의 조직관리에서는 구성원의 적절한 배치와 지역사회의 전문인력이 조직 내 의사결정 과정에 참여하도록 하는 것이 필요하다. 조직 내 부서의 적절성과 각 부서별 전문인력의 적절한 배치와 관리가 기본적으로 전문화되어야 한다. 사회복지관은 사회복지인력과 간

호인력 및 재활치료인력 등 다양한 전문직이 공동협력하여 사회복지서비스를 제공한다. 그러므로 전문직종별 교류와 협력이 필수적인데 각종 자발적·비자발적 모임을 통해 이를 지원하는 조직체계의 구조가 필요하다.

제3절 조직관리 요소

1 운영위원회

사회복지관은 「사회복지사업법」에 근거하여 기관 운영위원회를 구성 및 운영하여 의견반영을 통해 조직운영의 객관성, 건전성과 투명성을 확보하여야 한다. 사회복지관은 운영위원회를 정기적으로 개최하고 기관운영과 관련하여 사항 심의와 건의사항의 수렴 등 회의 결과를 통해서, 기관운영에 관련된 이용자, 이용자의 보호자, 후원자, 관계공무원, 전문가 등 다양한 이해관계자들의 의견들이 기관운영에 반영될 수 있도록 노력하여야 한다. 운영위원회는 「사회복지사업법」에 명시된 법적인 위원회이며 공식적인 절차와 과정, 구성의 조건 등을 갖춘 명확한 복지시설 운영지원 체계로 볼 수 있다. 이는 사회복지시설에서 사회복지사업을 수행하기 위해 공식적인 절차와 방법을 통하여 운영위원회를 구성하고 운영위원회의 심의를 통해 사업계획 및 예결산 등을 검토하고 확정하여 사업 수행의 공정성과 합법성을 갖추어야 한다는 것을 의미한다.

2 운영위원회의 구성(「사회복지사업법」)

1) 시설운영위원회의 구성(법 제36조 제2항 및 시행규칙 제24조 제1항)

가) 위원회는 위원장 1인을 포함하여 5인 이상 15인 이하의 위원으로 구성하고, 법 제36조 각호 중 같은 호에 해당하는 위원이 2명을 초과해서는 아니 됨

나) 위원회의 위원은 아래에 해당하는 자 중에서 관할 시장·군수·구청장이 임명 또
　는 위촉
　　○ 시설의 장
　　○ 시설 거주자(이용자) 대표
　　○ 시설 거주자(이용자)의 보호자 대표
　　○ 시설 종사자의 대표
　　○ 해당 시·군·구 소속의 사회복지업무를 담당하는 공무원
　　○ 후원자 대표 또는 지역주민
　　○ 공익단체에서 추천한 사람
　　○ 그 밖에 시설의 운영 또는 사회복지에 관하여 전문적인 지식과 경험이 풍부한 자

　*참고: 시설장의 친인척 등 시설장과 특수관계가 명확한 자는 위원에서 제외

2) 시설운영위원회 심의사항(법 제36조 제1항)

가) 시설운영계획의 수립·평가에 관한 사항
나) 사회복지 프로그램의 개발·평가에 관한 사항
다) 시설 종사자의 근무환경 개선에 관한 사항
라) 시설 거주자의 생활환경 개선 및 고충처리 등에 관한 사항
마) 시설 종사자와 거주자의 인권보호 및 권익증진에 관한 사항
바) 시설과 지역사회와의 협력에 관한 사항
사) 그 밖에 시설의 장이 운영위원회의 회의에 부치는 사항

*참고: 사회복지시설 운영위원회 심의관련
☞ 사회복지시설 운영위원회는 심의기능을 하는 바, 의사결정의 주체가 다수인관계로
다수의 의견을 모으는 행위의 형식으로 관련 위원회 규정에서 '의결'이라는 용어를 사
용하더라도 위원회의 의결사항이 시설의 장에 대한 법적인 구속력이 있는 결정으로
보기 어려움
－ 다만, 시설의 장은 위원회의 순기능적 측면을 감안하여 그 심의사항을 배척할 만한
　합리적인 이유가 없는 한 위원회의 심의결과를 존중하는 것이 바람직하며 지자체는
　위원회의 심의사항과 시설장의 의견이 상반되는 등 논란이 되는 사항과 위원회에서

논의된 사항 중 합리적인 사항에 대해서는 관련 법령과 지침 등을 토대로 면밀히 검토하여 시·군·구 복지정책에 반영될 수 있도록 하고, 필요할 경우 시·도 및 보건복지부 등에 정책 건의

3) 시설운영위원회 보고사항(법 제36조 제3항)

*다음의 사항은 운영위원회에서 사전 보고하는 것으로, 이는 위원회의 심의를 요하는 것은 아님
ㅇ 시설의 회계 및 예산·결산에 관한 사항
ㅇ 후원금 조성 및 집행에 관한 사항
ㅇ 그 밖에 시설운영과 관련된 사건·사고에 관한 사항

4) 시설운영위원회 운영

가) 회의의 개최
　　ㅇ 정기회의: 분기별 1회 이상 정기회의 개최
　　ㅇ 수시회의: 시설운영위원회 운영규칙에 규정한 회의 개최 요건에 해당할 경우 (재적위원 1/3의 요청이 있을 경우) 수시회의 개최
　　☞ 시설운영위원회 운영에 필요한 세부 운영규칙은 법령 및 지침에 위반하지 않는 범위 내에서 시설 결정으로 제·개정 가능(단, 법령에 규정되어 있는 사항은 반드시 운영규칙에 포함시킬 것)
　　ㅇ 회의의 공개: 위원회의 회의는 시설 생활자, 시설 종사자 등에게 공개를 원칙으로 하되, 개인정보보호 등 불가피한 사유 시 위원장이 비공개를 결정할 수 있음 (비공개 사유는 공개해야 함)
나) 회의록의 작성 및 보고
　　ㅇ 위원회의 간사는 매년 1회 정기 및 수시회의의 결과를 간략하게 요약하여 정본은 위원회에 보관하고 사본 1부는 시·군·구청장에게 제출할 것
　　ㅇ 시·군·구에 제출된 회의록 중 정책건의가 필요한 사항은 매년 1회(매년 12.1) 시·도를 경유하여 보건복지부 사회서비스 자원 및 개별 시설과로 보고
다) 기타 사항

○ 위원회 운영에 필요한 예산은 원칙적으로 시설 운영비에서 지출
○ 회의수당, 회의장소 등 위원회 운영에 세부적인 사항은 운영위원회 자율적으로 결정

◈ 성과관리지침
• 우리 복지관은 운영위원회 운영규정을 명문화하고 있다.
• 우리 복지관은 운영위원회를 정기적으로 운영하고 있다.
• 우리 복지관은 분기별 정기적인 회의를 개최하며, 필요시 수시회의를 개최한다.
• 우리 복지관은 운영위원회 개최상황(운영횟수, 안건 등) 및 결과를 기록·관리하고 있다.
• 우리 복지관은 가족 및 보호자, 후원자, 전문가 등을 운영위원으로 참여시키고 있다.
• 우리 복지관은 운영위원회 내용과 운영위원 신청사항 등을 가족 및 보호자, 후원자, 지역주민 등에게 공개하는 것을 원칙으로 한다.
• 우리 복지관은 운영위원회 건의사항을 반영한 결과를 위원들에게 안내·통보하고 있다.

◈ 관리지침해설
• 운영위원회는 지침에 의거하여 운영되며, 구성원이 적절하게 구성되었는가를 점검한다. 운영위원회의 심의나 건의사항들이 환류되는지 점검한다.

3 조직부서화(팀, 부서, 과 등 조직구조)의 적절성

사회복지조직에서 부서의 구조화는 사회복지서비스를 제공의 적절성과 서비스의 효과성을 증진하는 중요한 원인변수가 될 수 있다. 조직구조를 설정하는 것은 관리자의 책임으로 현존하는 구조, 통제 그리고 보고체계를 사정하고, 효과성, 생산성, 효율성 그리고 서비스의 질을 최대화할 수 있는 이상적인 구조를 만드는 것이다(지은구, 2007).

> ◈ 성과관리지침
> - 우리 복지관의 조직구조화는 조직의 미션과 비전을 실천할 수 있도록 적절하게 구성되어 있다.
> - 우리 복지관의 구조(팀, 부서, 과)는 사회복지서비스 효과성을 증진하는 데 유용하다.
>
> ◈ 관리지침해설
> - 사회복지관의 팀, 부서, 과의 구조의 적절성을 평가한다. 사회복지관의 서비스 효율성과 효과성 증진을 위해 부서의 적절한 배치와 그 구조의 유용성에 대한 점검이 필요하다.

4 자문위원회

　자문위원회는 특별한 사안이나 문제에 대한 의견을 구하기 위하여 전문가들로 구성한 위원회를 말한다. 자문위원회는 사회복지관 외부 전문가들로 구성되어 있으며, 자문위원회의 의결이나 제안은 조직운영에 절대적인 영향을 미치지는 못하기 때문에 조직의 전문성 증진을 위한 구조로 매우 의미 있는 요소라고 할 수 있다.

> ◈ 성과관리지침
> - 우리 복지관은 자문위원회의 구성과 기능에 대한 규정이 있다.
> - 우리 복지관의 자문위원회 구성(규모, 대표성)은 적절하다.
> - 우리 복지관은 자문위원회 운영과 관련하여 회의록을 작성하여 보고 절차에 의해 보고하고 보관, 관리하고 있다.
> - 우리 복지관은 자문위원회를 계획에 따라 운영하고 있다.
>
> ◈ 관리지침해설
> - 사회복지조직에서 외부 전문가의 자문은 서비스 질 향상을 위해 중요한 요소이다. 자문위원회의 구성과 관리과정에 대한 지침과 계획대로 진행되는지, 관련 기록이 관리되는지를 점검한다.

5 인사위원회

인사위원회는 조직구성원의 인사를 담당하기 위하여 전문가들로 구성된 위원회를 말한다. 인사위원회는 조직의 새로운 인력을 충원하는 데 있어 공개적인 과정을 거쳐 조직에 가장 적합한 새로운 인력을 충원하는 것을 주요 역할로 한다.

◈ 성과관리지침

• 우리 복지관은 인사위원회의 구성과 기능에 대한 규정이 있다.
• 우리 복지관의 인사위원회 구성(규모, 대표성)은 적절하다.
• 우리 복지관은 인사위원회 운영과 관련하여 회의록을 작성하여 보고 절차에 의해 보고하고 보관, 관리하고 있다.

◈ 관리지침해설

• 사회복지조직에서 인사위원회는 인사관리의 적절성을 기하기 위하여 인사위원회의 구성, 권한, 절차 등에 관하여 필요한 사항을 점검한다.

6 비공식적 자발적 조직(각종 모임)

조직 내 의사소통은 공식적 의사소통과 비공식적 의사소통으로 구분되며, 형태와 유형에 따라 구분될 수 있다. 원활하고 효과적인 의사소통을 통하여 업무의 효율과 조직의 건전성을 유지할 수 있다. 조직은 의사소통을 방해하는 장애요인을 이해하고, 능동적인 의사소통이 될 수 있도록 노력해야 한다. 비공식적 의사소통에는 친화관계를 통해 형성되는 것으로 소문경로(grapevine)가 대표적이다(양창삼, 2007). 사회복지조직뿐만 아니라 많은 조직에서 이와 같은 비공식적 의사소통이 존재하고 있는데, 본래의 친화관계 외에 부정적인 소문과 근거 없는 왜곡된 정보 소통은 지양해야 한다. 조직의 관리자는 우리의 비공식적 의사소통이 어떤 특징을 갖고 있는지, 누가 X맨으로서 영향력을 미치고 있는지를 파악하는 것이 필요하다(서울복지재단, 2009a). 기관은 직원들이 팀별 분임토의 및 사례관리 토론 등을 통한 지식 공유를 할 수 있도록 노력하여야 한다. 이를 위해 직원 간 비공식적 자발적 조직(각종 모임)을 활성화하도록 지원하여야 한다.

◈ **성과관리지침**

• 우리 복지관은 정기적 · 비정기적 팀별 분임토의 및 사례관리 토론 등의 지식 공유 모임을 운영한다.
• 우리 복지관은 기관 내 직원 간 유기적 관계 형성 및 공동체의식 함양 및 교류를 위한 모임을 가지고 있다.
• 우리 복지관은 직원의 성장과 발전을 위한 다양한 모임을 행정적 · 재정적으로 지원하고 있다.

◈ **관리지침해설**

• 조직 내 다양한 의사소통 체계들은 조직의 응집력에 긍정적 영향을 미친다. 직원들 간의 정기적 · 비정기적 모임을 지원하는지를 점검한다.

제**18**장 정보문서관리

제**1**절 정보문서관리의 개념

정보문서관리는 사회복지시설의 각종 정보를 가장 능률적으로 정확하게 수집, 분류, 정리분석, 전달하고 활용해서 처리하는 일련의 과정이라고 할 수 있다. 이렇게 수집된 정보는 조직의 목표를 효과적으로 달성하는 데 사용된다. 이는 과거에 수작업으로 이루어지던 업무수행이 정보기술의 발달에 따라 컴퓨터를 중심으로 한 정보체계 혹은 전산화된 정보체계를 활용하여 사회복지관의 업무 절차나 흐름이 정형화된 구조와 시스템하에서 관리되어야 함을 의미한다. 어떤 조직에 있어서든 정보문서관리의 목적은 시설 내부 사무관리에 관한 보안 정보 분류 및 담당과 책임 사항 등을 정함으로써 사무의 간소화, 표준화, 과학화 및 정보화를 기하여 업무 능률을 높이고자 하는 것이다.

사회복지관 역시 기관의 대내외적 목표 달성과 기능 수행을 위해 다양한 정보가 필요하고, 그러한 정보는 효율적이고 효과적으로 관리되어야 하는데 이를 위해 필요한 방법이 바로 정보체계를 활용하고 문서를 체계적으로 관리하는 것이다. 오늘날의 사회복지관은 현대 사회의 복잡성으로 인해 보다 체계적인 의사소통과 정보 교환이 필요하게 되었고, 현재 이러한 정보 관리의 필요성은 전산기술의 급속한 확산과 맞물려 대부분의 사회복지관에서 그 필요성이 강하게 대두되고 있다(서울복지재단, 2006).

사회복지통합관리망(행복e음)의 적용대상 시설을 보면 노인, 장애인, 지역자활센터, 노숙인, 아동, 사회복지관 등 보건복지부 소관 사회복지시설이 해당된다.

사회복지사업관련 다음 법률에 의해 신고(지정)한 사회복지시설 중 보건복지부 소관

시설은 사회복지통합관리망을 통해서 정보문서관리에서 관련 문서의 작성과 문서처리과정인 결재가 이루어지도록 해야 한다.

- 「사회복지사업법」
- 「노인복지법」
- 「아동복지법」
- 「장애인복지법」
- 「정신건강증진 및 정신질환자 복지서비스 지원에 관한 법률」
- 「국민기초생활 보장법」
- 「농어촌주민의 보건복지증진을 위한 특별법」
- 「노숙인 등의 복지 및 자립지원에 관한 법률」
- 한부모가족, 성매매, 성폭력, 가정폭력시설 등 여성가족부 소관시설은 여성가족부의 별도 지침에 따라 적용

◈ **정보문서관리**
- 사회복지관의 사업과 프로그램에 대한 모든 문서의 작성 및 보관, 정보의 공유 그리고 조직운영과 관련된 모든 문서의 작성 및 보관, 정보의 공유를 관리하는 것

◈ **정보문서관리의 관리요소**
- 정보시스템관리, 정보의 생산관리, 문서작성 및 처리

제2절 사회복지관의 정보문서관리

사회복지관에서 정보문서관리는 기본적으로 사회복지통합관리망, 사회복지정보시스템의 활용이 기본적이다. 사회복지설관리안내에 따르면, 행복e음(사회복지통합관리망) 구축과 함께 온라인 보고 등 사회복지시설 업무를 전자적으로 처리할 수 있도록 업무처

리절차를 제시하여야 한다. 이는 사회복지시설의 회계, 인사, 후원금, 서비스 이력관리 등 정보화 기반 지원으로 시설의 업무처리 지원 및 회계의 투명성을 제고하기 위함이다. 사회복지관은 사회복지관의 정보문서관리 과정과 시스템을 기본적으로 전문인력들이 공유하고, 사회복지시설관리안내 지침에 의거하여 관리될 수 있도록 지원하는 것이 필요하다.

제3절 정보문서관리 요소

1 온라인 정보시스템관리

정보시스템이란 시설에서 정형화된 구조를 통해 다양한 자료들을 수집, 계획, 실행, 저장, 처리하여 유용한 정보로 전환하는 것을 의미한다. 사회복지설관리안내에 따르면, 행복e음 구축과 함께 온라인 보고 등 사회복지시설 업무를 전자적으로 처리할 수 있도록 업무처리절차를 제시하여야 한다. 이는 사회복지시설의 회계, 인사, 후원금, 서비스 이력관리 등 정보화 기반 지원으로 시설의 업무처리 지원 및 회계의 투명성을 제고하기 위함이다. 이의 적용시기는 2010년 1월 4일부터 시작되었다.

1) 행복e음의 정의

행복e음은 「사회복지사업법」 제6조의2 규정에 의해 사회복지시설 업무에 필요한 각종 자료 또는 정보의 효율적 처리와 기록 및 관리업무의 전자화를 위하여 구축·운영되는 정보시스템으로 복지급여통합관리시스템, 상담·사례관리시스템으로 구성되이 있다.

- 복지급여통합관리시스템: 자치단체의 복지 통합업무관리시스템
- 상담·사례관리시스템: 시·군·구·읍면동의 초기상담 업무를 강화하고, 복합적 문제를 가진 가구에 대해 사례관리를 통해 지역복지자원의 효율적 제공을 위한 관리시스템

2) 사회복지시설정보시스템

사회복지시설정보시스템은 「사회복지사업법」 제6조의2 규정에 의해 사회복지법인 또는 시설업무의 전자화를 위하여 구축한 사회복지시설 통합업무관리시스템이다.

- 통합회계시스템: 회계, 예산, 세무, 인사, 급여, 자산 등 관리
- 통합고객관리: 후원자, 후원금 관리
- 시설 유형별 사회복지서비스 이력관리
- 온라인보고: 행복e음으로 시설 수급자 생계급여, 운영비 등 보조금 신청 · 정산, 입소자 · 종사자, 예결산 등을 보고
- 사회복지시설 통계시스템(모니터링 포함): 시설의 온라인 보고정보를 기반으로 보건복지부, 지자체 담당 공무원에게 통계(시설현황, 입소자, 종사자 현황 등) 및 모니터링(현금출납부, 총계정원장 등) 정책기초자료 제공
- 실종자 · 무연고자(노인, 아동, 장애인 등) 데이터와 경찰청, 사회적 약자종합관리시스템 연계: 사회복지시설정보시스템에 실종자로 등록되어 있는 노인, 아동, 장애인 등의 데이터를 활용하여 실종자의 조속한 발견 및 복귀 지원, 원활한 지원을 위하여 사회복지시설시스템 내 입소자 기본정보와 시설정보의 현행화 필수
- 사회복지시설 보조금 전용카드 사용내역 모니터링
- 시설 후원금에 대한 국세청 연말정산간소화서비스 연계
- 운영기관: http://www.w4c.go.kr 사회보장정보원

3) 자체개발정보시스템

사회복지시설 등이 C/S방식 또는 WEB방식으로 민간업체가 개발 · 보급한 상용S/W를 구입하거나 자체개발하여 사용하는 정보시스템

- 동 시스템 사용시설은 사회복지시설정보시스템의 표준연계모듈을 통해 연계하여 행복e음으로 온라인 보고업무를 처리

4) 정보시스템의 기대효과

정보시스템의 기대효과는 다음과 같다.

- 사회복지시설 운영의 회계 투명성 확보
- 사회복지시설 업무의 표준화 및 효율성 제고
- 복지대상자별 사회복지시설 제공 서비스의 중복 및 편중 방지
- 보건복지부 지자체, 시설 간 정책 네트워크 구성
- 사회복지정책 수립을 위한 기반 조성
- 각종 보고 절차 간소화 등 행정비용 감소

5) 사회복지시설 관련 교육훈련

사회복지시설정보시스템 관련 교육실시는 다음과 같다.

- 교육주최: 사회보장정보원
- 교육주관: 시·도 사회복지협의회
- 교육내용(대상): 사회복지시설정보시스템(사회복지시설종사자)
  사회복지시설통계시스템(중앙부처, 지방자치단체 공무원)

지방자치단체는 사회복지시설이 사회복지시설정보시스템의 사용 미숙으로 인해 업무상 과실을 범하지 않도록 시스템 사용자 교육에 적극 참여할 수 있도록 안내해야 하며, 사회복지시설 관리, 감독 업무의 효율성 향상을 위하여 사회복지시설통계시스템을 적극 활용하도록 하고 있다. 또한 보건복지부에서 매년 추진하는 복지종합평가(지방자치단체 합동평가) 시 사회복지시설정보시스템의 보급 및 행복e음과의 정보연계 사용률 등을 평가항목에 포함할 예정이다. 또한 사회복지시설에서는 관리하고 있는 개인정보가 본래의 목적 이외 타 용도로 사용되거나 외부로 유출되지 않도록 관리 및 감독을 실시하여야 하고 「개인정보보호법」의 개인정보 수집 및 이용에 대해 사전에 고지하도록 하여야 한다.

◆ 성과관리지침

- 우리 복지관은 징보관리를 위한 사회복지통합관리망 프로그램을 활용하고 있다.
- 우리 복지관은 사회복지통합관리망 활용을 위한 직원의 업무교육이 이루어진다.
- 우리 복지관은 사회복지통합관리망 관리가 이루어진다.
- 우리 복지관은 사회복지통합관리망 관리(권한부여, 직원 입퇴사 등)를 위한 담당자가 지정되어 있다.
- 우리 복지관은 정보운영 및 관리방안이 구축되어 있다.
- 우리 복지관은 이용자의 정기적인 정보관리가 되고 있다.
- 우리 복지관은 이용자의 정보관리 담당자가 지정되어 있다.
- 우리 복지관은 이용자의 개인정보 수집 및 활용에 관한 지침이 명문화되어 있다.
- 우리 복지관은 기록의 보존과 파기에 관한 절차가 있다.
- 우리 복지관은 정보관리를 위한 전산시스템을 구축하고 있다.

◆ 관리지침해설

- 사회복지통합관리망의 활용을 위한 체계구축과 직원의 업무 역량강화를 위한 노력 등을 점검한다. 더불어 다양한 정보와 기록문서에 대한 보존과 파기에 대한 절차 등을 평가한다.

2 정보의 생산과 관리

사회복지관은 비영리조직으로 이용자를 대상으로 서비스를 제공하는 과정, 클라이언트에게 서비스를 제공하기 위해 행해지는 다양한 지역사회활동 과정에서 생산되는 정보들의 관리가 매우 중요한 조직운영의 기초가 되고 있다. 지역사회와 교류하기 위한 홍보의 기초가 되는 것이 기관 내에서 생성되는 정보라고 할 수 있다. 기관 내에서 생성되는 정보의 제공과 활용은 소식지, 홈페이지, SNS를 활용한 홍보 등으로 사용된다.

◈ **성과관리지침**
- 우리 복지관은 정보 생성 및 관리에 대한 지침이 명문화되어 있다.
- 우리 복지관은 정보를 활용한 홍보 관리 절차가 마련되어 있다.
- 우리 복지관은 홈페이지 등 홍보 관련 정보를 점검하고 관리하는 전담인력이 있다.

◈ **관리지침해설**
- 복지관에서 생산되는 정보들을 관리하고, 이러한 정보를 가공하여 대외적으로 홍보하는 과정 등에 대한 관리가 이루어지고 있는지 점검하는 것이다.

3 문서 작성 및 처리

문서작성 및 기록에 대한 관리는 사회복지서비스 실천의 증거가 된다는 점에서 문서 작성과 처리과정, 보관 등이 중요하다. 사회복지시설에서 기록이라 함은 내부 결재 문서, 각종 공문서, 이용자 및 기관의 모든 정보를 담은 문서 등을 포함한다. 기관이 행정업무의 효율적 운영에 관한 규정에 따라 모든 문서의 보전과 관리에 있어서 담당자를 지정하고 관리하여야 한다. 기관은 서비스 제공관련 주요 사항을 문서화하여야 하며, 그 기록을 철저히 관리하여야 한다.

1) 공문서의 개념 및 필요성

문서는 일반적으로 사람의 의사나 사물의 형태·관계 등을 문자·기호·숫자 등을 활용하여 종이 등 매체에 기록·표기한 것을 말하는데, 기관의 의사도 문서의 형태로 표시된다. 행정업무의 효율적 운영에 관한 규정 제4조에 법규문서, 지시문서, 공고문서, 비치문서, 민원문서, 일반문서로 공문서를 구분하고 있다.

'모든 행정사무는 문서에서 시작하여 문서로 끝난다.'고 할 수 있다. 행정사무는 대부분 문서로 이루어진다. 문서의 주요 기능은 의사전달과 의사보존이라고 할 수 있으며, 일반적으로 다음과 같은 경우 문서가 필요하다.

- 내용이 복잡하여 문서가 없이는 사무처리가 곤란할 때
- 사무처리에 대한 의사소통이 대화로는 불충분하여 문서가 필요한 때
- 행정기관의 의사표시 내용을 증거로 남겨야 할 때
- 사무처리의 형식상 또는 절차상 문서가 필요한 때
- 사무처리 결과를 보존할 필요가 있을 때

2) 문서의 기안

(1) 기안의 개념

기안이라 함은 행정기관의 의사를 결정하기 위하여 문안을 작성하는 것을 말한다. 기안은 주로 상급자의 지시사항이나 접수한 문서를 처리하기 위하여 행해지기도 하고, 법령·훈령·예규 등을 근거로 하거나 또는 순수한 자기발안(自己發案)으로 이루어지기도 한다.

(2) 기안의 원칙

행정업무의 효율적 운영에 관한 규정 제5조에 문서의 전자적 처리를 규정하여 문서의 기안은 전자문서로 함을 원칙으로 한다. 다만, 업무의 성격, 기타 특별한 사정이 있는 경우에는 종이문서로 기안할 수 있다.

3) 공문 기안문 및 시행문 작성요령

(1) 기안문 서식

기안문은 공문 기안, 내부결재 기안, 예산집행 품의 등의 세 가지 형식으로 구분되며 기안문 중 공문 기안문은 시행문과 동일한 양식이나 기안문에는 결재란에 결재권자의 자필서명이나 전자서명이 있는 반면, 시행문에는 자필서명이나 전자서명 대신 워드로 작성된 이름이 명기되고 관인이 날인되어 있다는 점이 다르다.

(2) 시행문 서식

시행문은 외부 기관에 발송하는 공문 양식을 의미하며 특별한 경우를 제외하고는 공

문 기안문과 동일한 양식이다.

4 문서의 접수 및 처리

1) 문서접수요령

① 문서는 처리과에서 접수한다. 처리과에서 직접 받은 문서와 문서과로부터 받은 문서를 문서접수대장에 기록한다.

② 접수문서의 문서접수란에 접수일시 및 접수등록번호를 기재한다. 문서접수란이 없는 문서는 두문의 오른쪽 여백 또는 뒷면에 사무관리 규정시행규칙 별표 11에 의한 문서접수인을 찍어 기재한다.

접수	복지-1234 (2017.00.00)

③ 문서수발사무를 담당하는 자는 업무분장의 처리담당자에게 인계(배부)하고, 처리담당자는 접수된 문서에 대한 공람여부 및 공람할 자의 범위 등을 정한다.

2) 문서의 반송 및 이송

기관의 장은 접수한 문서가 형식상의 흠이 있을 때에는 그 문서의 생산등록번호, 시행일자, 제목과 반송사유를 명시하여 발신 기관의 장에게 반송할 수 있다.

3) 접수문서의 공람

(1) 공람의 방법

접수처리과에서 접수된 문서가 처리담당자에게 인계되면, 처리담당자는 당해 문서가 공람 대상에 해당될 경우 공람할 자의 범위를 정하여 공람하게 할 수 있다.

(2) 공람 대상문서

결재권자로부터 처리지침을 받아야 할 필요가 있는 문서이다.

(3) 공람 제외문서

통계 · 설문조사 등을 위하여 각 기관으로부터 취합하는 문서는 공람하지 않는다.

(4) 공람의 결재

결재권자는 문서의 처리 기한 및 방법을 지시할 수 있으며 필요하다고 인정하는 때에는 그 처리담당자를 따로 지정할 수 있다.

(5) 공람방법

① 종이문서의 공람방법: 접수문서의 적당한 여백에 공람할 자의 직위 또는 직급을 표시하여 공람(서명)을 받는다. 접수문서의 여백 활용에 따라 선택적으로 사용한다.
② 전자문서의 공람표시: 전자문서시스템 또는 업무관리시스템상에서 공람하였다는 기록(공람자의 직위 또는 직급, 성명 및 공람일시 등)이 자동으로 표시되도록 한다.

5 문서의 정리: 문서의 보관, 보존, 폐기

1) 문서의 편철

문서내용의 처리가 끝나면 참고자료 등 보존이 불필요한 문서는 폐기한 다음 보존 · 활용할 문서를 묶어 문서철을 만든다. 처리가 끝난 문서는 문서철에 완결일자 순으로 최근 문서가 위에 오도록 묶는다.

2) 문서의 보관

문서철은 처리가 끝난 날이 속하는 연도의 말일까지 처리과의 서류보관함에 보관한다.

3) 문서의 보존

보관이 끝난 문서는 보존문서기록대장에 등재하고 처리과에 3년간 보존한다.

4) 문서의 인계

처리과의 보존기간(3년)이 끝난 문서는 보존문서 인계·이관서를 작성하여 문서과에 인계한다.

5) 문서의 이관

문서과는 영구보존문서를 10년간 보존한 후 인계·이관서를 작성하여 보관소에 이관한다.

6) 문서의 폐기

처리과 및 문서과는 보존 중인 문서를 보존기간이 만료된 때에 폐기한다.

◈ 성과관리지침
- 우리 복지관은 문서관리규정을 제정하여 시행하고 있다.
- 우리 복지관은 각종 문서관련 양식이 구비되어 있다.
- 우리 복지관은 일관된 서식이나 규정에 의한 기록정비체제를 마련하고 있다.
- 우리 복지관은 문서의 보존과 관리에 담당자를 지정하고 있다.
- 우리 복지관은 연간 진행된 사업이 문서로 작성되며 관리되고 있다.
- 우리 복지관은 정기적으로 양식이 수정·보완되어 최신으로 관리되고 있다.
- 우리 복지관은 모든 문서에 보존기한을 정하고, 이에 따라 관리하고 있다.

◈ 관리지침해설
- 복지관의 문서관리 규정과 양식의 구비 등 기록체계가 마련되었는지, 지침에 의거해 관리되고 있는지 점검하는 것이 필요하다.

제**19**장 재무관리

제1절 | 재무관리의 개념

　재무관리는 화폐를 매개체로 하여 조직의 모든 경영활동을 전체적인 관점에서 계획하고 조정하며 통제하는 관리기능이라 할 수 있다. 오늘날 조직의 환경이 복잡해지고 경쟁 또한 격화됨에 따라 재무관리는 자금조달에만 한정되지 않고, 조달된 자본을 어떻게 효율적이고 효과적으로 운영할 것인가 하는 활동의 문제로 확대되었다. 조직은 그 본래의 목적을 달성하기 위해 여러 가지 활동을 수행한다. 이 가운데 재무활동은 조직 활동을 수행하는 데 필요한 소요자본을 확보하는 자금조달에 관한 활동이라 할 수 있다. 이러한 재무활동이 합리적으로 수행되기 위해서는 목표를 설정하고 목표 달성을 위한 관리과정을 거치게 된다. 따라서 재무관리란 조직의 자금 활용과 조달에 관한 의사결정을 중심으로 재화와 용역의 제공능력을 적정하게 유지하였는지에 대한 재무정보를 일정한 양식과 보충자료를 통해서 관리하는 것이라 볼 수 있다. 즉, 조직이 목표 달성을 위해 필요한 재무자원을 합리적이고 계획적으로 동원·배분하고 효율적이고 효과적으로 사용·관리하는 과정으로 정의할 수 있다. 결국 재무관리는 자금의 효과적인 운영을 통해 조직의 원래 목적인 조직 가치를 극대화시켜 나가는 데 그 의의가 있다고 할 수 있다. 특히, 비영리조직의 재무관리는 제도화된 조직체, 독립성, 이익 무분배, 자치성, 자발성, 공익성 등이 특징이며 그 관리의 중요성이 더해지고 있다.

제2절 사회복지관의 재무관리

사회복지관의 재무관리는 기업의 재무관리와 다른 면이 있다. 기업의 재무관리 목적이 기업의 가치를 극대화하여 주주들에게 더 많은 부를 창출하는 것이라면, 사회복지관의 재무관리는 비영리조직의 가치를 극대화시켜서 비영리조직에 헌신하는 기부자들에게 물질적인 부를 창출시켜 주는 것이 아니라 사회복지관이 이루어 내는 성과를 통해 정신적인 부를 창출하여 정신적인 만족도라는 가치를 제공함으로써 조직이 장기적으로 안정적인 자원제공자를 확보하는 데 도움이 되도록 하는 데 있다. 사회복지관의 재무관리는 복지관의 자금 흐름과 관련된 모든 의사결정을 보다 효과적으로 유도하고 관리하기 위한 기법이라 할 수 있다. 즉, 복지관의 가치를 극대화하는 과정에 수반되는 모든 재무적 의사결정을 합리적으로 내리기 위한 방법이라 할 수 있다. 사회복지관은 재무구조를 비영리조직의 특수성에 맞게, 그리고 건전하게 운영되기 위해서는 다음과 같은 재무관리가 무엇보다 중요한 의미가 있다.

첫째, 사회복지관의 재무관리는 투명성과 신뢰을성 확립하여야 한다.
둘째, 사회복지관의 재무관리는 다양한 수익원천에 대한 효과적인 관리를 하여야 한다.
셋째, 사회복지관의 재무관리는 성공적인 모금활동을 통해 재정적 안정성을 확립하여야 한다.
넷째, 사회복지관의 재무관리는 정부보조금에 대한 과도한 기대를 하고 의존하지 않는 방향으로 하여야 한다.

사회복지관의 재무관리는 수입과 지출에 관한 재정적인 운영에 많은 이해관계자들의 주목을 받고 있고, 재무 자체가 복지관의 운영에 많은 영향을 미치고 있는 것이 현실이다. 따라서 복지관이 합리적으로 재정을 관리하는 것은 복지관이 건전하고 지속적인 성장을 이루는 데 막대한 영향을 미치므로 그 관리의 필요성은 절대적이라 할 것이다. 따라서 재무관리 과정에서 재무관리에 관한 이론적 지식과 경험을 체계화하여 비영리조직으로서의 투명성과 신뢰성의 증진, 다양한 수익 원천들에 대한 적절한 포트폴리오의 구성, 안정적인 모금활동, 재정에 대한 적절한 사회적 기대에 부응할 수 있도록 하여야 할 것이다. 이를 위해 사회복지관은 사회복지법인 재무회계규칙, 예산과 결산, 회계(수입과 지출), 계약, 물품, 감사, 세무관리 등을 중점적으로 관리하여야 할 것이다.

◈ 재무관리

- 재무관리는 재화와 용역의 제공능력을 적정하게 유지하였는지에 대한 재무정보를 일정한 양식과 보충자료를 통해서 '조직이 목표 달성을 위해 필요한 재무자원을 합리적이고 계획적으로 동원, 배분하고 효율적이고 효과적으로 사용·관리하는 과정'이다.

◈ 재무관리의 관리요소

- 사회복지법인 재무회계규칙, 예산과 결산, 회계(수입과 지출), 계약, 물품, 감사, 세무관리

제3절 사회복지관 재무관리 요소

🎎 1 사회복지법인 및 사회복지시설 재무회계규칙

사회복지관은 영리를 추구하지 않는다는 점에서 다른 비영리기관과 동일하게 관리하여야 하며 사회복지서비스의 제공을 운영 목적으로 한다는 점과 정부, 기업, 개인들의 보조나 기부, 기증에 의해 운영에 필요한 자원을 조달한다는 점에서 학교 등과 같은 다른 비영리기관에 비해 비영리적 성격이 보다 강함을 인식하여야 한다. 특히, 사회복지관은 국가 또는 지방자치단체의 보조를 받음으로써 국민의 납세에 의지하는 것이므로 관련 법규에 의한 수탁자원의 관리와 책임의 이행에 관한 보고(민간기업의 재무제표보다는 예산을 중심으로 하는 예산결산보고서)가 중시되고, 대외적으로 공개되도록 관리하여야 하며, 투명하고 합리적인 운영을 위해서 재무관리의 역할이 중요함을 이해하고 관리하여야 한다. 또한 사회복지관의 회계처리 및 보고를 위한 '적정한 기준'으로 사회복지법인 및 시설 등에서 적용하고 있는 '사회복지법인 재무회계규칙'을 준수하여 관리하여야 한다.

사회복지관이 준수해야 할 재무회계규칙은 다음과 같은 「사회복지사업법」에 근거를 두고 있음을 알고 숙지하여야 한다.

> • 「사회복지사업법」 제23조 제4항
> 제1항: 법인은 사회복지사업의 운영에 필요한 재산을 소유하여야 한다.
> 제4항: 제1항의 따른 재산과 그 회계에 관하여 필요한 사항은 보건복지부령으로 정한다.
> • 「사회복지사업법」 제34조 제3항
> 제3항: 시설을 설치 · 운영하는 자는 보건복지부령으로 정하는 재무 · 회계에 관한 기준에 따라 시설을 투명하게 운영하여야 한다.
> • 「사회복지사업법」 제45조 제2항
> 제1항: 사회복지법인의 대표이사와 시설의 장은 아무런 대가 없이 무상으로 받은 금품이나 그 밖의 자산(이하 "후원금"이라 한다)의 수입 · 지출 내용을 공개하여야 하며 그 관리에 명확성이 확보되도록 하여야 한다.
> 제2항: 제1항의 규정에 의한 후원금에 관한 영수증 발급, 수입 및 사용결과 보고, 그 밖에 후원금관리 및 공개절차 등 구체적인 사항은 보건복지부령으로 정한다.

사회복지관은 재무 · 회계 및 후원금에 관한 사항을 규정하여 재무 · 회계 및 후원금관리의 명확성 · 공정성 · 투명성을 확보하여 합리적으로 재정을 관리하여야 한다(「사회복지사업법」 제23조 제4항, 제34조 제3항 및 제45조 제2항 참조).

[그림 19-1] 사회복지관의 재무회계

사회복지관의 재무 · 회계는 그 설립목적에 따라 건전하게 운영되어야 한다(서울특별시 재무회계규칙 제2조 참조).

会 회계기준

사회복지관의 회계 관련 사무는 사회복지법인 및 사회복지시설 재무 · 회계규칙을 우선 적용해야 하며, 해당 규정이 없을 경우에 한해서 '보조금의 예산 및 관리에 관한 법률' '예산회계법' 「지방자치단체를 당사자로 하는 계약에 관한 법률」 「지방재정법」 「회계관계직원 등의 책임에 관한 법률」 「사회복지사업법」 등을 준용하여 회계처리해야 함.

　　사회복지관의 회계연도는 정부의 회계 연도(매년 1월 1일부터 12월 31일까지)로 하며 (규칙 제3조), 수입 및 지출의 발생과 자산 및 부채의 증감 · 변동에 관하여는 그 원인이 되는 사실이 발생한 날을 기준으로 하여 연도소속을 구분(단, 그 사실이 발생한 날을 정할 수 없는 경우에는 그 사실을 확인한 날을 기준으로 하여 연도소속을 구분) 관리하여야 한다. 또한 사회복지관 1회계연도에 속하는 세입 · 세출의 출납에 관한 사무는 다음을 따른다. ① 지방자치단체의 출납은 회계연도가 끝나는 날 폐쇄한다. 다만, 출납원이 수납한 세입금은 회계연도가 끝나는 날부터 20일까지 지방자치단체 금고에 납입할 수 있으며, 일상경비는 회계연도가 끝나는 날부터 15일까지 반납할 수 있다. ② 회계연도에 속하는 세입 · 세출의 출납에 관한 사무는 다음 해 2월 10일까지 마쳐야 한다(「지방재정법」 제8조).

　　사회복지관 회계에 있어서는 법인회계, 시설회계, 수익사업회계는 각각 독립적인 회계를 가지고 있어야 하며 명확히 구분되어야 한다.

- 법인회계: 당해 법인의 업무 전반에 관한 회계(규칙 제6조)
- 시설회계: 당해 법인이 설치 · 운영하는 사회복지시설에 관한 회계
  　　　　　　　시설회계는 각 시설별로 구분하여 관리
- 수익사업회계: 법인이 수행하는 수익사업에 관한 회계
  - 수익사업은 그 수익을 법인이 운영하는 사회복지사업에 충당할 목적으로 운영되는 사업을 말함.
  - 수익사업에서 얻어지는 수익은 당해 사업 수행상의 필요경비를 제외하고는 전액 당해 법인의 목적사업 수행에 충당되어야 함.

※ 수익사업은 주무관청의 승인을 득하고 세무서에 사업자등록을 요함.

사회복지관은 법인회계, 시설회계, 수익사업회계별로 구분('법인회계와 시설회계 구분 철저'에 대한 2013년 감사원 지적사항)하여 거래통장을 만들어 보관 및 관리해야 한다(규칙 제25조 제3항). 통장은 반드시 사회복지관 명의의 통장을 개설해야 한다. 법인 명의의 통장을 개설하여 세입·세출을 관리하면 '회계의 구분' 규정에 위반 된다(규칙 제6조). 통장 개설 및 폐기는 내부결재로서 관장의 승인을 얻어야 하며 보조금, 법인전입금, 유료사업 수입, 후원금 등 수입 재원별로 각각 거래통장을 만들어 보관 및 관리하고 장기 휴면계좌는 내부결재를 받은 후 폐기해야 한다. 또한 사회복지관은 후원금 수입 및 사용결과를 지자체에 온라인 보고하여야 하고(규칙 제20조), 법인의 대표이사 및 관장은 연 1회 이상 후원금의 수입 및 사용 내용을 후원금을 낸 법인, 단체 또는 개인에게 통보해야 하며, 후원금 수입 및 사용 결과보고서를 법인 및 시설의 게시판과 인터넷 홈페이지에 3개월 동안 공개하여야 한다[단, 후원자의 성명(법인 등의 경우는 그 명칭)은 공개하지 말아야 한다](규칙 제41조의 6).

사회복지관은 사회복지시설정보시스템을 사용하여 재무회계를 처리하여야 한다(「사회복지사업법」 제6조의 2). 또한 사회복지관 회계 관련 종사자들은 추가적으로 다음의 법령과 지침들을 숙지하여야 한다(예를 들어, 법인의 토지보상으로 취득한 기본재산을 지자체에 보고하지 않고 통장에 방치하여 5년 이하의 징역 또는 1,500만 원 이하의 벌금이 부과된 것은 재무회계규칙을 위반한 것이 아니라 「사회복지사업법」을 위반한 것으로 그 사례가 있음).

1. 「사회복지사업법」 「사회복지사업법 시행령」 「사회복지사업법 시행규칙」
2. 연도별 사회복지시설관리안내(보건복지부)
3. 연도별 노인보건복지사업안내(보건복지부)
4. 보조금 및 후원금 주체가 정한 회계지침(공동모금회 배분사업기준, 사회단체보조금 지원기준 등)
5. 지방자치단체의 사회복지시설 관련 조례 등
6. 사회복지관 설치근거가 된 법률
7. 「근로기준법」(직원의 인사 및 노무 관련 사항)
8. 「보조금 관리에 관한 법률」(보조금의 신청, 집행, 정산 관련)
9. 「지방자치단체를 당사자로 하는 계약에 관한 법률」(각종 공사, 비용이 큰 물품의 구입 등 계약관련 사항)
10. 「근로자퇴직급여 보장법」(직원의 퇴직급여 관련)

11. 「국민건강보험법」「고용보험법」「산업재해보상보험법」「국민연금법」(사회보험 관련)
12. 「법인세법」「소득세법」(법인세, 원천징수 관련)

자료: 김성국 외(2013) 재구성

◈ 성과관리지침

- 우리 복지관의 회계장부 및 증빙서류는 정확하게 관리되고 있다.
- 우리 복지관은 사회복지법인 및 사회복지시설 재무회계규칙 등 관련 법규, 지침 등을 준수하고 있다.
- 우리 복지관의 법인회계, 시설회계, 수익사업회계는 각각 독립적인 회계를 가지고 있고 명확히 구분되어 있다.
- 우리 복지관은 회계연도별 수입원과 지출원에 대하여 체계적으로 관리하고 있다.
- 우리 복지관 운영자는 회계와 관련하여 벌칙, 과태료, 행정처분 등의 내용들을 기본적으로 숙지하고 있다.

2 예산과 결산

사회복지관의 예산은 1회계연도 활동에 수반되는 지출 경비와 그 경비의 재원을 계수화하여 집계한 시한적이며 체계적인 재정계획서를 관리하는 것을 의미하며, 결산은 예산에 대응하는 개념으로 1회계연도에 있어서의 법인 및 시설의 수입과 지출의 실적을 확정적 계수로써 표시하는 행위를 말한다. 사회복지관은 1회계연도의 모든 수입을 세입으로 하고, 모든 지출을 세출로 하되(규칙 제7조) 세입과 세출은 모두 예산에 계산하여야 하며 정부 및 지방자치단체에서 교부되는 보조금뿐만이 아니라 사회복지공동모금회, 민간복지재단 등에서 주관하는 각종 공모사업 수행 지원금, 각종 단체 및 개인의 기부금, 후원금, 불용품매각대금, 예금이자 등의 잡수입에 이르기까지 모든 수입은 세입예산에 편입되어야 하고, 편입된 수입은 각각의 목적과 용도에 맞게 지출되어야 한다(규칙 제7조).

사회복지관의 예산에는 ① 예산총칙, ② 세입·세출명세서, ③ 추정대차대조표, ④ 추정수지계산서, ⑤ 임·직원 보수일람표, ⑥ 해당 예산을 의결한 이사회 회의록 또는 해당 예산을 보고받은 시설운영위원 회의록을 첨부하여야 하며(단, 단식부기인 경우 ①, ②, ⑤, ⑥만 **첨부할 수 있음**) 회계연도 개시 전까지 사회복지관의 예산이 성립되지 않을 경우 임직원 보수, 시설운영에 직접 사용되는 필수적인 경비, 법령상 지급의무가 있는 경비에 대해 준예산을 편성하여 집행할 수 있다(단, 관장은 준예산 편성 전에 시·군·구청장에게 사유를 보고).

- **본예산(규칙 제10조)**
  매 회계연도 개시 전 이사회의 심의와 의결을 거쳐 확정하고 법정기일(회계연도 개시 5일 전까지) 내에 관할 시·군·구에 제출한 예산
- **준예산(규칙 제12조)**
  회계연도 개시 전까지 법인의 예산이 성립되지 아니한 때에 군수·구청장에게 그 사유를 보고하고 예산이 성립될 때까지 다음의 경비를 전년도에 준하여 집행할 수 있는 예산
- **추가경정예산(규칙 제13조)**
  예산 성립 후에 생긴 사유로 인하여 이미 성립된 예산에 변경을 가할 필요가 있을 때에는 예산편성 등의 절차를 거쳐 추가경정예산 편성·확정

사회복지관은 예산 성립 후 생긴 사유로 인해 이미 성립된 예산에 변경을 가할 필요가 있을 경우는 예산편성 절차에 준하여 추가경정예산을 편성 및 확정하여 관장은 추경이 확정된 날로부터 7일 이내에 시·군·구청장에게 제출하여야 하며, 사회복지관 예산의 관간 전용 및 동일 관내 항간 전용은 법인 이사회의 의결 또는 사회복지시설 운영위원회에 보고를 거쳐 전용해야 한다(법인 산하 시설은 운영위원회 보고 후 이사회 의결을 통해 전용). 동일 항 내 목간 전용은 법인의 대표이사 및 관장이 전용 가능하다.

사회복지관은 예산을 전용할 경우 사전에 보조금을 지원하는 지자체와 협의하여야 하며, 사회복지관이 한 해 동안 예산을 집행하고 결산하여 이월해야 하는 이월금 중 후원금은 전년도 이월금(후원금)으로 하여 후원금 용도에 맞게 사용하여야 하고, 완성에 수년을 요하는 공사나 제조 또는 특수한 사업을 위하여 2회계연도 이상에 걸쳐서 그 재원을 조달할 필요가 있는 경우는 특정목적사업 예산을 편성할 수 있다(규칙 제18조). 또한 사회복지관이 특정목적사업 예산을 편성하기 위해서는 회계연도마다 일정액을 예산에 계산하여 특정목적사업을 위한 적립금으로 적립 가능하다. 단, 적립금은 별도의 통장으로 관리하여야 하며, 적립금의 적립 및 사용 계획 등을 시장·군수·구청장에게 사전에 보고하여야 한다.

사회복지관의 후원금은 예산의 편성 및 확정 절차에 따라 세입·세출예산에 편성하여

사용하고, 가급적 적립·이월하지 않고 회계연도 내에 집행할 수 있도록 노력하여야 하며, 후원금을 이월하거나 타 회계로 전출할 경우 그 세입이 후원금이라는 것을 반드시 명시해야 하고, 이에 따라 이월·전출된 후원금은 후원금 관리기준에 따라 사용하여야 한다. 그리고 전년도에 남은 보조금이 있는 경우에는 당해 연도 반환금 항목으로 정부보조금을 반환하여야 한다. 사회복지관 예산편성의 기본 원칙은 다음과 같다.

- 회계연도 독립: 각 회계연도에 있어 지출되어야 할 경비의 재원은 당해 연도의 수입으로 조달하고 당해 연도에 지출해야 함.
- 사전의결: 예산은 회계연도 중 세입·세출의 견적이므로 회계연도 이전에 이사회의 심의·의결을 득해야 하고, 지자체로 예산안을 제출해야 함.
- 예산공개: 투명하고 효율적인 재정운영과 지역주민의 이해 증진을 통한 참여와 협조체계 구축을 위하여 예산을 공개(홈페이지 활용).
- 예산총계주의: 세입과 세출은 모두 예산에 계상하여야 한다고 예산총계주의 원칙을 밝히고 있음(규칙 제8조). 법인 및 시설의 사업계획은 예산을 통해 구체화되고 실행에 옮겨지기 때문에 세입·세출은 모두 예산으로 편입(수입금 직접 사용금지)되고, 그 범위 내에서 집행되어야 함. 예산총계주의에서 주의해야 할 점은 세입·세출의 항목을 상계하는 '순계주의'를 취하지 않아야 함.
- 수입금 직접 사용금지: 모든 수입은 지정된 수납기관에 납부하여야 하며 직접 사용하지 말아야 함.
- 목적 외 사용금지: 예산은 세출예산이 정한 목적 외에 이를 사용하지 못함(규칙 제15조).

사회복지관 예산편성 과정 절차는 다음과 같이 관리한다.

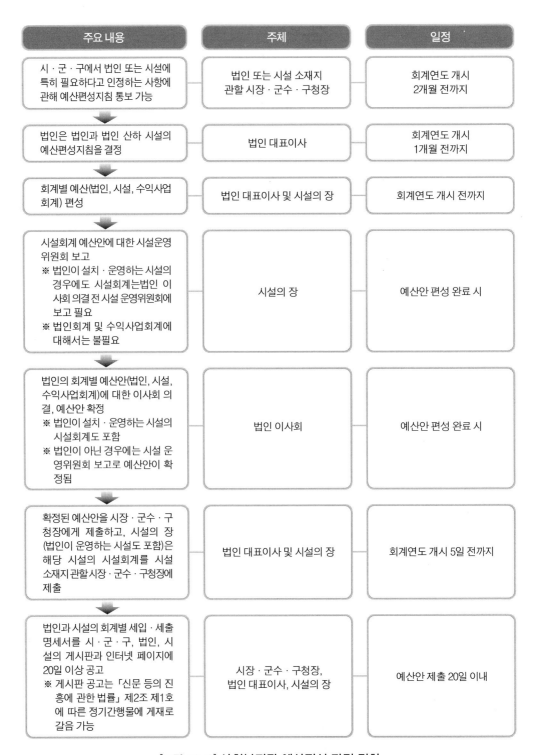

주요 내용	주체	일정
시·군·구에서 법인 또는 시설에 특히 필요하다고 인정하는 사항에 관해 예산편성지침 통보 가능	법인 또는 시설 소재지 관할 시장·군수·구청장	회계연도 개시 2개월 전까지
법인은 법인과 법인 산하 시설의 예산편성지침을 결정	법인 대표이사	회계연도 개시 1개월 전까지
회계별 예산(법인, 시설, 수익사업회계) 편성	법인 대표이사 및 시설의 장	회계연도 개시 전까지
시설회계 예산안에 대한 시설운영위원회 보고 ※ 법인이 설치·운영하는 시설의 경우에도 시설회계는 법인 이사회 의결 전 시설 운영위원회에 보고 필요 ※ 법인회계 및 수익사업회계에 대해서는 불필요	시설의 장	예산안 편성 완료 시
법인의 회계별 예산안(법인, 시설, 수익사업회계)에 대한 이사회 의결, 예산안 확정 ※ 법인이 설치·운영하는 시설의 시설회계도 포함 ※ 법인이 아닌 경우에는 시설 운영위원회 보고로 예산안이 확정됨	법인 이사회	예산안 편성 완료 시
확정된 예산안을 시장·군수·구청장에게 제출하고, 시설의 장(법인이 운영하는 시설도 포함)은 해당 시설의 시설회계를 시설 소재지 관할 시장·군수·구청장에 제출	법인 대표이사 및 시설의 장	회계연도 개시 5일 전까지
법인과 시설의 회계별 세입·세출명세서를 시·군·구, 법인, 시설의 게시판과 인터넷 페이지에 20일 이상 공고 ※ 게시판 공고는 「신문 등의 진흥에 관한 법률」 제2조 제1호에 따른 정기간행물에 게재로 갈음 가능	시장·군수·구청장, 법인 대표이사, 시설의 장	예산안 제출 20일 이내

[그림 19-2] 사회복지관 예산편성 과정 절차

사회복지관의 세입예산은 재원별, 성질별로 관·항·목으로 구분하여 다음과 같이 편성 관리해야 한다.

- 주요 세입재원은 정부·지방자치단체의 보조금, 법인전입금, 후원금, 이용자부담금 수입, 이월금, 잡수입 등으로 관리해야 한다.
- 보조금 수입은 각 보조사업별로 명확히 구분해야 한다.
- 법인전입금, 공모사업 후원금, 기부금, 이용료 수입, 불용재산 매각수입 등 모든 수입을 누락 없이 편성하여야 한다.

사회복지관의 세출예산은 경비의 성질과 기능을 고려하여 관·항·목으로 편성하여 다음과 같이 관리해야 한다.

- 일반적으로 세출예산은 사무비(인건비, 업무추진비, 운영비), 사업비, 재산조성비, 전출금, 과년도지출, 상환금, 예비비, 잡지출 등으로 관리해야 한다.
- 사업비는 사업계획서에 근거하여 지출 예산을 편성하여 관리해야 한다.
- 업무추진비 등 소모성 경비 증가를 억제하고, 불요불급한 사업은 예산편성 단계에서 삭감조정하며, 사업추진 및 시설운영에 직접 필요한 예산을 우선적으로 편성하여 관리해야 한다.
- 지출단가에 대한 정부 및 지방자치단체의 지침이 있는 경우(예: 인건비)에는 이를 적용시켜야 한다.

보조금 이외의 법인이 자율적으로 부담하는 인건비성 경비는 법인전입금 항목에 편성한 후 집행함으로써 보조금과 법인전입금의 구분을 명확히 해야 하며, 직원의 보수 인상을 위한 인건비 충당을 위해서는 예비비의 사용목적을 지정할 수 없다(「국가재정법」 제22조). 또한 사회복지관은 예산총액에서 예비비의 사용이 필요한 경우 예비비지출요구서를 작성하여 대표이사 또는 시설장의 결재를 얻은 후 사용한다. 예비비 사용 후 이사회의 승인을 받아야 하고(「국가재정법」 제22조) 여비, 수용비, 공공요금, 제세공과금, 연료비, 차량유지비 등의 운영비는 전년도 실적을 분석하여 낭비요인 제거 등 절감할 수 있는 부분이 있는지를 우선적으로 검토하고 편성해야 한다. 그리고 지출단가에 대한 지침이 없는 경우, 조달청 가격 또는 한국물가정보에서 발행하는 월간종합물가정보지를 참조하거나 시장 조사를 통해 결정할 수 있고, 법인에서 후원금을 받아 산하시설에 그 후원금을 전출할 때에는 시설전출금(후원금)을 분명하게 명시하여야 한다. 이를 지출 시에는 후원금의 용도에 맞게 사용하여야 하며, 비지정 후원금의 사용기준에 의해 업무추진비(기관운영비, 직책보조비, 회의비), 법인회계 전출금, 부채상환금, 잡지출, 예비비로는 사용을 금한다(단, 지정후원금의 15%는 모금 및 사후 관리비용 사용 가능). 또한 비지정 후원금의 사용기준으로 자산취득비로 사용하는 것은 원칙적으로 금지하나, 토지·건물을 제외하고 시설운영에 필요한 집기, 장비 등은 구입 가능하며, 비지정 후원금은 인건비로 사용 가능하되 후원금으로 직원 수당을 지급하는 경우에는 「근로기준법」 또는 「근로재정법」에서 정하고 있는 수당(명절휴가비, 시간 외 근무수당, 가족수당)과 지방자치단체에서 별도로 정하고 있는 수당에 한하여 편성·지급함을 원칙으로 한다. 단, 개별 사회복지법인은 지방자치단체와 협의하여 수당 항목을 추가로 정할 수 있다.

　　사회복지관은 상용의 경비 또는 소액의 경비지출이라도 1만 원 이상 지출 시 카드를 사용하거나 현금영수증을 발급받아 지출하도록 하여야 하고, 운영비 지출을 카드 등으로 집행하여 발생하는 포인트나 마일리지는 개인적으로 사용하지 말아야 하며(현금으로 전환하여 세입조치), 관리자는 재원별 사용범위를 기본적으로 숙지하여야 한다(보조금 > 후원금 > 사업수입 > 법인전입금).

◈ 보조금

- 사업계획과 동일하게 집행되어야 함. 다르게 집행되면 보조금의 목적 외 사용이 됨
- 경상보조금의 사용
  - 인건비는 지급기준에 따라 정해진 인건비만 지출. 기관 자체 수당 등은 지급할 수 없음. 지급 시 자부담으로 지출(법인전입금)
  - 업무추진비는 보조금 지급기준에 정한 바에 따름.
  - 운영비 중 공공요금, 수용비 수수료 등을 보조금에서 지출

◈ 후원금

- 지정후원금의 15%는 모금 및 사후 관리비용(후원금 모집, 관리, 운영, 사용, 결과보고 등에 필요한 경비)으로 사용 가능. 단, 사회복지법인 어린이재단을 통한 지정후원금 및 생활자에 대한 결연후원금은 제외

- 비지정후원금(후원자가 사용 용도를 지정하지 않은 후원금)은 직접비로 모두 사용 가능하며 간접비로 사용할 시 해당 연도 지출금액을 기준으로 50%를 초과하지 못함.
- 인건비는「근로기준법」에 의한 시간 외 근무수당 지출 가능
- 운영비는 공공요금(100%)과 여비, 수용비 수수료 등 일부(50%)
- 재산조성비로 시설장비유지보수비(100%), 자산취득비 등(50%)
- 사업비로는 자유롭게 사용 가능

◈ 사업수입

- 시설의 운영 안내 및 지침(보건복지부 및 지방자치단체)에 따라 사용 범위를 확인하고 지출하는 것이 바람직함.
- 첫째로는 실비이용료를 받는 사업의 자체비용에 충당하고, 둘째로는 국민기초생활보장 수급권자 및 혜택을 못 받는 저소득층을 위한 사업에 우선 적용하여 사용하여야 함.
- 무료 복지사업비로 지출하는 것은 전혀 문제되지 않음.

◈ 법인전입금

- 가장 자유로운 돈임(규제가 제일 약한 재원).
- 주로 인건비의 추가분 및 사회보험, 퇴직금의 추가분으로 사용
- 업무추진비로 주로 사용

※후원금 영수증 발급, 작성, 보관의 문제로 가산세 부과가 가능하므로 관리에 철저함이 요구됨.

복지관의 회계연도는 12월 31일에 종료되므로 그전에 당해 회계연도의 모든 수납행위 및 지출원인행위를 종료하여야 하며 과목별 예산의 증감사항이 모두 반영되었는지 확인해야 하고, 예산액의 증감을 가져오지 않는 예산전용, 예비비 지출 등이 모두 반영되었는지 확인해야 한다. 또한 사회복지관은 예산과목 또는 사업목적의 위배 사항은 없는지 확인해야 하고, 예산편성지침에서 정한 지침과 규칙의 서식대로 작성되었는지 확인해야 하며, 결산보고서와 같이 첨부되어야 할 서류들은 빠짐없이 구비되었는지 확인해야 한다. 그리고 사회복지관은 이사회 개최 기일과 재무회계규칙에서 정하는 기일 내에 시·군·구에 제출될 수 있는지 확인해야 한다. 사회복지관 결산보고 절차는 다음과 같이 관리되어야 한다.

주요 내용	주체	일정
법인회계와 시설회계의 세입·세출 결산보고서 작성	법인 대표이사 및 시설의 장	출납 완료 시
결산 보고서의 시설 운영위원회 보고 ※ 법인이 설치·운영하는 시설의 경우에도 시설회계는 법인 이사회 의결 전 시설 운영위원회에 보고 필요 ※ 법인회계 및 수익사업회계에 대해서는 불필요	시설의 장	결산보고서 작성 후
결산보고서의 법인 이사회 의결 ※ 법인이 설치·운영하는 시설의 시설회계도 포함 ※ 법인이 아닌 경우에는 시설 운영위원회 보고로 결산보고서 확정	법인 대표이사	결산보고서 작성 후
확정된 결산보고서를 시장·군수·구청장에 제출 ※ 법인은 법인회계, 시설회계, 수익사업회계 결산을 법인 소재지를 관할하는 시장·군수·구청장에 제출하고, 시설의 장(법인이 운영하는 시설도 포함)은 해당 시설의 시설회계 결산을 시설 소재지 관할 시장·군수·구청장에 제출	법인 대표이사 및 시설의 장	다음 연도 2월 10일까지
법인과 시설의 세입·세출 결산서를 시·군·구, 법인, 시설의 게시판과 인터넷 홈페이지에 20일 이상 공고 ※ 게시판 공고는 「신문 등의 진흥에 관한 법률」 제2조 제1호에 따른 신문 또는 「잡지 등 정기 간행물의 진흥에 관한 법률」 제2조 제1호에 따른 정기 간행물에 게재로 갈음 가능	시장·군수·구청장 법인 대표이사, 시설의 장	결산보고서 제출 20일 이내

[그림 19-3] 사회복지관 결산보고 절차

◈ 성과관리지침

- 우리 복지관의 사업비는 사업계획서에 근거하여 예산을 편성하고 있다.
- 우리 복지관은 세입예산을 재원별, 성질별로 관·항·목으로 구분하여 편성하고 있다.
- 우리 복지관의 세출예산은 경비의 성질과 기능을 고려하여 관·항·목으로 구분하여 편성하고 있다.
- 우리 복지관의 세출예산은 사무비(인건비, 업무추진비, 운영비), 재산조성비, 사업비, 전출금, 과년도지출, 반환금, 예비비, 잡지출 등으로서 누락된 과목이 없는지 확인하고 있다.
- 우리 복지관은 업무추진비 등 소모성 경비 증가를 억제하고, 불요불급한 사업은 예산편성 단계에서 삭감조정하며, 사업추진 및 시설운영에 직접 필요한 예산을 우선적으로 편성하고 있다.
- 우리 복지관의 보조금 수입은 각 보조사업별로 명확히 구분하고 있다.
- 우리 복지관은 세출 시 예산과목 또는 사업목적의 위배사항이 없는지 확인한다.
- 우리 복지관의 지정후원금은 용도 외로는 사용하지 않으며 예산편성 및 확정 절차에 따라 세입·세출예산에 편성해서 사용하고 있다.
- 우리 복지관은 예산편성지침에서 정한 지침과 규칙의 서식대로 작성되었는지 확인한다.
- 우리 복지관은 작성된 결산서가 누구나 쉽게 알아볼 수 있게 작성되었는지 객관적 입장에서 검토한다.

👥 3 회계(수입과 지출)

사회복지관은 수입과 지출의 현금출납업무를 담당하게 하기 위하여 수입원(지출원)을 두어야 한다. 그리고 법인의 수입원(지출원)은 그 법인의 대표이사가, 사회복지관의 수입원(지출원)은 관장이 임면해야 한다(규칙 제22조). 단, 반드시 인사발령대장에 근거가 있어야 한다. 법인 또는 시설의 규모가 소규모인 경우에는 수입원과 지출원을 동일인으로 할 수 있으며, 사회복지관이 사회복지시설정보시스템을 이용하더라도 회계감독 등을 위해 회계장부를 출력물로 보관하여야 한다. 이 때 장부 및 증빙서류의 보존기간은 10년으로 한다(서울특별시 재무회계규칙 제159조).

사회복지관의 보조금, 법인전입금, 후원금, 사업수입 등 모든 수입금의 수납은 금융기관에서 위탁 수납하는 것을 제외하고는 수입원만이 수납해야 하며, 수입원이 사업수입 또는 후원금 등 납부자로부터 현금을 수령하였을 때에는 영수증을 납부자에게 교부해야 하고 후원금을 받았을 때에는 기부금 영수증 서식에 따라 후원금 영수증을 발급하여야 하며, 영수증 발급목록을 별도의 장부로 작성, 비치하여야 한다(「소득세법 시행규칙」 제101조 제20호의 2, 「법인세법 시행규칙」 제82조 제7항 제3호의 3). 또한 사회복지관이 금융기관 또는 체신관서의 계좌입금을 통하여 후원금을 받은 때에는 지자체에 신고된 후원금 계좌를 사용하여야 하며, 이 경우 영수증 발급을 원하는 경우를 제외하고는 영수증 발급을 생략할 수 있다.

사회복지관에 수납된 금액은 수입결의서를 작성하여 내부결재를 득한 후 금융기관에 예입하고, 현금출납부 및 총계정원장보조부 등 회계장부에 이를 기록하여야 하며, 수입원이 수납한 수입금은 그 다음날까지 금융기관에 예입하여야 한다. 그러나 장부와 예금통장 간의 일치성을 위해 당일 수입금은 당일 금융기관에 예입하는 것을 원칙으로 하고 금융기관 업무마감 후의 수입이 있으면 그다음 날 예입토록 하되, 영수증에는 '마감 후 수입'의 표시를 하여 정확성을 기하여야 한다. 또한 수입금에 대한 금융기관의 거래통장은 회계별(법인회계, 시설회계, 수익사업회계)로 구분될 수 있도록 보관하고 관리하여야 하며 출납완결 연도에 속하는 수입, 기타 예산의 수입은 모두 현 연도 예산에 편입하여야 한다.

사회복지관에서 지출된 세출의 반납금은 각각 지출한 세출의 해당 과목에 여입 가능하며, 과오납된 수입금은 수입한 세입에서 직접 반환해야 하고, 지출은 지출사무를 관리하는 자 및 그 위임을 받아 지출명령이 있는 것에 한하여 지출원이 행해야 한다(규칙 제28조). 그리고 지출명령은 예산의 범위 안에서 해야 하며(규칙 제28조), 세출예산에 의한 지출은 사전에 지출품의가 있거나 지출원인행위가 완료된 후에 집행되어야 한다. 또한 지출은 상용의 경비 또는 소액의 경비지출(지출원은 이를 위해 100만 원 이하의 현금을 보관할 수 있음)을 제외하고는 모두 예금통장에 의하거나 전자거래로 행해야 한다. 상용경비 또는 소액의 경비지출을 할 때에는 반드시 영수증 등 증빙 서류를 보관하여야 한다. 사회복지관의 관리자 및 회계 관련자는 지출업무와 관련하여 다음을 숙지하여야 한다.

• 사회복지법인 및 사회복지시설 재무회계규칙(제28~30조)
 - 관리자의 지출명령이 반드시 선행되어야 함.

- 지출원이 지출해야 함.
- 예산의 범위 내에서 지출해야 함.
- 지출방법을 알아야 함.
- 지출특례사항을 알아야 함.
- 「보조금 관리에 관한 법률」(제22조)
  - 용도 외 사용금지
- 「지방자치단체를 당사자로 하는 계약에 관한 법률」
  - 수의계약 이상
- 사회복지시설 관리안내
  - 지정·비지정 후원금 사용기준 준수
- 보조금 및 후원금 사용기준
  - 보조금 지급주체의 보조금 사용기준(사회복지기금사업 보조금 사용 지침)
  - 공동모금회(배분사업기준)

사회복지관은 지출재원 설정 시(보조금 및 사업수입금의 사용 시) 재원의 구분이 애매할 경우 지방자치단체의 담당자에게 이메일 등을 통해 사용 가능 여부를 확인하고 그 근거를 남겨 놓아야 하며, 후원금의 사용 시 보건복지부의 사회복지시설 관리안내의 지정 및 비지정 후원금 사용에 관한 내용에 따라 지출하여야 한다. 또한 사회복지관에서 원인행위로 발생된 증빙서류는 반드시 원본으로 하여야 한다. 단, 부득이한 경우 증명책임자의 사인을 날인하여 증명한 등본을 첨부해야 한다(서울특별시 재무회계규칙 제130조). 또한 공동모금회 등에 정산서와 함께 지출증빙서 원본을 제출하도록 계약이 되어 있을 경우 증빙서 사본에 원본 대조필 도장을 찍고 첫 결의서 여백에 그 사유를 기재하여야 하며, 지출관계서류는 지급명령의 수수금액을 정정하거나 지워 없애거나 개서하는 등 정정할 수 없다(서울특별시 재무회계규칙 제41조 제2항). 단, 금액 외의 정정으로서 정정인이 있는 것은 해당되지 않는다(서울특별시 재무회계규칙 제100조).

사회복지관은 회계 관련한 담당자의 재정보증을 반드시 들어야 하며, 회계사무를 담당하는 직원이 교체된 때에는 해당사무의 인계·인수는 발령일로부터 5일 이내에 행해져야 하고(서울특별시 재무회계규칙 제43조), 인계자는 인계할 장부와 증빙서류 등의 목록을 각각 3부씩 작성하여 인계·인수자가 각각 기명날인한 후 각각 1부씩 보관하고 1부는 이를 예금잔고 증명과 함께 인계·인수보고서에 첨부하여 법인의 대표이사 및 시설의 장에게 제출하여야 한다. 법인의 대표이사는 시설의 장과 수입원 및 지출원이 사망하거나 경질된 때에는 그 관장에 속하는 수입, 지출, 재산, 물품 및 현금 등의 관리 상황을 감사로 하여금 감사하게 하여야 한다(서울특별시 재무회계규칙 제42조). 수입과 지출의 원칙은 다음과 같다.

- 당일 예입의 원칙
- 수납영수증 관리
- 반납금 여입
- 과오납 반환
- 지출의 원인행위
- 보조금 전용카드 사용의 원칙

🔷 성과관리지침

- 우리 복지관은 수입원 및 지출원이 임명되어 있다.
- 우리 복지관은 수입금에 대한 금융기관의 거래통장은 회계별(법인회계, 시설회계, 수익사업회계)로 구분될 수 있도록 보관하고 관리하고 있다.
- 우리 복지관은 수입원이 수납한 수입금은 그 다음날까지 금융기관에 예입하고 있다.
- 우리 복지관은 수입원이 수납하는 금액에 대해서는 영수증을 발급해서 1부는 납부자에게, 또 1부는 복지관에서 보관하고 있다.
- 우리 복지관은 영수증을 50~100매 단위로 1권을 편철하고, 사전에 영수증 일련번호를 부여하고 있다.
- 지출은 지출결의서에 의해 지출업무를 담당하는 관리자의 지출명령이 있는 것에 한하여 지출하고 있다.
- 우리 복지관은 수입재원(보조금, 후원금, 사업수입, 법인전입금) 사용 용도의 해당기준을 명확히 이해하고 집행하고 있다.
- 우리 복지관은 회계관련 담당자에 대하여 재정보증보험을 들고 있다.

👪 4 계약

　사회복지관에서의 계약은 일정한 법률 효과의 발생을 목적으로 계약당사자 간 의사를 표시하는 것으로서 청약과 승낙이 합치해야만 성립하는 법률 행위이며, 매매·고용·임대차 등의 채권 관계를 성립시킨다. 계약은 내용에 따라 물권계약·채권계약·신분계약 등으로 구분되며, 그중에서 채권계약을 좁은 의미의 계약이라고 한다. 계약은 일반적으로 좁은 의미의 계약을 말하며, 사무관리·부당이득·불법행위와 더불어 채권의 발생원인이 된다. 또한 계약은 상호 대등한 입장에서 당사자의 합의에 따라 체결하여야 하며, 당사자는 계약의 내용을 신의성실의 원칙에 따라 이행하여야 하며(「지방계약법」 제6조) 계약 담당자는 계약을 체결함에 있어서 관계 법령에 규정된 계약상대자의 계약상 이익을 부당하게 제한하는 특약 또는 조건을 정하여서는 안 된다. 그리고 사회복지관에서의 계약에 관한 사항은 「지방자치단체를 당사자로 하는 계약에 관한 법률」, 같은 법 시행령 및 시행규칙을 준용한다(규칙 제30조의 2). 단, 국가, 지방자치단체, 사회복지법인 이외의 주체가 설치·운영하는 시설은 해당되지 않는다. 그리고 사회복지법인 재무회계규칙에서 지정하지 않은 사항은 국가를 당사자로 하는 계약에 관한 법령을 준용하고(규칙 제37조의 2) 사회복지관에서의 계약에 관한 사무는 각각 그 법인의 대표이사와 관장이 처리하여야 한다(규칙 제31조 준용). 법인의 대표이사와 관장은 계약체결에 관한 사무를 소속직원에게 위임할 수 있다. 계약의 원칙은 다음과 같다.

- 신의성실의 원칙
- 계약상대자의 계약상 이익을 부당하게 제한하는 특약 및 조건금지
- 일반경쟁입찰(원칙)
- 회계규칙 및 계약관계법령이 정하는 바에 따라 계약업무 처리

> ◈ 성과관리지침
> - 우리 복지관의 계약에 관한 사무는 법인의 대표나 관장이 처리하고 있다.
> - 우리 복지관은 공사 또는 물품구매에 대한 계약을 하기 전에 먼저 이 계약에 대한 내부 의사결정의 과정을 거친다.
> - 우리 복지관은 회계규칙이나 계약관계법령이 정하는 바에 따라 계약업무를 처리한다.

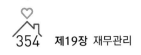

🏃 5 물품관리

사회복지관의 물품은 현금, 유가증권 및 부동산 이외의 것으로 비품 및 소모품을 의미한다. 비품은 품질현상이 변하지 않고 장기간 사용할 수 있는 물품을 말하며, 소모품은 그 성질을 사용함으로써 소모되거나 파손되기 쉬운 물품과 공작물 기타의 구성부분이 되는 것을 말한다. 국민의 세금과 후원금으로 구입한 만큼 철저한 관리가 필요하다. 사회복지관은 기존의 물품들을 철저히 관리하여야 하고, 비품의 내구연한 등 폐기절차 등을 운영규정에 명시하여 투명하게 물품관리가 이루어져야 한다.

비품	소모품
• 내용연수 1년 이상 계속적으로 사용할 수 있는 물품 • 소모성 물품에 속하지 아니하고 계획적인 수급관리가 필요한 물품 • 내용연수가 1년 미만일지라도 취득단가가 10만 원 이상의 물품 • 기타 지방자치단체장이 지정한 물품	• 한번 사용하면 원래의 목적에 다시 사용할 수 없는 물품(예: 약품, 유류, 수선용 재료 등) • 내용연수가 1년 미만으로서 사용에 비례하여 소모되거나 파손되기 쉬운 물품(예: 시험용품, 사무용품, 공구 등) • 다른 물품의 수리, 완성제작(생산)하거나 시설공사에 투입 사용됨으로써 그 본성을 상실하는 물품(예: 수리용 부속품, 생산원료, 재료 등) • 내용연수가 1년 이상으로 취득단가가 10만 원 이하의 물품으로서 사용에 비례, 소모, 파손되기 쉬운 물품

법인의 대표이사와 시설의 장은 그 소관에 속하는 물품(현금 및 유가증권을 제외한 동산) 관리에 관한 사무를 소속직원에게 위임할 수 있다(규칙 제28조 2항). 사회복지관의 물품관리자 및 출납원은 선량한 관리자의 주의로서 사무에 종사하여야 한다(규칙 제39조). 물품관리자가 물품을 출납하게 하고자 할 때에는 물품출납원에게 출납하여야 할 물품의 분류를 명백히 하여 그 출납을 명령하여야 하며, 물품출납원은 물품관리자의 명령이 없이는 물품을 출납할 수 없다(규칙 제40조). 연 1회 법인 및 시설에 대한 정기 재물조사는 의무적으로 실시하여야 하며, 필요시 수시 재물조사 실시를 하여야 한다(규칙 제40조의 2). 사회복지관 집기 중에서 사용 불가능하거나 수리하여 재사용이 불가능한 물품에

대해 불용 결정을 하고, 불용품 매각 시 그 대금은 당해 법인 또는 시설의 세입예산에 편입하여야 하며(규칙 제41조), 불용품의 처분방법은 불용품의 관리전환과 매각, 무상양여, 폐기 등이 가능하다. 사회복지관의 불용품의 처분절차는 다음에 따라 관리한다.

- 물품관리자나 출납원이 불용재산을 처분할 것인지 판단
- 중고물품점에서 중고매매 처분가격에 대한 견적을 확보하고 전산 및 전자 제품의 경우 수리비가 과다하여 보상판매나 폐기처분이 효율적이라는 견적을 확보
- 불용품 처분에 관한 내부결재를 득하여야 함(불용재산 폐기처분 승인신청서, 중고견적 및 소견서, 물품, 첨부된 사진 등)

사회복지관은 불용재산을 폐기할 경우 고물상 등을 활용하여 최소한의 재산 가치라도 인정받아 불용품 매각대에 입금하여야 하며, 물품에 대한 불용처리는 재산가치가 없는 물건이라도 고물상에 최소의 고물가격이라도 받아 불용품 매각대로 반드시 예입 처리하여야 한다.

> ◈ 성과관리지침
> - 우리 복지관은 물품관리자(물품출납원)를 두고 있다.
> - 우리 복지관은 물품관리자의 명령에 의해 물품을 출납한다.
> - 우리 복지관은 재물조사를 연 1회 실시하고 있다.
> - 우리 복지관은 불용품을 처리절차에 따라 처리하고 있다.

6 감사

사회복지관의 감사는 대상기관의 회계를 감사, 감독하고 그 사무와 소속직원의 직무를 감찰함으로써 공공부문의 투명성 확보와 사업의 적정성을 검토·평가하여 수감기관에서 직무상 일어날 수 있는 불법, 오류, 예산의 낭비 요인을 최소화시키기 위한 노력이다(공공감사 기준 제5조, 감사원 규칙 제137호). 사회복지관의 감사는 매년 1회 이상 실시하여야 하고, 결산이사회 전에는 반드시 기간을 정하여 감사를 실시하고 그 결과를 세부적

으로 감사보고서에 작성, 이사회에 보고하여야 한다. 특히 「사회복지사업법」 제54조(벌칙)에는 지방자치단체의 지도감독과 관련하여 보고를 하지 않거나 거짓으로 보고한 자, 자료를 제출하지 아니하거나 거짓 자료를 제출한 자, 검사·질문을 거부·방해 또는 기피한 자는 1년 이하의 징역 또는 1천만 원 이하의 벌금에 처한다고 되어 있어 사회복지관은 감사 및 지도감독을 받을 때에는 성실히 임할 의무가 있다.

◈ 성과관리지침

• 우리 복지관은 감사를 매년 1회씩 하고 있다.
• 우리 복지관은 비정기적인 내부감사를 하고 있다.

👥 7 세무관리

사회복지관의 세무란 세금을 계상하고 과세관청에 신고·납부하는 일련의 절차를 의미한다. 사업자의 경우 사업을 하게 되면 각종 세금에 대하여 신고·납부의무를 이행해야 한다.

✎ 〈표 19-1〉 법인의 소득세율

과세표준	세율	누진공제액
2억 원 이하	10%	−
2억 원 초과~200억 원 이하	20%	△2,000만 원
200억 원 초과	22%	△4억 2,000만 원

사회복지관은 직원 또는 아르바이트생을 고용하거나 프리랜서와 계약을 하고 그 대가를 지급하게 되는데, 이러한 인건비를 지급할 때에는 지급급액의 일정비율을 세금으로 차감한 뒤 그 차액만 지급하고, 해당 세금은 지급일의 그다음 달 10일까지 세무서에 원천세를 신고 납부하여야 하며, 원천징수의무자인 사회복지관이 매월 분 급여에 대해 간이세액표에 의한 세액보다 과소납부한 경우 원천징수납부 불성실 가산세가 적용된다. 그리고 원천징수의무자인 사회복지관이 1월부터 11월까지의 급여액을 해당 과세기간 12월 31일까지 지급하지 않은 경우는 그 급여액을 12월 31일에 지급한 것으로 보아 소득세를

원천징수(퇴직소득의 경우도 동일)한다.

사회복지관은 12월분 급여액을 다음 연도 2월 말일까지 지급하지 않은 경우 그 급여액을 2월 말일에 지급한 것으로 보아 소득세를 원천징수(퇴직소득의 경우도 동일)하며 일용근로자(일당, 파트타임, 아르바이트 등 3개월 이상 동일고용주에게 고용되어 있지 않은 자)의 경우도 3개월 이상이 되는 월부터 상용근로자로 변경(연말정산해야 함)하여 간이세액표(『소득세법』 제189조 제1항 관련)에 따라 근로소득세를 공제하여야 한다. 입·퇴사를 반복하는 경우도 동기간을 합산해서 기간 계산하여야 하고 연말정산은 소득세의 계산절차와 동일하게 계산한다. 사회복지관의 사회보험이란 국민연금보험, 건강보험(장기요양보험 포함), 고용보험, 산재보험을 말한다.

◇ 〈표 19-2〉 사회보험의 주요 특성

구분	국민연금	건강보험	고용보험	산재보험
가입대상	1인 이상 근로자를 사용하는 사업장(대표이사 포함)	1인 이상 근로자를 사용하는 사업장(대표이사 포함)	1인 이상 근로자를 사용하는 사업장(대표자 제외)	1인 이상 근로자를 사용하는 사업장(대표자 제외)
가입연령	18~60세 미만			
보험료 산정기준	사업자: 소득 근로자: 총급여 (비과세급여 제외)	사업자: 소득 근로자: 총급여 (비과세급여 제외)	근로자: 총급여 (비과세급여 제외)	근로자: 총급여 (비과세급여 제외)
기준보수월액 상하한선	하한선: 월 25만 원 상한선: 월 398만 원	하한선: 월 28만 원 상한선: 월 7,810만 원		
부담률	9%	6.07%	1.35~1.75%	업종별 차등적용
납부방식	월별부과고지 (매월 10일까지 납부)			
일용직 가입여부	고용기간 1월 이상+월 60시간 (또는 주당 평균 15시간 이상)	고용기간 1월 이상	65세 이하+월 60시간 이상 (주당 5시간)	전체 일용근로자
사업주부담금 회계처리	판)사무비 항)인건비 목)사회보험부담금	판)사무비 항)인건비 목)사회보험부담금	판)사무비 항)인건비 목)사회보험부담금	판)사무비 항)인건비 목)사회보험부담금
상세내역문의	국번 없이 1355 국민연금공단 (http://www.nps.or.kr)	1577-1000 국민건강보험공단 (http://www.nhis.or.kr)	1588-0075 고용·산재보험 토탈서비스 (http://total.kcomwel.or.kr)	

✎ 〈표 19-3〉 사회보험료 부담률

구분	보험료 납부액	사업주 부담	근로자 부담	
국민연금	총급여액의 9.0%	4.5%	4.5%	
건강보험	총급여액의 6.07%	3.035%	3.035%	
장기요양보험	건강보험료의 6.55%	3.275%	3.275%	
고용보험	실업급여	총급여액의 1.3%	0.65%	0.65%(2013년 7월 이전 0.55%)
고용보험	고용안정 직업능력	총급여액의 0.25% (150인 미만 기업)	0.25%	–
산재보험	업종별로 상이	0.7%(보건 및 사회복지서비스업)	–	

수익사업과 비영리사업을 경영하는 경우 종사원에 대한 급여상당액(복리후생비, 퇴직금 및 퇴직급여충당금 전입액 포함)은 근로의 제공 내용을 기준으로 구분한다. 즉, 근로의 제공이 주로 수익사업에 관련된 경우는 수익사업의 비용으로, 주로 비영리사업에 관련된 경우에는 비영리사업에 속한 비용으로 하며(법기통 113-156-1) 허가 받지 않은 단체에 지급한 기부금품은 기부금으로 보지 않는다. 법인이 불우이웃을 돕기 위하여 기부금품을 모집·지출하는 경우에는 「기부금품모집규제법」 제4조의 규정에 의하여 기부금품의 모집허가를 받은 경우에 한하여 지정기부금으로 본다. 그리고 소득세의 과세기간은 매년 1월 1일부터 12월 31일까지이다(단, 납세의무자가 사망할 시 1월 1일부터 사망한 날까지, 해외이주로 출국한 경우 1월 1일부터 출국일까지가 과세기간이 됨). 이자소득에 대하여 법인세 과세표준의 신고를 하고, 이에 대하여 고유목적사업준비금을 전입하는 경우에는 당해 이자소득에 대한 대응 경비인 고유목적사업준비금을 손금으로 인정받게 되고 원천징수된 세액을 환급받을 수 있고 계산서를 교부받은 법인은 「부가가치세법」의 납세의무가 없는 경우에도 매입처별 계산서합계표를 세무서에 신고하여야 한다.

◈ 성과관리지침
• 우리 복지관은 월별 주요 세무일지를 정확하게 관리하고 있다.
• 우리 복지관은 정해진 날짜에 정확하게 세무관련 신고를 하고 있다.

제20장 프로그램관리

제1절 프로그램관리의 개념

사회복지관은 클라이언트의 문제나 욕구의 해결을 위해 존재한다. 이를 위해 적절한 프로그램들을 개발하여 서비스를 제공하고자 노력하고 있다. 클라이언트의 문제나 욕구에 적절한 서비스를 제공하고, 또 그 지원활동들이 얼마나 도움이 되었는가를 파악하기 위해서는 과학적인 설계가 필요하다.

1 사회복지 프로그램의 과학적 설계의 필요성

사회복지 프로그램은 대부분 외부의 자원제공자들(정부, 후원자 등)과 이용자에게 프로그램 운영을 위한 비용을 의존하고 있으며, 사회복지 전문직은 이러한 외부 자원에 대한 프로그램의 효율성을 프로그램의 효과성과 더불어 가시화해야 할 책임을 이행해야만 하는 도전에 직면하고 있다.

사회복지 프로그램이 그 효과를 평가하기 어렵다는 논의는 사회복지 프로그램이 실제로 효과가 없기 때문이 아니라 프로그램 자체에 평가를 위한 기재를 내포하고 있지 못하거나 부족하기 때문이라는 주장이 상당히 설득력 있어 보인다. 즉, 사회복지 프로그램은 설계단계에서부터 실행/안정화되는 단계에 이르기까지 평가를 전제로 하는 운영을 할 필요가 있다는 것이다. 이러한 주장에 근거하여 최근의 사회복지 프로그램은 과학적인 설계기법과 평가기법들을 도입하여 프로그램의 효율성과 효과성 등을 증명해 내려는 노력을 하고 있다.

Skidmore(1995)는 사회복지 조직체에서 과학적 설계(계획)가 필요한 이유를 다음과 같이 설명하고 있다.

- 효율성을 높이기 위해서: 효율성이란 목표를 경제적으로 달성하는 것을 뜻한다. 사회복지 조직은 언제나 인력과 재원이 제한되어 있기 때문에 효율적인 운영에 힘써야 한다.
- 수립된 목표를 효과적으로 달성하기 위해서: 면밀한 계획과정을 세우지 않고 진행되는 조직활동은 소기의 목적을 달성하기가 어렵다.
- 책임성의 이행을 위해서: 조직활동에 대한 평가를 하기 위해서이다. 사회복지 조직의 기본적인 과제는 사회적으로 인정받을 만큼 좋은 서비스를 제공하는 것이다. 이렇게 사회적인 책임을 이행하기 위해서는 용이주도한 계획을 세워야만 한다.
- 조직구성원들로 하여금 직무에 대한 성취감이나 만족감을 가질 수 있도록 하기 위해서: 성취감이나 만족감은 조직구성원들이 프로그램의 기획과정에 함께 참여함으로써 얻어질 수 있다.

프로그램 계획은 '어떤 기관에서 목적을 달성하기 위하여 모든 과정을 마칠 때까지 요구되는 내용의 선정과 조직, 지도활동 체계, 시설, 자원, 지원체계, 기간 등에 관한 체계적인 계획'으로 설명할 수 있다. 이러한 계획은 체계적인 과정(단계)을 거치게 되며, 그 주요 과정은 다음과 같다. 즉, 어떤 문제/욕구가 있고, 그 문제의 변화목표를 세우고, 그 문제를 해결하기 위한 개입전략을 세워서 개입하고, 그 문제가 어느 정도 해결되었는가를 평가하는 과정을 겪게 된다. 그리고 각 과정의 내용은 일관성이 있어야 한다.

2 사회복지 프로그램의 활용

프로그램은 사회복지기관에서 사회복지의 가치와 철학 및 이용자의 특성과 욕구를 기초로 전문적 판단과 기술, 지식이 융합된 하나의 콘텐츠라고 볼 수 있다. 즉, 사회복지의 가치 또는 목적을 달성하기 위하여 계획되고, 이를 구체화한 지침을 토대로 민간 사회복지기관 또는 공공 사회복지 전달체계를 통하여 수행되는 실천 또는 활동이다. 프로그램의 시작은 조사연구로부터 시작되고 서비스 이용자에 대한 관심과 호기심이 프로그램 기획에 반영될 필요가 있다. 사회복지 프로그램은 사회복지 정책이 의도하는 변화를 실천에 옮기기 위한 도구로서 서비스를 전달하는 역할을 수행한다. 사회복지조직은 이용자와 사회복지사 사이에서 서비스를 교환하는 교환의 장이라고 할 수 있고, 프로그램은 이 서비스를 이용자에게 전달하는 하나의 수단이기 때문에 프로그램은 사회복지조직이 달성하려고 하는 목적 성취를 위한 하나의 수단이라고 할 수 있다(지은구, 2007). 인간의 변화를 위해 개발되는 사회복지서비스 프로그램은 객관적이고 합리적인 절차와 과정, 과학적인 지식과 기술에 근거하여 개발되어야 하며, 실효성과 효과성을 동시에 만족시킬 수 있어야 한다. 사회복지기관과 사회복지전문가는 이러한 프로그램을 개발하고 실행하며, 평가를 통해 새로운 프로그램을 개발하고 변화시켜 가야 할 의무를 지닌다.

이를 위하여 사회복지전문가는 이용자의 욕구를 파악하고 환경의 변화에 민감하게 반응하며 사회문제 해소를 위한 대안을 개발하고 이 중 가장 합리적인 대안을 선택하여 기관의 계획에 따라 사업을 추진한다. 추진되고 있는 프로그램은 모니터링을 통하여 프로그램의 목적과 목표가 달성되었는지의 효과성과 프로그램이 지향하는 목적과 목표가 최소한의 자원으로 달성되었는지의 효율성 그리고 이를 위한 자원이 적절히 할당되었는지를 확인하는 적절성의 검토를 통해 프로그램의 지속과 중단 또는 보완 계획을 수립하여야 한다.

사회복지기관들이 제공하는 프로그램은 크게 다음 세 가지의 유형으로 분류할 수 있다. ① 직접적으로 이용자들에게 서비스나 혜택을 제공하는 프로그램, ② 이용자에게 서비스를 제공하기 위해서 직원들의 능력을 고양시키는 직원개발훈련 프로그램, ③ 직접적으로 이용자들에게 제공하는 프로그램을 지원하는 보조적 프로그램(지지, 로비, 자원조달 프로그램) 등이다.

사회복지 프로그램 개발 및 평가 관련 교재들의 내용은 프로그램 기획, 관리 및 평가에 대한 구체적인 이론과 방법을 다루고 있으며, 제안서 작성 원칙을 제시한다. 프로그램 개발 과정은 프로그램을 기획하고 설계하는 일련의 단계로 구성된다. 지은구(2005a)는 프로그램 설계를 사회문제의 분석, 욕구사정, 프로그램 대상자 선정, 프로그램 가설 및 목적과 목표의 설정, 프로그램 내용의 구체화, 프로그램 실행의 6단계로 구분하였다.

사회복지 프로그램을 개발할 때 고려할 사항은 참여자들의 욕구와 특성에 대한 적합성, 프로그램 관련 제반 여건 고려(운영자의 수행능력과 기술, 재정적인 여건, 자료와 시설의 요소, 행정적 지원, 지역사회의 욕구와 기대, 대외적인 협력관계, 현실적 여건 등), 프로그램 개발 전 과정에 이용자의 참여, 참여자들의 발달단계에 적합한 프로그램 설계, 변화하는 상황에 대한 융통성 있는 대응 등이다. 프로그램 계획단계에서는 예비조사를 실시할 필요가 있다. 예비조사란 프로그램을 구체적으로 계획하기 이전에 지역사회 또는 이용자의 상황과 조건들을 파악하고, 프로그램 기획의 정당성과 필요성 등을 증명해 줄 수 있는 기초자료를 수집하는 일이다. 또한 프로그램의 필요성과 기대하는 결과를 명확히 하고, 기존 서비스 및 관련 지적·물적 자원 등에 대한 정보, 기관 내외의 승인, 프로그램 근거이론 등을 확보할 필요가 있다. 이 때 프로그램관리 과정의 체크리스트를 활용할 수 있다.

🖉 〈표 20-1〉 프로그램관리 과정 체크리스트

프로그램 체크 목록

• 프로그램의 필요성
   − 사회문제 분석 및 이용자 욕구파악 방법(어떤 문헌, 자료, 욕구분석 방법 등을 활용했는가?)
   − 프로그램 필요성에 대한 서술이 명확하고 논리적인가?
• 프로그램 목적과 목표
   − 성취하려는 목적과 목표가 명확하고 실현가능성이 있는가?
• 프로그램 대상(이용자)
   − 대상을 어떻게 선정하였는가?
   − 일반, 위기, 표적, 이용자 집단의 선정 근거가 무엇인가?
• 프로그램 내용
   − 제공되는 서비스가 목적 및 목표 달성에 적합한 방법들인가?
   − 이론적·철학적 근거가 무엇인가?
   − 주어진 조건 속에서 실현 가능한가?
   − 이용자의 프로그램에 대한 접근성이 용이한가?
• 평가계획
   − 기획단계에서 평가에 대한 내용이 반영되었는가?
   − 평가방법은 무엇인가?

> • 인력 및 예산
>   – 인력은 적합한가?
>   – 예산 편성은 적절하게 이루어졌는가?

　프로그램 내용을 구성함에 있어서는 연속성의 원리[종적 원리(중요한 내용은 한 번에 끝내지 말고 계속 반복)], 계열성의 원리[내용을 단계별로 체험할 수 있도록 조직(단순 복잡, 쉬운 것 어려운 것, 전체 부분)], 통합성의 원리[횡적 원리(소주제들이 보다 넓은 범주와 다른 주제와 함께 통합되도록)] 등을 고려할 필요가 있다. 프로그램 개발을 위한 논리모형(logic model)의 구성은 다음과 같다.

① 1단계–상황 분석: 개입이 필요한 사회문제 조건이나 상황에 대한 분석
② 2단계–결과 확인: 사업을 실시해서 변화될 상황의 모습을 구체화
③ 3단계–산출과 활동 계획: 목표달성을 가능케 하는 활동과 산출 열거
④ 4단계–투입 계획: 활동에 투입될 자원 열거
⑤ 5단계–모형 점검: 투입부터 결과로 가면서 논리적 연계성 확인

제2절　사회복지관의 프로그램관리

　사회복지관은 장애인, 노인 그리고 지역주민의 문제를 해결하기 위해 다양한 프로그램을 개발하여야 하며, 사회복지관 실무자들은 사회복지관 이용자들에게 가장 직접적으로 영향을 주는 프로그램을 개발하고 평가하기 위한 전문적인 역량을 갖출 필요가 있다. 다음의 표들은 각각 현재 지역, 노인 그리고 장애인을 위해 복지관에서 제공하는 사업, 즉 프로그램을 나타낸다.

✎ 〈표 20-2〉 지역사회복지관 사업 구분

기능	사업분야	사업 및 내용
사례관리 기능	사례발굴	지역 내 보호가 필요한 대상자 및 위기개입 대상자를 발굴하여 개입계획 수립
	사례개입	지역 내 보호가 필요한 대상자 및 위기개입 대상자의 문제와 욕구에 대한 맞춤형 서비스가 제공될 수 있도록 사례개입
	서비스 연계	사례개입에 필요한 지역 내 민간 및 공공의 가용자원과 서비스에 대한 정보제공 및 연계, 의뢰
서비스 제공 기능	가족기능강화	1. 가족관계증진사업: 가족원 간의 의사소통을 원활히 하고 각자의 역할을 수행함으로써 이상적인 가족관계를 유지함과 동시에 가족의 능력을 개발·강화하는 사업 2. 가족기능보완사업: 사회구조 변화로 부족한 가족기능, 특히 부모의 역할을 보완하기 위하여 주로 아동·청소년을 대상으로 실시되는 사업 3. 가정문제해결·치료사업: 문제가 발생한 가족에 대한 진단·치료·사회복귀 지원사업 4. 부양가족지원사업: 보호대상 가족을 돌보는 가족원의 부양부담을 줄여 주고 관련 정보를 공유하는 등 부양가족 대상 지원사업 5. 다문화가정, 북한이탈주민 등 지역 내 이용자 특성을 반영한 사업
	지역사회보호	1. 급식서비스: 지역사회에 거주하는 요보호 노인이나 결식아동 등을 위한 식사제공 서비스 2. 보건의료서비스: 노인, 장애인, 저소득층 등 재가복지사업 대상자들을 위한 보건·의료 관련 서비스 3. 경제적 지원: 경제적으로 어려운 지역사회주민들을 대상으로 생활에 필요한 현금 및 물품 등을 지원하는 사업 4. 일상생활 지원: 독립적인 생활능력이 떨어지는 요보호 대상자들이 시설이 아닌 지역사회에 거주하기 위해서 필요한 기초적인 일상생활지원 서비스 5. 정서서비스: 지역사회에 거주하는 독거노인이나 소년소녀가장 등 부양가족이 없는 요보호 대상자들을 위한 비물질적인 지원 서비스 6. 일시보호서비스: 독립적인 생활이 불가능한 노인이나 장애인 또는 일시적인 보호가 필요한 실직자, 노숙자 등을 위한 보호서비스

		7. 재가복지봉사서비스: 가정에서 보호를 요하는 장애인, 노인, 소년소녀가정, 한부모가족 등 가족기능이 취약한 저소득 소외계층과 국가유공자, 지역사회 내에서 재가복지봉사서비스를 원하는 사람에게 다양한 서비스 제공
	교육문화	1. 아동·청소년 사회교육: 주거환경이 열악하여 가정에서 학습하기 곤란하거나 경제적 이유 등으로 학원 등 다른 기관의 활용이 어려운 아동·청소년에게 필요한 경우 학습 내용 등에 대하여 지도하거나 각종 기능을 교육 2. 성인기능교실: 기능습득을 목적으로 하는 성인사회교육사업 3. 노인 여가·문화: 노인을 대상으로 제공되는 각종 사회교육 및 취미교실 운영사업 4. 문화복지사업: 일반주민을 위한 여가·오락 프로그램, 문화, 소외집단을 위한 문화프로그램, 그 밖에 각종 지역문화행사사업
	자활지원 등 기타	1. 직업기능훈련: 저소득층의 자립능력배양과 가계소득에 기여할 수 있는 기능훈련을 실시하여 창업 또는 취업을 지원하는 사업 2. 취업알선: 직업훈련 이수자, 기타 취업희망자들을 대상으로 취업에 관한 정보제공 및 알선사업 3. 직업능력개발: 근로의욕 및 동기가 낮은 주민의 취업욕구 증대와 재취업을 위한 심리사회적 지원프로그램 실시사업 4. 그 밖의 특화사업
지역 조직화 기능	복지네트워크 구축	지역 내 복지기관 및 시설들과 네트워크를 구축함으로써 복지서비스 공급의 효율성을 제고하고, 사회복지관이 지역복지의 중심으로서의 역할을 강화하는 사업 – 지역사회연계사업, 지역욕구조사, 실습지도
	주민 조직화	주민이 지역사회 문제에 스스로 참여하고 공동체의식을 갖도록 주민조직의 육성을 지원하고, 이러한 주민협력강화에 필요한 주민의식을 높이기 위한 교육을 실시하는 사업 – 주민복지증진사업, 주민조직화 사업, 주민교육
	자원 개발 및 관리	지역주민의 다양한 욕구 충족 및 문제해결을 위해 필요한 인력, 재원 등을 발굴하여 연계 및 지원하는 사업 – 자원봉사자 개발·관리, 후원자 개발·관리

자료: 보건복지부(2016).

✐ 〈표 20-3〉 노인종합복지관 사업 구분

대상	사업		세부 프로그램
노인	1. 평생교육지원		한글교실, 외국어교실, 교양교실, 정보화교육, 인문학교육, 예비노인은퇴준비 프로그램 등
	2. 취미여가지원		예능활동(음악, 미술, 생활도예, 서예, 댄스), 문화활동(연극, 사진, 영화, 바둑, 장기, 레크리에이션), 취미활동(종이 접기, 손뜨개질, 민속놀이), 체육활동(탁구, 당구, 게이트볼), 동아리활동 등
	3. 건강생활지원	기능회복지원	물리치료, 양·한방진료, 작업치료, 운동재활, ADL훈련 등
		건강증진지원	건강교육, 건강상담, 건강교실(건강체조, 기체조, 요가 등), 독거노인지원사업(기존 재가사업), 이·미용, 노인건강운동 등
		급식지원	경로식당(중식서비스), 밑반찬·도시락 배달, 푸드뱅크 등
		요양서비스	치매·뇌졸중환자 프로그램, 주·야간보호
	4. 상담사업		노인의 일반상담(이용상담, 접수상담), 전문상담(경제, 법률, 주택상담, 연금상담, 건강상담, 세무상담), 심리상담, 치매상담, 노인학대 상담 등
	5. 정서생활지원		우울 및 자살예방프로그램, 죽음준비프로그램, 집단프로그램, 자조모임 등
	6. 사회참여지원		노인자원봉사 활성화사업, 지역봉사활동, 교통안전봉사, 동아리·클럽 활동 지원, 교통편의서비스 등
	7. 주거지원		주택수리사업, 주거환경 개선사업(도배 등) 등
	8. 고용 및 소득 지원		노인일자리사업(또는 노인사회활동지원사업), 고령자취업지원사업, 경제교육, 취업교육 등
	9. 위기노인 및 독거노인 지원		취약노인의 신체·정서·사회적 자립 지원 프로그램 운영 및 지역 행정복지센터, 유관기관 등과 연계(취약노인연계망구축사업), 사례관리사업 진행
가족	10. 가족기능지원		가정봉사원파견, 방문간호, 노인돌봄서비스사업 등
	11. 가족통합지원		가족상담, 가족관계프로그램, 가족캠프, 세대통합프로그램 등
지역사회	12. 지역자원개발		자원봉사자 발굴·관리, 후원자 개발, 외부 재정지원기관사업 수탁 등
	13. 지역복지연계		경로당혁신프로그램 등의 지역복지기관 연계, 지역협력사업(경로행사, 나들이 등) 등

	14. 노인권익증진 사업	정책건의, 노인인권 옹호, 노인인식개선사업, 편의시설 설치, 노인소비자피해예방교육 등
노인 복지관 조직	15. 운영관리	인사관리, 재정관리, 시설관리 등
	16. 사업관리	프로그램 개발, 실행, 점검, 평가, 보완 등
	17. 연구개발	사업기획, 조사연구, 실습지도, 출판, 홍보, 자문(운영)위원회 등

※ 기타 제시되지 않은 사업은 자체 수행 가능

자료: 보건복지부(2015a).

〈표 20-4〉 장애인복지관 사업 구분

사업	사업분야	사업내용
상담 · 사례관리	사례발굴	• 사례대상자 발굴 및 상담 • 사례대상자 연계
	접수 및 사정	• 접수상담 • 각종 진단 및 사정
	개입계획	• 개별지원계획 수립 및 의뢰, 연계 • 사례관리 계획수립(단순, 일반, 집중)
	개입	• 긴급대상자 위기사례관리 • 집중관리대상자 사례관리 • 직접서비스 제공 • 자원연계 및 서비스 중개 • 모니터링 및 재사정 • 종결 및 사후관리
	지역회의	• 지역사회 통합사례회의 • 지역사회 솔루션위원회
	기타	• 기타
기능강화 지원	운동 · 지각 향상	• 운동발달(물리치료) • 작업활동(작업치료) • 다감각촉진활동(심리안정치료, 심리이완치료, 심리안정 반응촉진치료 등) • 수중운동 • 감각통합활동

	의사소통 향상	• 언어활동(언어치료)
	학습능력 향상	• 특수교육
	사회적응력 향상	• 심리운동 • 특수체육 • 음악활동(음악치료) • 미술활동(미술치료) • 놀이활동(놀이치료)
	기타	• 기타
장애인 가족지원	상담 및 교육	• 가족지원 전문상담 • 정보제공 • 가족교육
	가족기능강화	• 가족 휴식지원 • 가족조력교실 • 중도장애인 가족지원 • 가족 역량강화지원(부모역할, 부부관계지원, 비장애형제 지원, 부모모임 지원 등)
	양육지원	• 가족 돌봄지원 • 케어서비스(주간 및 단기 보호) • 방과후 교실 • 방학 프로그램 • 야간 및 주말 프로그램 • 가족단위 문화프로그램
	여성장애인 복지증진	• 여성장애인 상담실 및 쉼터 운영 • 여성장애인 임신 · 출산 · 양육 · 가사보조활동 지원 • 여성장애인 결혼 주선 등
	장애인 무료급식	• 결식우려 장애인 무료급식소(식당) 운영 • 거동불편 저소득 재가장애인 식사배달 등
	기타	• 기타

역량강화 및 권익옹호 지원	역량강화 및 지역사회참여 활동 지원	• 동료상담 • 자조모임 육성 • 동아리활동 지원 • 주거서비스 • 이동지원서비스 • 보조기구 관리, 수리, 임대
	권익옹호	• 「장애인차별금지법」 준수 운동 • 권리침해 해소 • 인권옹호 • 법률적인 지원
	정보제공	• 장애인정보화교육 등 정보화지원 • 시청각장애인 도서(시청각장애인 자료 등) 제작·출판·보급·대여, ARS 운영, BBS 운영
	수화관련	• 수화교실 • 수화통역 봉사원 양성 및 파견 • 수화자막 및 비디오 등 영상물 제작·보급·대여 등
	기타	• 기타
직업지원	직업상담 및 평가	• 직업상담 • 직업평가 • 구인 및 구직상담
	전환교육	• 전환교육 • 중등/고등 직업준비프로그램
	직업적응 및 역량개발 훈련	• 직업적응훈련 • 직업훈련 • 취업알선(지원고용 등) • 현장훈련 • 취업 후 지도
	사업체 개발 및 관리	• 사업체 개발 • 사업체 관리
	기타	• 기타

지역사회 네트워크	지역사회장애인 복지서비스 개발 및 지원	• 지역 유관기관 장애인복지서비스 자문 • 장애인서비스 개발 컨설팅
	지역의 사회통합환경 조성	• 장애인 및 장애인가족에 대한 인식개선 • 장애발생예방 캠페인 • 지역사회통합 환경 진단 및 계획수립
	주민조직 지원	• 주민조직체 형성 및 교육 • 지역행사 및 정보제공
	민관협력 네트워크 구축	• 지역사회복지협의체 활동 • 각종 지역위원회 활동 • 지역사회 장애인 중심기관 역할
	지역자원 개발 및 관리	• 자원봉사자 발굴, 교육, 활동, 관리 • 후원자 개발 및 관리
	기타	• 기타
평생교육 지원	상담 및 프로그램 개발	• 평생교육 전문상담 • 평생교육 프로그램 개발
	기초문해 및 학력보완교육	• 한글(생활)문해 프로그램 • 초·중·고등 학력보완 프로그램
	문화예술 및 인문교육	• 여가스포츠 프로그램 • 문화예술향유·숙련 프로그램 • 생활소양 및 인문학적 교양 프로그램
	시민참여교육	• 시민의식 프로그램 • 시민역량 프로그램 • 시민활동 프로그램
	기타	• 기타
사회서비스 지원	장애인 활동지원	• 활동보조 • 방문간호 • 방문목욕

	장애아동 재활치료	• 언어 · 청능치료 • 미술 · 음악치료 • 행동 · 놀이 · 심리운동치료 • 기타 재활서비스 • 장애조기발견 및 발달진단서비스 • 중재를 위한 부모상담 서비스
	기타	• 기타
운영지원 및 기획 · 홍보	총무	• 인사 및 조직관리 • 각종 위원회 운영 • 회계 및 문서관리 • 시설 및 차량관리 • 식당 운영
	기획	• 사업계획 수립 및 평가 • 조사연구사업 • 직원개발사업 • 실습지도
	홍보	• 홍보물 제작 • 지역홍보 • 온라인 홍보 및 홈페이지 운영 • 견학 안내
	고객만족 윤리경영	• 이용자 참여 • 고객만족사업 • 윤리경영
	기타	• 기타

자료: 보건복지부(2016).

사회복지관은 이와 같이 지역주민, 노인 그리고 장애인들의 복지증진을 위해 매우 다양한 영역에서 서비스를 제공하기 위한 프로그램을 운영하고 있다. 이러한 프로그램들은 기본적으로 노인, 장애인, 지역주민들에게 직접적인 영향력을 발휘하여 프로그램에 참여한 이용자들의 태도, 인식, 생각, 행동 그리고 기능 등에 있어 프로그램이 효과를 발휘하여야 하므로 프로그램이 지속적으로 그리고 안정적으로 기획되고 운영되도록 하기 위한 프로그램관리는 매우 중요한 사업의 성과를 위한 관리영역이라고 할 수 있다.

◈ 프로그램관리
- 사회복지관에서 제공되는 모든 단위사업이나 프로그램의 투입에서 결과까지의 전 과정을 관리하는 것

◈ 프로그램관리의 관리요소
- 적절성 및 전문성
- 프로그램 모니터링 계획 및 시행/프로그램 평가계획
- 사업운영(서비스 전달), 대상자관리(선정 및 모집)의 적절성
- 사업 참여인력 관리(강사, 자원봉사자 등)

제3절 사회복지관 프로그램관리 요소

1 사업계획서 작성의 적절성 및 전문성

사회복지관은 이용자의 욕구파악, 계획실행에 따르는 직원의 업무부담, 예산 증가 등을 고려하여 사업계획을 수립하며, 기관의 형편이나 이용자의 의향을 고려하여 사업의 순위를 정하여야 한다. 욕구조사를 통해 집단이 어떠한 욕구나 문제를 가지고 있으며 그 문제 뒤에 숨어 있는 근본 이유들은 무엇이고 문제를 해소하기 위한 대안들에는 어떤 것이 있으며, 그런 대안들을 실제로 실행하기 위한 자원 등의 사정은 어떠한가 하는 것이 사업계획에 포함되어야 한다. 프로그램의 개발과 실행 절차, 관련되는 체계들은 프로그램의 내용에 따라 상이할 수 있다. 프로그램을 운영함에 있어 이용자들의 욕구를 반영하여 프로그램을 기획하고 실행하여야 하며, 신규로 이용하고자 하는 이용자들이 접근이용이할 수 있도록 노력하여야 한다.

◈ 성과관리지침

- 우리 복지관의 사업계획서는 기관이 추구하는 미션과 비전 실현과 관련이 있다.
- 우리 복지관은 지역사회 사정 및 이용자의 욕구나 문제에 기반하여 사업계획서를 작성한다.
- 우리 복지관은 계획실행에 따르는 직원 업무부담, 예산증가 등을 고려한다.
- 우리 복지관은 기관의 형편이나 이용자의 의향을 고려하여 사업의 순위를 정하고 있다.
- 우리 복지관은 프로그램 계획 시 목표, 평가에 대한 내용이 포함되어 있다.
- 우리 복지관은 단순여가를 보내기 위해 진행하는 프로그램의 공간별 이용정원을 측정하고 충족하는지 점검하는 기능이 있다.
- 우리 복지관은 사회참여를 위해 운영하는 프로그램이 단순여가를 보내기 위해 진행하는 프로그램과 비교할 때 비율이 높은지 측정하고 있다.
- 우리 복지관은 프로그램을 통해 사회 재참여를 하는 이용자를 측정하고 관리하고 있다.

◈ 관리지침해설

- 사회복지관은 보건복지부의 사업안내에 명시되어 있는 사업을 추진함에 있어서 지역의 여건을 반영하고, 이용자의 특성과 욕구를 파악하여 프로그램을 체계적으로 설계할 필요가 있다.
- 사회복지의 프로그램은 지속적인 변화를 추구해야 한다. 사회복지관의 프로그램들은 기관의 미션 및 비전과 일관성이 있어야 하며, 사업계획서 작성과 관련하여 실무자들의 전문적 역량이 향상될 수 있는 슈퍼비전 제공 등 안정적인 여건을 마련해야 한다.
- 지속적으로 참여하고자 하는 프로그램으로 인해 새로운 이용자들이 접근할 수 없고 기존 이용자들이 텃새를 부리는 등의 문제가 발생하지 않도록 프로그램을 개발하고 지속적인 점검이 이루어져야 한다.

2 프로그램 모니터링 계획 및 시행, 평가

프로그램 개발을 통해 사업계획서가 작성되고 실행되는 과정에서 기관은 프로그램 계획에 따라 사업을 추진하고, 사업평가 결과를 반영하여 개선이 이루어질 수 있어야 한다. 또한 이러한 과정을 통해 기관을 보조·감독하는 기관, 후원회, 이용자와 그 가족, 지역주민에게 기관에서 제공하는 서비스의 효과를 증명하여야 한다. 프로그램을 모니터링하고 평가해야 하는 이유는 프로그램의 수립 전략, 실행 절차, 서비스 기술을 개선 · 보완하기 위해서이다. 또한 프로그램을 지속할지 또는 중단할지를 결정하기 위해서이다. 기관은 계획에 따라 추진된 사업에 대한 평가를 통해 이용자에게 지속적으로 적절한 서비스를 제공하고 유지하며 개선할 수 있도록 한다.

모니터링(monitoring)은 서비스의 적절성, 서비스의 질, 이용자의 만족도 등에 대해 지속적으로 확인하는 것을 의미한다. 점검의 방법에는 가정방문, 전화통화, 편지, 설문지 발송, 직원 · 기관 간의 상담, 관찰, 이용자 건의함, 관련 점검 또는 평가회의 등이 있다. 기관에서는 모니터링을 적극 활용하고 그에 관한 기록(보고서, 회의 기록 등)을 확인하고 보관하여야 한다. 모니터링은 구체적으로 다음과 같은 질문들에 대한 대답을 구하기 위해 시행한다(Rossi, Freeman, & Lipsey, 1999: 지은구, 2005에서 재인용).

- 얼마나 많은 사람들이 서비스를 받고 있는가?
- 서비스를 받고 있는 사람들이 서비스가 제공되도록 의도된 표적집단 구성원인가?
- 그들이 적정한 양, 유형, 질의 서비스를 제공받고 있는가?
- 표적집단 중에 서비스를 받고 있지 않은 사람들은 없는가?
- 표적집단의 모든 구성원들이 프로그램을 인식하고 있는가?
- 프로그램의 기능이 적절하게 수행되고 있는가?
- 프로그램을 제공하는 직원들의 수는 적절한가? 그들은 프로그램을 수행할 만큼 적절한 능력을 가지고 있는가?
- 프로그램이 잘 조직되어 있는가? 직원들은 서로서로 직무를 잘 수행하고 있는가?
- 다른 프로그램이나 기관과 효과적으로 협력과 조정을 수행하고 있는가?
- 프로그램의 자원, 시설, 자금 등은 프로그램의 기능을 지원할 수 있을 정도로 적당한가?
- 프로그램 자원은 효과적으로 그리고 효율적으로 사용되고 있는가?
- 서비스 한 단위당 비용이 서비스를 전달하는 데 적당한가?
- 프로그램이 자금지원자나 정부 등에 의해서 부과되는 요구들에 잘 따르는가?
- 프로그램이 전문적인 기준이나 법적 기준을 준수하고 있는가?
- 프로그램의 효과가 다른 프로그램과 비교해서 더 좋은가 아니면 더 나쁜가?
- 참가자들이 프로그램의 직원들과 그리고 프로그램의 절차들과 상호행동하는 데 있어 만족하고 있는가?

- 참가자들이 그들이 받고 있는 서비스에 만족하고 있는가?
- 참가자들이 서비스를 받은 후에 적절한 후속조치를 받고 있는가?
- 참가자들의 지위, 조건, 상태, 인식 또는 기능이 서비스가 종결된 후에 서비스가 목표했던 만큼의 만족할 만한 수준인가?
- 참가자들이 서비스가 종결된 후 적당한 기간 동안 만족할 만한 조건, 지위, 상태, 인식 또는 기능을 보유하는가?

◈ 성과관리지침

- 우리 복지관은 사업계획의 추진상태를 평가하고 있다.
- 우리 복지관은 분기별 자체평가 계획안을 설정하고 이를 실시하고 있다.
- 우리 복지관은 사업평가에 직원, 이용자, 운영위원 등 다양한 관계자가 참여하고 있다.
- 우리 복지관은 사업계획의 목표달성에 대한 객관적인 평가기준을 마련하고 있다.
- 우리 복지관은 평가에 따른 목표달성의 어려움, 문제점을 분석하여 해결가능성을 마련하고 있다.
- 우리 복지관은 평가결과를 차기계획에 반영하고 있다.
- 우리 복지관은 서비스에 대해 지속적으로 점검하고 있다.
- 우리 복지관은 점검결과가 제공 서비스와 관련된 팀 내에서 공유되고 있다.
- 우리 복지관은 점검결과를 반영하여 서비스 계획을 조정하고 실행한다.
- 우리 복지관은 평가지표 및 측정도구를 활용하여 평가를 실시한다.
- 우리 복지관은 평가결과를 반영하여 서비스 개선방법을 마련한다.

◈ 관리지침해설

- 프로그램의 성공적인 운영과 지속 가능한 발전을 위해서는 프로그램 설계 단계에서 모니터링 및 평가에 대한 계획을 반영하고 운영과정에서 이를 시행해야 한다.

3 사업운영(서비스 전달), 대상자관리(선정, 모집)의 적절성

사회복지관은 적합한 서비스 이용 대상자에게 적절한 서비스를 제공할 수 있도록 한다. 또한 이용자에게 서비스를 제공하기 전에 서비스에 필요한 사항들을 명확하고 충분하게 설명하여 오해 발생 여지를 예방할 수 있도록 한다. 적절한 접수양식(서비스 의뢰서, 서비스 신청서, 전화상담 기록지 등)을 활용하여 접수내용을 기록하여야 한다. 특정 서비스 대상자들을 위해 계획된 서비스의 경우 기관의 스크리닝 또는 회의 기록, 접수 기록과 회의 일시 그리고 통보 날짜를 확인하여야 한다.

서비스 관련 내용에는 기관의 규율과 규칙, 기관과 개인의 책임과 권리, 비용, 서비스 이용 시 준수사항, 서비스 계약의 효력, 계약 해약, 기타 사항 등이 포함되어야 한다. 기관이 수립한 서비스 계획을 체계적으로 실행할 수 있도록 한다. 기관은 이용자에게 사례관리 서비스를 실행할 수 있도록 시스템 및 지침을 마련해야 한다. 이를 위하여 기관은 찾아오는 사례에만 의존하여서는 안 되며, 외부 연계 및 의뢰, 아웃리치 등으로 사례발견을 할 수 있어야 한다.

◆ 성과관리지침

- 우리 복지관은 서비스를 접수하고 적격성 여부를 접수자에게 통보하고 있다.
- 우리 복지관은 접수 양식 및 접수과정에서 소요기간 등에 대한 지침이 마련되어 있고, 이를 준수한다.
- 우리 복지관은 이용자와 서비스를 계약하고 서비스 관련 내용을 설명한다.
- 우리 복지관은 이용자에게 서비스 동의서 사본과 서비스 관련 내용에 대해 자료를 제공하고 있다.
- 우리 복지관은 서비스 계획서와 서비스 일지(진행 일지, 자원봉사자 일지, 출석부 등), 회의 기록, 서비스 결과보고서 등을 관리하고 있다.

◆ 관리지침해설

- 사회복지관은 다양한 프로그램을 기획하여 운영하는 과정에서 이용자 접수 및 관리에 대한 체계를 갖출 필요가 있다. 프로그램 모집 대상자의 자격기준 등을 설계함에 있어서 비용 등 이용자의 접근성 문제를 고려하고, 프로그램 정보제공에 있어서도 이용자들에게 기회가 골고루 제공될 수 있는 방법을 활용하도록 한다.

👥 4 프로그램 운영인력관리(강사, 자원봉사자 등)[1]

사회복지관은 사회복지사들이 사업을 기획하고 운영하는 과정에서 다양한 외부 전문 인력을 활용하고 있다. 외부 인력으로 문화여가프로그램 전문강사 또는 자원봉사자들과 같은 인적자원의 연계와 관리는 프로그램의 효과성과 효율성 증진을 위해 필수적인 과정이다. 사회복지관 평가지표에도 외부 강사의 관리가 평가 대상이 될 만큼 매우 중요한 요소이다. 이 지표의 내용을 보면, 강사모집이 공개적으로 이루어지고 있는가, 강사 중 프로그램 관련 자격을 취득한 강사비율이 전체의 80%를 넘는가, 강사간담회를 진행하는가, 강사가 진행하는 프로그램의 계획서가 있고 진행일지가 작성되고 있는가, 강사는 내부결재에 의해 채용되고 계약서가 관리되고 있는가, 프로그램 이용자를 대상으로 강사에 대한 평가가 이루어지고 있는가 등으로 구성되어 있다. 그러므로 기관은 사업운영 자격을 갖춘 강사를 활용해야 하고, 자원봉사자 등을 적극 활용하는 방안이 있어야 하며, 관리 상황 및 방법 등이 체계적으로 갖추어져야 한다.

사회복지관 사업은 보조금만으로 진행하기에는 부족하므로 기업, 재단, 모금, 수입사업 등 다양한 외부 기금과 자원봉사자들을 확보해야 한다. 보통 자원은 후원금품 등의 물적 자원과 자원봉사자 등의 인적자원으로 구성되는데, 자원개발을 위해서는 지역사회 마케팅이 중요하다. 먼저, 지역사회에 어떠한 자원들이 있는지 내용별·형태별로 지역자원 조사를 실시하여 리스트를 만들고 사업별로 서비스를 개발하거나 기획하여 해당 자원들을 공략하고 홍보, 섭외해야 한다. 그리고 지역사회의 인적·물적 자원을 묶어 연결망 역할을 하는 지역사회 네트워크 구성과 참여를 통해 지역의 모든 조직들을 복지관의 사업수행에 활용해야 한다. 자원봉사자 확보를 위한 노력이 필요한데, 지역사회주민뿐만 아니라 자원봉사센터나 지역사회 내 교육기관을 통해 다양한 프로그램에 필요한 자원봉사자를 확보, 활용할 수 있다. 자원봉사자 모집, 관리, 슈퍼비전을 통해 인적자원으로서 역량강화를 지원하는 시스템이 갖추어져야 한다. 사회복지관 평가지표 항목 중 지역사회관계 영역에서 자원봉사자 관리내용을 보면, 자원봉사자 관리(모집, 교육, 배치,

---

[1] 사회복지관에서 프로그램을 기획하고 운영하는 핵심인력은 사회복지사들이다. 사회복지사들의 전문성과 경력, 자격 등에 관한 사항은 이 저서의 성과관리 과정영역의 제15장 '인적자원관리'에서 다루고 있으며, 이 장에서는 프로그램 운영을 위해 필요한 강사 및 자원봉사자에 관한 내용을 다루고 있다.

포상 등)에 관한 규정이 있는가, 신규 자원봉사자에 대한 교육을 실시하고 있는가, 자원봉사자를 대상으로 연간 2회 이상의 교육을 실시하고 있는가, 자원봉사 지지 및 격려를 위한 정기적인 프로그램을 연 1회 이상 실시하고 있는가, 자원봉사자를 위한 안내서를 마련하고 있는가 등이다.

◈ 성과관리지침

- 우리 복지관의 프로그램 강사는 자격관리가 이루어지고 있다.
- 우리 복지관은 강사 계약서를 작성하고 있다.
- 우리 복지관은 강사에 대한 평가를 시행하고 있다.
- 우리 복지관은 자원봉사자 및 실습생 모집 · 운영에 관한 계획이 명문화되어 있다.
- 자원봉사자 모집 안내를 적극적으로 홍보하고 있다.
- 우리 복지관은 자원봉사자를 기관의 필요성에 맞춰 적절하게 모집 · 운영하고 있다.
- 우리 복지관은 자원봉사자 관리를 하며 다른 직원들에게도 이들의 활동시기와 활동내용 등을 알리고 있다.
- 우리 복지관은 사업계획에 근거한 참여인력관리가 이루어지고 있다.
- 우리 복지관은 외부강사와 같은 시간제 인력에 대한 관리가 되고 있다.
- 우리 복지관은 자원봉사자에게 관련 직원과 슈퍼바이저가 정해져 있다.
- 우리 복지관은 담당 직원과 슈퍼바이저가 이들의 활동과 관련하여 지속적인 피드백을 제공하고 있다.
- 우리 복지관은 자원봉사자들의 활동사항을 기록하여 보관하고 있다.
- 우리 복지관은 자원봉사자 및 후원자 개발 성과 자료를 작성한다.

◈ 관리지침해설

- 사회복지관에서 개발된 프로그램들은 대부분 외부 강사들에 의해 운영이 이루어지고 있다. 따라서 프로그램 강사들의 자격과 서비스 품질관리는 프로그램 성과에 영향을 미치는 중요한 요인이다. 따라서 강사들의 활동에 대한 이용자만족도 조사, 강사 평가 등은 프로그램 운영에서 중요한 비중을 차지한다.
- 사회복지관에서는 운영규정에 근거하여 강사 모집 및 관리를 할 필요가 있다. 또한 자원봉사자들을 프로그램 운영에 참여시키는 경우에도 명확한 직무설계과 슈퍼비전을 통해서 프로그램에 긍정적인 영향을 미칠 수 있도록 노력해야 한다.

5) 기타 프로그램관리 요소

사회복지관이 설치된 구조적인 요소와 관련하여 공간별 프로그램 진행이 최적화되어 진행되고 있는지 또는 유휴 공간은 없는지 등에 대해 효율적인 배치를 통해 프로그램을 진행해야 한다. 사회복지관은 프로그램을 운영하여 지역사회와 함께하고자 하는 지역 연계 취지를 반영하고, 사회복지관 공간부족에 대한 문제해결방안의 일환으로 지역사회 타 공간자원을 활용함으로써 사회복지관 이용자들의 지역사회에서의 역할을 보여 줄 수 있는 프로그램을 기획할 필요가 있다.

◈ 성과관리지침

- 우리 복지관은 프로그램 공간별 관리자를 두어 지속적으로 효율적 운영이 되도록 하고 있다.
- 우리 복지관은 공간별 효율적 운영 측정도구가 있다.
- 우리 복지관은 모든 프로그램에 이용자들의 지역사회에서의 역할을 보여 줄 수 있는 기획이 담겨 있다.
- 우리 복지관은 관내 공간을 최적으로 활용하고 확대하기 위해 지역사회 공간을 활용하는 프로그램을 진행하고 있다.

◈ 관리지침해설

- 사회복지관은 프로그램 운영시간의 적절성을 고려하여 1시간 프로그램인지 2시간 프로그램인지 적절성에 대해 강사 및 회원들의 욕구를 조사하고 반영하여 운영시간 내 공간이 효율적으로 운영되는지를 지속적으로 점검한다.
- 사회복지관 내 공간으로 채우지 못하는 부분을 지역 내 다른 공간을 활용하여 프로그램을 진행하고, 지역을 위해 봉사활동을 할 수 있는 의도적인 기획을 통해 지역과 함께하는 문화를 조성한다.

제21장 시설안전관리

제1절 시설안전관리의 개념

위험으로부터 시설안전관리는 시설 내외적으로 존재하고 있는 위험요인들을 제어 및 관리함으로써 사고를 미연에 방지하는 일과 사고 발생 후에 신속하게 대응하여 조직의 손해를 최소화하며 안정성을 제고하고 질 높은 서비스를 제공하는 모든 활동이라 할 수 있다(보건복지부, 2014a). 위험은 큰 사고에 이르지 않았지만 사고가 발생할 가능성이 있는 것을 말한다. 즉, 사고가 발생할 환경조건에서 발생하는 우연한 사고와 불가항력적인 사고를 의미한다고 볼 수 있다. 시설안전관리는 위험을 줄이기 위한 사전 예방활동 또는 대피활동이다. 다양한 위험을 예견하여 위험이 올 때 피해를 최소화하며 위험발생 시 최적의 위험처리 방법을 사전에 터득하는 대응활동이라 볼 수 있다.

또한 시설은 재난과 재해로부터 시설의 재산과 소중한 생명을 보호해야 할 의무가 있다. 재난은 생명과 신체, 재산에 피해를 줄 수 있는 것이다. 재난은 자연적 · 인위적 · 사회적 요인으로 피해상황을 일으키는 것으로 자연재난과 사회적 재난으로 나눌 수 있다. 따라서 재난관리는 재난의 예방, 대비, 대응 및 복구를 위하여 행하는 모든 활동을 말한다(보건복지부, 2014a).

- 자연재난: 태풍, 호우, 대설, 홍수, 지진, 강풍, 한파, 가뭄, 산사태, 폭염, 황사 등
- 사회적 재난: 화재, 폭발, 교통사고, 감염병, 화생방사고, 붕괴, 에너지 중단, 가축전염병확산, 테러, 정전, 환경오염 사고 등

시설을 위험으로부터 관리하는 분석방법에는 매크로적인 분석방법 및 마이크로적인 분석방법이 있다. 매크로적인 분석방법은 사고나 사고를 일으킬 뻔했던 경험의 건수를 발생 연월, 장소별, 행위자의 경험 연수별, 사고내용별로 집계하여 경향을 파악하는 것이다. 어느 정도 건수가 누적되는 기간을 정하여 정기적으로 분석하면 시계열적인 변화를 파악할 수 있다. 그리고 마이크로적인 분석방법은 왜 이 사건이 발생하였는가를 분석하는 방법으로 요인분석시트에 의한 방법(4M-4E모형, SHELL모형)을 주로 사용한다.

제2절 사회복지관의 시설안전관리

사회복지관은 왜 시설안전관리를 하여야 할까? 이에 대한 해답은 다음의 필요성 때문이라 할 수 있겠다.

첫째, 서비스 이용자 및 직원과 관계자의 생명을 보호하고 지키는 것이다. 조직은 서비스 제공의 과정에서 그 과정 자체에 잠재적인 위험이 존재하고 있음을 알 수 있다. 이는 입구에서부터 출구에 이르기까지의 서비스 제공과정 전체에 존재하며, 기준개정, 이용자 변화, 사업의 환경변화 등 이용 개시에서부터 종료에 이르기까지의 과정, 업무내용 그 자체가 위험이며 사업의 존속을 좌우하기도 한다. 따라서 이러한 과정에서 이용자, 직원, 가족, 제3자를 포함하여 생명과 안전을 확보하는 것이 시설안전관리의 첫 번째 요소가 된다.

둘째, 서비스의 질 향상을 위함이다. 따라서 복지관은 항상 내·외부 환경에 관하여 검토가 필요하며 대책을 세워 두지 않으면 안 된다. 또한 다양한 위험정보를 단순히 접수해 두는 것만 아니라 그 요인을 분석하여 통계학적인 논리로 뒷받침해 둘 필요가 있다.

1 소방시설안전관리

소방안전은 안전점검 시기, 점검자, 주요 점검내용을 확인하여 관리하여야 한다.

2 전기안전관리

전기는 전기가 갖는 에너지에 의해서 인체에 쇼크를 주며 누전에 의해 화재를 발생시킨다. 만약 가연성 가스나 증기 또는 분진 등이 있는 구역에서 전기불꽃이 점화원이 되어 폭발을 일으킬 위험성이 있다. 결과적으로 전기안전관리는 이러한 위험성을 사전에 방지하고 전기를 안전하게 공급하고 사용하는 제반 행위라 할 수 있다.

3 가스안전관리

가스는 땅속에 유기물이 묻혀 오랜 시간 동안 압력과 열·화작용 등을 통해 생성된 에너지원을 말한다. 따라서 이러한 물질은 폭발이나 중독 등의 위험이 있다. 특히 쉽게 점화되어 폭발하여 화재와 연결될 수 있다. 가스안전관리는 예방 및 홍보와 일상 점검으로 발생을 억제하여야 할 것이다.

4 시설물안전관리

이용편의와 안전을 도모하기 위하여 특별히 관리할 필요가 있거나 구조상 유지관리가 필요한 시설물을 말한다. 시설물안전관리는 시설물의 노후화로 붕괴될 위험이 있고, 천재지변에 의한 시설물 유실 및 붕괴, 인재에 의한 시설물 재산의 손실 위험이 있는 경우를 말한다. 시설물안전관리 활동은 예방활동, 대비활동, 대응활동, 복구활동으로 구분할 수 있다.

✎ 〈표 21-1〉 비상계획 및 응급조치시설물 점검표

순번	내용	점검	비고
1	재해 발생 시 사고처리절차 및 보고체계는 되어 있는가?		
2	재해 발생 시 법인 비상연락망은 되어 있는가?		
3	재해 발생 시 직원 비상연락망은 되어 있는가?		
4	재해 발생 시 시 · 구 · 동 보고체계는 되어 있는가?		
5	재해 발생 시 시 · 구 · 동 연락체계는 되어 있는가?		
6	재해 발생 시 경찰서 연락체계는 되어 있는가?		
7	재해 발생 시 소방서 연락체계는 되어 있는가?		
8	재해 발생 시 군부대 연락체계는 되어 있는가?		
9	재해 발생 시 지역주민과의 연락체계는 되어 있는가?		
10	재해 발생 시 전기차단시설 위치와 작동방법은 알고 있는가?		
11	재해 발생 시 수도 잠금 위치와 작동방법은 알고 있는가?		
12	재해 발생 시 가스차단시설 위치와 작동방법은 알고 있는가?		
13	응급환자 발생 시 의료기관 비상연락체계는 되어 있는가?		
14	응급상황 시 소방차가 들어올 수 있도록 도로가 확보되어 있는가?		
15	응급상황 시 구급차가 들어올 수 있도록 도로가 확보되어 있는가?		
16	낙뢰방지시설(피뢰침)은 안전하게 설치되어 있는가?		
17	여름철 장마대비를 위한 장비는 갖추어져 있는가?		
18	겨울철 폭설로 인한 제설장비와 제설제는 갖추어져 있는가?		
19	복지관 내 취약지구를 숙지하여 관리하고 있는가?		
20	복지관 내 비상대피 시설은 되어 있는가?		

5 위생안전관리

위생안전관리를 위해 환기, 채광, 조명, 실내 온·습도, 소음, 공기의 질, 폐기물, 급식 환경 관리를 하여야 한다.

◈ **시설안전관리**

• 시설 내·외적으로 존재하고 있는 위험요인들을 제어 및 관리함으로써 사고를 미연에 방지하는 일과 사고발생 후에 신속하게 대응하여 조직의 손해를 최소화하며 안정성을 제고하고 질 높은 서비스를 제공하는 모든 활동

◈ **시설안전관리의 관리요소**

• 이용자안전 및 직원안전, 보험, 내·외부 공간, 편의시설, 위생시설, 주방시설, 소방시설, 안내시설, 안전검사, 장비 및 비품구입, 유지보수 및 처리의 적절성

제3절　사회복지관 시설안전관리 요소

1 이용자 및 직원 안전

사회복지관에 화재, 전기, 가스, 위생, 시설물, 자연재난 등으로 인해 재난사태가 발생할 때 이용자 및 직원들이 지켜야 하는 임무나 역할, 조치사항을 체계적이고 신속하게 대응하여 피해를 최소화하여야 하며, 이용자들이 느끼는 위험에 대해 다음과 같은 개인적인 특성을 알고 있어야 한다.

• 개인들은 특성에 따라 스스로 행동능력이 있는 경우와 없는 경우로 특성이 뚜렷하게 나타나는 점을 알아야 한다.

- 위험이 발생할 경우(화재 등) 통상 사용하고 있던 친숙한 출입구와 계단 쪽으로 향하는 행동을 나타냄을 인식하여야 한다.
- 친숙한 피난경로를 선택하려는 행동으로 화재 시 출입구가 막혀도 다른 비상구 표시를 의심하여 일상생활에서 사용하던 출입구 쪽으로 피난하고자 고집하는 점을 인식하여야 한다.
- 정신적으로 건강한 이용자는 오랜 경험으로 본인이 판단한 피난경로가 안전하다고 믿고 위험한 장소를 피난로로 선택한다는 점을 알고 있어야 한다.
- 사회복지관 이용자는 자력 피난이 어려운 경우에 처할 수 있는 경우가 있는 만큼 피난 보조인력이 필요하므로 피난계획 수립 시 인력 충원계획을 포함시켜야 한다.

　사회복지관의 관리자나 직원들은 이용자들이 신체적인 다양한 특성으로 스스로 피난하기 어려울 수 있다는 점을 항상 인식하고 있어야 하며, 신체기능이 젊은 사람들과 비교하여 상황변화에 대한 적응력이 감퇴하여 활동능력이 곤란한 경우가 많다는 점을 인지하고 있어야 한다. 특히, 이용자들은 위험에 대한 인지능력이 낮아 대처능력이 떨어질 수 있다는 점을 알고 있어야 한다. 또한 사회복지관에서의 재난 발생 시 피난행동은 보행자의 환경적인 요건(이동속도, 보폭, 보행 인원수)에 따라 피난시간이 달라진다는 점을 인식하여야 한다. 화재 시에는 연기의 농도, 연기의 확산속도, 복도의 밝기 등에 따라 피난시간이 달라지므로 이런 요소들이 피난계획에 포함되어야 하고, 위험 발생 시에 이용자들은 일상생활에서 항상 사용하던 출입구 쪽으로 우선 피난한다는 사실을 알고 있어야 한다. 그리고 통상적으로 이용자들은 지광본능으로 빛이 보이는 밝은 쪽으로 향하는 습관이 있다는 점을 인식하고 교육할 필요성이 있으며, 긴박한 상황이거나 위험이 촉박해 정신이 약간 혼미한 상태에서는 막다른 곳으로 피난하게 된다는 것도 사전에 인식하고 관리 및 교육하여야 하며, 일반적으로 이용자들은 위험 발생 시 추종본능으로 앞 사람이 가는 방향으로 맹목적으로 따라 피난하게 된다는 점을 인식하고 있어야 한다. 사회복지관의 이용자들은 통상적인 퇴피본능[1]으로 재난현장을 떠나려고 하는 특성이 있다는 점 역시 인지하여야 한다(정신질환이 있는 노인들의 경우에는 현재 위치한 장소에서 떠나지 않으려는 경향을 보이는 경우가 있음). 화재현장의 피난양상은 피난자가 처한 환경, 개인, 화재 조건 등 다양한 요인에 따라 각기 다른 특성을 나타낸다는 점을 알아야 한다.

---

1) 화재가 커지면 화염과 연기에 대한 공포로 발화지점과 반대로 움직이는 특성

사회복지관 이용자를 위한 피난 안내도 내용표시는 다음과 같이 관리할 필요가 있다.

- 피난구 및 피난계단 위치를 표시
- 출입구에서 피난구까지 방향 및 거리를 표시
- 현재 위치에서 피난구까지 피난동선을 화살표로 표시
- 초기 소화를 위한 소화기와 소화전 위치를 표시
- 피난구가 막히는 경우를 대비하여 피난기구 설치 위치를 표시

사회복지관의 이용자들을 위한 피난안내도는 다음과 같이 관리할 필요가 있다.

- 피난안내도는 문자보다는 그림이나 다양한 표식을 이용
- 각 층이나 동별로 시설 평면도에 따라 별도로 작성
- 시설의 층별 평면도를 그리고, 그 위에 피난방향을 표시
- 소화기, 옥내소화전, 경보장치, 발신기 등이 있는 위치를 표시
- 안내도 위치에서 피난 계단까지의 방향을 화살표로 표시
- 막다른 통로나 복도의 위치를 표시하고, 유도등 위치를 표시
- 피난안내도는 실 입구나 계단 근처에 부착하여 둠

사회복지관의 이용자들을 위해 피난안내도 관리자는 다음과 같이 관리할 필요가 있다.

- 관리자는 피난안내도 부착 위치를 정기적으로 순회하여 부착상태를 점검
- 훼손된 피난안내도는 즉시 교체
- 피난구까지의 피난시간을 측정하여 피난안내도 설치 위치를 지정

사회복지관은 이용자들을 위해 피난도우미 인력을 확보하고 있어야 한다.

- 피난도우미로 시설 주변의 의용소방대를 지정하여 둠(지역 의용소방대장 및 총무의 연락처 확보).
- 인근 주민들과의 상시 협력을 통한 피난도우미로 지정하여 둠

사회복지관은 이용자들을 위해 적절한 피난장소를 확보하고 있어야 한다.

- 피난에 필요한 안전 피난장소를 미리 정하여 두고 평상시 훈련
- 피난장소에 도착하면 피난인원을 체크
- 피난 집합장소에는 사회복지관을 이용하는 인원의 명단을 비치하여 재난 시 출석 체크할 때 당황하지 않도록 함
- 화재로 피난한 후 피난하지 못한 인원이 있으면 구조대원에게 명단을 주면서 피난하지 못한 사람이 있던 위치를 명확히 제시

사회복지관은 이용자들을 위해 1단계 피난준비로 피난경보와 피난방송을 실시하여야 하며, 이용자들을 위해 2단계 피난으로 피난활동을 개시하고, 3단계 피난 후 행동요령을 숙지하여 진행하여야 하며 직원안전관리를 위하여 안전관리 총괄자를 두어야 한다. 안전관리총괄자는 상황 발생 시 각 반의 보고를 받음과 동시에 처리에 대한 지시를 하여야 한다. 또한 사회복지관은 상주 직원 수에 따라 대피로 확보 및 대피방법을 준비하여야 하며, 대피시설로 대피하는 데 있어서 안전한 대피경로를 몇 개 확보하여 신속하고 안전하게 대피할 수 있도록 준비해야 하고, 대피유도 및 대피지원을 실시하는 직원은 대피경로에 대해 명확하게 인지하고 있어야 한다.

사회복지관은 예상 피난소요시간 및 안전하게 대피할 수 있다는 상황에 대해 이용자에게 정확한 정보를 인지시켜 주어야 하며, 대피 시에는 예상치 못한 상황에 대한 의료박스, 구호박스, 재난용 구호세트 등을 준비하여야 하고 응급환자 발생 및 안전사고 시대처사항을 항상 숙지하고 실천하여야 한다. 또한 위독, 사고 등으로 인해 갑작스러운 응급환자가 발생할 경우 응급처치를 실시하고 119 호출, 촉탁의사 연락, 자체 구급차량 이용 등 가장 신속한 방법으로 의료기관을 이용할 수 있도록 해야 한다. 이와 함께 사회복지관의 직원들은 응급대처 요령을 숙지하고 복지관의 여건상 의사와 간호사를 현장에 즉시 투입할 수 없는 상황을 대비하여 조치방법을 습득할 수 있도록 교육을 실시하여야 한다. 또한 이용자의 응급상황 및 안전사고 발생 시 긴급조치 후 보호자 연락을 신속하게 취하여야 하며, 사례보고, 의무기록지 등을 참고하여 최선의 방지대책을 수립하도록 해야 하고, 이용자가 넘어졌을 경우 골절, 외상, 뇌출혈 등이 예측될 수 있으므로 의식상태, 통증 유무, 출혈 유무 등을 확인하고 필요한 조치를 취하도록 하여야 한다. 고령자의 경우 뼈가 약하므로 처치 시 이를 유념하여야 하며, 넘어짐이나 안전사고로 인해 골절이

발생하였을 경우 전신을 주의 깊게 관찰하는 등 적절한 조치를 취하여야 하고, 이동 시에는 가급적 골절 부위를 고정 후 이동하도록 해야 한다.

◈ 성과관리지침
• 우리 복지관은 위험에 대비하여 직원과 이용자들이 안전교육을 받고 있다.
• 우리 복지관은 위험에 대비하여 직원과 이용자들이 모의훈련을 하고 있다.
• 우리 복지관은 위험에 대비하여 보고체계가 잘 되어 있다.
• 우리 복지관은 위험에 대비하여 안전점검을 잘 하고 있다.

2 보험

사회복지관은 화재 및 시설 이용과 관련된 사고 등으로 인한 손해배상책임의 이행을 위해 책임보험에 가입할 의무가 있으므로 매년 손해배상보험 가입은 종합보험으로 가입하여야 한다(「사회복지사업법」 제34조의 2).

◈ 성과관리지침
• 우리 복지관은 종합손해배상보험에 가입되어 있다.
• 우리 복지관은 안전사고로 인한 생명, 신체에 피해를 입은 보호대상자에 대한 손해배상보험에 가입되어 있다.

3 내·외부 공간

사회복지관의 내부 공간은 바닥, 벽, 천장으로 한정하여 볼 수 있으며, 외부 공간은 자연 속에서 자연의 틀에 의해 따낸 공간이다. 즉, 외부 공간은 지붕이 없는 건축공간이라고 할 수 있다. 즉, 사회복지관 대지 전체를 하나의 건축이라고 간주하고 지붕이 있는 부분을 내부라 하고 지붕이 없는 부분을 외부 공간이라 볼 수 있다.

◈ 성과관리지침

• 우리 복지관의 모든 내·외부 공간의 설비들은 안전하게 관리되고 있다.

4 편의시설

사회복지관 이용자의 건강·안전 및 생활편의에 적합한 시설로 편의시설은 노인이 이동과 시설을 편리하게 이용할 수 있도록 해 주고 정보에 쉽게 접근할 수 있도록 해 주는 시설과 설비이다. 이러한 편의시설은 복지관을 이용함에 있어 가능한 최단거리로 이동할 수 있도록 설치해야 한다.

〈표 21-2〉 사회복지관 설치 편의시설의 예 (의무: ● 권장: ○)

사회복지관 설치 편의시설	매개시설			내부시설			위생시설					안내시설			기타 시설				
								화장실											
	주출입구 접근로	장애인전용주차	주출입구 높이 제거	출입구	복도	계단 또는 승강기	대변기	소변기	세면대	욕실	샤워실 탈의실	점자블록	유도 및 안내 설비	경보 및 피난설비	객실 침실	관람석 등	접수대 등	매표소 등	휴게시설
	●	●	●	●	●	●	●	●	○	○	○				○				

◈ 성과관리지침

• 우리 복지관의 편의시설은 관리가 잘 되고 있다.
• 우리 복지관의 편의시설은 보수가 필요한 기구가 방치되어 있지는 않다.
• 우리 복지관은 이동경로까지 안전하게 이동하기 위한 공간이 마련되어 있다.
• 우리 복지관은 장애인 이용자의 이용편의 도모를 위한 장애인 편의시설의 설비 및 관리가 잘 되고 있다.

5 위생시설

사회복지관은 위생에 대한 위기관련 정보공유 및 협조체계를 구축하여 운영 위생 점검과 적정한 위생유지관리를 통하여 위생상의 위해를 방지하여야 하며 위생 위기 발생 시 위생위기에 대한 피해를 신속히 복구하여 정상화 상태를 회복하고 더불어 재발방지를 위한 제도개선이나 예방활동 강화방안을 마련하여야 한다. 사회복지관은 건강의 보전·증진을 도모하고, 질병의 예방·치유에 힘써야 하며, 시설의 위생 상태를 청결하게 유지하여 이용자 및 종사자들의 건강과 생명에 중대한 영향을 미칠 수 있는 비위생적인 환경을 제거하여 각종 질환을 예방하여야 한다. 사회복지관의 위생 유형은 환기, 채광 및 조명, 실내온도와 습도, 소음, 공기 질, 폐기물, 급식위생, 기타 환경위생 등으로 분류하여 관리하여야 한다. 또한 사회복지관의 집단급식소는 급식 위생관리에 철저해야 한다(「식품위생법」 제88조 제1항).

◈ **성과관리지침**

- 우리 복지관은 시설물안전관리에 대한 지침을 명문화하고 적용하고 있다.
- 우리 복지관은 시설물안전관리 담당자를 두고 있다.
- 우리 복지관은 위생에 대한 위기관련 정보공유 및 협조체계를 구축하고 있다.
- 우리 복지관은 위생위기 발생 시에 재발방지를 위한 제도개선이나 예방활동 강화방안을 마련하고 있다.
- 우리 복지관은 위생 방역소독을 정기적으로 실시하고 있다.
- 우리 복지관은 위생문제(식중독 등) 발생 시 위기경보를 발령하고 수준별로 대응활동을 전개하고 있다.
- 우리 복지관은 이용자의 건강관리를 위한 최적의 온·습도를 체크하고 있다.
- 우리 복지관의 화장실은 깨끗하게 관리 및 유지되고 있다.

---

6 주방시설

사회복지관의 주방이란 각종 조리기구와 저장 설비를 사용하여 기능적이고 위생적인 조리작업으로 음식물을 생산하고 이용자에게 서비스하는 시설을 갖춘 작업공간을 말한다. 주방은 매일 식품을 구매해서 인수하고, 저장하고, 가공해서 서비스하고, 소비하는 장소이므로 주방에서 사용하고 있는 모든 장비와 기물 및 기기 등의 안전과 취급상의 준수사항을 철저히 지켜야 하며, 식용 가능한 식품을 반입, 검수, 저장, 출고, 조리하는 데 필요한 사전 지식을 가지고 안전한 서비스를 제공하여야 한다. 사회복지관의 주방시설관리는 다음과 같이 세 부분으로 구분하여 살펴보아야 할 것이다(진양호, 2000).

첫째, 종사원 측면에서의 위생관리가 필요하다. 직원들은 자신을 질병으로부터 보호하여 정신적 · 신체적 건강을 유지하며, 쾌적한 주방공간을 확보하여 작업 능률을 향상시키며, 조리 종사원들의 작업재해를 미연에 방지하여야 한다.

둘째, 식재료 취급관리가 필요하다. 음식 취급과정에서 발생할 수 있는 각종 전염성을 미연에 방지하며, 음식 상품의 질적 가치를 향상시키고, 식재료의 보존상태 기간을 연장하여 항상 신선한 재료를 사용하며, 원가절감의 원칙에 따라야 한다.

셋째, 주방시설관리 측면에서 직원들의 안전사고 방지, 장비 및 기물과 기기의 경제적 수명 연장, 단위면적당 작업능률 향상 등을 기하고 음식 상품의 질적 가치를 유지시켜야 한다.

◈ 성과관리지침
- 우리 복지관의 주방은 위생적이며 안전하게 관리되고 있다.
- 우리 복지관은 주방안전 수칙 및 매뉴얼이 구비되어 있다.
- 우리 복지관의 주방은 규칙적으로 식품위생에 대한 안전점검을 실시하고 있다.

7 소방시설

사회복지관 실정에 맞는 화재예방계획을 수립 및 실행하고, 정기적인 교육 · 훈련을 통한 안전의식 고취와 화재 시 대응태세를 완비하며, 화재예방 활동을 통한 위험요소의 제거 및 예방에 중점을 두고 관리하여야 하며, 자위소방대 조직편성은 전 구성원을 대상으로 구성하여야 한다. 자위소방대는 자체 실정에 맞는 화재예방계획을 수립하여 시행하여야 하며, 근처에 있는 다른 건물의 자위소방대나 지역 의용소방대와 사전에 협약하여 재난 발생 시 협조할 수 있도록 소방긴급구호 시스템을 구축하여야 한다.

◈ 안전관련 규정

- 「노인복지법」제24조: 안전대책 강구
- 동법 시행령 제18조 4: 시설의 정기안전점검 실시
- 동법 시행규칙 제17조: 「화재예방, 소방시설 설치·유지 및 안전관리에 관한 법률」에 따라 소화기구 설치
- 시행규칙 별표 2, 4, 7, 9: 노인복지시설별(주거, 의료, 여가, 재가) 시설기준 규정
- 별표 내용: 노인복지시설의 구조 및 설비 기준 규정

◈ 성과관리지침

- 우리 복지관은 화재 시 대처할 수 있는 대처 매뉴얼이 있다.
- 우리 복지관은 의용소방대가 구성되어 있고, 실질적으로 실행되고 소방기구표에 따라 가동된 적이 있다.
- 우리 복지관은 화재 발생을 대비한 소방모의 훈련 시나리오가 있다.
- 우리 복지관은 소화기를 주기적으로 점검하고 있다.
- 우리 복지관은 정기적으로 소방대피 훈련 및 교육을 실시하고 있다.

---

8 안내시설

◈ 안내

- 사회복지관의 안내문은 이용자의 특성을 분류하여 해당자가 쉽게 방송을 듣거나 방향을 정확히 확인할 수 있도록 구성하고, 복지관의 층별 평면도, 피난방향 표시, 안내도 위치에서 피난 계단까지의 방향을 화살표로 표시하여야 함
- 사회복지관은 피난안내도를 작성하여 잘 보이는 곳에 부착하여 관리하여야 함

◈ 성과관리지침

- 우리 복지관은 피난안내자를 임명하고 있으며 임무를 명확히 하고 있다.

- 우리 복지관은 층별 피난안내도가 설치되어 있다.
- 우리 복지관은 비상구 표시등이 잘 부착되어 있고 점검이 이루어지고 있다.

9 안전검사

사회복지관의 안전검사란 「산업안전보건법」 제36조에 따른 안전검사대상인 유해·위험기계 등의 안전성이 안전검사기준에 적합한지 여부를 현장검사를 통하여 확인하는 것을 말한다. 사회복지관은 정기적으로 안전점검을 실시하고 관리하여야 한다.

〈표 21-3〉 안전점검표의 예

해당	구분	점검일자	비 고
☑	건물·축대·난간 점검	분기 1회	
☑	비상구 점검	수시	
☑	위험물저장시설 등	수시	
☑	난방보일러	매월 1회	
☑	난방기구	수시	
☑	전기안전점검	연 1회 이상	
☑	가스안전점검	연 1회 이상	
☑	승강기 정기점검	연 1회	
☑	승강기 안전운행점검	월 1회	
☑	동절기 제설점검	정기	
☑	도로 및 주차장 안전점검	수시	
☑	비상시 도로 확보점검	수시	

◈ 성과관리지침
• 우리 복지관은 자체적으로 상·하반기 안전점검을 하고 있다.
• 우리 복지관은 정기적인 점검으로 개선이나 지적사항 및 조치사항 발생 시 즉각 반영되고 있다.
• 우리 복지관은「산업안전보건법」에 의거, 정기적인 시설점검 및 교육을 실시하고 있다.

10 장비 및 비품

사회복지관의 장비 및 비품은 복지관에서 보관 또는 사용 중인 물품으로서 그 품질, 형상이 변하지 아니하고 구입가격이 기계 기구는 20만 원 이상, 집기비품은 5만 원 이상 되는 물품으로서(일부품목 제외) 사용 연수가 3년 이상 가능하고 복지관 재정으로 구입하거나 수증된 물품을 관리하여야 한다(단, 부품류는 제외). 사회복지관의 장비 및 비품은 가능한「품질경영 및 공산품 안전관리법」에 의한 안전검사를 필한 제품을 사용하여야 한다. 사회복지관의 장비 및 비품 관리는 일차로 실무사용자가, 최종적으로는 관장이 책임을 져야 한다.

사회복지관의 모든 장비 및 비품은 등록원장을 작성하여 관리팀에서 보관하되, 사용부서에도 인수처 보관용 원장 1부를 보관케 하여 관리해야 하며, 관리팀에서는 화재, 도난, 파손 등 사고방지에 필요한 조치를 취하거나 관계부서에 지시하여야 한다. 장비 및 비품은 기계기구, 비품집기, 소프트웨어의 세 종류로 구분할 수 있으며, 물품을 외부로부터 기증(수증)받았을 경우에는 즉시 수증물품 반입신고서를 관리팀에 제출하여야 한다.

◈ 성과관리지침
• 우리 복지관의 장비 및 비품들은 규격제품(KS)을 사용하고 있다.
• 우리 복지관은 장비 및 비품 관리대장을 기록하고 관리하고 있다.

11 유지보수 및 처리의 적절성

유지란 사회복지관이 항상 정상적으로 가동될 수 있도록 장애 발생 시 신속하게 조치하는 일체의 활동이며, 사전적 장애예방활동과 사후적 장애관리 지원활동을 모두 포함한다. 즉, 대상 시스템을 수리하거나 업그레이드 및 재설치하는 등 사회복지관이 운영되는 데지장이 없도록 관리하여야 함을 의미한다.

처리의 적절성은 장비 및 기타 시설의 유지보수 수준향상을 위해 제조사, 공급사 또는 관련 유지보수 실적이 있는 전문 업체여야 하며, 유지보수 관련실적 증명원을 제출받아야하고, 기기의 기능이나 성능 측정 및 조정 부품교체, 청결유지 등의 정기점검을 매월 1회실시하고 점검결과를 서면으로 보관하고 있어야 하며, 기기나 건물, 기타의 유지, 처리 관리를 다음의 내용을 포함하여 관리하여야 한다.

- 유지보수 및 운영지원 처리내역서(이력관리)
- 월간/각종 보고서 내역서
- 이상 징후 발견 시 또는 복지관의 안전운영을 위하여 필요하다고 판단될 경우 수시로 예방점검을 실시

◈ 성과관리지침
- 우리 복지관은 장애 발생을 대비하여 전문 유지보수업체와 협력 및 계약하고 있다.
- 우리 복지관은 정기적인 유지보수를 위해 관내를 정기적으로 순회하여 체크하고 있다.
- 우리 복지관은 전기, 가스, 승강기, 소방 등을 월 1회 이상 점검하고 있다.

제**22**장 자원개발관리

제**1**절 　자원개발관리의 개념

　　사회복지관의 자원개발은 재정 및 기능적 특성으로 환경에 대한 의존성이 강하다는 측면에서 그 중요성이 강조되어 왔다. 사회복지관은 필요한 자원을 정부, 민간단체, 영리기업 및 개인 등 다수의 재정지원자로부터 다양한 방식으로 확보한다. 따라서 다양한 자원지원자(founder)의 개발 및 관리와 자원의 안정적인 확보와 관련된 자원개발활동을 하여야 한다. 이는 조직의 목표달성과 궁극적인 조직의 생존에 있어서 매우 중요한 요소로 인식되어 왔다. 따라서 자원개발관리는 이용자를 위해 서비스를 제공하는 데 필요한 물적 · 인적 자원, 지역사회의 구체적인 문제를 해결하기 위해 지역사회 내 다양한 자원을 파악하고 활용하는 등 다양한 유형의 자원을 주고받는 과정이라 볼 수 있다. 조직은 그 생존과 발전을 위해서 다양한 자원을 필요로 하지만 그중 안정적인 재정자원의 확보가 조직의 성패를 가늠한다 해도 과언이 아닐 정도로 중요한 구실을 한다(정무성, 2000; 황성철, 2000).

　　사회복지관이 위치하고 있는 기능적인 측면에서 지역사회의 문제를 해결하고 궁극적으로 공공의 목적을 달성하기 위해 활동한다. 이를 위하여 지역사회 내의 주민과 협력관계를 기반으로 한 자원개발능력이 매우 중요하다고 볼 수 있다(Hunter & Staggenborg, 1988). 즉, 자원개발은 단지 사회복지관이 활동하는 데 필요한 자원을 획득한다는 의미를 넘어서 지역사회의 구체적인 문제를 해결하기 위해 지역민의 참여를 요구한다는 중요한 의미도 있다.

　　Beierle(1998)은 주민참여를 ① 주민에 대한 교육 및 정보제공, ② 주민의 의사를 의사결정에 반영, ③ 결정의 본질적 질(quality) 제고, ④ 정부에 대한 신뢰 향상, ⑤ 갈등 축소, ⑥ 비용효과성 제고의 효과를 가져올 수 있다고 한다.

Irvin과 Stansbury(2004)는 정부의 의사결정에 있어서의 주민참여가 초래할 수 있는 장점을 의사결정 과정과 결과의 측면을 축으로 하여 제시하고 있다. 의사결정과정에서 주민참여자가 얻는 이익은 정부 관계자로부터의 정보습득과 학습, 정부에 대한 설득과 계몽, 적극적으로 활동하는 주민의 역량 증진이다. 정부가 얻는 이익은 주민으로부터의 정보습득과 학습, 주민에 대한 설득, 신뢰구축, 불안 또는 적대감 경감, 전략적 제휴관계 형성 등이다.

사회복지관을 활성화시키는 과정영역에서 무엇보다 중요하게 요구되는 것 중의 하나가 재정적 자원을 확보하는 것이다. 사회복지관이 활용할 수 있는 자원은 크게 인적자원과 물적 자원으로 나누어진다. 인적자원은 직원, 이용자, 자원봉사자 등으로 구성되며, 물적 자원은 주로 현금과 현물 등 일반적으로 재원(fund)으로 간주되는 것이 통례이다. 자원봉사자는 중요한 인적자원으로서 자원봉사활동 참여를 촉진하고 체계적으로 관리할 수 있는 방안이 필요하다.

제2절 사회복지관에서의 자원개발의 의미

자원개발은 무엇보다도 이용자를 위해 서비스를 제공하는 데 필요한 물적 · 인적 자원 등 다양한 유형의 자원을 주고받는 과정이라고 볼 수 있다(노연희, 2007). 사회복지관에서의 자원개발의 의미는 서로 주고받는 관계를 형성하는 활동 또는 지역사회와 함께하는 것으로서 다음과 같다.

- 서로 고리를 만들어 가는 과정
- 서로 연결할 수 있는 주고받는 관계
- 조직과 자원 간의 관계 형성
- 사람들을 만들기 위한 작업
- 지역사회의 관심을 끌어오는 것

- 다른 사람이 채워 주는 것
- 지역사회와 연계
- 파트너를 찾는 과정
- 자원에 대한 피드백을 주는 것
- 목표달성을 위해 필요한 것
- 인간다운 삶을 위해 필요한 것을 만들어 가는 과정

　사회복지관에서의 자원개발은 **도움이 되고 필요한 활동**으로 복지관의 전반적인 운영과 관련하여 조직과 관련된 모든 사람과 집단에게 도움이 될 뿐만 아니라, 부족한 재정자원을 확보하여 이용자의 삶의 질을 향상시키는 데 필요하다. 사회복지관의 자원개발 활동으로는 다음과 같은 것이 있다.

- 누구나 누릴 수 있는 혜택
- 재정의 확보
- 클라이언트의 삶의 질 향상
- 쾌적한 환경 확보
- 서비스 제공의 발판을 만들어 주는 것
- 세분화되고 다양화된 서비스를 제공
- 전문성 있는 서비스를 생산하고 이를 확산시키기 위한 활동

　그러나 사회복지관이 자원개발 활동을 수행한다고 해도 실질적이고 가시적인 성과를 이끌어 내는 것이 본질적으로 어려운 활동이라는 점을 들 수 있다. 이것은 다음과 같이 자원개발의 필요성에 대한 인식부족과 정부지원 안에서 사업수행이라는 개념을 포함함으로써 열심히 해도 안 되는 사업으로 인식되기 때문이다.

- 조직구성원들이 자원개발을 반드시 해야 하는 일이 아니라고 생각
- 내 업무가 아니라는 인식
- 애달파하지 않는다는 점

　자원개발에 있어서 중요하다고 지적되는 것은 자원을 제공할 가능성이 있는 잠재적

후원자들의 자발적인 활동의 결과로 인식되고 있음을 반영하는 것이기도 하다. 그러나 다른 한편으로는 조직의 이해관계자들이 자연스럽게 후원으로 연결되는 것은 이들이 조직과 직접적으로 관련된 활동을 함으로써 조직에 대한 신뢰감을 지니게 되고, 동시에 조직이 사업 및 후원의 필요성 등에 관한 정보를 제공하거나 직접 후원에 참여할 수 있도록 하는 기회를 제공하는 등의 암묵적인 노력을 전제로 하는 것이기도 하다. 그리고 단순한 봉사가 후원 차원으로 연결된다는 것의 의미는 자원봉사자들이 비영리 사회복지조직에서 자원개발을 위한 중요한 자원으로서 인식되고 있다는 점이며 또한 기존의 후원자 역시 다른 새로운 후원자가 될 가능성이 있는 사람이나 집단을 연결해 주는 기반으로 중요하다는 점이다.

복지사회를 활성화시키는 과정에서도 무엇보다 중요하게 요구되는 것 중의 하나는 민간 사회복지시설의 재정적 자립에 보탬이 되는 모금 및 후원자 개발이다. 특히, 현재와 같이 경제가 어려운 상황에서는 그 필요성이 더욱 절실해질 수밖에 없다. 재정적인 취약성을 극복하지 않고는 사회복지조직의 존립을 유지할 수 없기 때문에 지속적인 자원개발은 모든 민간 사회복지조직이 당면하는 절실한 과제이다.

사회복지관에서의 후원자 개발은 사회복지서비스의 질적인 향상과 수혜자들의 늘어나는 욕구를 보충하는 보충적 수단으로 운영경비의 보조와 효율화 및 열악한 재정적 자원을 보조하는 보조적 수단이다. 사회복지관에서의 후원자와 자원봉사자 또는 지역주민 참여 개발 및 확보 여부가 효율적인 사회복지서비스 제공 및 전문적인 프로그램의 활성화 등 사회복지서비스의 평가와 비례한다고 할 수 있다.

자원봉사는 '한 개인이 가지고 있는 자신의 직접적 자원이나 능력을 활용하여 자발적으로 타인과 사회의 발전을 위하여 어떠한 보상도 요구하지 않으면서 지속적으로 수행하는 시민들의 자발적인 계획적 활동'이라 정의할 수 있다.

◈ 자원개발관리

- 이용자를 위해 서비스를 제공하는 데 필요한 물적 · 인적 자원, 지역사회의 구체적인 문제를 해결하기 위해 지역사회 내 다양한 자원을 파악하고 활용하는 등 다양한 유형의 자원을 주고받는 과정

◈ 자원개발 관리요소

- 모금 및 후원자 개발 계획 및 확보노력, 자원봉사자관리, 지역주민참여, 홍보와 마케팅

제3절 사회복지관 자원개발관리 요소

👥 1 모금 및 후원자 개발 계획 및 확보 노력

사회복지관은 다음과 같은 점을 인지하여 후원자를 개발하고 확보하여야 한다.

1) 후원자 개발방법 기획

사전기획으로 후원자 개발방법을 설계(design)하는 것이다(후원자 개발의 필요성, 구체적인 활동내역, 관리체계, 기타 보상관리 방안 등). 이때 다음을 파악해 둘 필요가 있다.

- 자원개발이 얼마나 시급한지
- 문제를 겪고 있는 사람과 조직은 누구인지
- 자원개발문제를 해결하기 위한 기존의 노력은 무엇인지
- 왜 그리고 어떠한 과정으로 자원개발문제가 계속 남아 있는지

2) 복지관의 역량분석

후원자 개발방법이 기획된 후는 자원개발 대상자와 사업수행 복지관의 역량에 대한 분석이 이루어져야 한다.

- 자원개발에 참여하고자 하는 욕구를 지닌 사람들의 특성은 어떠한가?
- 자원개발 참여 동기와 의지는 어느 정도인가?
- 잠재적 자원봉사자의 수준은 어떠한가?
- 복지관 이용자에 대한 관심이 높은가?
- 개인 또는 단체로 자원을 지원하고 싶어 하는가?

따라서 복지관의 조직사명과 비전, 기관의 인적자원, 시설자원, 재정자원 등의 역량, 프로그램에 대한 관리체계 등을 충분히 고려하여 인식시켜야 한다.

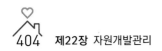

3) 세부적 운영계획의 수립

세부적인 자원개발방법을 기획함에 있어서 기획자가 혼자 하는 것보다 복지관의 종사자와 잠재적 자원봉사자들이 공동으로 참여하여 아이디어 회의를 하는 것이 좋다.

- 홍보방법과 모집방안: 지역사회에 자원활용을 효과적·효율적으로 알리고 개발된 자원에 대한 수요처를 개발하는 방법과 절차를 명확히 하여야 한다.
- 교육·훈련: 자원개발과 관련하여 역량을 갖출 수 있도록 어떤 내용의 교육을 어떤 절차를 거쳐서 실시할 것인지를 결정하고, 필요한 경우 기본교육, 심화교육, 보수교육 등 단계적 교육과정을 기획한다.
- 자원동원 방법: 자원개발을 수행하는 데 필요한 인적·시설 자원의 규모와 동원할 수 있는 방법을 명확히 기술하고, 지역사회의 다른 단체들과 협력할 수 있는 방안을 모색한다.
- 관리체계: 자원개발 전반에 대한 책임을 맡을 지도감독자를 결정하고, 후원자를 관리할 담당자 및 보고체계, 활동기록과 의견수렴 체계를 가지고 후원자를 모집하며, 교육과 관련된 역할분담 계획을 수립한다.
- 점검 및 평가방법: 자원개발 활동과정 전반에 걸친 점검과 최종 결과를 평가할 수 있는 기준과 방법, 절차를 명확히 기술한다.

4) 사전계획의 수정·보완

사회복지관은 자원개발 기획에 있어 중요한 사실은 계획이 완결되거나 불변의 것이 아니며 실행과정에서 지속적인 수정과 보완이 이루어져야 한다는 것이다. 이를 위해서 언제, 누가, 누구에게, 무엇을, 왜, 어떻게, 얼마만큼의 노력·시간·비용을 투자하는가에 대한 점검 목록을 마련하여 정기적으로 점검과 평가를 실시하고 계획을 조정하는 작업이 이루어져야 한다.

5) 전문 자원 후원자의 발굴

자원 후원자를 모집 및 개발하기 위해서는 먼저 주민조직, 종교단체, 공공기관, 각종 협회 등 지역사회 내 활용 가능한 모든 조직체와의 접촉뿐만 아니라 개인적인 접촉을 통하여 잠재적인 자원 후원자로 참여할 가능성이 있는 인적자원을 최대한 발굴하여야 한다. 따라서 모집방법으로 다수모집, 표적모집, 동심원모집, 연계성모집 등의 방법을 사용할 수 있다.

사회복지관의 후원자 개발방향은 다음과 같이 진행될 필요가 있다.

- 자원동원의 목적, 방향 설정
- 자원활용 방안, 타당성, 효과 진단
- 자원동원의 구체적 방법 마련
- 각종 행정업무, 관계자료 서식 등 준비
- 지역 내 각종 잠재자원, 가용자원의 조사
- 지역 내 기존 조직, 비공식 집단 현황 실태 파악
- 구체적인 홍보방법 구상
- 관계직원의 필요성 인식 및 의식개선
- 성공여부 검정

◈ 성과관리지침

- 우리 복지관은 후원자를 관리하는 담당직원을 두고 있다.
- 우리 복지관은 후원자들에게 감사편지 등의 회신을 통해 지속적인 후원자 관리를 하고 있다.
- 우리 복지관은 후원자 개발을 위한 프로그램이 있다.
- 우리 복지관은 자원개발에 대한 종합적인 계획을 세우고 있다.
- 우리 복지관은 자원개발에 대한 직원 동기화를 위한 교육 등의 프로그램을 실시하고 있다.

---

2 자원봉사자관리

사회복지관은 자원봉사자를 개개인의 자유로운 의사와 주체성에 의해 자발적으로 참여시켜서 관리할 필요가 있다. 또한 자원봉사자를 특정 개인이나 단체의 이익, 특정 사상과 신념, 종교, 민족, 목적집단의 이익을 위한 활동이 아니라 모든 사람이나 사회의 보편적 이익을 증진시키기 위한 활동으로 관리하여야 하며 자원봉사 프로그램 기획, 자원봉사자 모집 및 선발, 수요처 개발, 교육, 훈련, 역할분담, 지도감독, 동기부여, 평가 등을 실시하여야 한다.

◈ 사회복지관 자원봉사의 예

• 검정고시반, 한자교육, 생활민원대행, 인형극, 창작연극공연, 장례도우미, 사회조사 등

◈ 성과관리지침
• 우리 복지관은 자원봉사 전담팀이 구성되어 있다.
• 우리 복지관은 다양한 자원봉사 프로그램이 있다.
• 우리 복지관은 자원봉사자에 대한 교육이 주기적으로 이루어지고 있다.
• 우리 복지관은 자원봉사자에 대한 다양한 보상체계를 활용하고 있다.

3 지역주민참여

사회복지관에서의 주민참여는 복지관의 운영과정이 지역 현실로부터 유리됨을 방지하기 위한 목적으로 관리되어야 하며 사회복지관 행정에 대한 주민의사의 투입을 가능케 하고 의사결정의 오차수정을 가능하도록 관리되어야 한다. 주민 참여는 다음의 개념을 가지고 있다.

〈표 22-1〉 사회복지관의 주민참여 개념

최협의	정책결정자의 충원 또는 정책에 다소간 영향력을 행사하기 위한 일반시민의 활동(정부에의 영향력 행사)
협의	정부에 대한 영향력의 행사 또는 지지를 위한 시민 활동(정부에 대한 지지활동 포함)
광의	주민참여는 정치적 기관과 사적 기관 간의 상호작용으로서 시민의 정치적 행위들이 곧 참여라고 보는 견해

자료: 조석주 외(2006).

　사회복지관에서의 주민참여는 일반주민과의 보다 적극적인 의사소통이 필요하며 다양한 차원에서의 협력관계 형성도 필요하다. 주민참여의 수준을 우수와 보통으로 측정하고 평가한 후 장점을 분석하여 발전방안을 제시하고 관리하여야 할 필요가 있고, 주민참여를 활성화시키기 위해 정확한 정보를 제공하여야 할 필요가 있다. 또한 주민참여와 관련한 교육 및 훈련 프로그램을 설치하도록 관리할 필요가 있다. 사회복지관의 성공적인 주민참여를 위해서는 개방성, 참여, 책무성, 효과성, 일관성 등의 요인들을 인지하여 관리할 필요가 있다.

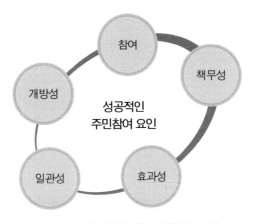

[그림 22-1] 성공적인 주민참여 요인

　또한 사회복지관은 주민참여의 성과를 측정하고 평가할 수 있는 수단과 역량이 구비되도록 교육할 필요가 있다.

◈ 성과관리지침
- 우리 복지관은 주민의 의견을 반영시키고 있다.
- 우리 복지관은 지역주민이 참여할 수 있는 자체행사를 기획하고 운영하고 있다.
- 우리 복지관은 지역행사에 대한 정보를 이용자에게 공개하며 적극 제공하고 있다.
- 우리 복지관은 지역사회와의 연계 활성화를 위해 소식지를 발간하고 있다.
- 우리 복지관은 지역사회 연계를 위해 정기적으로 프로그램을 개발, 실시하고 있다.

4 사회복지관 홍보

홍보는 제품에 집중하여 완성된 제품을 소비자에게 알리고 판매를 촉진하는 것을 목표로 한다. 따라서 홍보는 생산물을 알리는 활동을 나타내므로 생산물을 어떻게 알릴 것인가, 즉 커뮤니케이션 능력이 필요하다. 사회복지관은 일반기업과는 달리 특정 생산물을 생산하는 조직이 아닌 인간봉사조직으로 복지증진이라는 사회적 가치를 실현하기 위한 다양한 시업과 프로그램을 통한 서비스 제공 활동을 수행하므로 사회복지관 자체의 활동에 대한 홍보, 각종 사업 및 프로그램에 대한 홍보 그리고 사업이 가져다준 효과에 대한 홍보가 필요하다.

사회복지관을 운영하는 행정가들은 그들의 기관을 위해서, 그들이 제공하는 서비스나 프로그램을 위해서 그리고 전체 지역주민을 위해서 기관과 기관이 제공하는 다양한 목적사업에 대한 홍보의 중요성을 인식하고 있어야 한다. 과거에는 사회복지영역에 있어 홍보는 중요한 분야로 인식되지 않았지만, 현대 사회에서 대부분의 행정가들은 효과적인 홍보를 위해 노력하고 있다. 홍보를 통해서 특정한 지역문제의 해결을 위한 서비스나 프로그램의 필요성이 제기되어 지역으로부터의 자원 및 지지 그리고 지원과 이해를 획득할 수 있기 때문에 홍보는 문제해결을 위한 간접적인 지원자로서의 역할을 수행할 수 있으며 또한 자원개발을 위한 직접적인 지원자로서의 역할을 하게 된다(지은구, 2005b). 결국 사회복지관은 지역사회의 인지도를 향상시키고, 이용자의 접근성을 제고하기 위하여 긍정적인 이미지를 형성하여야 하며, 이용자, 지역주민, 유관기관 등을 대상으로 다양한 매체를 활용한 홍보활동을 추진해야 한다.

◆ 성과관리지침

• 우리 복지관은 지역주민이 복지관 행사에 참여할 수 있도록 적극적으로 정보를 제공하고 참여시킨다.

• 우리 복지관은 홈페이지와 언론매체 등을 통해 지역주민과 유관기관에게 복지관 사업에 대한 정보를 제공한다.

• 우리 복지관은 대외협력사업을 기획하는 담당자를 지정하고, 사업별 홍보 자료 등을 총괄 관리한다.

◆ 관리지침해설

• 사회복지관이 지역사회 관계를 잘 관리하기 위해서는 대외협력 및 홍보사업을 체계적으로 추진할 필요가 있다. 이와 관련하여 단편적인 행사 위주의 홍보에서 탈피하여 사회복지관의 미션과 비전을 지역사회와 공유할 수 있는 컨텐츠를 기획하여 확산할 필요가 있다.

5 사회복지관 마케팅

1) 마케팅과 사회적 마케팅

홍보가 완성된 제품을 소비자에게 알리고 판매를 촉진하는 것에 목표를 둔다면 반대로 마케팅은 제품이 소비자에게 통할 수 있도록 하는 일종의 '가치'를 부여하는 과정을 나타낸다. 즉, 마케팅은 생산물을 '어떻게 알리는가?'에 대해서 기획하는 과정이라고 볼 수 있다. 어떤 이벤트로 생산물의 가치를 알릴 것인지, 어떻게 해야 소비자에게 생산물의 가치를 알릴 수 있을 것인지 방향을 잡는 역할이 곧 마케팅의 역할이라고 볼 수 있다. Kotler(1971, 1982)는 마케팅이란 교환을 완성시키고 촉진시키도록 지도된 인간행동의 세트라고 정의하였으며, 시장과 대중들과의 교환관계에 대한 조직의 효과적인 경영이라는 관점을 강조하였다. Enis(1974)는 마케팅이란 하나의 기본적인 인간행동이며 인간의 원함을 만족시키기 위한 개인과 집단에 의해 수행되는 교환행동을 포함한다고 하면서 인간행동을 보다 강조하였다. 따라서 마케팅은 교환을 증진시키기 위한 하나의 세트라는 의미 이상을 내포한다고 볼 수 있다. 반면, Kinnear와 Bernhart(1983)에 따르면 마케팅이란 소비자들에게 재화와 서비스의 흐름을 인도하는 기업경영의 수행능력이라고 한다. 따라서 기업경영의 측면에서 마케팅은 기업이 생산해 낸 또는 제공하는 재화와 서비스에 대한 시장교환의 역동성과 구조 속으로의 체계적인 통찰력을 만들어 내는 것이라고 정의할 수 있다.

결국 마케팅은 생산물이 시장에서 제품의 가치를 지닐 수 있도록 만드는 과정을 나타내므로 창의적 생각과 다각적으로 접근할 수 있는 유연성과 융통성 그리고 마케팅 지식과 기술 및 경력이 필요하다.

비영리조직의 경우는 상품화할 수 있는 제품에 대해 사람들의 인식을 변화시키고 가치를 부여하는 상품마케팅이 필요한 것이 아니라 사회복지 및 사회적 가치실현을 위한 노력의 정당성을 부여받기 위해 마케팅이 필요하다. 비영리조직들은 사회적 가치실현을 위한 노력을 대중들에게 알리고 대중들의 인식을 변화시키며 대중들로부터 지지를 확보하기 위한 활동을 하게 되는데, 이러한 활동이 곧 사회적 마케팅이다.

사회적 마케팅을 통해 비영리 사회복지조직의 사회복지서비스 제공과 교환이 활발히 이루어지게 된다. 교환이 활발히 이루어진다는 것은 비영리 사회복지조직에 대한 이용자들의 인식과 지역사회주민들의 인식이 바뀌게 되어 더 많은 이용자들과 더 많은 지지세력이나 후원자 집단을 확보할 수 있다는 것을 의미한다.

사회적 마케팅은 사회적 사고의 채택과 증진을 위해 사용하는 것이라고 할 수 있다. Fox와 Kotler(1987)는 사회적 마케팅을 사회적 원인이 중심이 되는 마케팅이라고 정의하면서 사회적 사고의 수용에 영향을 미치도록 하기 위하여 계산된 프로그램의 설계, 실행 그리고 통제라고 강조하였다. 따라서 사회적 마케팅은 마케팅의 개념, 원리, 기법을 물질적 상품보다는 사회적 사고에 적용하는 것이라고 할 수 있다. 예를 들어, 환경단체에서 '죽어 가는 4대강을 살리자'라는 광고를 신문에 실었다고 한다면 그러한 광고는 4대강을 살리자는 사회적 사고를 증진시키기 위한 하나의 사회적 마케팅이라고 할 수 있다. 사회적 마케팅의 생산물은 사는 사람에 의해서 인지되는 사회적 사고와 가치라고 할 수 있다. 사회적 마케팅은 사회적 마케팅을 실행하는 기관의 이미지를 증진시키고 교환의 입장에서 그 조직의 사회적 지위를 향상시키는 긍정적인 역할을 수행한다.

사회복지조직은 대부분 손으로 만질 수 없는 생산물이나 서비스를 생산하여 제공하기 때문에, 넓은 의미에서 본다면 비영리조직과 같은 사회복지조직의 활동(프로그램이나 서비스)에 대한 마케팅은 모두 사회적 마케팅에 포함된다고 할 수 있다. 사회복지조직에서 제공하는 프로그램의 이름이나 프로그램의 목적과 목표 그리고 기대 효과 등과 같은 글귀가 박혀 있는 볼펜이나 컵 또는 수건이나 손수건 등은 모두 기관이 제공하는 프로그램에 대한 대중들의 사회적 사고와 가치에 영향을 미칠 수 있다. 이러한 영향은 결국 조직이 필요로 하는 인적·물적 자원의 확보와 서비스 제공에 따른 교환이 활발히 이루어지도록 하는 데 긍정적으로 작용하게 된다.

2) 사회복지관에서 마케팅의 필요성

사회복지관과 같은 사회복지기관에게 있어 마케팅이 필요한 이유는 도대체 무엇인가?

일반기업과 달리 판매할 물질적 상품이 없는 비영리기관이 대부분인 사회복지기관이 도대체 무엇 때문에 마케팅을 필요로 하는가? 사회복지기관의 재정을 공고히 하기 위한 하나의 방편으로서 더 많은 재정을 확보하기 위해 마케팅이 필요한가? 아니면 또 다른 무엇 때문에 마케팅이 필요한가? 앞의 질문들에 대한 대답으로 사회복지기관들에게 있어 마케팅이 필요한 이유를 살펴보기로 한다.

마케팅은 다양한 집단들을 위해 각기 나름대로의 필요성 때문에 나타난다고 할 수 있다. 다양한 집단들이란 이용자들이나 잠재적인 이용자들 그리고 이용자와 관련이 있는 집단(예를 들어, 이용자의 가족), 재정후원자나 자원봉사자 그리고 일반 대중으로 구분할 수 있다. 현대 사회에서 사회복지기관에게 있어 마케팅이 필요한 이유는 각각의 집단의 이해에 따라 몇 가지로 지적될 수 있는데, 마케팅이 꼭 필요한 이유는 다음과 같이 정리될 수 있다.

첫째, 마케팅은 잠재적 이용자나 실제 이용자들이 사회복지조직에서 제공하는 유용한 서비스에 대해 알 수 있도록 하는 방법들 중에 하나이기 때문에 필요하다. 즉, 잠재적 이용자(대상자 집단의 구성원들을 포함하는)나 이용자를 사회복지조직으로 소개하는 사람들이 이용자들에게 제공되는 서비스나 혜택의 내용을 알아야 할 필요가 있기 때문에 마케팅이 필요하다. 또한 잠재적 이용자들이나 지역주민들은 마케팅을 통해 조직에서 제공하는 다양한 서비스가 무엇인지 서비스를 제공받기 위해 어떠한 과정이 필요한지를 알 수 있게 되어 복지관을 통한 사회복지서비스의 교환이 활성화된다.

둘째, 조직은 후원자들이나 지지자들이 조직의 서비스를 제공하는 데 참여할 수 있도록 해야 할 필요가 있기 때문에 마케팅이 필요하다. 이러한 경우 마케팅은 잠재적 자원봉사자들에게 접근할 수 있는 하나의 방법이며, 조직과 조직의 임무가 후원자들이 지지하는 것이라는 사실을 설득하는 데 도움을 주는 방법이기 때문에 필요하다.

셋째, 마케팅은 이용자도 아니고 지지자도 아니고 후원자도 아닌 일반 대중으로부터 지지를 얻도록 설득하기 위한 하나의 방법이기 때문에 필요하다. 즉, 마케팅을 통해서 조직이 일반 대중에게 직접적인 혜택을 가져다주지는 않지만 지역에 혜택을 가져다주는 활동들을 한다는 것을 인식시켜 주고, 지지를 이끌어 내며, 최소한 사회복지조직의 사업에 반대하지 않게 하기 때문에 필요하다고 볼 수 있다.

넷째, 책임성의 시대와 결부 지어서 이용자들이 해결하고자 하는 문제나 욕구를 정확히 파악하고 해결하기 위해 마케팅은 필요하다. 즉, 마케팅은 이용자의 변화하는 욕구와 그 욕구를 성취하기 위해 필요한 전략을 만들어 내기 위한 끊임없는 진단과 분석이기 때문에 마케팅을 통해 제공되는 사회복지서비스나 프로그램과 이용자들이 해결하고자 원하는 욕구나 문제와의 적합성을 꾸준히 추구하기 위해 마케팅은 필요한 것이다.

다섯째, 이용자들은 일반기업 경영적 관점에서 본다면 소비자가 된다. 따라서 소비자주의적 관점에서 이용자들이 원하는 것이나 선호 또는 욕구가 어떠한 과정을 거쳐서 어떻게 해결될 수 있는지에 대한 정보를 제공할 수 있기 때문에 마케팅이 필요하다.

여섯째, 지금까지 지적했던 이유들보다 보다 거시적인 입장으로서 사회복지조직이나 사회복지사들에게 있어 마케팅은 계속적으로 증가하는 경쟁적이고 급변하는 과업환경 속에서 효과적인 서비스를 전달 또는 제공하기 위해서 필요하다고 볼 수 있다.

이러한 사회복지조직에서의 마케팅에 대한 내적·외적 필요성에 직면하여 사회복지조직 또는 전문가로서의 사회복지사는 마케팅을 수행하게 된다고 볼 수 있다(지은구, 2005b).

비영리조직에서 마케팅을 활성화하기 위해서는 마케팅의 6요소, 즉 6P를 잘 인지하고 마케팅에 활용할 줄 알아야 한다. 일반적으로 일반기업 마케팅에서는 4P가 강조되지만, 비영리조직이라는 특성때문에 마케팅의 6P가 중요하다.

🧍‍♂️ 비영리조직 마케팅의 6P

1. 조사(Probing): 조사는 이용자를 결정하기 위해서, 잠재적인 그리고 실제적인 교환파트너를 결정하기 위해서, 그들의 욕구를 결정하기 위해서, 마지막으로 욕구가 해결될 수 있는 방법을 결정하기 위해서 활용되는 공식적 과정이고 방법이라고 할 수 있다. 시장조사를 위해서 서비스를 제공하는 사람, 즉 사회복지조직은 다음과 같은 몇 가지의 질문에 대한 대답을 찾기 위해 노력한다.
   - 우리 조직의 임무와 목적은 무엇인가?
   - 잠재적인 교환파트너와 클라이언트는 누구인가?
   - 교환에 영향을 미칠 수 있는 그들의 사회적·행동적·인구 통계적 성격은 무엇인가?
   - 이용자에 의해서 정의된 그들의 선호와 욕구는 무엇인가?
   - 서비스를 제공하는 조직의 강점과 경쟁력은 무엇인가?
   - 서비스를 제공하는 조직이 주의를 필요로 하는 약점은 무엇인가?

- 경쟁자는 누구인가?
- 구매자와의 교환을 촉진시키고 의사를 소통할 수 있는 최적의 마케팅 접근방법은 무엇인가?

2. 대중(Publics): 비영리조직에게 있어 대중은 서비스교환 당사자인 이용자들과 잠재적 이용자와 그 가족 그리고 전체 지역주민, 복지관에 각종 후원을 하는 기부자나 후원자와 후원조직 또는 잠재적 후원자 집단 그리고 자원봉사자를 포함하는 협력자 집단 등을 총칭한다(Lauffer, 2009).

3. 생산물(Products): 비영리조직의 생산물에는 조직이 제공하는 현금과 현물을 포함한 다양한 서비스나 조직구성원들이 제공하는 전문적 서비스 등이 포함된다(Lauffer, 2009).

4. 가격(Price): 가격은 이용자들이 지불하는 각종 비용이나 후원자들이 내는 후원금, 각종 보조금 등을 나타낸다(Lauffer, 2009). 기업마케팅에서 가격은 구매자에 의해서 상품제공자에게 상품과 그것의 혜택을 위한 교환으로 지불되는 돈, 시간, 에너지, 노력, 정신적 비용, 생활양식의 변화 등을 의미한다. 사회복지조직의 이용자들은 특히 사회적 가격(social price)을 지불한다는 것을 반드시 명심하여야 한다. 사회적 가격이란 화폐가치로 지불되지는 않지만 시간, 에너지, 노력, 생활양식이나 정신 등으로 지불되는 가격을 의미한다(Finn, 1992).

5. 장소(Place): 장소는 교환이 발생하는 공간, 즉 서비스 제공기관의 공간적 영역을 나타낸다. Winston(1986c)은 장소가 서비스 할당이나 서비스 전달체계, 기관 위치, 운송, 이용가능성, 약속시간, 주차, 대기시간 등의 성격을 포함한다고 한다. 장소는 또한 이용자나 지지자들이 존재하는 영역이라는 의미도 포함한다(Lauffer, 2009).

6. 촉진(Promotion): 촉진은 설득을 위한 의사소통을 나타낸다. 즉, 교환이 활성화되도록 서비스를 제공하는 기관이 대중이나 후원자 그리고 이용자에게 제공하는 서비스, 서비스가 이용자의 욕구나 선호를 해결하는 방법, 서비스의 가격, 장소, 그리고 교환의 과정에 대한 정보에 대해 의사소통하는 것을 의미한다.

3) 사회복지관 마케팅관리

사회복지관 마케팅은 이용자, 지역주민, 이용자들의 변화하는 욕구와 그 욕구를 성취하기 위해 필요한 전략을 만들어 내기 위한 끊임없는 진단과 기획 그리고 분석을 통해 관리되어야 한다. 이때 사회복지관과 조직구성원들이 행하는 업무가 그들이 속한 지역사회 일반대중들에게, 나아가 이용자와 지역사회를 구성하는 구성원들에게 복지관과 복지관의 사업이 정확히 알려지도록 하여 서비스 교환이 활성화되도록 하기 위한 구체적인 진단과 기획 그리고 분석을 하여야 한다.

◈ 성과관리지침

- 우리 복지관은 마케팅의 필요성에 대해 잘 인식하고 있다.
- 우리 복지관은 마케팅기법을 활용한 자원개발에 노력을 기울이고 있다.
- 우리 복지관은 마케팅을 위한 예산을 할당하고 전담직원을 두어 활용하고 있다.

◈ 관리지침해설

- 사회복지관이 마케팅을 수행하여야 하는 이유는 앞에서 언급한 비영리 사회복지조직의 마케팅 필요성에 근거한다. 사회복지관은 지역사회복지관과는 달리 이용자가 한정되어 있다는 인식, 즉 일정 소득수준의 특정 클라이언트, 이용자, 지역주민들만이 이용하는 기관이라는 인식으로 자원개발에 어려움을 겪고 있는 것이 사실이다. 사회복지관은 특히 적은 인원으로 12개 이상의 목적사업을 수행하고 있지만 사업의 다양성과 다양성을 토대로 하는 클라이언트, 이용자, 지역주민의 복지증진을 위한 노력들이 대중들에게, 특히 지역사회에 올바르게 알려지지 않고 있다. 이러한 한계점들을 극복하고 대중들로부터 지지와 격려 그리고 지원을 확보하고 자원을 개발하기 위해서 그리고 복지관의 이용자 참여를 활성화시키기 위해서 복지관의 설립목적과 행위들에 대한 정당성을 확보하기 위한 마케팅이 절대적으로 필요하다.

제**23**장 갈등관리

다양한 구성원들이 함께 일하는 조직에서 갈등은 필연적으로 발생하기 마련이다. 갈등을 방치하거나 잘못 관리하면 조직의 경쟁력이 저하되는 결과를 초래한다. 조직 내의 갈등이 과도할 경우, 구성원들의 육체적이고 정신적인 소진(burn-out)을 초래하고 건강한 조직문화를 파괴한다. 그러나 갈등이 반드시 부정적 영향만을 초래하는 것은 아니다. 조직 내 어느 정도의 갈등은 구성원들에게 건설적인 긴장감을 줌으로써 생산성이나 창의성을 높이는 긍정적인 효과를 가져온다.

제**1**절 갈등관리

1 갈등관리의 개념

갈등은 라틴어의 '콘플리게레(confligere)'에서 나온 말로 '상대가 서로 맞선다'는 뜻으로 해석되고 있다. 이는 조직 내에서 목표의 양립, 자원과 업무 배분의 비합리성, 지각상의 차이 등이 존재할 때 행동주체 간에 일어나는 대립적 또는 적대적 교환 작용을 말한다.

갈등은 조직의 구성원이라면 누구나 경험하는 심리적·행동적 현상으로 희소자원이나 업무의 불균형배분 또는 목표, 가치, 인지 등의 차이로 인해서 개인, 집단 및 조직의 심리, 행동 또는 그 양면에 나타나는 대립적 상호작용이라고 할 수 있다(Clinton, 1968: 박연호, 2000 재인용). 이러한 갈등이 발생하는 원인은 다양하고 복잡하지만, 선행연구에 의하면 주로 상호의존성, 일방적 의존성, 직무의 수평적 분화, 낮은 공식화 또는 복잡한 규정, 한정된 자원, 평가와 보상체계의 차이, 목표 및 지각의 차이와 지위부조화, 정보의 왜곡, 구성원의 이질성 때문에 나타나고 있다(최해진, 1999).

최재규(2001)는 이 중에서도 목표, 가치, 인지의 비양립성, 한정된 자원경쟁, 상호의존성이 갈등의 주요한 원인이 된다고 하였다. 먼저, 목표, 가치, 인지의 차이는 사람의 행동에도 영향을 미치고, 서로 간의 차이가 있을 때 개인 간이나 집단 간의 갈등을 초래하는 원인이 된다. 둘째, 갈등은 조직의 각 구성원들이 희소한 자원을 소유하고자 함으로써 발생하는 것으로 이를 이해갈등이라고 한다. 희소한 자원에는 돈과 같은 물질적인 것과 지위, 위신, 명성, 권력 및 권한 등의 비물질적인 것이 모두 포함된다. 셋째, 상호의존성이란 둘 이상의 단위체가 조직에서 각각의 과업을 수행하는 과정에서 지원, 정보, 상응 및 기타 협동적인 분위기를 위해 서로 간에 의존하는 정도이다. 상호의존성의 정도가 높을수록 갈등 발생의 기회가 높아지며, 특히 둘 이상의 부문 간에 영역이 애매모호한 때에는 그만큼 갈등의 기회가 커진다.

사람들이 갈등에 대처하기 위해 사용해 온 방법들은 그 사람의 개인적 준거틀(frames of reference)에 따른 스타일과 갈등상황에서 그 사람의 역할(당사자인지 제3자인지) 그리고 조직 외 상황적 요소와 같은 변수에 따라 상이하다(윤혜미, 1991). Thomas와 Kilmann(1975)은 협조성(cooperativeness)과 독단성(assertiveness)의 두 차원을 결합하여 다섯 가지 갈등관리 유형을 제시하였는데, 이들에 따르면 사람들은 회피(avoidance), 적응(accommodation), 경쟁(competition), 타협(compromise), 협조(collaboration)라는 갈등관리 유형을 보인다고 한다. 사회복지기관의 전문사회복지사들이 많이 사용하는 갈등관리 방법은 '적응'과 '타협'인 것으로 나타났으나, 개인 특성에 따라 갈등관리 방법이 다소 상이한 것으로 확인되었다(임성옥, 2005).

사회복지학에서의 갈등관리(conflict management)의 개념은 조직의 발달단계에서 갈등을 해결하는 절차이며, 여기에서는 조직성원들이 그들의 상호관계 성격을 규정하고, 의사소통의 장벽을 제거하며, 그들의 상호 의존적인 것을 규정하고, 문제와 자원을 확인하며, 특별한 문제를 해결하기 위해 함께 노력하도록 도움을 받는 것을 뜻한다(사회복지용어사전, 2013). 갈등이 관리될 수 있다는 것은 갈등이 초기의 잠재적 단계에서 성숙·종국의 단계로 이동해 가는 동태적인 사회과정(dynamic social process)이라는 의미이며, 갈등관리의 목적은 갈등을 제거하거나 방지하거나 통제하는 데 있다기보다는 오히려 그것으로부터 생기는 가치와 순기능을 증대시키고 비용과 불만족 또는 역기능을 감소시키는 데 있다(이재규, 조영대, 1993).

2 갈등관리의 관점

1) 전통적 관점

전통적 관점에서는 갈등을 극복할 수 있다고 믿었으며 조직은 명령계통을 분명히 하고 직무기술을 세밀히 하여 구조화하였다. 그리고 상사의 결정에 따르도록 상벌체제를 이용하기 때문에 갈등을 야기하는 사태는 피할 수 있다고 주장하고 있다. 또한 갈등은 제거되어야 하며, 모든 갈등은 역기능적인 것이므로 조직에서 모든 반대 세력을 제거하는 것이야말로 행정가의 역할이라는 것이 전통적 견해였다.

2) 행동과학적 관점

행동과학적 관점의 갈등은 조직 내의 자연발생적이며 불가피한 산물로 조직의 유효성을 결정한다. 모든 조직은 불가피하게 갈등 속에 존재한다는 사실을 인정하고, 갈등을 수락하여야 한다고 생각하였다. 전통론자들이나 행동과학자들이 보인 공통적 결함은 기능적 갈등의 필요성이나 조직건강에 대한 가치를 충분히 이해하지 못하여 갈등의 순기능적 측면을 간과하였다는 것이다. 조직 내의 갈등이 불가피하다는 사실은 받아들이지만 갈등해결의 기법 개발에는 무관심하였다.

3) 상호작용적 관점(균형적 관점)

상호작용적 관점은 갈등이 일상적인 것과 싸워서 혁신에 불을 붙이기 때문에 궁극적으로 사회에 이롭다고 보고 있다. 갈등은 궁극적으로 순기능과 역기능을 모두 지닌다. 기능적 갈등의 절대적 필요성을 인정하고 갈등관리에는 갈등의 해결방법뿐 아니라 갈등을 자극하는 것까지 포함하며, 모든 행정가의 주된 책임은 갈등의 관리라는 관점이다. 상호작용적 관점은 조직에서 갈등을 제거할 수 없을 뿐만 아니라 반대 세력이 전혀 없는

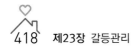
조직을 원하지도 않는다는 입장이다.

3 조직 하위체계와 갈등[1]

개별 조직상황에서 발생하는 갈등에 대해서는 구체적이고 적절한 대처가 중요하다. 이를 위해서는 조직상황이 지니는 특성들에 대한 이해가 필요하다. 조직에서 조직구성원 간에, 팀 간에, 부서 간에 갈등을 야기할 수 있는 요소들은 매우 다양하지만, 이들 요소를 인식하고 변화시키고 또 스트레스로 경험하고 그로 인해 서로 다투거나 싸우는 주체는 개인, 즉 조직구성원이다. 갈등이 발생하면 인내심 있고 관대한 사람은 스스로 사라질 때까지 기다릴 것이고, 소극적이거나 무책임한 사람은 회피하려 할 것이다. 하지만 책임감 있고 외향적인 사람은 적극적으로 대처하려 할 것이다. 따라서 갈등 요소들은 갈등을 결정하는 요소가 아니라 갈등에 영향을 미칠 개연성을 가진 잠재적 요소이다.

조직은 3개의 하위체계, 즉 기술·도구체계(업무절차, 물리적 수단) 사회체계(조직구성원 개인, 관계, 집단, 경영스타일, 조직분위기, 조직구조, 조직기능), 문화체계(조직정체성, 조직비전, 중장기 전략 및 프로그램)로 구성되어 있다. 갈등을 야기하는 잠재 요소는 이들 하위체계 내에 존재한다.

[그림 23-1] 조직 하위체계

---

1) 자료: 한국갈등관리조정연구소 홈페이지. http://www.conflict.kr

예컨대, 기술·도구 체계에서는 핵심 업무절차가 기술적 수단들로 인해 방해받거나 업무절차들이 서로 연관되지 않을 경우 갈등이 발생할 수 있다. 사회체계에서는 과제, 책임 등이 조직구성원의 능력과 맞지 않거나 조직구조상 상하의 위계와 경계가 과도하게 강조될 경우 갈등이 발생할 수 있다. 문화체계에서는 조직비전이 전략적 목표와 일치하지 않거나 장기적 목표가 구체화되지 않을 때 갈등이 발생할 수 있다. 갈등을 야기하는 잠재 요소는 하위체계 간에도 존재한다. 예컨대, 조직비전으로 유연성을 강조하는데 조직구조가 너무 경직되어 있거나 불투명할 경우 문화체계와 사회체계 사이에 갈등이 발생할 수 있다. '직무다양화(job enrichment)'를 강조하지만 작업절차가 테일러식일 경우에는 사회체계와 기술·도구 체계 사이에 갈등이 발생할 수 있다. 인사정책은 '인간자본(human capital)'을 강조하지만 재정이 부족할 경우에는 문화체계와 기술·도구 체계 사이에 갈등이 발생할 수 있다.

4 스트레스와 갈등행동

갈등상황은 스트레스상황이다. 갈등상황에서는 뇌에서 '원형 기제'가 작동한다. 즉, 대뇌 활동은 멈추고 뇌간이 활발하게 작동한다. 그러면 모든 심리작용은 현저하게 제한을 받게 되고 비정상적으로 왜곡(deformed)된다. 생존을 위한 '투쟁'이 앞서고 인지능력이 약해지면서 내 입맛에, 내 주장에 맞는 것만 듣게 된다. 사고는 단순화되어 흑과 백, 친구와 적이라는 이분법적 논리에 지배되며 세밀한 관찰이 불가능해진다. 또한 두려움, 분노, 불신 등의 감정이 앞선다. 의지는 자신의 좌절된 욕구에만 제한적이고 타인 또는 제3자의 이해관계에 상관하지 않는다. 따라서 행동반경도 좁아진다. 생존을 위해 싸우는 '나'에게는 오로지 투쟁, 도피, 죽음만이 있을 뿐이다. 갈등상황에서 건설적으로 대처하기 위해서는 자신의 심리적 반응방식을 파악하고 적절한 대안들을 강구해야 한다. 마음에 평정을 찾고 심리적 혼란에서 벗어날 때 해결책을 찾을 수 있다.

✎ 〈표 23-1〉 스트레스 유무에 따른 정신적 기능

정신적 기능	스트레스가 없는 상태	스트레스 상태
인지	• 주체가 의식하는 인지 • 의미와 정보에 대한 검토와 통제 • 관점과 견해의 교환	• 선택적 인지: 간과하기, 흘려듣기, 왜곡, 여과 • 좁은 시각: 제한된 공간 관점 • 인지적 근시안: 좁은 시간 관점
사고	• 성급한 해석 지양 • 호기심, 탐색 • 냉정하고 신중한 생각 • 찬반양론을 신중히 고려 • 사고의 결과를 검토 • 다양한 시각	• 신중함을 잃음 • 성급한 결론 • 타인행동에 대한 잘못된 해석으로 인한 오해 • 흑백사고(친구 아니면 적) • 경직된 사고를 패턴 • 자신의 사고를 절대화 • 희망적 관측 • 귀인, 의심
느낌	• 타인과 감정적 교류 • 자기 감정 인지 • 타인 감정 공감 • 타인에 대한 존중과 배려 • 상황에 따른 타인과 자기 감정 느낌	• 위협, 공포, 공황 감정 • 과민, 불안전, 불신 • 둔감 • 냉정-감정폭발 • 감정은폐 • 공감능력상실
의지	• 사려와 정직 추구 • 명확한 자신의 충동과 동기 • 자기욕구 인식 • 타인과 협상자세 • 타협자세	• 기만추구 • 본능적 의지 조절: 투쟁, 도피, 죽은 체하기 • 자기중심적 • 완고한 의지 • 급진적이고 환상을 추구함 • 퇴행: 유아적·동물적 충동 • 최후통첩: 전체 아니면 무 • 욕구와 수단의 완고한 연결
행동	• 자극-숙고-반응 • 신중한 행동 • 유연한 행동 • 상황에 맞는 행동	• 감정적인 자극-반응행동 • '유령' 영역을 만드는 반사행동 • 과거지향적 행동패턴 • 고정관념적 행동방식 • 공격, 비난, 요구

﷼5 갈등관리 처리방법

1) 자력에 의한 처리

갈등상황에서 갈등당사자는 사고, 감정, 의지 그리고 행위가 변형되는 심리적 역동에 휩싸인다. 이러한 심리적 상태에서 갈등당사자가 스스로 갈등을 해결하기 위해서는 갈등에 대한 태도와 의지가 관건이다. '내가 갈등을 가지고 있는가?' 아니면 '갈등이 나를 가지고 있는가?'의 문제이다. 갈등당사자 쌍방이 커뮤니케이션과 만남을 통해 모두에게 유익한 윈원의 해결책을 찾을 수 있다는 확신이 있다면 자력에 의한 처리는 최선의 방법이다.

2) 주위의 도움

개인적 차이로 인해 갈등당사자 일방이 상대방을 이용하여 욕구를 편취하려 하고 이에 대해 상대방은 일방을 더 이상 신뢰하지 않으려 할 경우, 갈등은 자력적 처리가 불가능한 상태가 된다. 이런 상태에서 갈등당사자들은 사실과 관계의 차이를 서로 다르게 해석하게 되며 갈등은 더욱 고조된다. 이처럼 갈등이 점차 고조되는 상태(고조 4단계 이상)에서는 자력에 의한 처리가 불가능하므로 중립적인 제3자의 도움이 필요하다. 3단계까지는 전문가가 아닌 비전문가도 제3자로서 개입할 수 있다. 조정(moderation)과 커뮤니케이션 능력을 가진 주위 사람이라면 적절한 도움을 줄 수 있다. 이때 제3자는 갈등당사자 쌍방이 신뢰하는 자가 되어야 하며 중립을 지켜야 한다. 전문가의 개입은 상황에 따라 유동적이지만 갈등이 5단계(체면손상)로 고조될 경우에는 필수적이다.

3) 제3자 개입

갈등을 건설적으로 처리할 수 있는 방법은 다양하다. 처리방법은 갈등당사자의 의도가 아니라 갈등의 특성에 따라 적절하게 선택되어야 한다. '갈등 컴퍼스(conflict compass)'는 적절한 갈등처리방법을 선택하는 데 좋은 지침이 될 것이다. 건설적인 갈등처리방법을 선택하기 위해서는 갈등진단, 갈등고조과정 그리고 갈등 유형이 파악되어야 한다.

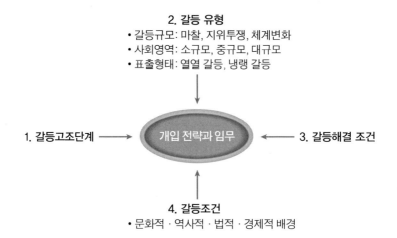

2. 갈등 유형
- 갈등규모: 마찰, 지위투쟁, 체계변화
- 사회영역: 소규모, 중규모, 대규모
- 표출형태: 열열 갈등, 냉랭 갈등

1. 갈등고조단계 ⟶ 개입 전략과 임무 ⟵ 3. 갈등해결 조건

4. 갈등조건
- 문화적 · 역사적 · 법적 · 경제적 배경

[그림 23-2] 전문적 전략과 임무수행을 위한 갈등 컴퍼스

◈ **갈등관리**

• 사회복지관에서 발생하는 모든 갈등을 해결하고 예방하기 위한 노력이자 행동

◈ **갈등관리의 관리요소**

• 이용자들 간의 갈등처리
• 직원과 이용자 간의 갈등처리
• 직원들 사이의 갈등처리
• 지자체 및 모법인과의 갈등처리

제2절 사회복지관의 갈등관리

현대 사회에서 갈등이 없는 조직은 존재하지 않으므로 갈등은 피할 수 없는 조직발전을 위한 기본적 토대임을 인식하는 것이 중요하다. 조직이론 중에서 상황이론이나 구조주의이론은 조직에서 일어나는 갈등을 어떻게 해결하는가가 조직의 발전 및 성과에 중요한 영향을 미치고 있음을 지적하고 있다(지은구, 2005b). 사회복지관을 운영하는 데 있

어 이해당사자들 간에 발생하는 갈등은 기본적으로 직원 간(상·하위 직원 간의 갈등 포함)의 갈등, 직원과 이용자 간의 갈등, 이용자 상호 간에 발생하는 갈등 그리고 계약관계에 있는 복지관과 공공기관, 즉 민간사회복지사들과 공무원 사이에 발생하는 갈등으로 구분될 수 있다. 갈등은 언제든지 발생할 수 있으므로 갈등을 사전에 예방하기 위해 신뢰와 믿음 등 사회자본을 강화하기 위한 노력도 중요하며, 갈등이 발생하였을 경우 이를 해결하기 위한 지침이나 갈등해결을 위한 최소의 방안을 준비하고 있는 것이 중요하다.

갈등은 주로 의사소통의 부재로 발생하는 경우가 많으므로 갈등관리를 위한 최소한의 조건은 의사소통을 활성화(특히, 설득의 의사소통)하는 방안을 마련하는 것이다. 사회복지관 관장 등 상부관리자들은 갈등을 사전에 예방할 수 있는 사회자본을 강화하기 위한 제도적 노력을 기울여야 한다.

사회복지관에서 발생하는 갈등의 유형은 여러 방면에서 동시다발적으로 발생할 수 있는데, 그 첫 번째 영역은 이용자들 간의 갈등이며, 두 번째 갈등영역은 직원과 이용자 간의 갈등, 세 번째 갈등영역은 직원들 사이의 갈등이고, 마지막으로는 업무수행이나 협력관계와 관련한 지자체와의 갈등이나 모법인과 복지관 사이의 갈등 등이 있을 수 있다. 대부분의 갈등은 모두 그 자체의 독특한 성향을 가지고 있으므로 갈등을 해결하기 위해 관장은 특정 행동을 취하기에 앞서 몇 가지 노력을 기울여야 한다. 갈등을 해결하기 위해 취해야 하는 상층지도부(관장)의 노력으로는 다음의 행동들이 있을 수 있다.

🗣 갈등해결 시 고려해야 하는 노력들

- 갈등은 발생과 동시에 대응하는 것이 중요하다. 시간이 주어지면 갈등관계에 있는 개인이나 집단은 사람들을 자신의 편으로 끌어들이기 위해 노력하므로 갈등이 일어나게 되면 갈등을 공개하고 빨리 개입하는 것이 중요하다.
- 모든 갈등에는 양쪽의 의견이 존재한다는 현실을 받아들여야 한다. 갈등에 관여되어 있는 개인이나 집단들은 모두 자신들의 입장을 가지고 있으므로 공평하게 그리고 한쪽에 치우치지 않게 상대방의 입장을 들어 주는 것이 중요하다.
- 갈등해결은 시간과 숙고가 필요하다는 사실을 인지하여야 한다. 갈등을 해결하려는 사람은 누구든지 갈등이 왜 일어났고 어떻게 진행되고 있는지를 조사하여야 하며, 특히 관리자의 의무는 갈등에 대해 통합적 시각을 가지고 갈등해결이 자신의 책임이라는 점을 인식하여야 한다.

- 갈등은 관련된 사람들이나 집단에게 당황감을 가져다줄 수 있어 비밀유지가 필요할 수 있지만, 조직 내에서 발생한 갈등은 빠르게 전파될 수 있으므로 공개되는 것이 바람직하다. 일단 갈등이 공개된다면 갈등을 덮으려고 노력해서는 안 된다.
- 갈등해결을 위해서는 존중과 예절의 분위기를 조장하는 것이 중요하다. 갈등해결을 위한 공정한 규정, 절차나 조정장치가 반드시 준비되어 있어야 한다. 만약 양측 사이에 감정이 악화되어 있다면 갈등을 해결하기 위해 노력하기 전에 감정을 식히는 조정기간이 반드시 필요하다. 관장이나 직원들은 갈등당사자들을 똑같이 존엄과 존중으로 다루어야 한다.

자료: Brody & Nair(2014), p. 208에서 재인용

제3절 갈등관리 요소

양창삼(1997)은 갈등해소방안으로 대인적 갈등해소방안과 집단 간 갈등해소방안을 제시하였다. 먼저, 대인적 갈등해소방안으로 양패접근(lose-lose approach), 승패접근(win-lose approach), 양승접근(win-win approach)이 있다. 양패접근은 양자 모두가 손해를 보는 방법이다. 서로 양보하거나 타협을 하거나 제3자의 중재나 법률에 의뢰해서 문제를 해결하는 방법이다. 승패접근은 서로 경쟁상태에 있는 한 편이 이기게 되면 다른 편은 지게 되는 것으로 산업현장에서 흔히 볼 수 있다. 승패접근은 경쟁심을 북돋아 응집력 및 단체심을 강화시키는 장점을 가지고 있지만, 언제나 한 편은 져야 하고 협조를 통한 해결을 무시하는 단점을 갖고 있다. 양승접근은 양자 모두가 이익을 보는 갈등해결방안이라는 점에서 가장 바람직하고, 갈등해결방안 가운데 가장 이상적인 형태에 속한다. 승패접근에서의 여러 역기능적인 단점을 제거하고, 보다 나은 판단 · 경험 · 협상 방법을 통해 양자 모두가 만족할 수 있는 선에서 문제를 해결한다.

다음으로 집단 간 갈등해소방안으로 학자들에 따라 제시되는 전략을 소개하면 다음과 같다. Deep(1978, pp. 215-219)는 역기능적 갈등해소방법으로 회피, 무마(smoothing), 강압(forcing), 협상(bargaining), 대면(confrontation) 방법을 제시했다. Walton과 McKersie (1915, p. 499; 양창삼, 1997, p. 736에서 재인용)는 갈등해결을 의사결정과 관련시켜 다양한 협상과 교환의 과정, 즉 분배적 협상, 통합적 협상, 태도 구성, 조직 간 협상 등으로 나누어

설명하였다. Blake 등(1964, p. 52)은 갈등해소방법으로 철회(withdrawal), 무마, 타협, 강압, 문제해결 등을 들었다. Thomas(1976, pp. 889-935)는 갈등을 협조성(cooperativeness)과 독단성(assertiveness) 두 차원으로 나누어 경쟁, 적응, 타협, 공동협력, 회피 등 다섯 가지 형태의 갈등처리방법을 제시하였다. 협조성은 다른 측의 관심사를 만족시키려는 시도를 말하며, 독단성은 자신의 관심사를 충족시키려는 시도를 말한다.

1 이용자 간의 갈등처리

사회복지관에서는 다양한 이용자들 간의 갈등이 발생할 수 있다. 사회복지관은 이용자와 가족이 의견이나 요구사항을 표명하도록 배려하고 이에 대해 적절히 대처하여 서비스 질의 개선을 위해 노력하여야 한다. 사회복지관은 이용자 및 가족과 여러 가지 방식으로 긴밀하게 의사소통하여 의견이나 요구사항을 적극적으로 반영하여야 한다. 사회복지관은 이용자 및 가족과 상호 긴밀한 의사소통을 위해 다양한 방법을 사용할 수 있다. 예를 들어, 매일 직원과의 짧은 대화, 안내문, 시설 내 게시판, 전화, 컴퓨터 이메일, 홈페이지 게시판, 간담회 등을 이용할 수 있다.

◈ 성과관리지침
- 우리 복지관은 이용자와 이용자 간의 갈등처리 규정이나 지침이 마련되어 있다.
- 우리 복지관은 이용자와 이용자 간 의견과 고충을 접수·해결하는 담당자가 있다.
- 우리 복지관은 이용자와 이용자 간 갈등을 해결하기 위한 고충처리위원회가 있다.
- 우리 복지관은 이용자와 이용자 간 고충에 대해 조사를 실시하고 있다.
- 우리 복지관은 이용자와 정기적으로 만남을 마련하고 있다.
- 우리 복지관은 이용자 간 갈등처리 과정 및 결과에 대해 이용자에게 피드백을 주고 있다.
- 우리 복지관은 이용자 간 갈등처리 과정 및 결과에 대해 기록 관리하고 있다.

◈ 관리지침해설
- 사회복지관을 이용하는 이용자 간의 갈등은 복지관에서 발생할 수 있는 피할 수 없는 요소이다. 따라서 복지관은 내부규정을 통해 이용자 간의 갈등이 발생하는 경우 처리할 수 있는 절차가 마련되어 있어야 한다.

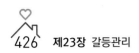

👥 2 직원과 이용자 간의 갈등처리

이용자와 그 가족들이 사회복지관 직원과의 관계에서 발생하는 불만들에 관심을 가지고 수용할 수 있는 체계 마련이 요구된다. 일방적인 수혜가 아닌 상호 존중하는 과정에서 신뢰를 형성할 수 있고 갈등과 문제 발생 요인을 예방할 수 있다. 사회복지관은 이용자의 기분을 배려하고 존중하며, 이용자의 인권에 부적절한 대응을 하는 경우에 대해 대처방안이 마련되어 있어야 한다. 사회복지관은 이용자의 기분을 상하게 하는 직원의 언동, 보호방치, 학대, 무시 등이 일어나지 않도록 노력하여야 하며, 이용자의 인권 보호에 관한 직원 행동 지침이 문서화되어야 한다. 단, 이용자가 의도를 가지고 취한 공격적 행동에 관련하여서는 이용자의 행위제한에 대한 규정이 정비되어 있어야 한다.

👤 전문적 가치와 고객 가치의 갈등 및 해결책

사회복지실천에서 사회복지사의 전문적 가치와 고객가치는 어떤 것일까?

먼저, 사회복지사의 전문적 가치는 인간의 존엄성과 개별성의 존중, 고객의 권리 존중, 비밀보장, 알 권리 보장 등이 있다. 다음으로 고객 가치는 자기결정권, 비밀보장과 같은 권리존중, 전문적 서비스 제공에 대한 기대, 지속적인 서비스 이용 등이 있다.

사회복지실천과정에서 사회복지사는 전문적 가치와 고객 가치 간의 갈등을 겪거나 윤리적 결정을 해야 하는 상황에 직면할 수 있다. 왜냐하면 사회복지사는 전문적 가치, 개인적 가치, 고객 가치, 사회 가치에 의해 영향을 받으며, 이러한 가치들 간의 갈등으로 인해 어려움을 겪기 때문이다. 이를 윤리적 딜레마라고 할 수 있다.

사회복지사가 겪게 되는 가치갈등의 유형은 다음과 같다.

첫째, 고객의 자기결정이라는 가치와 인간의 생활보호의 가치 사이에서 윤리적 결정을 내려야 하는 상황이다.

둘째, 고객의 이익과 사회복지사가 속한 시설의 정책 사이의 갈등이다. 고객에게 최선의 서비스를 제공해야 하나 자원이 부족하거나 시설의 목표가 다른 경우에 해당한다.

셋째, 전문적 가치에 따른 결정이 고객의 입장에서 최선의 결과였는지 아니면 몇 년 후에도 동일한 결과를 유지할지 확신할 수 없는 상황에서의 선택의 갈등이다.

이와 같이 가치갈등을 해결하기 위해서는 먼저 가치갈등이 존재한다는 것을 인식하는 것이 중요하다. 다음으로 올바른 의사결정을 하기 위해 지속적인 교육과 훈련을 받아야 하며, 사회복지사 윤리강령을 준수하는 것이 필요하다. 또한 사회복지시설에서는 사회복지사들이 겪을 수 있는 가치갈등 상황에 대한 명확한 지침 또는 규정을 만들어 준수할 수 있도록 지원하는 것이 필요하다. 마지막으로 가치갈등 상황에서 윤리적 원칙을 확인하고, 원칙에서 제시하고 있는 내용과 우선순위 확인이 먼저 이루어져야 할 것이다.

자료: 서울복지재단(2006).

◈ 성과관리지침

- 우리 복지관은 이용자와 직원 간의 갈등처리 규정이 마련되어 있다.
- 우리 복지관은 이용자와 직원 간의 의견과 고충을 접수·해결하는 담당자가 있다.
- 우리 복지관은 이용자와 직원 간의 갈등을 해결하기 위한 고충처리위원회가 있다.
- 우리 복지관은 이용자와 직원 간의 고충에 대해 조사를 실시하고 있다.
- 우리 복지관은 직원과 이용자와의 면담과 소통의 기회를 정기적으로 마련하고 있다.
- 우리 복지관은 직원과 이용자 간 갈등처리 과정 및 결과에 대해 당사자에게 피드백을 주고 있다.
- 우리 복지관은 직원과 이용자 간 갈등처리 과정 및 결과에 대해 기록 관리하고 있다.
- 우리 복지관은 직원과 이용자 간에 발생하는 갈등을 사전 예방할 수 있도록 상호존중과 협력적 문제해결과정에 대한 교육을 이용자와 직원 모두에게 시행하고 있다.

◈ 관리지침해설

- 직원과 이용자 간의 갈등은 사회복지관 직원들의 업무소진과 이직을 결정하는 중요한 요소가 되고 있음이 많은 연구를 통해 밝혀졌다. 사회복지관은 직원들을 높은 비용을 지출하여 고용하고 교육시키고 있으므로 직원들이 전문적 실천현장을 이탈하여 소진하거나 이직하는 것은 복지관의 성과에 분명한 부정적인 영향을 가져다준다. 따라서 사회복지관은 이용자 간의 갈등이 발생하는 경우 직원들이 대처할 수 있는 객관적이고 공개적인 문제해결과정을 갖춘 고충처리위원회를 상시 운영하는 것이 필요하다. 특히, 복지관은 이용자와의 갈등이 발생하는 경우 대처하는 방안에 대한 직무교육을 실시하여야 하며, 이용자들에게도 사회복지관 직원들의 업무와 직위 등에 대해 신뢰하고 존중할 수 있도록 하는 교육도 동시에 시행하여야 한다.

3 직원 간의 갈등처리

사회복지관은 직원고충처리를 위한 공식적인 체계가 마련되어 있어야 한다. 사회복지관은 직원의 욕구, 고충, 불만을 처리하는 공식적인 체계를 갖추고, 이 체계가 원활하게 기능을 수행할 수 있도록 지원하여야 한다.

사회복지관은 다양한 전문인력이 함께 서비스를 제공하는 기관이며, 기본사업 이외에 다양한 사업들이 함께 이루어지면서 전문인력에 대한 채용에서도 정규직과 비정규직의 차이 등의 다양한 문제들이 예견되는 현장이기도 하다. 유승주와 김용섭(2013)의 연구에 따르면, 사회복지사는 입사 후 사회복지기관 근무와 사회복지 프로그램 참여 활동을 경험하면서 점진적으로 관심의 깊이를 구체화해 갔으며, 갈등과 스트레스 요인으로는 법인의 정체성 강요와 기관의 주입식 후원개발 참여 의무화, 사회복지사 위주의 조직구조와 사회복지사들과의 문화적 사고의 차이, 관리자의 편향적 이해관계 및 수직적 의사결정 등이 있다. 다양한 직원들이 함께 일하면서 나타나는 문제에 대한 기관의 갈등처리 기준이나 규정 등 갈등관리 부분에서 역량을 갖추는 것이 필요하다.

◈ 성과관리지침

- 우리 복지관은 직원 간의 갈등처리 규정이 마련되어 있다.
- 우리 복지관은 직원 간의 의견과 고충을 접수·해결하는 담당자가 있다.
- 우리 복지관은 직원 간의 갈등을 해결하기 위한 고충처리위원회가 있다.
- 우리 복지관은 직원 간의 고충에 대해 조사를 실시하고 있다.
- 우리 복지관은 직원과 면담과 소통의 기회를 정기적으로 마련하고 있다.
- 우리 복지관은 직원 간 갈등처리 과정 및 결과에 대해 당사자에게 피드백을 주고 있다.
- 우리 복지관은 직원 간 갈등처리 과정 및 결과에 대해 기록 관리 하고 있다.

◈ 관리지침해설

- 사회복지관의 직원들은 협력적 관계를 유지하고 상호 존중하며 업무에 대해 상호행동하는 것이 중요하다. 직원 간에 일어나는 갈등은 조직의 성과증진을 위한 노력에 부정적인 영향을 미치며 조직사회자본 형성에 가장 강력한 역기능으로 작동한다. 복지관 관장 등 관리자들은 항상 조직원들이 상호 협력할 수 있도록 신뢰를 기본으로 하는 조직사회자

본 형성을 위한 노력을 게을리하지 말아야 하며, 공평하고 공개적으로 문제를 해결하기 위한 조직구조와 규정 그리고 절차 등을 마련해 두어야 한다.

4 지방자치단체와의 갈등처리

사회복지관 운영의 특징은 국가나 지방자치단체가 직접 수행하는 것이 아니라 사회복지법인이나 비영리조직에 위탁 운영하는 것이다. 사회복지업무가 지방자치단체로 이관되면서 운영주체가 되는 사회복지법인과 위탁을 주는 지방자치단체 간의 업무관련 협력과 조성은 필수적인 요소가 되었다. 그러나 지방자치단체의 행정직·사회복지직 공무원, 즉 위탁업무 담당자의 역량에 따라 다양한 갈등상황이 일어날 수 있다. 사업지침의 해석이나 업무의 관리 감독 과정에서 사회복지실천 현장과의 관계의 어려움에 직면할 수 있다. 이러한 지자체와의 관계 설정과 올바른 갈등처리과정 등에 대해 사회복지조직의 적절한 대처가 필요할 것이다.

지방자치단체 자체적으로 불가능한 사회복지서비스 제공의 파트너로서 위탁기관을 선정하여 운영하므로 복지관을 협력의 파트너로 인정하고 협력관계를 구축하기 위한 노력을 기울여야 한다. 동시에 복지관 역시 지방자치단체를 힘을 발휘하는 권력기관이 아닌 사회복지 제공을 위한 협력기관으로 인정하고 함께 노력하기 위한 협력적 의사소통구조를 확립하고 있어야 한다.

◈ 성과관리지침
- 우리 복지관은 직원들이 지자체와 정기·비정기적으로 의사소통할 수 있도록 기회를 제공하고 있다.
- 우리 복지관은 지방자치단체와의 다양한 갈등상황에 대해 기록하고 관리하고 있다.

◈ 관리지침해설
- 지방자치단체(직원)와 기관(직원)과의 갈등은 협력적 네트워크구축과 민관협력이라는 큰 틀에서 이해되어야 한다.

5 법인과의 갈등처리

사회복지관을 법인이 수탁 운영하는 경우 복지관장을 포함한 직원들과 법인운영주체 사이에 갈등관계가 발생할 수 있다. 갈등은 법인운영주체세력과 단위사업장인 복지관과 복지관운영방안이나 인사와 관련된 사안 등을 포함한 다양한 영역에서 발생할 수 있다. 이러한 법인과 복지관 사이에 발생하는 갈등 역시 공평하고 공개적으로 해결될 수 있는 협력적 의사소통구조를 통해 해결되는 절차와 과정이 반드시 필요하다.

◆ 성과관리지침

• 우리 복지관은 위탁법인과의 갈등상황 시 대처에 관한 규정이 마련되어 있다.
• 우리 복지관은 직원들이 위탁법인과 정기 · 비정기적으로 의사소통할 수 있도록 기회를 제공하고 있다.
• 우리 복지관은 위탁법인과의 다양한 갈등상황에 대해 기록하고 관리하고 있다.

◆ 관리지침해설

• 모 법인과 복지관과의 갈등을 해결하기 위해서 이사장을 포함한 법인주체들은 협력적 의 사소통을 위해 단위사업장의 직원들과의 공개적인 모임을 갖도록 하는 노력이 필요하다.

제**24**장 혁신관리

제**1**절 혁신과 혁신관리

1 혁신관리의 개념

혁신(Innovation)이란 묵은 관습, 조직, 방법 등을 적절하다고 생각하는 방법으로 새롭게 바꾸는 것을 말한다. Hasenfeld(1983)는 조직혁신이란 조직에 의해서 새로운 것으로 인식된 상품, 서비스 또는 기술을 채택하는 것이라고 정의하였다. 따라서 혁신이란 새로운 제  도나 기술 등을 도입하는 것으로 이해할 수 있다. 일반적으로 혁신이라 하면 일반기업의 경영혁신을 이야기한다. 기업에서 경영혁신이 필요한 이유는 시장의 고객과 고객의 욕구가 변하고 새로운 경쟁자가 뛰어들어 같은 제품으로는 같은 이익을 내기 어렵기 때문이다. 경영혁신이라는 것은 기업이 목표달성을 위해 지금까지 해 오던 사업과 업무를 새로운 아이디어와 새로운 방식으로 탈바꿈하는 것이라고 정의할 수 있다. 경영혁신의 대상은 무한하다. 기업의 경영이념과 철학에서부터 사업종목, 관리방식과 리더십 스타일, 조직구조와 제도, 기업문화 등 경영의 대상과 수단 모두가 경영혁신의 대상이 될 수 있다. 넓은 의미에서 경영혁신이란 기업의 생산 및 판매 활동과 직접 관련되는 기술의 혁신과 조직의 설계, 자원배분, 직무설계방식 등을 새롭게 변화시키는 경영의 혁신을 의미한다.

결국 혁신은 좁은 의미에서 본다면 새로운 제도나 기술 등을 채택하는 것을 의미하지만 넓은 의미에서 본다면 자원배분구조(자원할당)나 조직 내부구조의 변화를 포함한다고 할 수 있다. 이러한 혁신의 개념을 수용하면 조직관리 측면에서 혁신관리란 조직변화를 위해 새로운 제도나 기술을 채택하고 나아가 조직의 내부구조의 변화과정을 관리하는 것이라고 할 수 있다.

◈ **혁신**

• 새로운 제도나 기술 등을 채택한다든지 또는 자원배분구조(자원할당)나 조직 내부구조의 변화를 추구하는 것

◈ **혁신관리**

• 조직변화를 위해 새로운 제도나 기술을 채택하고 나아가 조직의 배분구조나 내부구조의 변화과정을 관리하는 것
• 조직적 측면에서 조직의 변화를 추구하는 다양한 행동들을 채택하고 관리하는 것을 의미한다.

Rogers는 혁신이 일련의 3단계 과정이 순차적으로 발생하면서 나타난다고 주장하였다. 혁신의 세 가지 단계는 생각을 고안하는 단계, 고안해 낸 생각을 프로그램 또는 고안물로 만들어 생산해 내고 발전시키는 단계, 이용자들이 고안물이나 고안한 프로그램 등을 채택하고 유포하는 단계로 이루어져 있다. 또한 그는 채택하고 유포하는 단계는 인식, 설득, 평가, 시도, 실행 등과 같은 하위단계들을 포함한다고 보았다.

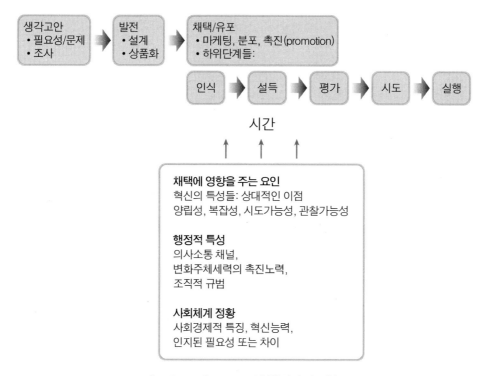

[그림 24-1] Rogers의 혁신과정모형

자료: 지은구(2012a), p. 49 [그림 3-1]에서 재인용

혁신관리란 결국 조직적 측면에서 조직의 변화를 추구하는 다양한 행동들을 채택하고 관리하는 것을 의미한다. 혁신을 관리하는 혁신적 조직과 혁신을 관리하지 않는 조직은 조직을 둘러싼 다양한 환경변화에 대한 대처를 포함하여 조직의 성과라는 측면에서 동일한 결과를 산출하지 않으며 변화하고, 혁신하지 않는 조직은 조직의 인생주기적 관점에서 본다면 성장이 지체되고 나아가 퇴보하게 된다.

Kanter(1983)에 따르면 혁신적 조직(innovative organization)은 다음과 같은 속성을 가지고 있는 비관료적 구조로 특징지어진다고 강조하였다. 그에 따르면 혁신적 조직이 가지는 속성은, 첫째, 일선 직원(사회복지사)이 자신의 직무에 관한 결정수립에 참여할 수 있는 탈 중앙화된 구조, 둘째, 수직적 그리고 수평적으로 자유롭게 의사소통할 수 있는 열린 의사소통 채널 그리고 셋째, 팀을 통한 협력이다. 지은구(2012)에 따르면 이러한 혁신적 조직구조는 사회복지조직들에게 다음과 같은 이점을 가져다준다고 한다.

첫째, 조직이 사회복지사와 이용자 사이에 있는 장벽을 제거함으로써 이용자에 좀 더 가깝게 다가갈 수 있다.

둘째, 일선사회복지사들이 자율성을 갖게 됨으로 인해 그들이 이용자의 욕구에 더욱 응답적이고 민감해질 수 있다.

셋째, 서비스의 차이, 서비스 전달의 영향력, 서비스 욕구 등과 같은 결정적인 정보가 결정수립가에게 더욱 쉽게 전달될 수 있다.

넷째, 조직구조가 서비스 전달체계의 결과에 의해서 지적된 올바른 행동을 취할 수 있을 정도로 유연하게 된다.

2 조직변화와 조직혁신

조직변화와 조직혁신은 조직이 발전 또는 성장하는 과정에 의해서 나타나는 하나의 결과물일 수 있다. 조직변화란 자원의 할당, 힘의 분배, 조직 내부구조의 수정을 의미한다. 예를 들어, 어떤 행동으로 인해 자원할당의 변화를 포함하는 조직 임무의 변경이 나타나는 경우는 조직변화를 의미한다고 할 수 있다. 또한 새로운 프로그램의 도입이 자원의 투자를 필요로 하고 노동분업의 내부적인 재구조화를 추구한다면 이것 역시 조직변화라고 할 수 있다.

따라서 조직변화는 내부 조직 형태와 조직의 경제 둘 다의 변형을 의미하며, 혁신은 내부경제의 구성요인들 중 기술요인과 상품요인에 있어서의 변경에 국한된다고 할 수 있다(Hasenfeld, 1983). 하지만 혁신의 실행이 자원의 할당, 힘의 분배, 조직 내부구조의 변화를 동반하는 경우에는 광의의 혁신, 즉 급진적인 혁신(radical innovation)으로 볼 수 있으며, 이러한 경우 혁신은 조직변화와 동일한 의미로 사용될 수 있다. 따라서 변화가 혁신보다는 포괄적인 의미를 내포하고 있다고 간주할 수 있지만 혁신도 어느 정도의 변화를 포함한다고 정리할 수 있다. 조직이 급변하는 상황에 적극적으로 대처하고 발전하기 위해서 조직혁신과 조직변화는 가장 기본적인 토대이므로 조직발전을 위해 혁신을 관리하는 것은 매우 중요한 조직관리기법이라고 할 수 있다.

제2절 사회복지관의 혁신관리

　사회복지관은 거시적으로는 사회문제해결이라는 목적을 성취하기 위해 구성된 사회적 단위라고 정의할 수 있으며, 미시적으로는 사회문제의 영향을 받는 개인들의 문제나 욕구를 집합적 노력으로 해결하고자 하는 공동체의 한 단위라고 정의할 수 있다(지은구, 2007). 사회복지관은 영리기업과 다르게, 첫째, 사람들에게 구체적으로는 문제나 욕구를 해결하기를 원하는 사람들인 이용자들에게 직접적으로 서비스를 제공한다는 특징과, 둘째, 사람들의 복지를 증진시키고 보호하는 것을 통해서 그 조직적 실체에 대한 정당성을 부여받는다는 특징을 가지고 있다. 사회복지기관은 대상자의 욕구의 다양화 및 사회환경 변화(가치관의 변화, 미디어의 발달) 등으로 서비스 개발과 서비스 제공 방식의 변화에 직면한다. 또한 새로운 사회문제를 포함하여 인간 심리 및 발달 등과 관련한 다양한 이론의 변화, 새로운 이론의 탄생 등은 사회복지기관으로 하여금 새로운 전문적 지식이나 이론, 기술이나 기법을 지속적으로 도입할 것을 강요하고 있다. 즉, 사회복지관의 새로운 환경과 이론 등의 민감성 정도, 즉 조직혁신의 민감성 정도가 사회복지서비스의 질에 영향을 미칠 가능성이 있다. 그러므로 사회복지기관은 사회복지사의 지속적인 변화와 혁신에 적응하기 위한 조직 내 변화노력을 지속적으로 수행해야 한다.

　조직혁신을 위해서는 유연한 조직구조, 자율적 분위기, 교육, 훈련, 신 인사제도, 벤치마킹과 모방의 권장, 파괴학습[1] 등이 필요하므로(임창희, 2006), 사회복지관을 비롯한 사회복지조직들은 조직혁신을 지속적으로 추동할 수 있는 혁신을 위한 조직구조나 문화 등이 필요하다. 사회복지관은 비영리조직으로서 공공이나 민간 재원을 토대로 사회적 지원을 필요로 하는 대상자들에게 사회복지서비스를 제공하는 기관이다. 최근 사회복지 현장의 변화는 급속하고 다양하다. 이러한 변화는 곧 사회복지관의 혁신관리가 필요한 이유를 대변해 준다. 혁신관리 필요성의 실례로서 노인복지관이 변화하고 혁신하여야 하며, 이를 관리하여야 할 필요성을 설명하면 다음과 같다.

---

1) 기존의 성공방정식을 미련 없이 버리고 새로운 것을 학습하는 데 관심을 두는 것

노인복지관 변화의 필요성(혁신관리의 필요성)의 실례

1. 노인복지 이용자 수 증가 및 욕구의 다양화

   지속적인 노인인구의 증가를 비롯하여 베이비붐세대들의 노인인구로의 진입 그리고 이에 따른 노인복지 수요자의 욕구 다양화 및 증가에 적극적으로 대응하기 위하여 사회복지관은 변화를 필요로 하고 있으며 조직혁신이 필요하다.

2. 사회복지관련 법과 정책의 변화

   노인복지 및 고령사회 관련법과 정책의 증가(노인복지 및 고령사회 정책과 관련된 법은 「노인복지법」을 시작으로 각종 「공적연금법」「국민기초생활 보장법」「국민건강보험법」「평생교육법」「노인장기요양보험법」「기초노령연금법」「고용상 연령차별금지 및 고령자고용촉진에 관한 법률」「농어촌지역주민의 보건복지증진을 위한 특별법」「저출산·고령사회기본법」「치매관리법」 등이 제정되어 기존이 「노인복지법」 중심의 정책이었다면 정책의 대상자나 내용이 다양화되고 있음을 알 수 있다. 이러한 법과 정책의 변화 역시 사회복지관의 변화를 추동하는 요인이 된다.

3. 사회보장제도의 변화

   2012년 1월 「사회보장기본법」이 전면 개정되면서 개정법률안은 평생사회안전망 개념 도입 및 사회보장급여 관리체계 구축 등의 내용을 담았고, 향후 노인복지서비스 전달체계에 많은 변화를 가져올 것으로 전망되며 이러한 제도의 변화 역시 사회복지관의 변화를 추동하는 요인이다.

4. 고령친화산업의 발달과 노인복지서비스의 민영화

   정부는 고령친화산업의 발전을 위해 2006년 「고령친화산업 진흥법」을 제정하였고, 다양한 분야에서 고령자를 주요 수요자로 하는 제품, 주택, 시설 또는 서비스를 연구·개발·제조·건축·제공·유통 또는 판매하는 업의 활성화를 통해서 저출산, 고령사회의 성장동력을 확보하고자 하였으며 또한 노인장기요양시장을 민영화하여 영리기업이 서비스를 제공하도록 함으로써 새로운 사업영역과 새로운 사업경쟁자들이 대거 유입되어 기존의 비영리 중심의 사회복지관 사업에 적지 않은 변화를 가져다주는 요인이 되었다.

5. 활동적 노화(active aging) 패러다임과 고령친화도시(age-friendly city) 확산

   기존의 수동적인 노인에 대한 패러다임에서 역동적이고 활동적인 노화로의 노인에 대한 패러다임의 변화 역시 사회복지관의 변화를 추동하는 주요 요인이 되고 있다. 최근의 노인들은 건강유지, 사회참여, 사회안전망에 대한 욕구가 강하며 이를 충족시키고 극대화하기 위한 인프라를 갖춘 고령친화도시의 구축이 필요한 것으로 지적되고 있다.

6. 노후설계서비스 제도화 추진
   2015년 5월 28일 「노후준비 지원법」이 제정되어 노후준비지원센터의 전달체계를 설치 예정이다. 노후설계서비스의 제도화는 국민 스스로 노후준비 상태를 진단하고 안정된 노후 생활을 준비할 수 있도록 지원하는 것을 목적으로 하므로 이에 대응하기 위한 사회복지관의 조직적 차원에서의 변화 역시 필요하다.

이와 같은 변화는 사회복지관의 기능과 역할에 다양한 변화를 요구하고 있다. 따라서 사회복지관이 직면한 이상의 조직환경 변화요소에 적극적으로 대처할 수 있는 조직변화 및 혁신의 관리가 필요하다.

혁신은 새로운 제도나 기술 등을 채택하거나 자원배분구조(자원할당)나 조직 내부구조의 변화를 추구하는 것을 의미하므로 사회복지관의 혁신은 복지서비스 제공을 둘러싼 새로운 제도나 기술 등을 채택하거나 서비스 제공을 위한 조직 내부구조를 변화시키는 것을 의미한다.

조직변화는 Cummings와 Worley(2005)가 제시한 바와 같이 변화의 도입단계, 변화를 위한 조직진단단계 그리고 변화를 기획하고 실행하고 평가하는 단계로 구분될 수 있다. 이들의 모형을 적용하면 사회복지관 변화단계는 다음과 같이 정리될 수 있다. 첫째, 조직이 직면한 문제나 조직의 환경에 대한 정확한 분석과 이와 관련한 정보를 취합하는 것이 중요하며, 둘째, 조직이 혁신하기 위해 지금 조직의 현 상황, 즉 조직의 현실을 진단하는 조직진단, 셋째, 혁신을 위한 계획, 즉 혁신계획안을 수립하고, 넷째, 혁신을 진행하며, 다섯째, 이를 평가하는 단계들이 필요하다. 따라서 혁신관리에서는 조직환경분석과 조직진단 그리고 전략적 계획안의 작성과 내용 등을 검토하는 관리요소들이 필요하다.

◈ 혁신관리
• 사회복지관의 혁신은 사회복지서비스 제공을 둘러싼 새로운 제도나 기술 등을 채택하거나 서비스 제공을 위한 조직 내부구조를 변화시키는 것을 의미한다.
• 사회복지관 혁신관리는 사회복지관이 직면한 조직환경 변화요소에 적극적으로 대처하기 위한 조직변화와 혁신계획을 관리하는 것을 의미한다.
• 사회복지관의 혁신관리는 새로운 제도나 기술을 채택하고 나아가 조직의 배분구조나 내부구조의 변화과정을 관리하는 것을 의미한다.

• 결국 사회복지관 혁신관리는 변화를 추구하는 다양한 행동들을 채택하고 관리하는 것을 의미한다.

◈ 혁신관리의 관리요소
• 조직진단
• 혁신계획: 전략적 계획 및 중장기 발전계획, SWOT 분석, 역장분석(force-field analysis), 조직환경의 변화 분석
• 서비스 전달체계 적절성
• 부서의 업무 및 인력의 적합성

제3절 혁신관리 요소

1 조직진단

사회복지관은 비영리조직으로 그 목적과 목표를 구체적으로 객관화하기 어렵고, 새로운 사회변화와 클라이언트의 다양한 욕구에 대처해야 한다. 끊임없이 변화하는 환경에 대한 분석과 클라이언트의 욕구변화에 대처하기 위한 사회복지기관의 노력은 인간을 대상으로 인간에 의해 서비스가 제공되는 사회복지조직에서 매우 중요하다. 사회복지기관은 현재의 서비스 제공과정과 서비스 내용, 전문인력에 대한 적절성과 전문성에 대한 진단을 지속적으로 실시하여 새로운 환경변화에 적응할 수 있어야 한다.

조직변화를 위한 필요성이 분명하게 직시되면 변화를 추진하기 위해서 조직의 현상태를 진단하는 것이 필요하다. 조직의 현 상태를 진단하는 것은 변화에 대항하는 조직의 방해물뿐만 아니라 변화에 도움이 되는 장점 또는 힘을 구별하는 것을 도울 수 있다. 따라서 변화를 위한 준비와 조직에 관한 균형 잡힌 관점을 가지고 조직을 진단하는 것이 필요한데, 진단을 위해서 다음과 같은 점이 분명하게 확인되고 조사되어야 한다.

- 조직의 문화와 가치
- 조직의 정책과 절차
- 조직관리의 측면(managerial practices)
- 기술
- 조직구조
- 조직체계(예: 보상이나 승진체계, 통제체계, 평가체계 등)
- 구성원들의 기술수준

현재 조직 상태에 대한 앞의 사항들에 대한 조사는 결국 변화과정에 필요한 정보를 제공하여 준다는 측면에서 중요하다고 볼 수 있다. 이러한 조직의 현 상태에 대한 진단을 수행함으로써 변화를 주도하는 세력은 기관이나 부서가 변화하기 위해서 어떻게 준비되어야 하는지를 이해하는 데 도움을 받을 수 있고, 변화가 성공적으로 이루어지기 위해서 반드시 해결해야 하는 것들을 명확히 할 수 있다는 장점이 있으며 또한 변화를 계획하고 평가할 수 있는 기초자료를 획득하는 데도 도움을 받을 수 있다.

2 조직진단에 도움이 되는 도구

1) RAI 차트

RAI 차트(chart)는 원래 RACI에서 출발한 개념으로 RACI란 Responsible, Accountable, Consulted, Informed의 약자이다. 이 개념은 Dupont, HP21 등 해외선진기업들이 이미 도입해서 사용하고 있는 제도로 Galbraith(2002)가 말한 책임차트(responsibility chart)와 동일한 개념이다.[2] RAI 차트란 부서 내 업무에 대해 개인별 역할과 책임을 명확히 정의한 '책임권한표'로 의사결정이 발생하는 모든 업무를 상세히 명시하고 있는 표이다. 여기서 R은 Responsible의 약자로 '실무 담당자'를 의미하고, A는 Accountable로 '의사결정권자'를, I는 Informed로 '의사결정 이후 그 결과를 통보받는 자'로 정의된다. RAI는 어떤

---

[2] Galbraith는 R*책임(Responsible), A*승인(Approve), C*조언(Consult), I*공지(Inform), X*공식 역할 없음(No Formal Role)을 구분하여 설명하며, 부서 단위로 작성하는 것을 기본으로 하고 있음.

업무를 수행함에 있어 개개인의 역할과 책임을 설정하는 도구라고 생각하면 된다. 즉, A라는 업무를 수행함에 있어 실질적인 수행자(Responsible)는 누구이고, 이 업무에 대한 최종 의사결정자(Accountable)는 누구이며, 관련 의사결정을 통보받는 사람(Informed)은 누구인지를 제시하는 것이다. RAI 차트는, 첫째, 전 임직원이 가치 있는 고유 업무를 책임지고 수행할 수 있고, 둘째, 의사결정이 보다 신속해지며, 셋째, 구성원들의 성과 몰입도를 제고할 수 있으며, 마지막으로 효율과 실질을 중시하는 조직문화를 형성하는 역할을 수행한다.

이러한 RAI 차트는 업무(task) 단위의 구분을 말하는 것으로 업무 단위의 구분 이전에 개인·조직별 산출물이 생성되는 단위로서 프로세스 단위에 대한 구분이 선행되어야 한다. 이를 위해 포스코는 프로세스 표준화(Business Process Management: BPM) 작업을 수행하여 전산 업무 프로세스의 단계별 분류 작업을 완료하였다. 단계별로 '메가'(13개) → '체인'(98개) → '프로세스'(2,677개) → '태스크'(18,759개)의 순으로 분류하고, 이렇게 분류된 프로세스와 태스크를 중심으로 기존의 책임 권한을 분석하고 이를 바탕으로 RAI 차트를 설계하여 부서별 검토를 거쳐 RAI 차트를 확정한 후 시행하였다.

〈표 24-1〉 RAI 차트 작성의 예

실명	인사실										
그룹/팀 명	HR 그룹										
프로세스	RAI 그룹	팀원1	팀원2	팀리더급	팀원3	팀원4	팀리더급	팀리더급	그룹리더	실장	해당임원	회장
대졸 유학대상자 선발	대졸유학 선발계획 수립				R		R			A	I	
	대상자 접수 및 서류심사				R/A							
	면접전형 실시	R			R/A							
	면접전형 결과보고				R				A	I		
	선발결과 통보 및 사후관리				R/A							
인사정책 및 제도수립	직급체계 통보 및 사후관리				R		R			A	I	
	인력현황 분석 및 개선방안 수립		R							A		
	중장기 조직발전방안 수립		R	R					R	A	I	

　RAI 차트는 가로축에는 이해관계자, 세로축에는 업무를 제시하여 각 이해관계자가 해당 업무를 수행함에 있어 어떠한 역할과 책임을 가지고 있는지를 보여 준다. 이러한 RAI 차트는 구성원 간 업무의 중복을 방지할 뿐만 아니라 해당 업무와 관련한 이해관계자가 제대로 설정되어 있는지를 보여 줄 수 있다. 특히, 해당 조직 내에서 수행하는 업무에 대한 사항을 조정할 수 있는 역할도 해 준다.

　이렇게 작성된 RAI 차트는 선진적인 조직역량 구축 및 선진 조직문화 정착이라는 목표를 달성하기 위한 도구로서의 역할을 충실히 수행하고 있다. 포스코는 RAI 차트를 통해 개인역량과 업무의 중요도를 고려하여 R(Responsible)과 A(Accountable)를 조정함으로써 개인별 책임권한을 보다 명확히 하고, 권한위임을 통한 책임수행업무를 확대함으로써 상급자의 중요 업무 비중을 더욱 강화하였으며, 일상적 운영업무는 과감히 위임할 수 있게 되었고, 직책 보임자에게 책임을 부여하는 등 고유 업무를 확대할 수 있게 되었다.

🖉 〈표 24-2〉 RAI를 통한 임파워먼트 사례

	도입 전				도입 후			
	담당	그룹리더	실장	해당임원	담당	그룹리더	실장	해당임원
중장기 인력운영계획 수립	R				R	R		A
신입사원 채용계획 수립	R			A	R		A	I
채용공고, 홍보 실시	R		A		R	A		I
서류심사 결과보고 및 2단계 전형계획 수립	R		A		R	A		I
2단계 전형 실시	R	A			R/A			

　〈표 24-2〉에서 보는 바와 같이, 기존의 업무분장이 RAI 차트를 통해 새로이 정립되었다. '신입사원 채용계획 수립'은 해당임원에 의해 이미 결정된 중장기 인력운영방침에 따라 수행하는 실행계획 수립의 성격을 띠므로 실장 책임하에 진행토록 권한을 해당임원에서 실장으로 위임하였다(①번 예). 또한 '채용공고' '홍보' 등 실행업무들은 실질적으로 실행을 책임지는 그룹리더에게 권한을 위임하였다(②번 예). 이로써 실장 차원에서 수행되던 것이 그룹리더에게로 책임 권한이 이양되는 효과를 보고 있다. '2단계 전형'과 같이 이미 정해진 심사기준에 의거하여 실행되는 업무는 담당자의 역량을 고려하여 일반

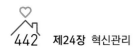

직원이 책임을 지고 수행하도록 하였다(③번 예). 이로써 해당직원은 업무수행과 동시에 의사결정 권한을 가지게 됨으로써 본인의 업무에 보다 몰입할 수 있게 된다.

2) RAEW 분석

　조직의 효율화 방안을 모색하는 경우 기본적으로 수행해야 하는 분석 중의 하나는 현재 조직 내의 업무분장이나 전문성, 역할배분이 제대로 되어 있는지의 현황을 파악하는 것이다. RAEW는 진단 작업, 혹은 미래의 조직 구성 방법을 설계하는 경우에 유용하게 사용할 수 있는 조직 진단/설계 방법론이다. RAEW는 Responsibility(책임), Authority(권한), Expertise(전문성), Work(실제 업무수행)의 약자를 의미한다. 이 네 가지 요소가 바로 조직 내에서 범부서적으로 업무가 수행될 때 꼭 필요한 요소이며, 이 네 가지가 조화롭게 연계되어야 업무가 원활하게 흘러갈 수 있다는 사고에 기초하고 있다. RAEW 분석을 수행하기 위해서는 행으로는 조직 내의 주요 업무를 기술하고, 열 방향으로는 그 업무를 담당하고 있는 직책/부서를 나열한다. 그리고 나서 업무와 직책/부서가 만나는 지점에 대해 '그 업무를 수행하기 위한 RAEW가 어디에 있는가?'의 질문에 대해서 면밀한 인터뷰와 현재의 업무분장 등을 참고해서 체크하는 것이다. 그렇게 체크를 하다 보면 몇 가지 이슈가 발견될 수 있다. 대표적인 예로는 책임이 과중하다든지, 책임이 아예 없다든지(*), 복수 개의 책임이 주어진다든지(R), 책임은 없는데 권한만 주어진다든지(A), 전문성이 없는 업무가 이루어지거나(W) 혹은 불일치가 발생한다든지(E) 하는 것이 대표적인 문제점이다.

✎ 〈표 24-3〉 RAEW 분석의 예

업무프로세스	부서				
	전략계획	마케팅	재무/회계	HR	이사회
기부프로그램 개발	R	R	RW	REW	
신규 마케팅 계획		RAE			
월별, 분기별 결산	AW	AW	AE	W	
신규채용		R	R	REW	
이사회 안건논의	E			REW	

자료: 삼일회계법인, 삼일미래재단(2006), p. 29.

앞에서 지적한 문제점을 〈표 24-3〉에 적용해 보면 문제가 발생하는 부서가 어디인지, 어떤 업무에서 문제가 발생하는지를 일목요연하게 정리해 볼 수 있으며 분석 결과에 따라서 우선적으로 시행해야 하는 중요한 과업이 무엇인지를 가늠해 볼 수 있다.

◈ **성과관리지침**
- 우리 복지관은 조직의 목적과 목표를 점검하는 규정이 마련되어 있다.
- 우리 복지관은 서비스 제공과정 및 내용에 대해 점검을 실시하고 있다.
- 우리 복지관은 조직변화를 위해 조직구성원에 대한 진단을 실시하고 있다.

◈ **관리지침해설**
- 대부분의 사회복지기관은 정부의 사회복지사업을 위탁 운영하는 비영리조직으로 정부 보조금과 민간 재원을 기반으로 운영되는 조직이다. 다소 관료적이며, 법과 행정지침에 의거한 사업수행을 진행하고 있기 때문에 조직변화를 위한 진단을 실시하는 것은 매우 어려운 일이다. 그러나 사회변화와 이용자의 욕구 변화에 기반한 조직의 다양한 변화(전문인력, 서비스 과정, 서비스 내용 등)에 대처하기 위한 노력이 필요하다. 조직의 문제를 진단하는 다양한 차원, 즉 조직의 목표, 전략, 조직의사소통, 조직문화, 풍토, 리더십, 조직 문제해결, 조직 의사결정, 조직 내 갈등/협조, 조직 내 역할 정의 등에 대해 진단할 필요가 있다.

👥3 혁신계획: 중장기 발전계획

혁신계획은 변화를 위한 계획을 의미하는 것으로서 조직을 둘러싼 위기나 문제 등에 적극적으로 대응하기 위한 새로운 제도나 기술의 도입, 조직의 자원할당 및 내부구조의 변화를 위한 전략적 계획이나 중기 및 장기 계획이라는 일련의 틀 또는 혁신계획이나 변화계획이라는 일정한 틀을 의미한다. 변화나 혁신을 위한 혁신계획안은 통상적으로 조직을 둘러싼 사회, 정치, 경제, 문화 그리고 인구환경적 변화 등을 포함하여 새로운 위기나 현상에 대한 분석을 필요로 하므로 SWOT 분석이나 RAEW 분석, RAI 차트 등은 모두 혁신을 위한 계획을 작성하는 단계에서 중요한 분석도구이다.

　또한 조직변화나 혁신을 계획하기 위해서는 조직의 변화와 관련이 있는 정보를 조직화하는 것이 중요한데, 조직변화를 위한 정보를 조직화하는 데 도움이 되는 기법으로 역장분석이 있다.

　Lewin은 변화를 반대방향에서 일하는 힘의 산출물이라고 개념화하였으며 이 힘을 도표화하기 위해 역장분석으로 알려진 기법을 발전시켰다(Lewin, 1951; Plovnick et al., 1982). 역장분석은 변화를 주도하는 실천가들이 변화와 관련이 있는 정보를 조직화하는 데 도움을 준다. 이 분석기법으로 사람들은 변화를 방해하는 방해물뿐만 아니라 변화를 일어나도록 체계를 고취시키는 요인들을 확인할 수 있다고 한다. 일단 변화목적을 위해 가능한 모든 자료가 확보되면 역장분석은 불확실한 영역을 강조할 수 있도록 도와주고, 변화의 성공가능성을 결정하는 데 도움을 주며, 개입행동들을 평가하는 데에도 도움을 준다고 한다(Brager & Holloway, 1978).

　체계(system)에서 작업을 진행시키는 힘은 여러 방향에서 나타나지만 그 힘들은 단순하게 상황을 개선 또는 변화시키는 추진세력(drivers)과 변화에 반대하는 저항세력(resisters)으로 구분될 수 있다고 한다. Lewin에 따르면 변화를 위한 힘이 변화에 저항하는 힘과 동등하면 변화는 일어나지 않으며 체계는 균형상태를 유지한다고 한다(Lewin, 1951; Proehl, 2001). 이러한 원리에 입각하여 역장분석은 결국 변화를 위한 힘과 변화에 저항하는 힘을 목록으로 만들어서 주어진 체계에서 변화가 가능한지를 분석하는 기법이라고 할 수 있다. 변화주도세력은 역장분석을 통해서 변화를 위한 전략(change strategy)을 세우는 데 도움을 받을 수 있다. 변화를 촉진시키기 위한 변화전략은 크게 두 가지로 구분할 수 있다. 첫 번째 변화전략은 변화를 위한 추진세력의 힘 또는 장점이나 강점들을 증가시키는 전략이며, 두 번째 전략은 변화에 저항하는 저항세력의 힘을 누그러뜨리는 전략이다.

　역장분석을 구성하는 데에는 몇 단계의 과정을 거치게 된다. 첫 번째 단계는 변화목적이 사회복지사들이 해결하려고 하는 문제를 다루기 위해 반드시 구체화되어야 한다는 것이고, 두 번째 단계는 과업이 선택된 목적을 성취하는 데 결정적인 사람들 또는 행동가들을 확인하는 것이며, 세 번째 단계는 이 행동가들에게 부과되어 있는 변화를 추진하는 힘과 변화에 저항하는 힘을 명확히 하는 것이고, 네 번째 단계는 이 추진력과 저항력을 변화의 속성에 맞추어 평가하는 것이다(Brager & Holloway, 1978). 다음은 역장분석의 예이다(지은구, 2012a).

✎ 〈표 24-4〉 역장분석의 예

역장분석 조사표

■ Part 1: 문제확인

당신의 직무상황에 있어서 중요한 문제라고 생각하는 것이 무엇인지 다음의 각 질문들에 대해서 다른 사람들이 이해할 수 있도록 적어 주세요.

1. 나의 조직에서 제기되고 있는 중요한 문제(또는 변화가 필요한 부분이나 문제)는 무엇인가?

2. 그 문제에 어떤 사람들이 개입되어 있는지 그리고 그들이 어떤 역할을 담당하고 있는지 적어 주세요.

3. 그 문제와 관련되어 있는 조직적 요인들은 무엇입니까? (예를 들어, 누가 그 문제의 해결에 대해 힘을 가지고 있는지, 어떤 직원이나 집단이 그 문제에 호의적일 것인지 아니면 비호의적일 것인지, 문제해결에 필요한 비용이나 인원은 적절한지 또는 충분한지 등에 대한 서술)

■ Part 2: 문제분석

1. 우선, 이 문제와 관련해서 당신의 조직을 변화시킬 수 있는 당신 조직의 내적 그리고 외적 힘(forces)을 적어 주세요[추진할 수 있는 힘, 즉 추진력(driving forces)].

     5   a. 다음 연도에 약 20%의 예산삭감이 예정되어 있다.

          b. _____

          c. _____

          d. _____

          e. _____

          f. _____

          g. _____

2. 다음으로 변화에 저항하는 힘을 적어 주세요[억제하는 힘, 즉 억제력(restraining forces)].

          a. _____

          b. _____

          c. _____

          d. _____

          e. _____

          f. _____

          g. _____

3. 앞의 a, b, c, …… 항목들의 왼쪽 선 위에 밑의 1에서 5까지의 측정점수 중 하나를 기입해 주세요.

    1=사소하다

    2=비교적 덜 중요하다

    3=적당히 중요하다

    4=중요한 요인이다

    5=굉장히 중요한 요인이다

■ Part 3: 분석 차트

아래의 분석차트 위에 다음과 같이 당신이 Part 2에서 기입한 힘을 그림으로 나타내세요.

1. Part 2 질문 1에서 당신이 기입한 변화를 추진하는 힘(또는 추진력)을 나타낼 수 있는 단어 하나를 결정하세요.

2. 그리고 각각의 단어를 밑의 지정된 공간(추진력) a, b, …… 위에 위치시키세요. 그리고 Part 2 질문 2의 변화에 저항하는 힘도 마찬가지로 각각을 대표하는 단어 하나로 나타내어 밑의 지정된 공간(억제력)에 위치시키세요.

3. Part 2 질문 1과 질문 2에서 기입된 1에서 5까지의 측정점수에 해당하는 단어들을 적어 주세요.

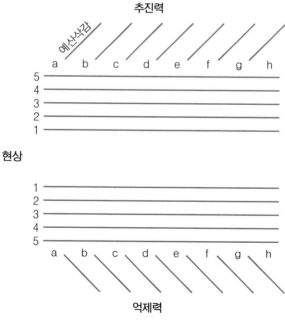

[그림 24-2] 역장분석의 예

■ Part 4: 분석완료
1. 앞의 그림을 검토한 후에 변화가 일어날 수 있을 것 같은지에 대한 견해를 쓰고 왜 변화가 일어날 것 같은지에 대한 이유를 적는다.
2. 변화가 일어날 가능성을 증가시킬 수 있도록 하는 전략은 무엇인지를 적는다.

4 전략적 계획

전략적 계획이란 새로운 기회와 변화하는 조건과 함께 지역과 조직의 우선권을 조정하기 위한 절차의 세트이다(Berman, 1998). 또한 전략적 계획이란 조직이 무엇인지, 무엇을 해야 하는지 그리고 왜 해야 하는지를 인도하고 구성하는 중요한 결정과 행동들을 만들기 위해 훈련된 노력이다(Bryson, 1995).

결국 전략적 계획은 폭넓은 정보를 모으는 것을 필요로 하고, 대안에 대한 모색을 필요로 하며, 현재 이루어진 결정이 미래에 가지는 함축적 의미에 대한 강조를 필요로 한다.

Berman은 전략적 계획의 이용은 다음과 같음을 제시하였다.

첫째, 전략적 계획은 조직과 지역의 욕구를 더 확실하게 해결하는 미래를 설계하기 위해서 그리고 조직의 진로와 지침을 개발하기 위해서 사용된다.

둘째, 전략적 계획은 상이한 견해를 가지고 있는 개인들과 조직들 사이에 동의를 구하기 위해서 그리고 클라이언트, 상급직원, 하급직원 그리고 지역들로부터 오는 상이한 관점을 맞추기 위해서 사용된다.

셋째, 전략적 계획은 변화하는 환경에 응답하도록 조직을 동기부여하기 위해서 사용된다.

넷째, 전략적 계획은 조직강화, 재조직, 조직이 제공하는 다양한 서비스 사이의 균형을 복구하기 위한 욕구를 해결하기 위해서 사용된다.

Bryson(1995)은 전략적 계획의 필요성을 다음과 같이 제시하였다.

첫째, 조직성과를 증진시키고 새로운 방향으로 이끌며 새로운 생명을 불어넣는 것을

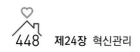

도울 수 있다.

둘째, 정책과 프로그램을 통합할 뿐만 아니라 프로그램의 변화와 프로그램들을 연계하는 기회를 제공할 수 있다.

셋째, 조직의 미래에 영향을 미치거나 조직에 의해서 영향을 받는 집단과 개인들 사이를 연결하는 다리 역할을 할 수 있다.

넷째, 다음의 4개의 질문들과 관련해서 중요한 결정을 하도록 돕는다. 우리는 어디로 가는가?(조직의 임무, mission) 어떻게 거기에 도달할 것인가?(전략적 프로그램) 행동을 위한 우리의 청사진은 무엇인가?(예산) 우리가 제대로 된 길 위에 있음을 어떻게 알 수 있는가?(감독 감시 그리고 평가)

다섯째, 고도로 정치화되어 있는 환경에서 효과적으로 사용될 수 있다.

Bryson(1995)은 전략적 계획이 다음과 같은 여덟 단계를 거치면서 수립된다고 제시하였다. 효과적인 전략적 계획을 개발하는 데 포함되는 구체적인 행동들은 조직의 외적·내적 환경, 위치, 크기 등에 의존해서 다양하다.

① 1단계: 전략적 계획과정에 대한 동의를 얻어 내고 계획을 시작하는 단계
② 2단계: 조직의 위임사항들을 확인하는 단계
③ 3단계: 조직의 임무 그리고 가치를 확인하는 단계
④ 4단계: 기회와 위협을 의미하는 조직의 외적 환경을 사정하는 단계
⑤ 5단계: 조직의 강점과 약점을 의미하는 조직의 내적 환경을 사정하는 단계
⑥ 6단계: 조직이 직면하고 있는 전략적 이슈들을 확인하는 단계
⑦ 7단계: 이슈들을 관리할 수 있는 전략을 형성하는 단계
⑧ 8단계: 미래를 위한 효과적인 조직의 비전을 설립하는 단계

그러나 앞의 단계들에서 행하는 행동들이 동시에 이루어질 수도 있기 때문에 전략적 계획을 수립하는 단계는 다음과 같은 네 단계로 구분할 수 있다(지은구, 2005a).

① 1단계: 조직의 미션, 목적, 목표를 확인하는 단계
② 2단계: 조직을 둘러싼 외적 환경을 사정하는 단계
③ 3단계: 조직 내적 환경을 확인하는 단계

④ 4단계: 전략, 과업, 결과, 스케줄 그리고 실행단계들을 포함하여 계획을 발전시키는 단계

👥5 사회복지관의 단기 및 중장기 전략 수립

기관의 중장기 계획은 복지환경의 변화와 지역사회의 특성, 내·외부 자원 등에 대한 과학적인 분석을 토대로 하고 있으며, 기관이 처한 지역사회 내에서 강점, 기회요인과 더불어 약점 및 위협요인 분석을 통해 실제 적용이 원활하도록 구체적인 내용을 담고 있어야 한다.

사회복지관의 사업별 단기 및 중장기 전략은 사업기간을 중심으로 나누는 것이 보편적이다. 단기사업은 1년 또는 1년 이내의 사업을 말하고 중장기 사업계획은 일반적으로 3~5년, 5~10년 단위의 사업계획을 말한다. 단기사업계획은 보편적으로 회계연도를 기준으로 작성되며 실제 사업복지서비스가 이루어지는 기본계획으로 활용된다. 중장기 사업계획은 복지환경의 변화에 적절히 대응하며 기관의 비전과 발전방향을 함께 조율하고 계획하는 데 활용된다.

👥6 사회복지관의 중장기 발전계획 수립에 포함되어야 할 사항

사회복지관에서 제공되는 사업이 이용자의 환경적 맥락 및 생활 사건과 동떨어지지 않게 계획되어야 함을 의미한다. 중장기 사업계획 수립에 포함되어야 할 주요 내용으로는 다음과 같은 것들이 있다.

첫째, 복지관의 사명과 목표, 가치, 행동강령 등의 철학적인 내용을 포함하는 조직의 정체성에 관한 검토가 우선적으로 논의되어야 한다.

둘째, 복지관의 서비스 대상, 서비스 내용 및 전달체계 등을 포함하는 조직의 서비스에 대한 검토가 필요하다.

셋째, 효율적인 행정체계 및 조직체계, 인사관리체계 등을 포함하는 조직의 전반적인 운영체계에 대한 검토가 필요하다.

넷째, 직원의 동기부여 및 슈퍼비전, 전문적 기술의 보유 등을 포함하는 조직의 전문성 확보에 대한 검토가 필요하다. 끝으로 보조금, 이용료, 후원금, 법인지원금 등 자원의 흐름과 개발 및 효율적인 집행을 포함하는 조직의 재정에 대한 검표가 필요하다(하상장애인복지관, 2004).

중장기 사업계획은 매년 수정 보완하고, 1년이 지난 시점에서 다시 사업계획을 수립한다. 예를 들어, 5개년 사업계획 수립 시 1년이 지난 시점에서 다시 5개년 사업계획을 수립한다.

1) 중장기 사업계획 수립의 일반적 원칙

중장기 사업계획을 수립하고 수정 보완하는 과정에는 몇 가지 원칙이 있으며, 수립과정 중 전체 구성원이 그 원칙에 충실하게 계획을 제출하는 것이 중요하다. 중장기 사업계획 수립의 일반적 원칙은 다음과 같다.

첫째, 일반목표 우선의 원칙이다. 세계의 복지선진국이나 우리나라의 사회복지정책이 추구하고 있는 일반적인 발전방향과 목표의 흐름에 기초하여야 한다는 것이다.

둘째, 기본방향 제시의 원칙이다. 복지관이 지향해 나가야 할 기본 목표나 내용을 계량적으로 제시하거나 구체적인 계획서까지 작성하는 것이 아니라 보다 거시적인 관점에서 기본적인 내용과 방법 및 과정을 제시함으로써 연차적 실천계획의 기본구조로 삼는다는 원칙이다.

셋째, 현실성 우선의 원칙이다. 실현성이 희박하거나 불가능하다고 판단되는 내용이나 방법의 제시보다 동원 가능한 인적 · 물적 자원과 재정을 토대로 하여 실현가능한 내용과 방법을 제시하는 것이다.

넷째, 여론 존중의 원칙이다. 팀(부서)장, 간부, 운영위원회 등 어느 특정인의 의견에 따른 발전의 방향, 내용, 방법의 선택은 가능한 한 지양하고 복지관 구성원들의 폭넓은 여론을 토대로 하여 발전의 방향과 내용을 신중히 검토 · 선택 · 결정함을 원칙으로 한다.

다섯째, 전문성(효율성) 우선의 원칙이다. 앞의 여론 존중의 원칙상 특정한 내용이나 방법에 대하여 다수의 견해가 대립되거나 반대로 일치하더라도 전문적인 이론이나 대세를 기초로 하여 모든 내용과 방법의 적합성과 타당성을 검토한 후 선택 · 결정함을 말한다.

여섯째, 전체 이익 우선의 원칙이다. 복지관의 특정 팀(부서), 위원회 또는 실무자들의 개인주의나 집단 이기주의를 배제하고 복지관 전체 이익을 우선하여 발전계획의 방향과 내용을 선택함을 원칙으로 한다.

일곱째, 두 번째 기본방향 제시의 원칙에서 제시한 내용 범위 안에서 해당 팀(부서)은 스스로가 구체적인 목표와 내용을 입안하여 이에 따라 실천하도록 하는 것을 원칙으로 한다. 즉, 획일적 · 일방적 · 행정적 결정과 지시에 의한 수동적인 형태보다 구성원 스스로 결정하고 실현하며 아울러 책임도 질 수 있는 자율성을 추구하도록 함을 말한다(서울복지재단, 2006).

2) 중장기 사업계획 수립의 추진방법 및 과정

중장기 사업계획 수립은 전체 직원들의 의견을 최대로 수렴하여 가능한 합의점을 도출해 내는 과정과 방법으로 추진한다. 중장기 사업계획 수립 추진과정은 다음과 같다.

① 기획팀(기획부, 총무기획팀 등)은 중장기 사업계획 추진방향을 작성하고 팀장(부서장)회의에 제시하여 논의와 심의를 거쳐 사업계획 추진방안을 각 팀(부서)에 제시한다.
② 중장기 사업계획 수립을 위한 정보를 제공 · 공유하기 위하여 직원교육을 실시한다.
③ 각 팀(부서)에서 중장기 사업계획을 작성 · 제출하게 하여 팀장(부서장)회의에서 1차 심의를 진행한다. 경우에 따라 직원 워크숍 또는 팀(부서)회의, 팀장(부서장)회의를 반복하여 진행한다.
④ 각 팀(부서)에서 제출한 최종 내용을 팀장(부서장)회의에서 정리하고 운영위원회 등에서 그 내용을 최종 결정한다(하상장애인복지관, 2004).

7 SWOT 분석

1) SWOT의 정의와 개념

SWOT은 Strength(강점), Weakness(약점), Opportunities(기회), Threats(위협)의 머리글자를 딴 합성어로 SWOT 분석은 이 네 요소를 이용하여 문제를 분석하는 것이다. 내부 환경과 외부 환경 분석으로 개념을 구성할 수 있다.

🖎 〈표 24-5〉 SWOT의 정의와 개념

정의	SWOT은 Strength(강점), Weakness(약점), Opportunities(기회), Threats(위협)의 머리글자를 딴 합성어
개념	• 내부환경 분석: 나의 상황(경쟁자와 비교하여) 　－ Strength(강점) 　－ Weakness(약점) • 외부환경 분석: 자신을 제외한 모든 것 　－ Opportunities(기회) 　－ Threats(위협)

2) SWOT 분석의 방법

(1) 외부환경 분석

외부환경 분석은 자신을 제외한 모든 것(정보)을 기술한다. 좋은 쪽으로 작용하는 것은 기회, 나쁜 쪽으로 작용하는 것은 위협으로 분류한다. 또한 언론매체, 개인 정보망 등을 통하여 입수한 상식적인 세상의 변화 내용을 시작으로 당사자에게 미치는 영향을 순서대로 점차 구체화한다. 그리고 인과관계가 있는 경우 화살표로 연결한다. 동일한 자료라도 자신에게 긍정적으로 전개되면 기회로, 부정적으로 전개되면 위협으로 나눈다. 외부환경 분석에는 SKEPTIC 체크리스트를 활용하면 편리하다.

(2) 내부환경 분석

내부환경 분석은 경쟁자와 비교하여 나의 강점과 약점을 분석한다. 강점과 약점의 내용은 보유하거나 동원 가능하거나 활용 가능한 자원(resources)이 된다.

3) SWOT 분석을 이용한 전략의 수립

(1) 전략도출
SWOT 분석의 결과, 얻어진 것 중 핵심적인 SWOT을 대상으로 하여 전략을 도출한다.

① SO: 강점을 가지고 기회를 살리는 전략
② ST: 강점을 가지고 위협을 회피하거나 최소화하는 전략
③ WO: 약점을 보완하여 기회를 살리는 전략
④ WT: 약점을 보완하면서 동시에 위협을 회피하거나 최소화하는 전략

(2) 중점전략 선정
도출된 전략 중 가급적 적은 수의 것을 중점전략으로 선정한다. 선정방법으로는 목적달성의 중요성, 실행 가능성, 남과 다른 차별성(자신의 상황에 가장 적합한 것)이다.

◈ **성과관리지침**
- 우리 복지관은 이념이나 비전을 기초로 체계적인 발전계획 및 실행계획을 세우고 있다.
- 우리 복지관은 정기적으로 발전 및 실행계획서를 검토·작성하고 있다.
- 우리 복지관은 중장기 발전계획과 실행계획을 운영위원회 등에서 공식화하고 있다.
- 우리 복지관은 지역사회와 이용자 욕구에 근거하여 명확한 목표와 목적을 설정하여 중장기 계획안을 제시하고 있다.
- 우리 복지관은 실행계획에 필요경비, 소요시간, 과제 담당자 배정, 일정을 제시하고 있다.

◈ **관리지침해설**
- 사회복지관은 변화와 혁신을 위한 중장기 계획 수립 및 실행 노력을 해야 한다. 지역사회의 변화와 이용자의 변화에 대한 전략적 진단을 토대로 정기적으로 발전계획을 수립하고 그에 따른 실행계획을 세워 수행하는 과정에 대한 객관적 노력이 필요하다. 더불어 실행계획에 대한 책무성 증진을 위해 예산, 소요시간, 담당자, 수행일정 등을 구체화해야 한다.

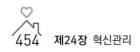

다음은 전략적 계획을 작성하는 데 필요한 가이드를 제시한 것이다.

✍️ **전략적 계획 작성을 위한 가이드** -

1. 미션의 개발 및 검토

    1-1. 미션이 조직의 지속적인 개선노력을 위한 영역과 조직의 강점을 반영하고 있는가?

    1-2. 미션이 이용자, 주요한 프로그램이나 서비스, 직원 등을 잘 묘사하고 있는가?

    1-3. 미션이 조직만이 가지고 있는 자산을 잘 반영하고 있는가?

    1-4. 미션이 조직의 역사와 철학을 핵심 가치로 잘 반영하고 있는가?

2. 조직 외부환경의 사정

    1-1. 조직에 영향을 주는 전체 사회와 지역사회의 요인들은 무엇인가?

        – 정치적 · 사회적 요인 및 인구 통계적 변화

        – 경제적 요인(재정, 지역경제, 세금정책, 주택시장 등)

    1-2. 조직에 영향을 주는 외부환경이 조직에게 주요한 기회인가 위협인가?

3. 조직의 경쟁력과 최상의 실천행위 확인

    3-1. 다른 조직과 비교해 보았을 때 우리 조직이 갖는 최상의 프로그램이나 절차 등은 무엇인가?

    3-2. 이용자 서비스/이용자 이용료, 직원봉급, 시설, 명성, 그리고 서비스 효과성, 프로그램 개발, 마케팅과 같은 행정 역량의 측면에서 우리 조직은 경쟁조직과 비교해 보았을 때 어떠한가?

4. 이용자와 이해관련당사자 분석

    4-1. 누가 이용자이고 이해당사자인가? 어떻게 그들이 과거 5년 동안 변화되었는가?

    4-2. 왜 그들은 우리 조직의 서비스를 이용하였는가? (기대한 서비스와 만족한 서비스는?)

    4-3. 직원이나 운영위원 또는 이사들이 바꾸고자 하는 것은 무엇인가? (프로그램이나 서비스, 직무 등)

    4-4. 이용자나 이해당사자들이 원하는 것을 위해 우리가 노력한 것은 무엇인가?

5. 조직 내부 분석(사정)

    5-1. 우리는 조직의 운영을 얼마나 잘하고 있는가?

        – 지난 5년간의 재정

        – 시설운용(공간 활용, 건물 유지 관리 등)

        – 인력관리 및 직무개발 및 교육 등

        – 자원봉사자(모집에서 교육 그리고 평가까지의 전 과정)

　　　　– 프로그램(설계, 수정, 실행, 평가 등)

　　　　– 의사소통(정보교환 및 조정 등)

　　　　– 관장 및 이사회의 리더십

　　　　– 이용자와의 관계

　　5-2. 우리는 프로그램을 얼마나 잘 기획하고 평가하는가?

　　5-3. 우리는 조직운영의 관점에서 주요한 강점과 제한점은 무엇인가?

　6. 전략적 계획안의 개발과 구성요소

　　6-1. 위의 1번에서 5번까지에서 부각되는 이슈는 무엇인가?

　　6-2. 각각의 이슈들을 해결하는 데 있어 확인할 수 있는 결과, 과업 그리고 전략은 무엇인가?

자료: Austin & Solomon(2009), p. 325에서 재인용

8 서비스 전달체계의 적절성

　조직이 변화하고 혁신하기 위해서는 현재의 조직이 둘러싸인 환경에 대한 분석과 상태에 대한 분석이 중요하다. 사회복지기관은 인간을 대상으로 전문가인 사회복지사가 서비스를 제공하는 특징을 갖는다. 그러므로 기관은 체계적이고 전문적인 서비스를 제공하여야 한다. 서비스 제공과정에서 발생하는 다양한 문제에 대해 모니터링하고 그에 상응하는 피드백 시스템을 갖추어야 한다. 전문적 서비스 제공을 위해 필요한 절차와 행정처리 절차가 마련되어 서비스 전달의 적절성을 평가할 수 있어야 한다.

◆ 성과관리지침

• 우리 복지관은 서비스 전달과정에서 발견되는 문제점이나 개선점들을 자유롭게 개진할 수 있는 지침이 마련되어 있다.

• 우리 복지관은 이용자의 서비스 개선사항에 대한 피드백을 받을 수 있는 체계가 마련되어 있다.

• 우리 복지관은 종사자들이 서비스 실행과정에서 발생하는 문제점과 개선사항에 대해 건의할 수 있는 체계가 마련되어 있다.

◈ 관리지침해설

• 사회복지관은 계획된 서비스에 대해 실행 및 평가를 포함한 전 과정에 대한 모니터링을 하여 서비스의 효과성 및 효율성을 증진시키기 위한 노력을 하여야 한다.

9 부서의 업무 및 인력 적합성

기관의 목적달성을 위해 조직의 업무를 조직화하고 부서를 구성하는 것이 필요하다. 부서별 업무를 규정하고 그에 합당한 인력을 배치하는 것은 사회복지서비스 업무의 효율성과 효과성을 극대화하는 데 필수요소이다. 기관은 부서별 연계와 협력을 통해 서비스가 이용자에게 효과적으로 제공될 수 있도록 관리할 필요가 있다. 기관은 서비스 제공에 적절한 수준의 인력을 확보할 수 있도록 한다. 사업별 담당자(사회복지사, 물리치료사, 간호사 등)에게 필요한 학력 및 자격은 제공하는 해당 서비스에 따라 적합해야 한다. 기관은 제공하고 있는 서비스의 내용에 따라 그에 필요한 학력 및 자격에 사업담당자가 적합한지 이력서와 증명서 등을 확인하고 관리하여야 한다.

사회복지관의 경우 기본 사업 이외에도 지역사회 복지서비스 전달체계의 핵심기관으로 다양한 사업을 수행함에 따라 부서별 업무량의 증가와 인력의 부족, 업무수행에 적절한 역량을 갖춘 인력의 부족 등의 문제에 직면하고 있다. 조직 내에서 이러한 부서 업무 및 인력의 적합성에 대한 분석과 대처가 필요하다. 이러한 변화를 위한 조직 내 체계 마련과 각 부서의 변화노력에 대한 점검 등이 이루어져야 할 필요가 있다.

◈ 성과관리지침

• 우리 복지관은 조직 내 부서의 구분과 업무내용에 대한 규정이 마련되어 있다.
• 우리 복지관은 부서별 업무내용 및 인력 구성이 업무에 근거해서 이루어진다.
• 우리 복지관의 조직부서는 조직목적을 성취하기에 적합하게 구성되어 있다.
• 우리 복지관의 조직부서별 업무의 양은 부서원들이 감당하기에 적합한 수준이다.
• 우리 부서가 다루는 업무의 책임성과 자율성은 우리 부서가 가지고 있다.
• 우리 부서는 부서 업무를 다루기에 최적화되어 있는 전문인력으로 구성되어 있다.

◈ 관리지침해설

• 사회복지관은 끊임없이 변화하는 환경 속에서 서비스를 제공하고 있다. 사회복지관의 사업 부서별 업무의 분담과 전문인력의 적절한 배치는 서비스 효과성과 효율성 증진의 기초가 될 수 있다. 사회복지조직은 정책과 지침에 의거한 기본 사업을 수행하기에도 버거운 현실에서 자율적으로 변화를 위한 노력을 주체적으로 하기에는 어려운 실정이다. 그러나 베이비붐세대의 노년기 진입, 활동적인 노후 지향을 위한 사회적 변화에 직면한 사회복지관은 지속적으로 조직 내 인력의 전문성 증진과 조직의 변화를 위한 노력을 꾸준히 수행해 나가야 한다.

제**25**장 협력관리

　협력은 '특정한 목적을 달성하기 위하여 서로 힘을 합하여 돕는' 과정이다. 사회복지관은 독립적으로 운영되지 않는다. 그러므로 다양한 지역사회체계와의 협력은 필수사항이며, 이러한 지역사회 협력의 결과는 사회복지관이 추구하는 주민의 삶의 질 향상과 사회참여 증진 등의 목표에 긍정적인 요소로 작용할 것이다.

자료: http://mushroom9058.tistory.com/5

　협력관리는 사회복지관이 본래의 목적을 달성하기 위해 조직 내에서 조직구성원들과의 협력적 관계 수립과 관리 부분과 조직 외적인 다양한 지역사회자원체계들과의 협력을 관리하는 것을 의미한다. 사회복지기관 내 직원들과 협력에는 의사결정과정에 직원의 참여와 직원 간 권한위임구조 등이 포함되며, 타 기관과의 협력으로는 지역사회 내 다양한 자원체계들과 공동사업 추진계획 및 협약 체결 등과 지역사회에서 시행되는 지역행사 및 지역모임, 지역의 각종 위원회 참여 등이 포함된다.

　따라서 사회복지관은 지역사회 및 기타 문제들을 해결하기 위하여 협력플랫폼을 구성해야 한다. 협력플랫폼은 다음과 같이 정의될 수 있다.

　첫째, 사회복지관은 서로 다른 개체를 연결시켜 주어야 한다.

둘째, 사회복지관은 두 개체를 연결시키면서 각 개체가 단독으로 창출할 수 없는 가치를 창출해야 한다.

셋째, 두 개체를 연결시킨 후 네트효과를 통해서 끊임없이 확장되어야 한다.

이처럼 플랫폼이 의미하는 것은 이제 사회복지관의 경쟁력은 단일의 서비스가 아니라 얼마나 많은 구성원을 확보하고 그들이 소통하는가에 의해 결정된다는 것을 의미한다.

조직 내 협력적 관계를 보면, 기관의 단기 및 중장기 계획수립 과정 및 조직의 중요한 안건에 대한 결정과정에 직원이 참여하는 것을 보장하고 투명한 절차를 거쳐 이를 결정해야 한다. 이러한 과정에 직원이 참여하는 것은 기관의 미션과 비전을 공유하고 일치시킬 수 있도록 하며, 기관의 계획과 자신의 미래에 대한 계획을 조율할 수 있는 기회를 갖게 한다. 기관은 기관 내 직원들이 수직적 관계든 수평적 관계든 서로 불이익에 대한 두려움 없이 의사소통할 수 있는 통로가 항상 열려 있도록 제도적 장치를 마련하여 구성원들의 의견을 수렴하려는 노력을 하여야 한다. 이와 더불어 기관의 경험 역량 표준화와 공식화의 정도 등을 종합적으로 진단한 후 직원 간 적절한 권한위임 구조를 확립하도록 한다. 이를 통해 기관의 구성원들은 스스로의 역할과 책임에 대해 충분히 공유하고 책무성을 갖도록 한다. 이러한 권한위임 구조는 사전에 만들어진 명확한 업무설계와 상세한 업무분장 기준안이 상세히 작성된 후에 가능하다. 따라서 기관은 명확한 업무설계와 권한위임이 잘 이루어질 수 있도록 업무분장에 대한 기준안들을 상세하게 기록하여야 한다. 또한 내부 지침과 같은 보조적인 형태의 기준자료집을 작성하여 직원 간 권한위임이 적절하게 이루어질 수 있도록 하여야 한다.

조직 외적인 협력관계의 내용을 살펴보면 조직이 인적자원관리, 재정관리, 정보관리, 서비스 질 관리를 통해 서비스의 양과 질을 극대화시키고자 하는 것처럼 조직 간 협력관리는 사회복지서비스의 양과 질을 향상시키고자 조직 간 협력을 달성하는 방법이자 기술이라 할 수 있다(우정자, 2006). 사회복지의 특성상 사회복지서비스 제공을 위해서는 다양한 전문인력뿐만 아니라 다양한 자원들이 복합적으로 제공되어야 한다. 따라서 사회복지기관과 지역사회 내 의료기관, 보건소 및 사회복지관련 기관, 장기요양기관, 지역사회복지협의회, 지역사회복지협의체 등 다양한 지역사회 자원체계들과의 협력과 네트워크는 매우 중요하다. 사회복지부문은 그 특성상 서비스 공급의 다양성이 확보되어야 하며 이는 사회복지서비스에 대한 주민의 수요 편차가 크기 때문이다(김준기, 이민호, 2006).

사회복지서비스의 다양성 확보를 위해 사회복지기관은 지역 내 유관기관 및 단체와 조직적 네트워크를 구축하여 이용자들에게 분절되지 않고 통합적인 사회복지서비스를 제공하려고 노력하는 한편, 사회문제해결을 위해 유기적으로 협력하고 교류하여야 한다. 사회복지기관 간의 협력 내용은 클라이언트 의뢰, 서비스나 프로그램의 교환, 공동사업, 공동대응 등으로 다양하다. 클라이언트 의뢰는 클라이언트를 보다 적합한 다른 조직의 소속으로 재배치하거나 다른 조직으로부터 의뢰받아 자기 조직 소속으로 재배치받는 것을 말한다. 서비스나 프로그램의 교환은 자원봉사, 종교적 혹은 전문적 서비스를 주고받는 인적 서비스 교환과 자금, 기자재 및 장비, 정보와 기술 등을 주고받는 자원의 교환을 모두 포함한다(김광점, 2000). 공동사업 또는 공동대응은 사회복지기관이 지역사회문제 해결을 위해 지역사회 기관 및 단체와 협력사업을 함께하는 것을 말한다. 사회복지기관은 유관기관과의 협조체계를 구축하고 유지함으로써 사업추진의 효율성과 효과성을 제고하여 지역사회 내에서 기관의 입지를 강화할 수 있도록 한다.

지역사회 유관단체와의 네트워크 중에서도 사회복지기관은 정부기관과의 협력체계의 구축에도 관심을 기울여야 한다. 특히, 민관협력체계 운영 시 고려하여야 하는 원칙으로는 상호호혜의 원칙, 상호의존의 원칙, 민주성의 원칙, 개방성의 원칙을 들 수 있다(행정자치부, 한국보건복지인력개발원, 2006).

첫째, 상호호혜를 통한 조직과 조직 사이의 교환은 네트워크를 구성하는 조직구성원들의 역량을 강화시키게 된다.

둘째, 상호의존은 네트워크의 기반을 흔들리게 하고 힘의 불균형을 가져오는 일방적 의존보다는 상호의존을 촉진함으로써 조직 간의 네트워크 발전을 꾀할 수 있다.

셋째, 민주성을 가짐으로써 관이 일방적으로 주도하는 일시적인 협의회나 위원회의 성격을 갖는 조직이 아닌 민관을 포함하여 지역주민 전체를 대표해서 지역사회문제에 대한 책무성을 갖는 조직으로 체계화될 필요가 있다.

넷째, 개방성으로 민관협의체에서 이루어지는 모든 공식적인 회의기록과 특정 사안에 대한 결정이나 결정과정은 지역주민의 삶에 즉각적인 영향을 미치기 때문에 반드시 투명하게 공개되어야 함을 원칙으로 하여야 한다.

이러한 민관협력체계는 다음과 같은 기능을 한다.

- 지역주민의 욕구와 지역사회자원의 교환을 위한 의사소통연계장치와 정보채널의 기능
- 지역조직과 조직 사이의 참여지지체계와 자원공유 기능
- 민관 조직 간의 서비스 영역 조정, 협력, 협의, 프로그램 실현, 조직능력건설, 직원훈련을 위한 수단의 기능
- 주민통합서비스 종합계획수립 및 심의 조정 및 검토 기능
- 지역주민통합서비스 제공을 위한 통합적이고 집합적인 행동을 위한 수단의 기능(행정자치부, 한국보건복지인력개발원, 2006).

　지은구(2012a)에 의해 정리된 Gary의 협력과정모형(〈표 25-1〉 참조)을 보면 협력관계 구축은 문제설정, 목적과 방향 공유 및 동의를 실행하기 위해 필요한 사람들이나 집단과 그 구성원들로부터 지지를 구하는 세 가지 단계가 필요하다. 아울러 Harbert 등(1997)에 의하면 성공적인 협력에 영향을 미치는 요인은 환경요인, 회원특성, 과정 및 구조, 의사전달, 목적 및 자원이 있다(지은구, 2012a 재인용).

✏ 〈표 25-1〉 Gary의 협력과정모형

단계	내용
1단계: 문제설정	• 해결해야 하는 문제에 대한 이해관련당사자들의 공통의 정의 설정 • 협력을 위한 사명감 확인 • 주요 이해관련당사자들의 확인 • 당사자들의 정당성 확보 • 숙련된 소집자(협력체계 구축을 위한 주도자)를 구함 • 활용할 수 있는 자원의 확인
2단계: 방향설정	• 기본원칙의 설정 • 일정(agenda)의 설정 • 하위집단 조직 • 공동정보 조사 • 선택사항(option) 탐색 • 동의(합의)로의 도달

3단계: 실행	• 다양한 구성원 다루기
	• 구조 설립
	• 동의(합의) 검토

자료: 지은구(2012a)에서 재인용.

이와 같은 협력의 단계를 거쳐 협력이 성공적으로 이루어지기 위해서는 협력의 성공을 위한 필수항목이 필요하다. Alter(2009)는 성공적인 협력관계 구축을 위한 필수조건을 다음과 같이 제시하였다.

👤 성공적인 협력관계 구축을 위한 조건

1. 파트너 찾기

파트너십과 네트워크를 구축하는 것은 협력을 위한 가장 기초적인 조건이다. 파트너십을 갖기 위한 가장 기본적인 과업으로 Gray(1985, 1989)는 다음의 세 가지를 강조하였다.
- 의사소통 확립
- 공유된 비전의 개발
- 신뢰구축

다음은 파트너를 찾기 위해 필요한 과업을 정리한 것이다.

1-1. 거래 및 갈등해결을 통해 공감대를 형성한다. 협력이 가능한 파트너 조직을 찾는 것은 조직 사이의 의사소통을 위한 첫 단계이다. 파트너가 협력 가능한 조직을 찾기 위해서는 먼저 파트너가 될 수 있는 잠재적 파트너를 선정하는 작업이 필요하다. 이를 위해서는 비슷한 위험요소나 갈등이 존재하는지 또는 조직 간의 자원이나 정보의 거래가 가능한지를 확인하여야 한다. 잠재적 파트너가 선정되면 그다음 단계는 잠재적 파트너를 구체적인 협력방안이 담긴 협력계획을 통해 의사소통의 과정으로 유도하는 것이 필요하다.

1-2. 공동의 인식구조(공유된 비전)를 갖는다. 일단 공감대가 형성되면 공동의 인식구조를 갖는 단계로 진행하게 된다. 공동의 인식구조는 공유된 비전을 의미하는 것으로 협력을 통해서 실현하려는 비전에 대해 서로 공유하는 것을 의미한다. 즉, 같은 꿈을 가지고 협력을 하도록 공유된 비전을 갖는 것은 조직 간의 또는 구성원들 사이의 협력을 성공으로 이끄는 매우 중요한 역할을 한다.

1-3. 신뢰를 구축한다. 대부분의 파트너십과 네트워크는 신뢰가 구축되지 않은 경우 실패하게 된다. 따라서 신뢰구축은 성공적인 파트너십과 네트워크를 위한 성공조건이다. 신뢰구축을 위해서 지속적인 의사소통을 통해 상호 간의 깊은 이해의 폭을 갖도록 하는 것과 상호존중은 필수적인 요소이다.

2. 실행하기

협력의 실행단계에서는 실행계획서가 필요하다. 즉, 파트너십이나 네트워크가 실현되기 위해서는 이를 위한 실행계획서를 작성하는 것이 중요하다.

2-1. 효과적인 협치(governance)와 업무과정을 구축한다. 공유된 비전을 가진 파트너십을 유지하기 위해서는 협력조직 사이의 분명한 협치구조와 실행구조가 필요하다. 즉, 조직 간 협력은 공유된 비전을 실현할 수 있는 협치구조가 반드시 필요하며 협력을 진행시키는 데 있어 업무도 분명하게 할당되고 구분되어 있어야 한다. 즉, 협력조직 상호 간에 도움이 되기 위해서는 분명하게 과업이 분업화되어야 하며 전문화되어야 한다.

2-2. 조직 상호 간 협력관계는 학습하는 구조가 되어야 한다. 조직 상호 간의 협력관계 구축을 위한 파트너십이나 네트워크가 형성되고 협치구조와 공유된 비전 성취를 위한 업무가 분장되면 협력관계는 학습하는 구조로 나아가야 한다. 즉, 협력활동을 위한 분명하고 실천적인 기술 및 지식은 지속적으로 습득되고 활용되어야 한다.

◈ 협력관리

- 사회복지관이 추구하는 가치의 실현을 위해 조직과 조직 그리고 직원들 간의 상호협력이 유지되고 증진되도록 관리하는 것

◈ 협력관리의 관리요소

- 직원의 의사결정과정 참여보장, 직원 간 권한위임구조
- 공동사업추진계획/파트너십, 협약서/협의체 참여
- 지역사회참여(지역행사 및 지역모임 지역의 각종 위원회)
- 타 기관과의 협력: 보건복지부, 시·군·구, 행정복지센터, 보건소, 지역사회복지협의체, 비영리 사회복지 시설 및 단체

제2절 사회복지관의 협력관리

협력은 공식적인 절차를 통해서 조직들이 동일한 목적을 성취하기 위해 함께 일하는 것을 의미한다(지은구, 2012a). 사회복지관은 조직의 미션을 달성하기 위해서 조직 내부와 외부에서 협력과정을 잘 관리할 필요가 있다. 사회복지관의 협력관리는 직원의 업무분장과 권한위임구조를 토대로 공식·비공식적인 회의, 업무연락 등 다양한 방법을 통해 이루어진다. 지역사회 삶의 질 개선 또는 지역주민들의 사회복지 개선이라는 공동의 목적을 달성하기 위한 외부 조직과의 협력적 관계를 이루는 방법으로는 외부 조직과의 협약체결, 협의체, 협의회, 위원회 등 참여 그리고 특정 이슈나 지역사회문제를 다루는 포럼, 간담회 등을 운영하는 방안 등이 있을 수 있다.

사회복지관을 둘러싼 사회환경의 변화와 이용자들의 변화하는 욕구에 적극적으로 대응하기 위하여 사회복지관들은 주변의 공공 및 비영리 인간봉사영역의 조직들과 원만한 협력관계를 구축하는 것이 중요하다. 사회복지관에게 있어 협력관계 구축은 다음과 같은 이익을 가져다줄 수 있다.

협력관계가 가져다주는 혜택

- 직원들 상호 간의 협력 및 외부 조직과의 협력관계는 다양한 정보와 자금을 확보하는 데 용이하며 업무에 들어가는 시간을 절약할 수 있다.
- 직원들 상호 간의 협력 및 외부 조직과의 협력관계는 사업이나 프로그램을 진행하는 과정에 나타나는 다양한 문제들이나 이슈들을 공유할 수 있으며, 더 빠르게 그 문제에 대처할 수 있도록 돕는다.
- 직원들 상호 간의 협력 및 외부 조직과의 협력관계는 새로운 지식이나 기술을 습득하고 학습할 수 있는 기회를 제공하며, 함께 새로운 서비스를 개발하여 개인의 업무능력 및 서비스의 경쟁력을 강화할 수 있다.
- 직원들 상호 간의 협력 및 외부 조직과의 협력관계는 불확실성에 대처할 수 있고 관리할 수 있는 능력을 강화하며 복잡한 문제를 해결할 수 있도록 돕는다. 또한 전문화하고 다양화할 수 있는 능력을 강화시킬 수 있다.
- 직원들 상호 간의 협력 및 외부 조직과의 협력관계는 조화로운 업무 및 과업 환경을 창출하며 직원 간 그리고 기관 간 상호지원 및 지지를 증가시켜 시너지효과를 창출할 수 있다.

> • 사회복지관을 이용하는 주민, 이용자들의 복잡한 문제 및 욕구에 적극적으로 대처할 수 있어 서비스의 질을 향상시키고 이용자중심의 서비스가 제공되도록 돕는다.

결국 사회복지관의 협력을 위한 노력은 조직 발전 및 성장을 위한 디딤돌의 역할을 할 수 있으므로 다양한 협력관계 구축 및 발전을 위한 노력을 기울이기 위한 시간과 인력의 투입은 소비적인 자원투입이 아닌 생산적인 활동을 강화하기 위한 노력의 일환으로 이해되는 것이 조직성과관리적 측면에서 매우 중요하다.

제3절 협력관리 요소

1 조직 내 소통: 직원의 의사결정과정 참여보장

기관의 관리자는 중요 안건 결정과정에 직원의 참여를 보장하고 투명한 절차를 거쳐 결정하여야 한다. 기관의 단기 및 중장기 사업계획을 수립하는 과정에서 직원이 함께 참여할 수 있도록 한다. 권한의 위임은 해당 조직의 의사결정의 표준화 정도, 경험의 공식화 정도, 내부인력의 수행능력 등에 따라 일반적으로 영향을 받는다. 기관의 경험 역량 표준화와 공식화의 정도 등을 종합적으로 진단한 후에 적절한 권한위임의 수준을 결정한다. 기관은 구성원들의 역할과 책임에 대하여 충분히 공유하여야 한다.

효과적인 협력관리 방안을 마련하기 위해서는 조직구조의 기본변수인 복잡성(complexity), 공식화(formalization), 집권화(centralization), 통합(intergration)의 성격을 먼저 살펴보는 것이 필요하다. 복잡성은 조직의 분화 정도에, 공식화는 직무의 표준화 정도에, 집권화는 의사결정 권한 정도에, 그리고 통합은 분산된 조직활동의 조정 및 통합에 초점을 두고 있다.

첫째, 복잡성은 조직의 분화 정도(degree of differentiation)가 어떠한가를 살펴본다는 점에 그 특징이 있다. 수평적 분화, 수직적 분화, 공간적(장소적) 분화가 있다. 조직구조의 복잡성이 높아지면 높아질수록 관리자는 의사소통, 조정, 통제에 관한 문제를 다루는 데 그만큼 더 주의를 기울이지 않으면 안 된다.

둘째, 공식화는 조직 내의 직무가 표준화되어 있는 정도를 가리키는 것으로 조직성원 및 조직 관련자들이 언제, 무엇을, 어떻게 해야 하는가를 규정하고 명시한다.

셋째, 집권화는 조직에 관한 주요 의사결정이 최고경영층에 의해 내려질 경우이고, 하위 계층의 관리자에게 의사결정의 재량권이 주어질 경우 분권화(decentralization)에 속한다.

넷째, 통합은 조직의 과업을 수행함에 있어서 여러 다른 하위체계 사이의 노력을 통일 시키는 과정으로서 조직목표와 연관되어 수행되는 의식적인 과정이다. 조직에서의 통합은 분화된 활동을 조직의 목표 수행에 적합하도록 통합하고 조정할 필요에 따라 제기된 것이다. 통합의 수단으로는 TF팀 구성, 각 위원회 조직 등을 들 수 있다(양창삼, 1997, pp. 171-308).

특히, 조직의 권한이 배분되고 분포되는 정도를 구분하는 개념으로 집권화와 분권화 란 개념을 좀 더 구체적으로 살펴보면 다음과 같다. 집권화란 조직의 중요한 의사결정이 상위계층에서 이루어지는 것을 말하며, 분권화란 의사결정 권한이 하위계층에 대폭 위임되어 있는 상태를 말한다. 그래서 분권화를 권한위임이라고 해석하기도 한다. 이러한 분권화를 이용하여 앞서 언급한 규모의 증가에 따른 수직적 구조의 문제점들을 부분적으로 해결할 수 있다.

> ◈ 성과관리지침
> - 우리 복지관은 기관의 사업계획, 인사문제 등 중요 안건 결정과정에 직원의 참여를 보장하는 명문화된 규정을 가지고 있다.
> - 우리 복지관의 관리자(관장, 부장, 사무국장)는 중요 안건 결정을 위해 관계자들의 의견을 충분히 수렴한다.
> - 우리 복지관의 관리자(관장, 부장, 사무국장)는 정기적 회의를 통하여 직원들에게 중요 안건의 내용과 결정 경위를 설명한다.
> - 우리 복지관의 관리자(관장, 부장, 사무국장)는 직원 간 의사소통을 활발히 하고, 복지관이 지향하는 비전을 잘 일치시킬 수 있도록 노력하고 있다.

◈ 관리지침해설

• 사회복지관의 조직목표를 달성하기 위해서는 조직 내 구성원들 간의 협력이 성공적으로 이루어져야 한다. 따라서 조직 내 구성원들 간의 협력을 활성화하기 위한 다양한 기제가 마련되어야 하며, 특히 구성원들이 의사결정과정에 참여할 수 있는 민주적인 의사소통 구조와 문화를 형성할 필요가 있다.

2 공동사업추진계획/파트너십, 협약서/협의체 참여

사회복지관은 유관기관과의 협조체계를 구축하고 유지함으로써 사업추진의 효율성과 효과성을 제고하여 지역사회 내에서 기관의 입지를 강화할 수 있도록 한다. 사회복지관은 지역사회 내 관련 사회복지기관을 포함하여 의료기관, 장기요양기관, 공공 보건소와 연계하여 함께 사업을 추진하기도 한다. 예를 들면, 치매예방사업의 경우 보건소 내 치매지원센터와 사회복지관이 협력함으로써 치매예방사업의 효과성을 높일 수 있는데, 지역 치매노인의 조기발견과 치료체계 연계 등의 사업에 개입할 수 있도록 하는 것이다. 기관은 지역사회 자원 및 서비스에 관한 정보를 제공하고, 체계적이고 전문적인 연계 프로그램을 제공하여야 한다.

◈ 성과관리지침

• 우리 복지관은 공동사업을 추진할 연계기관을 개발하고 사업을 추진하고 있다.
• 우리 복지관은 공동사업을 위한 협약서를 작성하여 체결하고 있다.
• 우리 복지관은 공동사업 수행을 위한 업무협약 수행 기관에 대한 현황이 있다.
• 우리 복지관은 연계기관과 함께 수립된 계획을 실행하고 있다.
• 우리 복지관은 담당자와 연계기관과의 추진계획 및 실행과정, 평가 등이 있다.
• 우리 복지관은 지역사회 연계 프로그램을 운영하고 문서로 관리하고 있다.

◈ 관리지침해설

• 조직 간의 협력관계를 구축하기 위해서는 공동으로 사업계획서를 작성하고, 기관 간의

협약서를 작성할 필요가 있다. 아울러 지역사회보장협의체, 지역사회복지협의회 등 단체 활동에 참여함으로써 기관들 간의 연계기능을 활성화할 수 있다.

🧑‍🤝‍🧑 3 지역사회참여: 지역행사, 지역모임, 지역의 각종 위원회 등

사회복지관은 이용자, 가족 및 주변 지역사회와 긴밀하게 협력하여 동반자적인 관계를 유지할 때 서비스에서 최선의 효과를 거둘 수 있다. 즉, 전문적 지식을 갖춘 기관, 서비스에 대한 구체적인 정보를 많이 알고 있는 이용자 및 가족 그리고 기관이 속한 주변 지역사회가 함께 협력관계를 유지할 때 서비스가 더 효과적일 수 있다. 기관, 이용자 및 가족, 지역사회가 긴밀한 협력관계를 유지하기 위해서는 상호존중과 이해가 있어야 하며, 그들의 의견이나 요구를 청취할 수 있는 창구가 마련되어야 한다.

◈ 성과관리지침
- 우리 복지관은 자체 행사에 지역주민이 참가하도록 하거나 지역행사에 이용자를 참여시킨다.
- 우리 복지관은 지역주민이 참가할 수 있는 자체 행사를 기획하고 운영하고 있다.
- 우리 복지관은 지역주민이 행사에 참여힐 수 있도록 적극 홍보하고 있다.
- 우리 복지관은 지역행사에 대한 정보를 이용자에게 공개하며 적극 제공하고 있다.
- 우리 복지관은 시설행사에 지역주민이 얼마나 참여하는지 결과보고서를 작성하고 있다.
- 우리 복지관은 지역사회와의 연계 활성화를 위해 소식지를 발간하고 있다.

◈ 관리지침해설
- 사회복지관은 지역사회의 자원체계로서 다양한 지역사회의 행사에 참여하고 지역사회복지협의회, 지역사회복지협의체 등 관련 복지네트워크 모임에 적극적으로 참여할 수 있도록 지원하는 것이 필요하다.

4 타 기관과의 협력

　사회복지관은 지역복지자원으로서 사명감을 확립하고, 조직의 투명성 확보를 위해 노력하여야 한다. 복지관의 이용자 혹은 생활자가 지역사회주민의 일원이라는 것을 고려할 때, 기관이 지역사회와의 관계를 형성하고 그 관계를 강화해 나가는 것은 지역사회에 대한 사회복지서비스 제공을 통해 지역사회 복지증진이라는 목적을 달성할 수 있다. 시설의 자원을 지역사회의 자원으로 인식하고 지역사회에 개방하거나 공유하려는 노력을 하여야 한다. 복지관은 지역사회 조직·단체와 네트워크를 구성하고, 기관의 행사에 지역주민들의 적극적 참여를 유도하여야 한다. 복지관에서 제공할 수 없는 부분의 서비스를 받아야 하는 이용자의 경우엔 적정한 서비스를 실시하는 기관으로 연결시켜 맞춤형 서비스를 받을 수 있도록 한다.

◈ 성과관리지침

- 우리 복지관은 지역사회 기관과의 협약을 체결하고 협약서를 관리하고 있다.
- 우리 복지관은 타 기관과의 협력 현황을 파악하고 있다.
- 우리 복지관은 지역복지자원으로서의 책임에 대해 인식하고 있다.
- 우리 복지관은 지역복지자원으로서의 책임을 다하기 위한 법, 규범, 윤리강령 등이 명문화되어 있다.
- 우리 복지관은 지역사회 조직·단체와의 네트워크에 참여하고 있다.
- 우리 복지관은 지역사회 조직·단체와 관련된 정보를 수집하고 있다.
- 우리 복지관은 지역사회 조직·단체와 공동사업을 기획하여 추진하고 있다.
- 우리 복지관은 지역사회의 다양한 기관과 협력관계를 맺고 있다.
- 우리 복지관은 지역사회 내 다양한 조직 간의 자원협력에 대한 직원교육을 실시하고 있다.

◈ 관리지침해설

- 사회복지관 이용자들의 복합적인 요구를 해결하기 위해서는 기관들 간의 협력이 매우 중요하다. 특히, 최근 지역사회보장협의체 구축, 각종 민관네트워크 운영 등 지역에서 기관들 간의 협력관계 형성이 더욱 중요해졌다. 사회복지관은 중앙정부와 지방정부의 공공기관 및 지역사회의 다양한 민간기관들과 보다 유기적인 협력관계를 형성해 나갈 필요가 있다.

제26장 지역사회관리

지역사회는 지역사회에 잠재되어 있는 다양한 인적 및 물적 자원과 사회복지관 내부 자원의 조직화를 통해 자원 확보 및 연계를 강화하여 맞춤형 사례관리체계를 구축하고 자원의 순환을 통해 지역주민과 함께 소통하는 주민참여 복지를 강화하여야 한다.

제1절 지역사회관리의 개념

지역사회는 사회복지실천의 중요한 물리적 환경이면서 동시에 사회복지서비스 대상자가 되기도 하고, 서비스를 위한 자원연계의 토대가 된다는 점에서 지역사회에 대한 이해가 매우 중요하다. 서강훈(2013)에 따르면, 지역사회는 '공통의 이익을 가지고 있거나 같은 지역에 사는 개인들의 집단'이며, 지역사회복지는 지역주민과 사회적 약자들의 복지증진을 위한 사회복지의 한 방법적인 영역이다. 지역사회에 대한 이해는 매우 다양한 스펙트럼을 가지며 사용되기 때문에 그 의미를 지역성에 한정시키기보다는 '공동체'라는 의미까지 확대하기도 한다. 지역사회를 정의하기 위해서는 지리적 지역사회의 개념과 지역 구성원들에게 의미 있는 개인, 집단의 공동체를 포함하기도 한다.

지역사회복지란 지역성에 기초한 지역사회나 목적성에 기초한 공동체에 조직적이고 체계적인 개입을 통해 구성원들의 삶의 질을 향상시키기 위한 사회복지적 지식과 기술을 활용하는 전문 실천방법이다(정무성, 2000). 지역사회의 복지를 향상시키려는 노력은 의료보건, 사회복지 등 어느 특정 분야에 국한된 것은 아니며 전문가와 자원봉사자 등의 비전문가들에 의해서 광범위하게 수행될 수 있다. 그러나 현대 산업사회의 사회문제는 그 문제의 규모가 방대하고 사회구조적인 요인을 많이 포함하는 성격을 띠기 때문에 비조직적이고 개인적인 차원에서 해결하기 어려운 경우가 많아 보다 계획적이고 조직화된 전문적인 노력이 필요하게 된다. 따라서 지역사회복지는 주로 공적·사적 영역의 사회복지기관의 전문 사회복지사들이 그들의 과학적인 전문 지식과 기술 등을 이용하여 계획된 지역사회나 공동체의 변화 목표를 달성하기 위해 노력하는 의도적이고 합리적인 과정이라고 할 수 있다. 이러한 지역사회복지에서 사회복지기관과 전문 사회복지사들은 지역사회복지를 향상시키기 위해 지역사회 변화 노력의 구심점으로서의 역할을 수행한다. 사회복지기관의 지역사회복지기관으로서의 중추적 역할은 다음 사회복지관의 목표에 잘 나타나 있다.

> "사회복지관은 사회복지서비스 욕구를 가지고 있는 모든 지역사회주민을 대상으로 보호서비스, 재가복지서비스, 자립능력 배양을 위한 교육훈련 등 그들이 필요로 하는 복지서비스를 제공하고, 가족기능 강화 및 주민 상호 간 연대감 조성을 통한 각종 지역사회문제를 예방·치료하는 종합적인 복지서비스 전달기구로서 지역사회주민의 복지증진을 위한 중심적 역할을 수행하여야 한다."(보건복지부, 2014c)

따라서 사회복지관에서는 지역사회가 직면한 문제가 무엇이며, 이러한 문제를 가진 주요한 대상자들은 누구이며, 이러한 문제를 발생하게 하는 원인은 무엇인지 분석함으로써 그 지역의 특성을 반영한 사회복지서비스를 실천하기 위해 노력하여야 한다. 생태체계이론에 따르면, 사회복지관이 변화시키고자 하는 것은 결국 지역사회에 살고 있는 이용자와 이용자가 살고 있는 환경 모두라고 볼 수 있다. 사회복지관이 관심을 가지고 변화시켜야 하는 대상은 곧 이용자이다. 그러므로 우리의 이용자는 누구이며, 우리가 해야 하는 임무가 무엇인지에 대한 이해를 위해서 지역사회에 대한 철저한 분석이 반드시 뒷받침되어야 한다. 이와 더불어 사회복지기관은 지역사회의 변화와 지역주민의 욕구 및 문제를 다양한 조사방법을 활용하여 분석하여 환경변화에 민감하게 반영하고 이를 서비스 제공계획에 체계적으로 반영하여야 한다.

사회복지관은 이용자, 가족 및 주변 지역사회와 긴밀하게 협력하여 동반자적인 관계를 유지할 때 더 효과적으로 서비스를 제공할 수 있다. 이를 위해서는 기관, 이용자 및 가족, 지역사회 간의 상호존중과 이해가 있어야 하며, 서로의 의견이나 요구를 청취할 수 있고, 서비스 정보 등을 공유할 수 있는 창구가 마련되어야 한다. 의사소통 창구를 통하여 기관과 지역사회 간에 신뢰를 형성하여 지역사회의 변화에 지역주민들이 능동적으로 참여할 수 있는 기회를 제공하는 한편, 기관 또한 지역사회의 활동에 적극적으로 참여하여 지역주민 및 관련 기관들과 긴밀히 소통하여 함께 지역사회조직활동을 해 나가야 한다.

◈ **지역사회관리**
- 지역사회가 직면한 다양한 문제에 대한 해결 방안을 수립하고 환경적 · 인구 통계적 변화를 수용하고 해결하기 위한 대응방안을 관리하는 것

◈ **지역사회관리의 관리요소**
- 지역사회변화 분석
- 지역사회 문제분석(인구 통계적 변화, 주민의 욕구변화 등)

제2절 사회복지관의 지역사회관리

오늘날 사회복지관은 지역사회 기반의 종합적인 사회복지서비스 제공에 있어서 중추적인 역할을 담당하고 있으며, 급변하는 지역사회의 인구변화와 문제를 진단하고 이에 대응하기 위한 체계를 구축하기 위해 노력하고 있다.

사회복지관은 현재 이용자들과 그 가족들을 위한 다양한 서비스를 제공하는 복합적인 기능을 수행할 것을 요구받고 있을 뿐만 아니라 향후 지역사회 환경변화에 적극적으로 대응하기 위해 사회복지관이 수행하고 있는 역할과 기능에 있어 혁신과 변화를 요구받고 있다.

따라서 사회복지관은 특히 지역사회의 주민들을 둘러싼 제도, 자원, 수요에 관한 자료를 지속적으로 수집하고 분석함으로써 환경과 지역주민들의 욕구에 능동적으로 대응할 뿐만 아니라 각 기관의 서비스 경쟁력 제고를 위한 혁신 과제를 개발해 나갈 필요가 있

다. 아울러 지역주민들에게 사회복지관의 존재에 대해서 알리고, 지역사회주민들이 복지관 프로그램에 참여할 수 있는 기회를 제공하며, 사회복지관 기관장과 직원들이 지역사회 활용에 참여하여 지역주민 및 관련 기관들과 지속적으로 소통함으로써 지역사회와 열린 관계를 형성하여야 한다.

제3절　지역사회관리 요소

1 지역사회 변화분석

저출산과 고령화에 따라 지역사회는 매우 급속하게 변화하고 있다. 지역사회의 물리적 변화뿐만 아니라 이 변화로 인한 지역주민의 욕구변화에 대한 분석을 통해 지역사회 복지기관이 지역과 이용자 중심의 서비스를 제공해야 한다. 지역사회 변화 및 주민 욕구 변화에 대한 이해를 위해서는 다양한 통계자료를 활용할 수 있다. 지역사회 내 공공기관이 작성한 통계자료, 지역사회 복지계획 수립을 위한 욕구조사 자료, 지역복지계획 등을 통해 지역사회의 변화와 욕구변화에 대한 이해를 증진하여 지역복지실천의 기초자료로 삼아야 할 것이다.

◈ 성과관리지침
- 우리 복지관은 지역사회의 환경변화를 고려하여 사회복지서비스 프로그램 개발에 반영하고 있다.
- 우리 복지관은 지역사회 변화에 대한 정보를 파악하고 있다.

◈ 관리지침해설
- 사회복지관은 정부와 지방자치단체의 정책 변화는 물론 지역사회의 인구 및 복지자원의 변화에 민감하게 대응할 필요가 있다. 따라서 다양한 방법을 활용하여 지역사회 환경변화에 대한 정보를 수집하고 분석하도록 한다.

🧑‍🤝‍🧑 2 지역사회 문제분석

사회복지관은 지역사회의 문제 및 욕구와 해결을 위한 실행가능성을 토대로 서비스를 계획할 수 있어야 한다. 지역사회의 욕구 탐색은 지역사회 현황 보고서, 지역사회욕구 조사, 전년도 사업평가서 등의 자료를 통해 이루어질 수 있다. 서비스 계획에 지역사회의 문제 및 욕구가 반영되어 목적과 목표가 세워져야 하며, 적합한 대상이 파악되고, 그에 맞게 서비스 내용이 구성되어야 한다. 복지관은 지역사회의 문제 및 욕구와 실행가능성을 토대로 지역사회조직사업을 계획할 수 있도록 한다. 이를 위해 지역사회사정은 지역사회 문제와 욕구, 지역사회의 사회자본, 지역사회의 인적·물적 자원에 대해 이루어져야 한다. 사정은 양적 조사와 질적 조사를 통해 이루어질 수 있으며, 사정도구에는 지역자원목록, 지역사회지도그리기, 지역조사 체크리스트, 지역사회 분석틀, 지역사회 개념화를 위한 분석틀, 지역사회 사정모형, 지역사회 사정틀(지역프로필이나 이슈프로필 등) 등이 있다. 사정(assessment)은 질문에 대한 보고서나 대답과 같은 하나의 산물이다. 따라서 사정은 학습, 조사, 평가 같은 하나의 과정이고 실천을 위해 중요한 이성적 기술이다. 사정은 또한 집합적 지역의 욕구와 적절한 치료계획을 포함하는 참여과정이라고 부를 수 있다(Netting, Kettner, & McMurtry, 1998). 특히, 지역사회복지분야에서 사정은 지역에 들어가고, 관계개선을 형성하고 신뢰를 구축하고, 문제를 해결하는 것과 같은 복잡한 일련의 준비행동들 중의 하나라고 볼 수 있다. 따라서 지역사회사정은 개인과 집단 그리고 지역과 그 지역을 둘러싼 환경적 요소들을 포함하는(정치, 경제, 사회를 포함하는) 지역의 요소들을 고려하는 과정이라고 볼 수 있다.

Netting, Kettener 그리고 McMurtry(2004)는 지역사회사정을 위한 과업을 4단계로 구분하였는데, 첫 번째 단계는 인구집단의 확인, 두 번째 단계는 지역사회 특성 확인의 단계이고, 세 번째 단계는 지역사회의 차이점을 인식하는 단계이며, 마지막으로는 지역사회 구조를 확인하는 단계이다. 각 단계는 다양한 행동들로 구성되어 있다. 단계와 단계별 행동들을 표로 나타내면 다음과 같다.

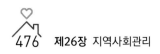

✎ 〈표 26-1〉 지역사정 단계

단계	변수	행동
1단계: 인구집단 확인	사람	1. 인구집단이나 하위집단을 확인한다.
	특성	2. 인구집단의 특성을 이해한다.
	욕구	3. 주민들이 표출하는 욕구에 대한 정보와 자료를 확보한다.
2단계: 지역사회 특성 확인	공간	4. 변화를 위한 개입노력이 집중되어야 할 지역사회의 지리적 경계를 확인한다.
	지역사회문제	5. 지역주민들에게 영향을 주는 문제에 대한 프로필을 만든다.
	가치	6. 지역주민들에게 영향을 주는 지배적인 가치를 이해하고 관찰한다.
3단계: 지역사회 차이점 인식	억압	7. 지역주민들이 힘 있는 기관이나 사람들에 의해서 제한받은 방식을 인지한다.
	차별	8. 지역사회주민들이 차별받는 실례들을 확인한다.
4단계: 지역사회 구조 확인	힘이나 자원 유용성	9. 지역주민들의 욕구를 해결하기 위해서 지역자원이나 힘이 어디에 있는지 그리고 이해관련당사자들이 누구인지를 확인한다.
	사회서비스 전달조직	10. 지역주민에게 사회서비스를 전달하는 공식적·비공식적 조직을 확인한다.
	자원통제유형이나 서비스 전달유형	11. 지역사회주민들에 대한 자원전달을 누가 통제하고 누가 제공하는지를 확인한다.
	조직 사이의 연계	12. 욕구를 가진 지역주민들에게 사회서비스를 제공하기 위하여 필요한 연계조직을 확인한다.

자료: Netting, Kettener, & McMurtry(2004), p. 170에서 재인용

◈ 성과관리지침

• 우리 복지관은 정기적으로 지역사회의 변화와 지역주민의 욕구 및 문제를 다양한 조사 방법을 활용하여 분석하고 있다.
• 우리 복지관은 정기적으로 지역사회의 문제 및 욕구를 파악하여 체계적으로 서비스 계획에 반영한다.
• 우리 복지관은 지자체, 공공기관의 최신 지역통계, 지역복지욕구조사 내용을 활용한다.
• 우리 복지관은 유관기관 복지관련 계획(지역사회보장계획, 보건의료계획 등)의 자료를 활용한다.

◈ 관리지침해설

• 복지관에서는 정기적인 이용자만족도 및 지역주민 욕구조사를 실시하여 복지관의 사업 운영 방향을 설정하도록 한다.
• 복지관에서는 중장기 발전계획 수립 및 연차별 사업계획을 수립할 때 지역사회의 변화에 대한 정보를 근거로 삼는다.
• 지역사회 지도 그리기 등의 방법을 활용하여 사회복지관을 둘러싼 지역의 다양한 자원 분포도를 파악한다.

제**27**장 결론

2016년 상반기를 기준으로 우리나라에서 지역주민과 노인 그리고 장애인들에게 종합적이고 다양한 사회복지서비스를 제공하는 사회복지관은, 물론 현재 건립 진행 중인 곳도 존재하지만, 지역사회복지관 452개소, 노인복지관 344개소 그리고 장애인복지관 220개소 등 총 1,016개 기관이 설립되어 지역을 기반으로 운영되고 있다. 사회복지관은 지역사회 주민들의 가장 근거리에서 서비스를 제공하는 기관으로서, 복지관의 모든 사업은 지역사회주민들의 복지증진을 위해 제공되고 있다고 할 수 있다. 사회복지관사업이 국고보조금사업으로 전환된 이후 1990년대를 중심으로 사회복지관의 수는 급격하게 증가하였으며 앞으로도 지역주민들이 필요로 하는 다양한 지역사회문제 및 주민들의 욕구에 대한 일차적인 해결전초기지로서 그 운영의 정당성 및 필요성이 증대하고 있음이 주지의 사실이다.

사회복지관의 설립목적은 지역사회복지관이나 노인복지관 그리고 장애인복지관이 모두 동일하다고 볼 수 있는데, 이는 곧 노인과 장애인을 포함하는 지역주민들의 복지증진과 이를 통한 삶의 질 향상이라고 할 수 있다. 사회복지관 운영비의 80% 정도가 국민의 세금으로 제공된다는 점을 차치하고라도 국민들의 복지증진을 통한 삶의 질 향상이라는 중대한 임무를 부여받은 모든 지역의 사회복지관들은 그 운영에 있어 전문성과 책임성 그리고 철저한 윤리성을 기반으로 지역사회에서 주민들과 함께 조직안정 및 지속적인 발전을 위한 사회복지관 운영관리방안을 확보하고 실행하여야 함은 당연하다고 할 수 있다.

이 저서는 사회복지관 운영의 핵심적인 키워드를 성과관리로 설정하고 비영리 사회복지조직 성과관리를 위한 모형을 구축하여 제시하였다. 이 저서에서 강조하는 사회복지관 성과관리모형은 제공자중심형의 성과관리모형으로서 '사회복지관 자기주도성 성과관리모형(Self-Oriented Performance Management Model for Welfare Centers: SOPMM)'이다. 조직의 성과가 관리되기 위해서는 성과관리를 위한 기본 틀(모형)과 모형에 입각한 성과 측정을 위한 측정도구(척도)가 포함되는 성과관리체계의 구축이 필요하다. 이 저서는 특히 사회복지조직의 성과관리모형개발을 위한 결과물이라고 할 수 있다.

사회복지관 성과관리모형은 이론적 근거로서 조직사회자본이론, 조직발전이론 그리고 학습조직이론을 토대로 하며 성과를 투입과 과정 산출 및 결과의 전 과정에서 관리되고 측정되는 요소로 인지한다. 특히, 성과를 구성하는 요소로서 가치관점, 과정관점 그리고 결과관점을 견지하며 가치관점을 구성하는 성과구성요소로 규범관리, 비전관리 그리고 신뢰관리를 제시하였고, 과정관점을 구성하는 성과관리구성요소로 인적자원관리, 프로그램관리, 이용자관리, 협력관리, 재무관리, 갈등관리, 시설안전관리, 혁신관리, 조직관리, 정보문서관리, 자원개발관리, 지역사회관리를 제시하였으며, 마지막으로 결과관점을 구성하는 성과관리요소로는 품질관리, 효과관리 그리고 평과관리를 제시하여 총 3개 관점에서 18개 성과관리요소를 도출하여 그 구체적인 성과관리요소별 관리내용과 성과관리지침을 제시하였다.

성과관리지침은 곧 성과관리를 위한 측정문항으로서 18개 성과관리영역의 총 18개 성과관리를 위한 측정척도는 356개 성과관리지침, 즉 측정질문항목이다.

〈표 27-1〉 사회복지관 성과관리영역과 척도

성과관리영역			척도명	성과측정 하위변수	지침/문항
가치영역	1.	비전관리	비전 관리척도	미션과 비전의 가치지향성	8
				미션 및 비전의 공유 정도	3
				관장의 리더십	3
				관장의 업무수행 전문성	3
				관장의 조직운영철학	6
	2.	규범관리	규범 관리척도	윤리경영을 위한 준비	1
				윤리경영을 위한 노력	2
				윤리헌장/윤리강령/윤리기준의 준수	3
	3.	신뢰관리	신뢰 관리척도	이용자들의 조직 및 직원에 대한 신뢰	5
				직원들의 조직에 대한 신뢰	5
				직원들의 직장상사에 대한 신뢰	15

			직원들 간의 신뢰	3
			직원의 프로그램에 대한 신뢰	4
과정영역	4. 인적자원관리	인적자원 관리척도	직원관리 적절성	13
			직무적절성	5
			직원개발노력 적절성	7
			직무태도의 적절성	2
	5. 프로그램관리	프로그램 관리척도	프로그램 계획 적절성	5
			프로그램 모니터링 적절성	10
			프로그램 참여인력 전문성	11
			프로그램 대상자 적절성	3
	6. 이용자관리	이용자 관리척도	이용자 불만 및 만족	3
			이용자 권리	3
			이용자 정보보호	4
			이용자 참여	4
			이용자 개별적 사례관리	8
	7. 협력관리	협력 관리척도	직원 간 협력관계	3
			조직 간 협력관계	5
			지역주민 간 협력	3
	8. 재무관리	재무 관리척도	재무관리지식	5
			재무관리기술	15
			재무관리태도	4
	9. 갈등관리	갈등 관리척도	이용자들 간의 갈등처리	5
			이용자와 직원 간의 갈등처리	5
			직원 간의 갈등처리	5
			지자체와의 갈등처리	5
	10. 시설안전관리	시설안전 점검척도	실내·외 안전	8
			주변 안전	3
			부대시설안전	3
			안전관리	7

11.	혁신관리	혁신 관리척도	조직 내·외부 환경분석	9
			혁신준비	4
			변화의 필요성 인식	10
12.	조직관리	조직 관리척도	공식적 조직 활동	12
			비공식적 조직 활동	3
			조직문화	3
13.	정보문서관리	정보문서 관리척도	온라인 정보시스템관리	7
			오프라인 정보관리시스템관리	2
			문서시스템관리	6
14.	자원개발관리	자원 개발척도	가치자원	3
			태도자원	5
			기술자원	5
			지식자원	4
15.	지역사회관리	지역사회 인식척도	지역사회 정책분석	3
			지역사회 인구통계분석	3
			지역사회 문제분석	2
결과영역				
16.	품질관리	서비스 품질척도	유형성	4
			신뢰성	5
			응답성	4
			확신성	3
			공감성	4
			접근성	2
			권리성	4
			협력성	4
17.	효과관리	효과 관리척도	프로그램 효과	4
			이용자 효과	4
			가족 및 지역사회 효과	5
18.	평가관리	조직평가 관리척도	시설평가	4
			직원평가	8
			프로그램평가	5
18개 성과관리영역의 총 18개 척도 356개 항목				356

특히 세 개 관점별 18개 성과관리구성요소 및 성과관리영역과 성과관리지침은 현장적 합성 및 신뢰도와 타당도를 위해 전국의 18개 복지관장 및 부장으로 결성된 초점집단면 접을 통해 1년이라는 기간 동안 총 6회에 걸쳐 수정 및 보완 작업을 거쳐 최종 도출되었으므로 1차적으로 내용타당도가 검증된 모형이라고 할 수 있다. 이 저서에서는 내용의 제한으로 구체적인 성과관리모형의 수정 및 보완 작업의 과정과 결과는 생략하였다.

이 저서가 제시하는 사회복지관 자기주도성 성과관리모형이 작동하기 위해서는 모형에 최적화된 성과측정을 위한 측정도구, 즉 성과관리영역별 측정척도의 개발이 이루어 져야 하므로 이 저서는 사회복지관 성과관리모형에 적합한 성과측정도구개발이라는 과제를 향후 연구과제로 제시한다. 이 저서를 통해서 제시되는 성과관리모형이 지역사회 복지증진을 위해 노력하는 사회복지사들의 열정과 노력을 정당하게 표출하고 인정받을 수 있는 관리모형이 되기를 바라며, 지역주민의 역량을 강화하고 조직이 스스로 발전하며 지역사회주민들의 삶의 질 개선이라는 궁극적인 조직성과를 달성하는 데 일조하는 성과관리모형으로 작동하기를 진심으로 바라는 바이다.

참고문헌

강종수(2012). 사회복지조직의 사회자본과 직무만족 및 조직몰입의 관계. 한국산학기술학회논문
　　지, 13(9), 3915-3923.

강종수, 류기형(2007). "사회복지사의 경력몰입 결정요인 및 직무태도에 미치는 효과." 한국사회
　　복지학, Vol. 59, No.3, pp.201-227.

구자숙(2005). 조직 내 신뢰: 개념화와 연구동향. 한국심리학회지: 문화 및 사회문제, 11(1), 69-83.

국가인권위원회(2004). 국제인권장전 유엔인권해설집.

권육상(1999). 사회복지실천론. 서울: 학문사.

권인석(2005). 공공조직에 있어서 가치의 유형과 구조: 논의의 제기. 한국조직학회보, 2(2), 1-21.

김건우(2006). 재무관리. 서울: 홍문사.

김광점(2000). 조직간 협력의 영향요인과 성과. 고려대학교 대학원 박사학위논문.

김구, 한기민(2011). 경찰조직의 사회적 자본이 직무성과에 미치는 영향. 지방정부연구, 15(4),
　　127-151.

김기덕(2005). 사회복지 윤리학. 서울: 나눔의집.

김기덕, 최소연, 권자영(2012). 사회복지윤리와 철학. 경기: 양서원.

김동헌, 김영재, 이영찬(2006). 기업의 사회적 자본과 인적자원개발. 한국직업능력개발원.

김미숙, 김은정(2005). 사회복지시설의 민간자원 동원에 영향을 주는 요인 연구: 후원을 중심으
　　로. 한국사회복지학, 57(2), 5-40.

김미혜(1999). 노인과 인권. 복지동향, 통권 8호, 31-40.

김민주, 지은구(2015). 자유세션 1: 사회통합; 지역주민이 인식하는 사회자본이 사회복지의식에
　　미치는 영향. 한국사회보장학회 정기학술발표논문집, 1123-1144.

김병규(2004). 기업조직의 사회적자본 증진에 대한 연구: 조직몰입과의 관계를 중심으로. 부산대
　　학교 대학원 석사학위논문.

김상진(2006). 호텔의 사회자본이 기업성과에 미치는 영향: 직무만족, 조직몰입, 경영성과를 중

심으로. 경희대학교 대학원 박사학위논문.

김성국, 김정미(2013). 사회복지시설 중심으로 풀어 쓴 사회복지시설 회계실무. 서울: 공동체

김왕배, 이경용(2002). 사회자본으로서의 신뢰와 조직몰입. 한국사회학, 36(3), 1-23.

김용석(2009). 사회복지 서비스 이용자 만족도 척도의 개발과 평가. 한국사회복지행정학, 11(3), 127-160.

김원형(2009). 조직심리와 행동의 이해. 서울: 시그마프레스.

김은정, 정소연(2009). SERVQUAL 모형에 근거한 사회서비스 품질의 구성차원과 서비스 만족도. 한국사회복지정책학회, 36(2), 191-217.

김은희(2005). 외식기업 프랜차이즈 시스템의 장기지향성 형성요인에 관한 연구. 경원대학교 대학원 박사학위논문.

김은희(2010). 사회복지조직의 사회적 자본과 직무만족과의 관계연구. 한국거버넌스학회 학술대회 자료집, 139-165.

김인숙(2004). 한국 사회복지실천의 정체성. 한국사회복지학회 학술발표대회지, 33-53.

김인숙(2005). 한국 사회복지실천의 정체성. 비판사회정책(20), 119-152.

김정린(2005). 비영리조직 경영. 서울: 아르케.

김종수(2013). 제헌헌법 사회보장이념의 재발견과 계승. 사회보장법연구, 2(2), 1-38.

김준기, 이민호(2006). 한국의 네트워크 거버넌스에 관한 연구: 사회복지관의 네트워크와 조직 효과성. 행정논총, 44(1): 91-126.

김찬영(2013). 사회복지기관 사회복지사의 직무스트레스가 조직몰입에 미치는 영향. 건양대학교 대학원 박사학위논문.

김태환, 성기석, 박남권, 박대우, 이재은(2009). 재난관리론. 충남: 소방방재청 국립방재교육연구원.

김현주, 정재상(2005). 조직설계 방법론. 서울: 시그마인사이트컴.

김형모(2006). 장애인복지과 평가의 향후 과제. 임상사회사업연구, 3(3), 47-67.

김희규(2004). Senge의 학습조직이론의 학교 적용에 관한 연구. 교육행정학연구, 22(1), 67-87.

김희숙(2006). 노인종합복지관의 프로그램개선 방안에 관한 연구. 서울시립대학교 대학원 석사학위논문.

노연희(2007). 지역사회기반 비영리조직의 전략적 자원개발을 위한 연구: 소규모 비영리 사회복지조직을 중심으로. 2007 심포지엄. 나눔, 참여 그리고 지역사회 변화.

노인복지법. 〈일부개정 2015. 01. 28., 시행 2015. 07. 29.〉

노인복지법시행규칙. 〈일부개정 2015. 06. 02.〉

노혜련, 김수영, 양민옥, 이호경(2011). 사회복지실천교육의 평가와 과제. 한국사회복지교육, 15(15), 51-86.

류성민, 권정숙(2009). 비전만족도의 선행요인 및 결과요인에 관한 연구. 인사관리연구, 33(3), 127-158.

문영주(2011). 사회복지조직의 사회적 자본 척도 구성과 그 적용에 관한 연구. 사회복지연구, 42(3), 381-407.

문유석, 허용훈, 김형식(2008). 경찰공무원의 사회적 자본과 직무만족. 한국지방자치학회 하계학술 대회, 2, 143-174.

문인숙, 김미혜 공역(1993). 사회복지기관행정론. 서울: 동인.

박연호(2000). 현대인간관계론. 서울: 박영사.

박영란(2013). 고령사회 사회복지관의 서비스 종합대책 토론회 자료집.

박영란, 권중돈, 손덕순, 이은주, 장연식, 이세융, 이기민, 전혜원(2012). 100세 시대 노인 여가 활성화를 위한 사회복지관 기능과 역할 재정립. 한국노인종합복지관협회.

박희봉(2002). 조직 내 사회자본 형성요인에 관한 연구. 지방정부연구, 6(1), 221-237.

박희봉, 강제상, 김상묵(2003). 조직 내 사회적 자본의 형성 및 조직성과에 대한 효과. 한국행정연구, 12(1), 3-25.

반혜정(2009). 지배구조에 따른 기업의 사회적책임과 기업성과. 산업경제연구, 22(5), 2171-2195.

배병룡(2005). 조직내 신뢰가 반응성에 미치는 영향. 한국행정학보, 39(3), 67-86.

보건복지부(2007). 사회복지관의 기능 재정립에 관한 연구.

보건복지부(2014a). 사회복지시설 안전관리 매뉴얼. 세종: 보건복지부 사회서비스자원과.

보건복지부(2014b). 제6기 사회복지시설 평가.

보건복지부(2014c). 2015 사회복지관 운영관련 업무처리 안내.

보건복지부(2015). 사회복지시설관리안내.

보건복지부(2015a). 2015년 노인보건복지 사업안내.

보건복지부(2015b). 2015년 노인보건복지 사업안내 2권.

보건복지부(2016). 2016 사회복지관 운영관련 업무처리 안내.

보건복지부(2017). 2017 제Ⅲ권 장애인 복지시설 사업안내.

보건복지부, 한국사회복지협의회 사회복지시설평가원(2014). 2015년 사회복지관 평가지표 설명회 자료집.

삼일회계법인, 삼일미래재단(2006). 비영리법인 운영 매뉴얼.

서강훈(2013). 사회복지사를 위한 사회복지용어사전. 경기: 이담북스.

서울복지재단(2006). 복지관 경영매뉴얼 2.

서울복지재단(2006). 서울시사회복지관 기능정립방안.

서울복지재단(2009a). 성공하는 사회복지시설의 경영실무도움서 시리즈 2: 조직관리하기.

서울복지재단(2009b). 성공하는 사회복지시설의 경영실무도움서 시리즈 3.

서울복지재단(2009c). 창의아카데미 사회복지관 프로그램 매뉴얼 교육.

서울복지재단, 서울시노인종합복지관협회(2011). 서울시노인종합복지관 운영 매뉴얼.

서울시복지재단(2011). 노인종합복지관 기능 및 역할 재정립 연구.

서혜경(2001). 노인권익운동의 오늘과 내일. 밝은 노후, 창간호, 25-31.

손성철, 정범구(2010). 카리스마적 리더십과 조직사회자본간의 관계 연구-팔로어십의 조절효과를 중심으로. 생산성논집(구 생산성연구), 24(4), 5-34.

신유근(2001). 사회중시 경영: 기업과 사회. 서울: 경문사.

안계성, 임태훈(2000). 데이터베이스 이용자정보 관리지침. 정보통신부, 한국데이터베이스진흥센터.

안우환(2005). 가족 내 사회적자본과 학업성취와의관계. 경기: 한국학술정보.

안정선, 최원희(2010). 사회복지 슈퍼비전의 이론과 실제. 서울: 신정.

양난주(2014). 사회복지시설평가제도에 대한 비판적 고찰. 한국사회복지행정학, 16(3), 493-517.

양옥경, 김정진, 서미경, 김미옥, 김소희(2008). 사회복지 실천론. 경기: 나남출판사.

양창삼(1997). 조직이론(제2증보판). 서울: 박영사.

양창삼(2007). 조직행동. 서울: 법문사.

염종호(2011). 공공조직의 사회적 자본과 조직효과성에 관한 연구. 한양대학교 대학원 박사학위논문.

오혜경(2004). 사회복지실천의 가치와 윤리에 관한 연구. 사회복지리뷰, 9, 115-143.

우정자(2006). 사회복지 조직간 협력관리 요인에 관한 탐색적 연구. 한국사회복지학, 58(4), 37-63.

유동철(2012). 사회복지시설평가, 패러다임의 전환이 필요하다. 사회복지시설 평가제도 개선토론회 자료집. 공정경쟁과 사회안전망 포럼.

유수진(2009). 최고관리자의 변혁적 리더십과 조직의 사명달성 및 윤리 경영과의 관계에 관한 연구. 서울여자대학교 대학원 석사학위논문.

유승주, 김용섭(2013). 한국 사회복지기관 비정규직 직원의 갈등경험에 대한 질적 연구. 한국동북

아논총, 69, 223-241.

윤석현, 조의영(2002). 중저가호텔 프랜차이즈시스템의 경쟁우위전략과 관제몰입의 관계에 관한 연구. 관광경영연구, 16, 149-170.

윤정구(2010). 100년 기업의 변화 경영. 서울: 지식 노마드.

윤혜미(1991). 인간봉사조직에서의 갈등관리. 보건사회논집, 11(1), 42-57.

이동호(2013). 국내 수산관련 기업의 주요 경영철학에 대한 내용분석-장사의 미션과 비전을 중심으로. 수산경영논집, 44(3), 85-101.

이봉주(2013). 지역사회복지관의 사회서비스 관리와 평가: 무엇을, 왜, 어떻게. 한국사회복지행정학, 15(1), 197-221.

이봉주, 김수삼, 신용규, 김은혜, 정무성(2012). 사회복지시설 평가 대응전략. 한국사회복지행정학, 5, 1-10.

이원주, 지은구(2015). 노인요양시설과 성과측정. 서울: 학지사.

이재규, 조영대(1993). 교사집단의 갈등관리방법에 관한 실증적 연구. 조직과 인사관리연구, 17, 17-42.

이재규, 조영대(1994). 직무적합성이 직무만족과 갈등관리방법에 미치는 영향. 경영학연구, 23(3), 313-338.

이정석, 한은정, 권진희(2011). 재가장기요양기관 평가체계 개선방안. 서울: 국민건강보험공단 건강보험정책연구원.

이진만(2013). 조직 내 사회자본 영향요인에 관한 연구: 공·사 조직 비교를 중심으로. 건국대학교 대학원 박사학위논문.

이창수, 윤영철, 김영옥(2005). "인권관련 정부통계 현황에 대한 실태조사." 국가인권위원회.

이학식, 안광호, 하영원(2002). 비자행동-마케팅의 전략적 접근. 서울: 법문사.

이학종, 양혁승(2014). 전략적 인적자원관리. 서울: 도서출판 오래.

이홍직(2008). "노인복지시설 종사자의 직무만족도 결정요인에 관한 연구." 스트레스연구, 16권, 4호. 대한스트레스학회.

이효선(2008). 사회복지 기본가치와 보편적 윤리의 관계성에 관한 연구: 칸트를 넘어 하버마스까지. 한국사회복지, 6, 47-61.

임성옥(2005). 사회복지사의 갈등지각수준 및 갈등관리방법과 조직효과성의 관계에 관한 연구. 정부학연구, 11(1), 242-266.

임창희(2006). 경영학원론. 경기: 학현사.

장금성, 김은아, 오숙희(2011). 간호사가 지각한 병원조직의 사회적 자본이 조직성과에 미치는 영향. 한국간호과학회, 17(1), 22-32.

장수용(2014). 직무분석과 직무평가 실무. 경기: 도서출판 예스.

전기우, 윤광재(2011). 사회복지조직의 사회적 자본이 복지전담인력의 직무성과에 미치는 영향에 관한 연구: 지적자본의 매개효과를 중심으로. 한국사회와 행정연구, 22(3), 313-343.

전선영(2005). 사회복지 교육과 사회복지 가치 및 옹호의 관계에 관한 연구. 서울여자대학교 대학원 박사학위논문.

정무성(2000). 지역사회복지의 전망과 과제. 한국사회복지학회 2000년도 춘계학술대회 자료집, 169-189.

정무성(2000. 7. 19.). 비영리 조직의 재정 확보를 위한 바람직한 기부문화 활성화 방안. 바람직한 기부문화 조성을 위한 정부와 민간의 역할 발표문.

정무성(2005). 사회복지 프로그램 개발론. 경기: 학현사.

정무성(2014). 제6기 사회복지시설 평가의 흐름과 전망. 2014 년 한국사회복지행정학회 춘계 학술대회 및 WORKSHOP, 1-48.

정보통신서비스 정보보호지침 제4조 1항.

정보통신서비스 정보보호지침 제7조.

정보통신서비스 정보보호지침 제8조.

정원철(2003). 사회복귀시설 서비스 이용자와 제공자의 서비스욕구인식과 이용자의 서비스욕구에 영향을 미치는 요인. 정신보건과 사회사업, 16, 156-179.

정철상(2011). 가슴 뛰는 비전. 서울: 중앙생활사.

조규호, 전달영(2003). 프랜차이즈 시스템에서 운영 구조와 관계특성이 신뢰 및 몰입에 미치는 영향. 경영학연구, 32(5), 1265-1289.

조석주, 강인성(2006). 지방자치단체의 주민참여수준 진단과 발전방안. 한국지방행정연구원.

조성일(2007). 임파워먼트를 위한 조직구조와 제도: 포스코 사례를 중심으로. POSRI 경영경제연구, 7(2), 5-29.

지은구(2003). 지역복지론. 서울: 청목출판사.

지은구(2005a). 사회복지프로그램 개발과 평가. 서울: 학지사.

지은구(2005b). 사회복지행정론. 서울: 청목출판사.

지은구(2007). 사회복지조직연구. 서울: 청목출판사.

지은구(2008). 사회복지평가론. 서울: 학현사.

지은구(2010). 노인복지서비스 성과관리방안. 한국사회복지행정학회 춘계학술대회발표집.

지은구(2012a). 비영리조직변화연구. 서울: 청목출판사.

지은구(2012b). 비영리조직 성과관리. 서울: 나눔의 집.

지은구, 김민주(2014). 복지국가와 사회통합. 서울: 청목출판사.

지은구, 손제희, 김민주(2015). 사회복지사가 인지하는 사회적 자본 지표 개발과 타당도 연구. 사
    회과학연구, 31(1), 161-192.

지은구, 이원주(2014). 노인요양시설 성과측정모형 개발 연구. 계명대학교 대학원 박사학위논문.

지은구, 이원주, 김민주(2013). 지역사회복지관 성과관리측정척도 타당도 연구. 한국사회복지행정
    학, 16(1), 147-177.

진양호(2000). 외식업의 주방관리에 관한 연구. Culinart Research, 6(1), 5-23.

최재규(2001). 병원조직의 부서간 갈등관리와 효율적 경영. 한국인간관계학보, 6(1), 243-264.

최재성(2001). 사회복지분야의 평가 경향과 과제. 한국사회복지행정학, 4(1), 89-115.

최재성, 장신재(2001). 수요자 중심의 원칙에서 조명한 우리나라 보육료 지원제도의 성격에 관한
    소고. 한국아동복지학, 11(1), 125-150.

최해진(1999). 갈등의 이해와 관리. 서울: 도서출판 두남.

최홍기(2009). 한국과 일본의 사회복지시설평가 특성 비교 연구-OECD 공공관리 평가체계를 중
    심으로. 사회복지정책, 36(1), 381-411.

최희철(2011). "사회복지사의 직무스트레스 역할 요인과 직무몰입의 관계에서 영적안녕감의 효
    과 - 서울·경인지역 한국기독교사회복지관협회 소속기관을 중심으로." 한국교회사회사업
    학회. 교회사회사업, 통권 제15호, pp.7-43.

추욱(2010). 지방정부조직의 사회적 자본과 조직효과성의 관계에 관한 연구: 충청남도를 중심으
    로. 배재대학교 대학원 박사학위논문.

하상장애인복지관(2004). 복지관 5개년 발전계획 내용 및 수립방법 하상장애인복지관 내부자료.

한국노인종합복지관협회(2012). 100세 시대 노인여가 활성화를 위한 사회복지관 기능과 역할 재
    정립.

한국사회복지사협회(2011). 사회복지사 인력활용방안 연구.

행정자치부, 한국보건복지인력개발원(2006). 주민통합서비스 실현을 위한 민관협력체계 모형개발.

홍현미라, 김가율, 민소영, 이은정, 심선경, 이민영, 윤민화(2010). 지역사회복지론. 서울: 학지사.

황성철(2000). 사회복지관의 지역사회 자원동원 능력 결정요인 분석. 한국사회복지행정학, 2, 173-
    191.

Abbott, A. A. (1988). *Professional choices: Values at work*. Natl Assn of Social Workers Pr.

Abbott, A. A. (1999). Measuring social work values: A cross-cultural challenge for global practice. *International Social Work, 42*(4), 455−470.

Abbott, A. A. (2003). A confirmatory factor analysis of the Professional Opinion Scale: A values assessment instrument. *Research on Social Work Practice, 13*(5), 641−666.

Adler, P. S., & Kwon, S. W. (2002). Social capital: Prospects for a new concept. *Academy of Management Review, 27*(1), 17−40.

Alter, C. F. (2009). *Building community partnerships and networks*. In R. J. Patti (Ed.), *The handbook of human service management*. LA: Sage.

Altioka, P. (2011). Applicable vision, mission and the effects of strategic management on crisis resolve. *Procedia Social and Behavioral Sciences, 24*, 61−71.

Ammons, D. N. (2003). Performance measurement and benchmarking in local government. In J. Rabin (Ed.), Encyclopedia of public administration and importance-performance analysis. *Hospitality Education and Research Journal, 13*(3), 203−213.

Andrews, R. (2010). Organizational Social Capital, Structure and Performance. *Human Relations, 63*(5), 583−608.

Argyris, C. (1999). *On organizational learning* (2nd ed.). Oxford: Blackwell Publishing.

Armstrong, M., & Baron, A. (1998). *Performance management: The new realities*. State Mutual Book & Periodical Service.

Armstrong, M., & Baron, A. (2005). *Performance management*. London: Jaico Publishing House.

Asamoah, Y., Healy, L. M., & Mayadas, N. (1997). Ending the international-domestic dichotomy: New approaches to a global curriculum for the millennium. *Journal of Social Work Education, 33*(2), 389−401.

Atchley, R. C. (1980). *The social forces in later life: An introduction to social gerontology*. Boston: Wadsworth Publishing Company.

Austin, M. J., & Solomon, J. R. (2009). Managing the planning process. *The handbook of Human Services Management*, 321−337.

Bart, C. K., Bontis, N., & Taggar, S. (2001). A model of the impact of mission statements on firm performance. *Management Decision, 39*(1), 19−35.

Bart, C. K., & Tabone, J. C. (1999). Mission statement content and hospital performance in the Canadian not-for-profit health care sector. *Health Care Management Review, 24*(3), 18-29.

Bart, C. K., & Tabone, J. C. (2000). Mission statements in Canadian not-for-profit hospitals: does process matter? *Health Care Management Review, 25*(2), 45-63.

BASW. (1996). *The code of ethics for social work.* British Association of Social Workers.

Baum, J. R., Locke, E. A., & Kirkpatrick, S. A. (1998). A longitudinal study of the relation of vision and vision communication to venture growth in entrepreneurial Firms. *Journal of Applied Psychology, 83*(1), 43.

Beierle, T. C. (1998). Public Participation in Environmental Decisions: An Evaluation Framework Using Social Goals. Discussion paper 99-06, Resources for the Future.

Berman, E. M. (2006). *Performance and productivity in public and nonprofit organizations.* NY: M. E. Sharpe, Inc.

Berman, S. J. (1998). Using the balanced scorecard in strategic compensation. *ACA News, 41*(6), 16-19.

Berson, Y., Shamir, B., Avolio, B. J., & Popper, M. (2001). The relationship between vision strength, leadership style, and context. *The Leadership Quarterly, 12*(1), 53-73.

Bickman, L. (1987). The functions of program theory. *New Directions for Evaluation, 1987*(33), 5-18.

Biggerstaff, M. A. (1977). The administrator and social agency evaluation. *Administration in Social Work, 1*(1), 71-78.

Bisman, C. (2004). Social work values: The moral core of the profession. *British Journal of Social Work, 34*(1), 109-123.

Blake, R. R., & Mouton, J. S. (1964). The new managerial grid: strategic new insights into a proven system for increasing organization productivity and individual effectiveness, plus a revealing examination of how your managerial style can affect your mental and physical health. Gulf Pub. Co..

Bloch, P. H., Sherrell, D. L., & Ridgway, N. M. (1986). Consumer search: An extended framework. *Journal of Consumer Research, 13*(1), 119-126.

Bontis, N. (2003). HR's Role in knowledge management. *Canadian HR Report, 16*(5).

Brager, G., & Holloway, S. (1978). *Changing Human Organizations: Politics and practice*. New York: Free Press.

Brody, R., & Nair, M. D. (2014). *Effectively managing and leading human service organizations* (4th ed.). LA: Sage.

Bruijn, H. (2009). *Managing performance in the public sector*. NY: Routledge.

Bryson, J. M. (1995). Strategic planning for public and nonprofit organizations: A guide to strengthening and sustaining organizational achievement, rev. ed (pp. 21−24). San Francisco, CA: Jossey-Bass.

Butterfield, D. A., & Grinnell, J. P. (1999). Gender influences on performance evaluations. *Handbook of Gender at Work*, 223−238.

Cai, S., Yang, Z., & Jun, M. (2011). Cooperative norms, structural mechanisms, and supplier performance: Empirical evidence from Chinese manufacturers. *Journal of Purchasing and Supply Management, 17*(1), 1−10.

Callow-Heusser, C., Chapman, H., & Torres, R. (2005). *Evidence: An assential tool*. Prepared for national science foundation under grant EHR−0233382, April.

Campbell, A., Devine, M., & Young, D. (1990). *A sense of mission*. London: Hutchinson.

Cannon, J. P., Achrol, R. S., & Gundlach, G. T. (2000). Contracts, norms, and plural form governance. *Journal of the Academy of Marketing Science, 28*(2), 180−194.

Cardy, R. L. (2004). *Performance management*. Armonk, NY: M. E. Sharpe.

Carrow, M. M., Churchill, R. P., & Cordes, J. J. (Eds.). (1998). *Democracy, social values, and public policy*. Greenwood Publishing Group.

Christmann, P. (2004). Multinational companies and the natural environment: Determinants of global environmental policy. *Academy of Management Journal, 47*(5), 747−760.

Cialdini, R. B., & Trost, M. R. (1998). Social influence: Social norms, conformity and compliance. In D. T. Gilbert, S. T. Fiske, & G. Lindzey (Eds.), *The handbook of social psychology* (4th ed), 2, 151−192. New York: McGraw-Hill.

Coleman, J. S. (1988). Social capital in the creation of human capital. *American Journal of Sociology*, S95−S120.

Coleman, J. S. (1990). *Foundations of social theory*. Cambridge, MA: Belknap Press of Harvard University Press.

Collins, J. C., & Porras, J. I. (1991). *Built to last: Successful habits of visionary companies*. London: Century.

Collins, J. C., Lazier, W. C. (1995). *Beyond entrepreneurship*. 임정재 역(2004). 짐 콜린스의 경영전략. 위즈덤하우스.

Conger, J. A., & Kanungo, R. N. (1998). *Charismatic leadership in organizations*. Sage Publications.

Congress, E. (1999). *Social work value and ethics: Identifying and resolving professional dilemmas*. 강선경, 김욱 공역(2005). 사회복지 가치와 윤리. 서울: 시그마프레스.

Congress, E., & Kim, W. (2007). A comparative study on social work ethical codes in Korea and the United States: Focused on confidentiality, dual relationships, cultural diversity and impaired colleagues. *Korean Journal of Clinical Social Work, 4*(2), 175.

Crabtree, C. R. (2000). Who We Really Are: An Analysis of the Relationship Between Professional Attainment and Social Work Values. Doctoral dissertation, University of Texas at Arlington.

Cummings, T., & Worley, G. (2005). *Organizations development and change*. Mason, OH: Thomson.

Dant, R. P., & Schul, P. L. (1992). Conflict resolution processes in contractual channels of distribution. *The Journal of Marketing*, 38–54.

Davis, P., & Knapp, M. (1981). *Old peoples's home and the production of welfare*. London: Routledge and Kegan Paul.

Day, R. L., & Landon, E. L. (1977). Toward a theory of consumer complaining behavior. *Consumer and Industrial Buying Behavior, 95*, 425–437.

De Graaf, F. J., & Herkströter, C. A. (2007). How corporate social performance is institutionalised within the governance structure. *Journal of Business Ethics, 74*(2), 177–189.

Deep, S. D. (1978). *Human relations in management*. McGraw-Hill/Glencoe.

Denhart, J. V., & Arstigueta, M. P. (2008). Performance management systems: Providing accountability and challenging coolaoration. In W. N. Dooren, & S. Van de Walle (Eds.), *Performance information in the public sector*. Ken Kernaghan: Palgrave macmillan.

DeKler, M. (2007). Healing emotional trauma in organizations: An O. D. framework and case study. *Organizational Development Journal, 25*(2), 49−56.

DePoy, E., & Gilson, S. F. (2003). *Evaluation practice: Thinking and action principles for social work practice.* Thomson/Brooks/Cole.

Devanna, M. A., & Tichy, N. (1990). Creating the competitive organization of the 21st century: The boundaryless corporation. *Human Resource Management, 29*(4), 455−471.

Dolgoff, R., Harrington, D., & Loewenberg, F. (2009). *Ethical decisions for social work practice* (8th). Thomson Learning.

Donabedian, A. (1980; 1982; 1985). *Explorations in quality assessment and monitoring: Vol. 1: The definition of quality and approaches to its assessment; Vol 2: The criteria and standards of quality; Vol 3: The methods and findings of quality assessment and monitoring.* Ann Arbor, MI: Health Administration Press.

Dwyer, F. R., Schurr, P. H., & Oh, S. (1987). Developing buyer-seller relationships. *The Journal of Marketing*, 11−27.

Evans, J. R. (2008). *Quality and performance excellence: Management, organizations, and strategy* (5th ed.). Mason: Thomson.

Falsey, T. (1989). *Corporate philosophies and mission statement.* New York: Quorum Books.

Farnham, D., & Horton, S. (1996). Public service managerialism: A review and evaluation. *Managing the New Public Services* (2nd ed, 259−276). London: Macmillan.

Farzianpour, F., Fourodhani, A. R., Vahidi, R. G., Arab, M., & Mohamedi, A. (2011). Investigating the Relationship between Organizational Social Capital and Service Quality in Teaching Hospitals. *American Journal of Economics and Business Administration, 3*(2), 425−429.

Forehand, A. (2000). Mission and organizational performance in the healthcare industry. *Journal of Healthcare Management, 45*(4), 267−277.

Fornell, C., & Westbrook, R. A. (1979). An exploratory study of assertiveness, aggressiveness, and consumer complaining behavior. *Advances in Consumer Research, 6*(1), 105−110.

Fox, M. (1987). Marketing/advertising research: In China,"Guanxi" is everything. *Advertising Age, 58*(47), 12−14.

Freeman, R. E., & Phillips, R. A. (2002). Stakeholder theory: A libertarian defense. *Business Ethics Quarterly, 12*(03), 331−349.

French, W. (1969). Organization development: Objectives, assumptions, and strategies. *California Management Review, 12*(2), 23-34.

Frechtling, J. (2007). *Logic modeling methods in program evaluation.* San Francisco: Jossey Bass.

Galbraith, J. R. (2002). *Designing organizations: An executive guide to strategy, structure and process* (new and revised). 김현주, 정재상 공역(2005). 조직설계 방법론. 서울: 시그마인사이트컴.

Gaster, L. (1995). *Quality in public services: Managers' choices.* Buckingham, MK: Open University Press.

Godfrey, P. C. (2005). The relationship between corporate philanthropy and shareholder wealth: A risk management perspective. *Academy of Management Review, 30*(4), 777-798.

Gray, B. (1985). Conditions Facilitating Interorganizational Collaboration. *Human Relations, 38*(9), 1-936.

Gray, B. (1989). *Collaborating: Finding common ground for multiparty problems.*

Gray, E. R., & Smeltzer, L. R. (1985). Corporate image-an integral part of strategy. *Sloan Management Review, 26*(4), 73.

Greeno, E. J., Hughes, A. K., Hayward, R. A., & Parker, K. L. (2007). A confirmatory factor analysis of the Professional Opinion Scale. *Research on Social Work Practice, 17*(4), 482-493.

Grinnell, Jr. R. M. (1997). *Social work research and evaluation* (5th ed.). Itasca, Il: F. E. Peacock Publishers, Inc.

Hall, I., & Hall, D. (2004). *Evaluation and social research.* New York: Macmillan.

Harbert, A. S., Finnegan, D., & Tyler, N. (1997). Collaboration: A study of a children's initiative. *Administration in Social Work, 21*(3-4), 83-107.

Harbour, J. L. (2009). *The basics of performance measurement* (2nd ed.). New York: CRC Press.

Hasenfeld, Y., & Paton, A. (1983). *Human service organizations* (p. 50). Englewood Cliffs, NJ: Prentice-Hall.

Heide, J. B., & John, G. (1992). Do norms matter in marketing relationships? *The Journal of Marketing,* 32-44.

Hofstede, G. (1980). Motivation, leadership, and organization: Do American theories apply abroad? *Organizational Dynamics, 9*(1), 42–63.

Hofstede, G. (2014). 차재호, 나은영 역. 세계의 문화와 조직. 서울: 학지사.

House, R. J., & Shamir, B. (1993). *Toward the integration of transformation, charismatic and visionary theories of leadership*. San Diego, CA: Academic Press.

Hsu, C. P., Chang, C. W., Huang, H. C., & Ghiang, C. Y. (2011). The relationships among social capital, organizational commitment and customer-oriented prosocial behaviour of hospital nurses. *Journal of Clinical Nursing, 20*, 1383–1392.

Hunter, A., & Staggenbord, S. (1988). Local communities and organized action. In Milofsky, C. (Ed.), *Community organizations: Studies in resource mobilization and exchange* (pp. 243–276). New York: Oxford University Press.

Hutcheon, P. D. (1972). Value Theory: Towards Conceptual Clarification. *British Journal of Sociology, 23*(2), 172–187.

Ibarra, H. (1995). Race, opportunity, and diversity of social circles in managerial networks. *Academy of Management Journal, 38*(3), 673–703.

Irvin, R. A., & Stansbury, J. (2004). "Citizen Participation in Decision Making: Is it Worth the Effort?" *Public Administration Review, 64*(1), 55–65.

Itzhaky, H., Gerber, P., & Dekel, R. (2004). Empowerment, skills, and values: A comparative study of nurses and social workers. *International Journal of Nursing Studies, 41*(4), 447–455.

Ivens, B. S. (2002). Governance norms in relational exchange: What we do know and what we do not know. In Proceedings of the 18th Annual IMP Conference, Dijon (Vol. 5, No. 7).

Jap, S. D., & Ganesan, S. (2000). Control mechanisms and the relationship life cycle: Implications for safeguarding specific investments and developing commitment. *Journal of marketing research, 37*(2), 227–245.

Jones, T. M. (1995). Instrumental stakeholder theory: A synthesis of ethics and economics. *Academy of Management Review, 20*(2), 404–437.

Kanter, R. M. (1985). *The change masters*. New York: Simon and Schuster.

Kaplan, R. S., & Norton, D. P. (1992). The balanced scorecard: Measures that drive performance. *Harvard Business Reviwe, January-February*, 71–80.

Kaplan, R. S., & Norton, D. P. (1993). Putting the balanced scorecard to work. *Harvard Business Review, September-October*, 2−16.

Kaplan, R. S., & Norton, D. P. (1996a). *The balanced scorecard*. Boston: Harvard Business School Press.

Kaplan, R. S., & Norton, D. P. (1996b). Linking the balanced scorecard to strategy. *California Management Review, 39*(1).

Kaufmann, P. J., & Stern, L. W. (1988). Relational exchange norms, perceptions of unfairness, and retained hostility in commercial litigation. *Journal of Conflict Resolution, 32*(3), 534−552.

Kellogg Foundation. (2000). *Logic model development guide*. Bettle Creek, Michigan: Author.

Kendall, J., & Knapp, M. (2000a). Measuring the performance of voluntary organizations. *Pubic Management, 2*(1), 105−132.

Kendall, J., & Knapp, M. (2000b). The third sector and welfare state modernization: In puts, activities and comparative performance. *Civil Society Working Paper, 14*.

Kennedy, J. F. (1962). Special Message to the Congress on Protecting the Consumer Interest, March 15, 1962, in Public Papers of the Presidents of the United States, John F. Kennedy, 1962, U. S. Government Printing Office.

Kinnear, T. C., & Bernhardt, K. L. (1983). *Principles of marketing*. Pearson Scott Foresman.

Kirkpatrick, S. A., & Locke, E. A. (1996). Direct and indirect effects of three core charismatic leadership components on performance and attitudes. *Journal of Applied Psychology, 81*(1), 36.

Kirkwood, P. (2012). American Association of Heart Failure Nurses' mission, vision, and strategic plan: What do these mean to me — the member? *Heart & Lung: The Journal of Acute and Critical Care, 41*(2), 105−106.

Kluckhohn, C. (1967[1951]). Values and value-orientations in the theory of action. In T. Parsons & E. A. Shils (Eds.), *Toward A General Theory of Action*, 388−433. Cambridge, Mass.: Harvard University Press.

Knapp, M. (1984). *The economics of socail care*. London: Macmillan.

Kotler, P. (1971). *Marketing decision making: A model building approach*.

Kotler, P. (1982). *Marketing for nonprofit organizations*.

Kotler, P. (1987). Semiotics of person and nation marketing. Marketing and Semiotics. New directions in the study of signs for sale, Berlin, Mouton de Gruyter, 3−12.

Kotter, J. P. (1990). *A force for change: How leadership differs from management.* New York: Free Press.

Kouzes, J. M., & Posner, B. Z. (1987). *The leadership differs from management.* New York: Free Press.

Kurzynski, M. (2009). Peter Drucker: Modern day Aristotle for the business community. *Journal of Management History, 15*(4), 357−374.

Lauffer, A. (2009). Confronting fundraising challenges. In R. J. Patti (Ed.), *The handbook of human service management.* LA: Sage.

Lawrie, G., & Cobbold, I. (2002a). Development of the 3rd generation balanced scorecard. 2GC Working Paper. 2GC Active Management: UK.

Lawrie, G., & Cobbold, I. (2002b). Classification of balanced scorecards on their intended use. 2GC Working Paper. 2GC Active Management: UK.

Leana, C. R., & PI, F. K. (2006). Social capital and organizational perfomance: Evidence from urban public schools. *Organizational Science, 17*(3), 353−366.

Leana, C. R., & Van Buren, H. J. (1999). Organizational social capital and emplotment practices. *Academy of Management Review, 24*(3), 538−555.

Ledford, G. E., Wendenhof, J. R., & Strahley, J. T. (1996). Realizing a corporate philosophy. *Organizational Dynamics, 23*(3), 5−19.

Levy, C. S. (1973). The value base of social work. *Journal of Education for Social Work, 9*(1), 34−42.

Lewin, K. (1951). *Field theory in social science.*

Lin, N. (2001). Social capital: A theory of social structure and action. Ph. D. Cambridge University Press.

Lock, E., & Latham, G. (1990). *Work motivation: The high performance cycle.* New Jersey: Lea.

Lohmann, R., & Lohmann, N. (2002). *Social administration.* New York: Columbia University Press.

Macneil, I. R. (1980). *The new social contract: An inquiry into modern contractual relations.*

Yale University Press.

Margolis, J. D., & Walsh, J. P. (2003). Misery loves companies: Rethinking social initiatives by business. *Administrative Science Quarterly, 48*(2), 268−305.

Mark, M. M., Henry, G. T., & Julnes, G. (2000). *Evaluation: An integrated framework for understanding, guiding, and improving public and nonprofit policies and programs.* San Francisco, CA: Jossey-Bass.

Marr, B. (2009). *Managing and delivering performance.* London: BH.

Martin, L. L., & Kettner, P. M. (2010). *Measuring the perfomance of human service programs.* Thousand Oaks, Califonia: Sage.

Mayer, R. C., Davis, J. H., & Schoorman, F. D. (1995). An integrative model of organizational trust. *Academy of Management Review, 20*(3), 709−734.

McDavid, J., & Hawthorn, L. (2006). *Program evaluation and performance measurement.* London: Sage.

McHugh, D., Groves, D., & Alker, A. (1998). Managing learning: What do we learn from a learning organization? *The Learning Organization, 5*(5), 209−220.

McLaughlin, J., & Jordan, G. B. (1999). Logic model: A tool for telling your programs performance story. *Evaluation and Program Planning, 5*(5), 209−220.

McMurtry, S. L., & Hudson, W. W. (2000). The Client Satisfaction Inventory: Results of an initial validation study. *Research on Social Work Practice, 10*(5), 644−663.

Miller, S. (1997). Implementing strategic decisions: Four key success factors. *Organization Studies, 18*(4), 577−602.

Mirvis, P., Googins, B., & Kinnicutt, S. (2010). Vision, mission, values: Guideposts to sustainability. *Organizational Dynamics, 39*(4), 316−324.

Mondy, R. W., Noe, R. M., & Premeaux, S. R. (1990). *Human Resource Management.*

Moxley, D. P. (1989). *Practice of case management* (Vol. 58). Sage.

Mullane, J. V. (2002). The mission statement is a strategic tool: When used properly. *Management Decision, 40*(5), 448−455.

Nahapiet, J., & Ghoshal, S. (1998). Social Capital, Intellectual Capital, and the Organizational Advantage. *Academy of Management Review, 23*(2), 242−266.

Nanus, B. (1992). *Visionary Leadership: Creating a compelling sense of direction for your organization.* San Francisco: Jossey-Bass Inc.

Netting, F. E., & McMurtry, K. P. (1998). *Social work macro practice.*

Netting, F. E., Kettner, P. M., Thomas, M. K., & McMurtry, S. L. (2004). *Social work macro practice.* Boston, MA: Allyn and Bacon.

Niven, P. (2003). *Balanced scorecard step by step for government and nonprofit agencies.* Hoboken, NJ: John Wiley & Sons, Inc.

Niven, P. (2008). *Balanced scorecard step by step for government and nonprofit agencies* (2nd ed). Hoboken, NJ: John Wiley & Sons, Inc.

Noordewier, T. G. (1986). *Explaining contract purchase srrangements in industrial buying: A transaction cost perspective.* Wisconsin: University of Wisconsin−Madison.

Noordewier, T. G., John, G., & Nevin, J. R. (1990). Performance outcomes of purchasing arrangements in industrial buyer-vendor relationships. *The Journal of Marketing,* 80−93.

Oakland, J. S. (1989). *Total quality management.* London: Butterworth/Heinemann.

Oh, H. S., Labianca, G., & Chung, M. H. (2006). A Multilevel Model of Group Socail Capital. *Academy of Management Review, 31*(3), 569−582.

O'Keeffe, T. (2002). Organizational learning: A new perspective. *Journal of European Industrial Training, 26*(2), 130−141.

Osmo, R., & Landau, R. (2001). The need for explicit argumentation in ethical decision-making in social work. *Social Work Education, 20*(4), 483−492.

Paldam, M. (2000). Social capital: One or many? Definition and measurement. *Journal of Economic Surveys, 14*(5), 629−653.

Parasuraman, A., Zeithaml, V., & Berry, L. L. (1988a). A conceptual model of service quality and its implication for future research. *Journal of Marketing, 49,* 41−50.

Parasuraman, A., Zeithaml, V., & Berry, L. L. (1988b). SERVQUAL: A multiple item scale for measuring consumer perceptions of service quality. *Journal of Retailing, 64*(1), 12−40.

Patti, R. J. (Ed.). *The handbook of human service management.* LA: Sage.

Pearce, J. A., & David, F. (1987). Corporate mission statements: The bottom line. *The Academy of Management Executive, 1*(2), 109−115.

Pearce, C. L., & Ensley, M. D. (2004). A reciprocal and longitudinal investigation of the innovation process: The central role of shared vision in product and process innovation teams (PPITs). *Journal of Organizational Behavior, 25*(2), 259-278.

Pedler, M., Burgogyne, J., & Boydell, T. (1997). *The learning company: A strategy for sustainable development* (2nd ed.). London: McGraw-Hill.

Piliavin, I., & McDonald, T. (1977). On the fruits of evaluative research for the social services. *Administration in Social Work, 1*(1), 63-70.

Pillinger, J. (2001). *Quality in social public services*. Office for Official Publications of the European Communities.

Poister, T. (2003). *Measuring perfomance in public and nonprofit organizations*. John Wiley & Sons.

Proehl, R. A. (2001). *Organizational change in the human services* (Vol. 43). Sage.

Putnam, R. D. (1993). The prosperous community: Docial capital and public life. *American Prospects, 4*(13), 35-42.

Putnam, R. D. (1995a). Tuning in, tuning out: The strange disappearance of social capital in America. *PS: Political Science & Politics, 28*(04), 664-683.

Putnam, R. D. (1995b). Bowling alone: America's declining social capital. *Journal of democracy, 6*(1), 65-78.

Reamer, F. G. (1995). Ethics and values. *Encyclopedia of Social Work, 1*, 893-902.

Reamer. F. G. (2000). *Social Work Value and Ethics*. 최경원 외 공역(2002). 사회복지실천의 가치와 윤리. 경기: 사회복지실천연구소.

Reamer, F. G. (2013). *Social work values and ethics*. Columbia University Press.

Rescher, N. (1969). *Introduction to value theory*. New Jersey: Prentice-Hall.

Richmond, M. J.(2004). Values in Educational Administration: Them's Fighting Words!. *International Journal of Leadership in Education, 7*(4), 339-356.

Rogers, E. M. (1962). *Diffusion of innovation*. New York: The Free Press.

Roberts, P. W., & Dowling, G. R. (2002). Corporate reputation and sustained superior financial performance. *Strategic Management Journal, 23*(12), 1077-1093.

Rokeach, M. (1973). *The nature of human values*. New York: The Free Press.

Rousseau, D. M., Sitkin, S. B., Burt, R. S., & Camerer, C. (1998). Not so different after all: A cross-discipline view of trust. *Academy of Management Review, 23*(3), 393-404.

Saleebey, D. (1996). The strengths perspective in social work practice: Extensions and cautions. *Social Work, 41*(3), 296-305.

Schwartz, S. H. (1992). Universals in the content and structure of values: Theoretical advances and empirical tests in 20 countries. *Advances in Experimental Social Psychology, 25*(1), 1-65.

Schwartz, S. H. (1994). *Beyond individualism/collectivism: New cultural dimensions of values.* Sage Publications, Inc.

Senge, P. (1990). *The fifth discipline.* London: Century Business.

Skerrett, D. (2000). Social work: A shifting paradigm. *Journal of Social Work Practice, 14*(1), 36-73.

Skidmore, R. A. (1995). *Social work administration: Dynamic management and human relationships.* Boston: Allyn & Bacon.

Smith, A. (1998). *Training and development in Australia* (2nd ed.). Sydney: Butterworths.

Sohal, A. S. (1998). Assessing manufacturing/quality culture and practices in Asian companies. *International Journal of Quality & Reliability Management, 15*(8/9), 920-930.

Spates, T. G. (1948). *Leadership and human relations at the places where people work.* Sage.

Stephen, P., Robbins, A., & Judge, T. 이덕로, 김태열, 박기찬 공역(2011). 조직행동론(14판). 서울: 한티미디어.

Stupak, R., & Leitner, P. (2001). *Handbook of public quality management.* New York: Marcel Dekker, Inc.

Talbot, C. (2010). *Theories of performance: Organizational and service improvement in the public domain.* London: Oxford University Press.

Tangpong, C., Hung, K. T., & Ro, Y. K. (2010). The interaction effect of relational norms and agent cooperativeness on opportunism in buyer-supplier relationships. *Journal of Operations Management, 28*(5), 398-414.

Tarnow, E. (1997). A recipe for mission and vision statements. *Journal of Marketing Practice: Applied Marketing Science, 3*(3), 184-189.

Testa, M. R. (1999). Satisfaction with organizational vision, job satisfaction and service efforts: An empirical investigation. *Leadership & Organization Development Journal, 20*(3), 154-161.

The United Way of America. (1996). *Measuring program outcomes: A practical approach.*

Alecandria, VA: Author.

Thomas, K. W., & Kilmann, R. H. (1975). The social desirability variable in organizational research: An alternative explanation for reported findings. *Academy of Management Journal, 18*(4), 741-752.

Timms, N. (1983). *Social Work Values: An Enquiry*. London: Routledge and Kegan Paul.

Tribe, J. (1997). *Corporate Strategy for Tourism*. Stanford: International Thomson Business Press.

Tsai, W., & Ghoshal, S. (1998). Social Capital and Value Creation: The Role of Intra-firm Networks. *Academy of Management Journal, 41*(4), 464-476.

Van Dooran, W., Bouckaett, G., & Halligan, J. (2010). *Performance management in the public sector*. NY: Routledge.

Wang, Y., Lin, G., & Yang, Y. (2011). Organizational socialization and employee job performance: An examination on the role of the job satisfaction and organizational commitment. In *Service Systems and Service Management* (ICSSSM), *2011 8th International Conference on*, 1-5. IEEE.

Weinbach, R. (2004). *Evaluating social work services and programs*. New York: Allen and Bacon.

Weiss, C. H. (1998). *Evaluation* (2ne ed.). Upper Saddle River, N.J.: Prentice-Hall.

Wicks, A. C., Berman, S. L., & Jones, T. M. (1999). The structure of optimal trust: Moral and strategic implications. *Academy of Management Review, 24*(1), 99-116.

Wickham, P. A. (1997). Developing a mission for an entrepreneurial venture. *Management Decision, 35*(5), 373-381.

Williams, R. M. (1979). Change and stability in values and value systems: A sociological perspective. *Understanding Human Values: Individual and Societal, 1*, 5-46.

Witham, T. (2007). Manage by missions: Build a stronger culture, improve teamwork and achieve your objectives when everything you do reflects your mission. *Credit Union Management, 30*(6), 46.

Wong, A., Tjosvold, D., & Liu, C. (2009). Cross-Functional Team Organizational Citizenship Behavior in China: Shared Vision and Goal Interdependence Among Departments 1. *Journal of Applied Social Psychology, 39*(12), 2879-2909.

Wood, D. J. (1991). Corporate social performance revisited. *Academy of Management Review, 16*(4), 691−718.

Worley, C., & Feyetherm, A. (2003). Reflections on the future of OD. *Journal of Applied Behavioral Science, 39*, 97−115.

Yates, B. T. (1996). *Analyzing costs, procedures, processes, and outcomes in human services.* Thousand Oaks, CA: Sage.

Zeffane, R., & Connell, J. (2003). Trust and HRM in the new millennium. *International Journal of Human Resource Management, 14*(1), 3−11.

http://mushroom9058.tistory.com/5

http://skyseei.tistory.com/67

한국갈등관리조정연구소 홈페이지. http://www.conflict.kr

한국사회복지사협회(2011). 윤리강령. http://www.welfare.net

찾아보기

MEMO

◇지은구(Eungu Ji, 사회복지학 박사)

현 계명대학교 사회과학대학 사회복지학과 교수

〈주요 저서 및 역서〉
사회서비스 성과관리 척도집(공저, 학지사, 2017)
사회서비스와 성과측정(공저, 학지사, 2017)
한국사회복지 전달체계연구(계명대학교 출판부, 2016)
노인요양시설과 성과측정(공저, 학지사, 2015)
사회복지 측정도구의 개발과 실제(공저, 학지사, 2015)
최신사회문제론(공저, 학지사, 2015)
복지국가와 사회통합(공저, 청목출판사, 2014)
사회복지경제와 측정(민주, 2014)
사회복지 경제분석론(청목출판사, 2013)
비영리조직 성과관리(나눔의 집, 2012)
비영리조직변화연구(청목출판사, 2012)
사회복지서비스의 특성과 이용자재정지원(문화체육관광부 선정 우수학술도서)(공저, 나눔의 집, 2010)
사회복지재정 연구(집문당, 2010)
지역사회복지론(공저, 학지사, 2010)
사회서비스 사례조사연구(공저, 청목출판사, 2009)
사회복지서비스 재정지원방식(공저, 청목출판사, 2009)
사회복지평가론(학현사, 2008)
프로그램 평가와 로직모델(공역, 학지사, 2012)
복지국가와 바우처(대한민국학술원 선정 우수학술도서)(공역, 학지사, 2009)

〈주요 논문〉
A study of the structural risk factors of homelessness in 52 metropolitan areas in the U. S.
 (2006) 외 다수

◇김민주(Minjoo Kim, 사회복지학 박사)

현 계명대학교 사회복지학과 BK21 플러스 지역사회통합인재양성사업단 연구교수

〈주요 저서〉
사회서비스 성과관리 척도집(공저, 학지사, 2017)
사회서비스와 성과측정(공저, 학지사, 2017)
사회복지 측정도구의 개발과 실제(공저, 학지사, 2015)

최신사회문제론(공저, 학지사, 2015)
복지국가와 사회통합(공저, 청목출판사, 2014)
사회복지행정론(공저, 형설출판사, 2012)
사회복지현장실습(형설출판사, 2012)
사회복지개론(공저, 공동체, 2011)
장애인복지론(공저, 공동체, 2011)
프로포절 작성의 실제: 사회복지프로그램 개발과 평가(공저, 공동체, 2009)

〈주요 논문〉
돌봄 서비스 제공인력의 이직의도에 미치는 영향에 관한 비교연구(2015)
노인요양시설 서비스품질척도 타당도 연구(2014)
사회복지사가 인지하는 사회자본 타당도 연구(2014)
지역사회복지관 성과관리측정척도 타당도 연구(2014) 외 다수

◇**이원주(Wonjoo Lee, 사회복지학 박사)**

현 대구공업대학교 사회복지경영계열 교수, 더불어사회복지경영연구소 소장

〈주요 저서〉
사회복지현장실습(공저, 공동체, 2017)
최신 지역사회복지론(공동체, 2016)
노인요양시설과 성과측정(공저, 학지사, 2015)
최신사회문제론(공저, 학지사, 2015)

〈주요 논문〉
중증장애인자립지원센터 운영 실태조사 및 발전방안(2017)
노인복지관 성과측정도구 개발연구(2016)
노인복지관 성과측정도구 척도집(2016)
수화통역센터 및 관련사업 평가지표 개발연구(2016)
한국문화유산탐방을 통한 세대통합과 심리적 치유효과 연구(2016)
노인복지관 표준성과관리 매뉴얼 개발(2015)
노인요양시설 돌봄의 질 패러다임 경로분석: 구조-과정-결과 인과사슬(2015)
노인요양시설 서비스 품질이 이용자 만족과 선택의도에 미치는 영향(2015)
노인요양시설 서비스품질 우수성 관리방안 연구: EFQM모형 접근(2015)
노인요양시설 서비스품질 향상을 위한 자가점검관리척도 개발 연구(2015)
노인장기요양서비스 질 관리 개혁동향 및 정책 비교연구: 일본, 독일, 영국을 중심으로(2015) 외 다수

사회복지관 자기주도성 성과관리모형
Self-Oriented Performance Management Model
for Welfare Centers: SOPMM

2018년 2월 5일 1판 1쇄 인쇄
2018년 2월 10일 1판 1쇄 발행

지은이 • 지은구 · 김민주 · 이원주
펴낸이 • 김진환
펴낸곳 • (주) **학 지사**
        04031 서울특별시 마포구 양화로 15길 20 마인드월드빌딩
대표전화 • 02)330-5114   팩스 • 02)324-2345
등록번호 • 제313-2006-000265호

홈페이지 • http://www.hakjisa.co.kr
페이스북 • https://www.facebook.com/hakjisa

ISBN 978-89-997-1483-2 93330

정가 22,000원

저자와의 협약으로 인지는 생략합니다.
파본은 구입처에서 교환해 드립니다.

이 책을 무단으로 전재하거나 복제할 경우 저작권법에 따라 처벌을 받게 됩니다.

이 도서의 국립중앙도서관 출판시도서목록(CIP)은 서지정보유통지원
시스템 홈페이지(http://seoji.nl.go.kr)와 국가자료공동목록시스템
(http://www.nl.go.kr/kolisnet)에서 이용하실 수 있습니다.
(CIP 제어번호: CIP2018001693)

교육문화출판미디어그룹 **학 지사**
심리검사연구소 **인싸이트** www.inpsyt.co.kr
원격교육연수원 **카운피아** www.counpia.com
학술논문서비스 **뉴논문** www.newnonmun.com
간호보건의학출판 **정담미디어** www.jdmpub.com